纳税检查

NASHUI JIANCHA

张春平 ◎ 主 编

首都经济贸易大学出版社
Capital University of Economics and Business Press
·北京·

图书在版编目（CIP）数据

纳税检查 / 张春平主编. -- 北京：首都经济贸易大学出版社，2021.9

ISBN 978-7-5638-3175-3

Ⅰ.①纳…　Ⅱ.①张…　Ⅲ.①纳税-税收检查-中国　Ⅳ.①F812.423

中国版本图书馆 CIP 数据核字（2021）第 194477 号

纳税检查
张春平　主编

责任编辑	陈雪莲
封面设计	砚祥志远·激光照排　TEL：010-65976003
出版发行	首都经济贸易大学出版社
地　　址	北京市朝阳区红庙（邮编 100026）
电　　话	（010）65976483　65065761　65071505（传真）
网　　址	http://www.sjmcb.com
E- mail	publish@cueb.edu.cn
经　　销	全国新华书店
照　　排	北京砚祥志远激光照排技术有限公司
印　　刷	北京九州迅驰传媒文化有限公司
成品尺寸	170 毫米×240 毫米　1/16
字　　数	418 千字
印　　张	24.75
版　　次	2021 年 9 月第 1 版　2021 年 9 月第 1 次印刷
书　　号	ISBN 978-7-5638-3175-3
定　　价	58.00 元

图书印装若有质量问题，本社负责调换
版权所有　侵权必究

前　言

纳税检查作为税收征收管理中的一个重要环节，除了体现税收法治性、弥补税收漏洞、保证财政收入等作用外，最主要的作用是体现税收的分配。纳税检查主体税务机关和客体纳税人之间的关系除了"检查"和"被检查"之外，更多的是沟通和博弈关系：税务机关以税收法律法规、财务会计制度等为基础，进行纳税检查，纳税人依法按照法律法规规定进行正常生产经营并依法接受税务机关检查，但往往双方不能就某些事项达成共识。例如，我国财务会计制度与税法存在诸多差异，并且对于部分内容，会计和税法都存在模糊与争议之处，可能导致税务机关的执法口径和纳税人的税务和会计处理产生矛盾之处，此时税务机关除了基于正常的法律法规和财务会计等执法外，还需与纳税人基于自身所掌握的"证据"以"合理理由"进行沟通和博弈。

本书将纳税检查细分为增值税、消费税、企业所得税和个人所得税等多个税种的检查，但往往实务中不会对单个税种进行检查，因为一笔业务的税务处理不会只涉及一个税种，而是将多个税种进行横向串联，结合多个税种进行"综合性"检查。但这种"综合性"检查是以单个税种的税制基础为前提的，为了方便将多个税种税制与检查相结合，本书加入了诸多的税务案例，皆是结合了现实实务经验进行改编而成的；此外，纳税检查不仅是单一企业的检查，还是基于各个行业的特点、性质等进行的检

查,除了要熟悉税制与财会基础外,还应了解各个行业的运营模式及税务风险,即本书除了从横向角度出发结合大量案例进行分析外,还从纵向角度结合不同行业的涉税问题及主要检查方法进行多角度分析。

本书由张春平(主编)、李彬、付文豪、荣傲伟、李晗、阮茹峰、奚少伟、刘翰文、郭晶晶、吴欢、罗子奥(排名不分先后顺序)共同编写。本书关于纳税检查中的难点问题探讨,都是基于实务操作中遇到的问题,其中包括但不限于实务中遇到的难点。本书力图针对难点问题提出更加有效的解决办法与措施,也提出了可能存在的税务风险和检查办法,希望能在理论与实务方面给大家提供参考。

目 录

第一章　税务检查概述 …………………………………………………… 1
　　第一节　纳税检查的概念 ………………………………………… 3
　　第二节　纳税检查的权限范围、内容、流程 …………………… 4
　　第三节　纳税检查的法律关系 …………………………………… 13
　　第四节　纳税检查的作用 ………………………………………… 16
　　第五节　我国纳税检查的制度环境 ……………………………… 17

第二章　纳税检查基本方法 ……………………………………………… 21
　　第一节　账务检查方法 …………………………………………… 23
　　第二节　分析法 …………………………………………………… 28
　　第三节　调查方法 ………………………………………………… 30
　　第四节　会计电算化资料的分析检查 …………………………… 33

第三章　税务稽查证据 …………………………………………………… 39
　　第一节　证据概述 ………………………………………………… 41
　　第二节　税务稽查证据的收集与固定 …………………………… 46
　　第三节　主要税收违法行为的取证 ……………………………… 50

第四章　增值税的纳税检查 ……………………………………………… 65
　　第一节　增值税检查概述 ………………………………………… 67

第二节 增值税检查的主要内容	83
第三节 一般纳税人增值税检查的一般方法和技巧	88
第四节 增值税评估指标分析	95

第五章 消费税的纳税检查 … 99
第一节 纳税义务人和扣缴义务人的检查 … 101
第二节 适用税目税率的检查 … 102
第三节 纳税环节与纳税义务发生时间的检查 … 107
第四节 计税依据及应纳税额的检查 … 114

第六章 其他税种检查方法 … 131
第一节 资源税检查方法 … 133
第二节 城市维护建设税检查方法 … 144
第三节 土地增值税检查方法 … 147
第四节 城镇土地使用税检查方法 … 157
第五节 车船税检查方法 … 160
第六节 房产税检查方法 … 164
第七节 印花税检查方法 … 171
第八节 环保税检查方法 … 185

第七章 个人所得税检查方法 … 193
第一节 纳税义务人的检查 … 195
第二节 扣缴义务人的检查 … 197

第三节	征税范围的检查	199
第四节	计税依据的检查	202
第五节	税收优惠的检查	207
第六节	特殊计税方法的检查	209

第八章 企业所得税检查方法 … 215

第一节	企业所得税的一般规定	217
第二节	企业收入总额的检查	220
第三节	企业扣除项目的检查	225
第四节	资产税务处理的检查	237
第五节	税收优惠的检查	246
第六节	应纳税所得额及应纳税额的检查	251
第七节	企业所得税评估指标分析法	255

第九章 传统行业检查方法 … 263

第一节	商业银行业检查方法	265
第二节	保险业检查方法	275
第三节	房地产业检查方法	285
第四节	公路运输业检查方法	296
第五节	旅游业检查方法	299
第六节	广告业检查方法	303
第七节	白酒生产行业检查方法	306
第八节	建筑安装业检查方法	315

第九节　超市行业检查方法 …………………………… 321

第十节　煤炭采掘业检查方法 ………………………… 326

第十一节　电信业检查方法 …………………………… 333

第十二节　餐饮业检查方法 …………………………… 337

第十三节　汽车销售行业检查方法 …………………… 341

第十四节　石油石化行业检查方法 …………………… 350

第十章　特殊业务检查方法 …………………………… 357

第一节　非货币性资产交换检查方法 ………………… 359

第二节　债务重组检查方法 …………………………… 365

第三节　投资业务检查方法 …………………………… 368

第四节　企业合并税务检查方法 ……………………… 373

第五节　股权转让企业检查方法 ……………………… 377

参考文献 ……………………………………………… 385

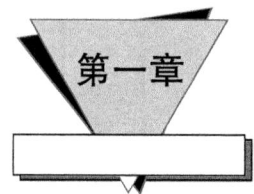

第一章

税务检查概述

第一节 纳税检查的概念

纳税检查是指征收机关依据国家税收政策、法规和财务会计制度规定，对纳税人、扣缴义务人履行纳税义务、扣缴税款义务真实情况的监督和审查。

纳税检查是税收征收管理的重要环节，也是贯彻国家税收政策法规、严肃税收纪律、加强纳税监督、堵塞税收漏洞、纠正错漏、保证国家财政收入的一项必要措施。纳税检查的概念主要包括以下几层含义。

一、纳税检查的主体

广义的税务检查主体范围很广，既包括国家法律赋予经济监督权利的"权利主体"，如税务机关、审计机关和财政机关等，也包括税务检查的义务主体实施"自查"的纳税人。其中，税务机关是税务检查的基本主体，审计机关、财政机关等则是辅助主体。狭义的税务检查主体就是税务机关。税务机关作为经国家授权的执法机关，是纳税检查的组织者，而税务工作者则是纳税检查的实施者。

二、纳税检查的客体

纳税检查的客体是纳税人，纳税人是税收执法相对人。依法纳税是每个纳税人的法定义务。纳税检查就是对纳税人履行纳税义务的情况进行监督：检查纳税人是否及时、足额地缴纳了税款，是否依法办理了纳税手续，是否服从税务机关的管理，有无税务违法行为。

三、纳税检查的依据

纳税检查的依据是税法和相关财务会计制度。纳税检查活动的政策性强、涉及面广，不仅涉及税收政策问题，还涉及税收技术问题。因此，纳税检查要以税法为依据，做到依法办事、依率计征；同时，也要以财务会计制度及核算方法为基础，在计算税额时如果财务会计制度与税法存在矛盾，则应按照税法的规定进行调整。

四、纳税检查的目的

纳税检查的目的是确保税法的贯彻执行和财政收入的圆满实现。开展纳税检查,核实纳税人履行纳税义务的情况,揭露纳税人偷税、欠税和抗税的行为,目的就是保证国家税收政策、法规的正确贯彻执行,堵塞各种"跑冒滴漏",保证国家财政收入的足额实现,满足财政支出需要,保证财政收支平衡。财政收入的圆满实现又有赖于税法的贯彻执行。纳税检查的实施过程就是调整或警示纳税人的税务违规行为,保持正常的税收秩序,保证税法在经济实践中正常运行的过程。所以,纳税检查过程也是税法的贯彻执行过程。

第二节 纳税检查的权限范围、内容、流程

一、纳税检查的权限范围及内容

根据《中华人民共和国税收征收管理法》(以下简称《税收征管法》)的规定,纳税检查的权限范围及内容主要有以下几方面。

(一)检查纳税人、扣缴义务人的账簿、记账凭证、报表及相关资料

税务机关有权依法检查纳税人的账簿、记账凭证、报表和有关资料,检查扣缴义务人代扣代缴及代收代缴税款的账簿、记账凭证和有关资料。纳税检查一般应当在纳税人、扣缴义务人的业务场所内进行。《中华人民共和国税收征收管理法实施细则》(以下简称《税收征管法实施细则》)第八十六条规定:必要时,经县以上税务局(分局)局长批准,可以将纳税人、扣缴义务人以前会计年度的账簿、记账凭证、报表和其他有关资料调回税务机关检查,但是税务机关必须向纳税人、扣缴义务人开付清单,并在3个月内完整退还;有特殊情况的,经设区的市、自治州以上税务局局长批准,税务机关可以将纳税人、扣缴义务人当年的账簿、记账凭证、报表和其他有关资料调回检查,但必须在30日内退还。

纳税检查主要的检查内容是对被查对象的会计资料的检查。查账是纳税检查过程中运用的一个手段。纳税人应当履行的纳税义务情况通常都通过课税对象反映在纳税人的流转额、所得额和财产额等经济行为及收入上,通过对纳税人记录在会计账户中的有关经济活动的检查,查明是否有

不符合国家税收法规及财务会计制度规定而发生的偷逃税款情况。纳税检查涉及的会计及其他资料一般包括有关账簿、记账凭证、报表及有关资料,如会计总分类账、明细分类账、序时账、收款凭证、付款凭证、转账凭证、资产负债表、利润表、商品成本表、有关原始记录卡、有关财务报告、企业会计核算方法、生产部门计划、统计表、纳税申报表、纳税缴款书、商事凭证、发票存根、代扣(代收)代缴税款账簿等。

(二) 检查纳税人、扣缴义务人的生产、经营场所

税务工作人员可依法到纳税人的生产、经营场所和货物存放地检查纳税人应纳税的商品货物或其他财产,检查扣缴义务人与代扣代缴、代收代缴税款有关的经营情况。这里所说的生产、经营场所和货物存放地应该包括与生活住宅合用的场所,因为在实际社会生活中,有些纳税人的生产、经营场所和货物存放地与生活住宅合并在一起。但是,在实施检查时要慎重,特别是涉及纳税人的权利和民法的问题,税务机关在实施纳税检查的过程中,有权到纳税人的生产、经营场所和货物存放地实地检查,其原因主要有以下几点。

1. 实地检查便于落实、验证账簿上的疑难问题。纳税检查虽然以检查会计资料为主,但从难以计数的账簿、记账凭证、报表、发票存根等会计资料和千头万绪的会计记录中发现的疑点、线索要得到进一步的查实,还必须深入到纳税单位(人)的生产车间、班组、仓库、办公现场、门市部以及驻外机构等进行调查。可见,实地检查是保证税务查账质量和工作深度的有效措施。

2. 现场活情况能成为查账的活线索。有些纳税人存在蓄意舞弊行为,往往很难在账务处理上发现其逃避缴纳税款的痕迹。例如,有的企业编制两套账,一套假账,一套真账,用假账专门对付税务部门。假账在账务处理上是不会有什么问题的,纳税检查如果就账查账将一无所获,但通过清仓查库、现场检查就很可能发现一些活情况。如果以掌握的活情况为线索,追踪检查,则许多账上无法查获的问题往往就能够迅速暴露和查清,起到事半功倍的效果。

3. 无账可查,客观上需要进行现场检查。在市场经济条件下,不仅生产经营项目繁多,而且纳税环节和纳税人的经济行为也十分复杂。有些税种的课税对象并不直接反映在纳税人的账簿上,或者有些纳税人根本没有建账能力,无账可查,这时进行纳税检查就需要借用其他手段,其中实地

勘察、核实实物是很重要的方面。

4. 实地检查是为了核实财产物资的价值量与实物量是否相符。在纳税检查中，为了核实商品、货物和其他财产的价值量与实物量是否相符，需要对财产物资进行盘点。只有通过实地盘点调查，才能账实相比，核实账上记录与实物是否相符，防止因账实不符而造成错漏。例如，对被查单位的原材料、在产品、半成品、产成品、固定资产和其他所有财产物资的账面数量与实际盘存数量进行核对等。

（三）责成纳税人、扣缴义务人提供有关涉税资料

责成纳税人、扣缴义务人提供与纳税或者代扣代缴、代收代缴税款有关的文件、证明材料和有关资料，主要是为了保证税务机关正确贯彻税收政策、法令，纠正错漏、欠税，堵塞税款流失的漏洞，保证国家税款及时、足额入库。所有纳税人、扣缴义务人都必须照章接受税务人员的检查，主动出示有关证照，如实提供有关资料。

有关文件、证明材料和有关资料是纳税人是否正确履行纳税义务、扣缴义务人是否正确履行代扣（代收）代缴义务的书面证明。有关文件、证明材料和有关资料主要包括纳税申报表、营业执照、税务登记证、减免税批准文件、税收专用缴款书、企业所得税缴款书、汇总缴款书、通用完税证、限额完税证、定额完税证、涉外税收完税证、印花税票、收入退还书、自收税款退税凭证、罚款收据、税票调换证、外销商品税收证明单、税务查验戳记、发票存根或商事凭证、购销合同书等。

（四）询问纳税人、扣缴义务人有关涉税情况

询问纳税人、扣缴义务人与纳税或者代扣代缴、代收代缴税款有关的问题和情况，本身就是一种检查方式。纳税人以及扣缴义务人是经济业务的组织者和参与者，他们了解生产安排、材料供应、产品变动、销售情况、新产品试制、技改项目和专项工程等直接或间接与税收有关的情况。通过询问，有利于税务人员掌握纳税单位（人）、扣缴义务人的生产经营、税源变化、纳税申报、实际缴纳、代扣（代收）代缴等情况，有利于税务人员在查账过程中客观地观察分析，将有关问题联系起来，收到较好的检查效果。

（五）检查车站、码头等场所的过往应税货物

到车站、码头、机场执行税收检查，是纳税检查特有的手段之一。车站、码头、机场是商品货物运送、托运的要道。为了堵塞税收漏洞，加强

第一章 税务检查概述

税款的源泉管控，保证国家的财政收入，保护合法经营，打击偷税犯罪活动，经有关上级部门的批准，税务机关可根据需要会同有关单位和部门设置纳税检查站，到车站、码头、机场、邮政企业及其分支机构检查纳税人托运和邮寄应税商品、货物或者其他财产的有关单据、凭证和有关资料。

关于设置纳税检查站问题，在《税收征管法》中没有做规定，主要是从当前的政治经济形势的角度来考虑的，而且过多地设置检查站的做法也是不可取的。但是法律没有规定，并不等于取消，也不是不准设，而是要调整、要少设。各地仍然可以按照国务院的有关规定，经过批准，在少数重点地区和货物集散地设置必要的纳税检查站。

税务机关有关人员检查纳税人通过公路、水路和空中运输托运的应税产（商）品、货物及有关账务时，各有关车站、码头、机场的工作人员应主动配合、提供方便。税务人员执行检查任务时应遵守铁路、民航管理等部门的有关规章制度。进行纳税检查的时间应尽量与铁路运输、水上运输、空中运输的营业时间一致，查验工作一般必须在货物承运前、交付后进行，以免影响正常的运输组织工作。凡运达的应税货物，在货主取货后，都必须持单位证明或有关税务管理的票证向纳税检查站报验；运出的应税货物托运前，货主应持统一发票或外销证明等有关税务管理证件向纳税检查站报验，铁路、水运、空运部门对个体商贩托运大批产（商）品应查验税单后才能办理托运手续。对与重要税务案件有关的货物，税务人员需要进入货场、仓库、站台、码头、机场内进行检查的，要事先通知铁路、交通、民航部门，各部门应积极配合、协助并提供方便。

开展邮路检查，是查获逃避税的新渠道。为了有效地掌握纳税人的纳税情况，查处逃避税行为，税务人员有权到邮电企业检查纳税人邮寄应税产（商）品货物的纳税情况。税务人员依法到邮电部门检查纳税人托运、邮寄商品货物的纳税情况时，有关邮电局（所）应予支持并提供方便。税务人员可以检查纳税人通过邮电部门邮寄应税商品时的有关单据、凭证等资料，但不包括开箱、开包的检查。税务人员应严格遵守邮电部门的有关规章制度，检查工作时间应尽量与邮电企业营业时间一致。实践证明，通过对邮寄商品的检查，查获逃避税行为的成效较大。

（六）检查纳税人、扣缴义务人的银行存款账户

按照《税收征管法》的规定，经县以上税务局（分局）局长批准，凭全国统一格式的检查存款账户许可证明，税务机关可以查询从事生产、

纳税检查

经营的纳税人、扣缴义务人在银行或者其他金融机构的存款账户。税务机关在检查有关税收违法案件时，经设区的市、自治州以上税务局（分局）局长批准，可以查询案件涉嫌人员的储蓄存款。税务机关查询所获得的资料，不得用于税收以外的用途。

为了有效地控制和查处偷、抗、欠税行为，防止税款流失，经县以上税务局（分局）局长批准，纳税检查人员可以凭全国统一格式的检查存款账户许可证明，到有关银行或其他金融机构查核从事生产、经营的纳税人、扣缴义务人的存款账户。检查的要点主要是纳税人、扣缴义务人的存款立户情况，诸如开了几个存款户头以及存款户头的使用情况是否正常等。按照《税收征管法》的规定，纳税人未将其全部银行账号向税务机关报告的，可处以2 000元以下的罚款，情节严重的处以2 000元以上10 000元以下的罚款。

税务机关检查纳税人存款账户许可证明，由省、自治区、直辖市税务局根据全国统一式样印制，并按本市、自治区、直辖市简称字统一编号（如湖北省为鄂税字第××号），严格管理使用。在本县（市）内使用时，应由本县（市）税务局局长批准，并加盖本局公章和批准人印章；由地（市）或地（市）以上税务局直接使用时，应由本税务局局长批准并加盖本税务局公章和批准人印章；到本县、地（市）以外使用时，还应加盖所在地的县、地（市）税务局公章。

（七）采用记录、录音、录像、照相和复制等方式收集与案件有关的情况及资料

税务违法是指税收法律关系主体的一方（纳税人）违反国家税法或因偷、抗税而触犯刑法的行为。对违反税法的纳税人必须追究其法律责任。税务机关对有关单位或群众检举揭发的问题或税务人员查获的偷税、抗税问题，经研究认为确实需要立案查办的，应及时立案审理。《关于办理偷税、抗税刑事案件具体应用法律的若干问题的解释》的第五款、第六款、第七款、第八款明确规定偷税、抗税情节严重的，对其直接责任人应予立案。

税务机关对有关税务违法案件，要组织力量认真核实，要查清其违反税法的事实经过，通过询问违法当事人、证人和勘查现场，落实违法的时间、地点、情节、数据及其造成的后果。调查时要以客观事实为依据，不能主观臆断、擅自取舍资料，更不能随意编凑资料。为了保证调查资料全

面、系统、真实，使定案符合"事实清楚、证据确凿、定性准确、资料完备、处理恰当"的要求，防止由于资料的不确定而造成处理的失误，在调查过程中税务人员可以采用记录、录音、录像、照相和复制等方式收集有关情况和资料。例如，可以对与违法当事人、证人的谈话进行录音，可以对违法现场进行拍照，可以对有关账册、凭证资料进行复制，等等。

税务机关在调查税务违法案件时，应注意采取各种方式收集与案件事实有关的情况和资料，以便如实反映客观事实，为依法公正地处理税务违法案件提供有力的法律证据。

（八）采取税收保全措施

《税收征管法》第三十八条规定，税务机关有根据认为从事生产、经营的纳税人有逃避纳税义务行为的，可以在规定的纳税期之前，责令限期缴纳应纳税款；在限期内发现纳税人有明显的转移、隐匿其应纳税的商品、货物以及其他财产或者应纳税的收入的迹象的，税务机关可以责成纳税人提供纳税担保。如果纳税人不能提供纳税担保，经县以上税务局（分局）局长批准，税务机关可以采取税收保全措施，目的是保证国家税款及时、足额入库。

1. 税收保全措施的形式。

（1）书面通知纳税人开户银行或者其他金融机构冻结纳税人相当于应纳税款的存款。

（2）扣押、查封纳税人的价值相当于应纳税款的商品、货物或其他财产。

2. 适用税收保全措施的条件。

（1）只适用于从事生产、经营的纳税人。对非从事生产、经营的纳税人，或对扣缴义务人和纳税担保人，不能适用税收保全措施。

（2）必须是有根据认为纳税人有明显的转移、隐匿其应纳税的商品、货物以及其他财产或应纳税收入等行为或迹象。

（3）必须是在规定的纳税期之前和责令限期缴纳的期限之内。对有逃避纳税义务行为的纳税人，税务机关首先责令限期缴纳。在纳税期之后或在责令限期缴纳期满之后，税务机关强制纳税人履行纳税义务的行为是强制执行措施，而不是税收保全措施。

（4）必须是在纳税人不肯或不能提供纳税担保的情况下。对在责令限期缴纳之前有逃避纳税义务的纳税人，税务机关应首先要求纳税人提供纳

税担保，而不是直接采取税收保全措施。

（5）必须经县以上税务局（分局）局长批准。

3. 对采取税收保全措施的制约。

（1）《税收征管法实施细则》第六十三条规定，税务机关扣押、查封商品、货物或者其他财产时，应当由两名以上税务人员执行，并通知被执行人。被执行人是自然人的，应当通知被执行人本人或者其成年家属到场；被执行人是法人或者其他组织的，应当通知其法定代表人或者主要负责人到场；拒不到场的，不影响执行。

（2）税务机关扣押商品、货物或者其他财产时，必须开具收据；查封商品、货物或者其他财产时，必须开具清单。税务机关采取税收保全的期限一般不得超过6个月，重大案件需要延长的，应当报国家税务总局批准。

（3）个人及其所扶养家属维持生活必需的住房和用品，不在税收保全措施的范围之内。机动车辆、金银饰品、古玩字画、豪华住宅或者一处以外的住房不属于个人及其所扶养家属维持生活必需的住房和用品。对单价5 000元以下的其他生活用品，不采取税收保全措施。

（4）《税收征管法实施细则》第六十八条规定，纳税人在税务机关采取税收保全措施后，按照税务机关规定的期限缴纳税款的，税务机关应当自收到税款或者银行转回的完税凭证之日起1日内解除税收保全措施。

（5）如果因税务机关采取税收保全措施不当而给纳税人造成了实际损失，则税务机关应负赔偿责任。

（九）采取税收强制执行措施

税收强制执行措施是指从事生产、经营的纳税人、扣缴义务人未按照规定的期限缴纳或者解缴税款，纳税担保人未按照规定的期限缴纳所担保的税款，由税务机关责令限期缴纳，逾期仍未缴纳的，经县以上税务局（分局）局长批准，税务机关采取法定的强制手段，强迫其履行义务的行为。

1. 强制执行措施的表现形式。

（1）书面通知其开户银行或者其他金融机构从其存款中扣缴税款。

（2）扣押、查封、拍卖其价值相当于应纳税款的商品、货物或者其他财产，以拍卖所得抵缴税款。

2. 适用税收强制执行措施的条件。

（1）不仅可以适用于从事生产、经营的纳税人，还可以适用于扣缴义务人和纳税担保人。

（2）对逾期不履行法定义务的纳税人等管理相对人必须告诫在先，执行在后。也就是说，对纳税期满后仍不履行法定义务者，税务机关应先责令限期缴纳，对拒不缴纳者，方可适用强制执行措施。

（3）税收强制执行措施以保障纳税义务的全面、实际履行为目的。采取税收强制执行措施前，应当报经县以上税务局（分局）局长批准。

（十）纳税人不得拒绝依法进行的纳税检查

税务机关按规定执行纳税检查时，被查当事人不得拒绝。《税收征管法》规定，纳税人、扣缴义务人必须接受税务机关依法进行的纳税检查，如实反映情况，提供有关资料，不得拒绝、隐瞒。税务机关依法进行纳税检查时，有权向有关单位和个人调查纳税人、扣缴义务人和其他当事人与纳税或者代扣代缴、代收代缴税款有关的情况，有关单位和个人有义务向税务机关如实提供有关资料及证明材料。

二、检查人员要求

（一）出示检查证与检查通知书

税务机关派出人员进行纳税检查时，应当出示纳税检查证件和纳税检查通知书。纳税检查是一项政策性强、涉及面广的工作，具有一定的严肃性。税务人员在执行纳税检查任务时，应当出示由国家税务总局统一制定的税务检查证和税务检查通知书。如果税务人员未出示国家规定的税务检查证和税务检查通知书，则纳税人、扣缴义务人或其他被查当事人有权拒绝检查。

（二）为纳税人保守商业秘密

纳税检查人员有责任依法为被查人员保守商业秘密、个人隐私、财产、商业信息、储蓄存款及其他有关情况，否则将会受到法律制裁，纳税人、扣缴义务人的税收违法行为不属于保密范围。

税务稽查人员有《税收征管法实施细则》第八条规定回避情形的，应当回避。回避情形包括：①夫妻关系；②直系血亲关系；③三代以内旁系血亲关系；④近姻亲关系；⑤可能影响公正执法的其他利害关系。

《税务稽查工作规程》第七条规定：被查对象要求税务稽查人员回避的，或者税务稽查人员自己提出回避的，由稽查局局长依法决定是否回

纳税检查

避。稽查局局长发现税务稽查人员有规定回避情形的，应当要求其回避。稽查局局长的回避，由所属税务局领导依法审查决定。

税务稽查人员应当遵守工作纪律，恪守职业道德，不得有下列行为：①违反法定程序、超越权限行使职权；②利用职权为自己或者他人谋取利益；③玩忽职守，不履行法定义务；④泄露国家秘密、工作秘密，向被查对象通风报信、泄露案情；⑤弄虚作假，故意夸大或者隐瞒案情；⑥接受被查对象的请客送礼；⑦未经批准私自会见被查对象；⑧其他违法乱纪行为。

税务稽查人员在执法办案中滥用职权、玩忽职守、徇私舞弊的，依照有关规定严肃处理；涉嫌犯罪的，依法移送司法机关处理。

三、纳税检查的流程

税务机关代表国家行使执法权，必须严格遵照一定的执法程序进行。依照被查对象存在问题的严重程度，税务检查程序包括简易程序、一般程序。

（一）简易程序

对于不需要立案或没有达到立案标准的税务案件，一般按照简易程序办理。也就是说，对有违法行为但后果轻微或情况紧急非当场处罚不可等情形，可以采取简易程序。违法事实确凿并有法定依据的，对公民处以50元以下罚款，对法人或者其他组织处以1 000元以下罚款或警告的行政处罚决定，可以当场做出。

使用简易程序时，税务人员应出示税务检查证，说明处罚理由，允许被处罚者口头申明意见，并填写有预定格式的《税务行政处罚决定书》并当场交付当事人。对于有些行政处罚需经税务机关领导批准，而在紧急情况下或因其他原因不能及时请求审查批准的，在实施处罚后应补办有关手续。税务人员当场做出的税务行政处罚决定必须及时报所属税务机关备案。

（二）一般程序

税务检查的一般程序包括选案、检查、审理和执行等四个环节。凡是立案的税务案件必须经过审理环节，按照一般程序办理。

在一般程序中存在重要的一道环节，即听证程序。税务行政处罚的听证程序，是指行政机关在做出重大行政处罚决定之前，依当事人申请，举行听证会，充分听取当事人的陈述、申辩，并允许当事人及利害关系人与执法人员进行质证的程序。

税务机关对公民做出 2 000 元以上罚款，对法人或其他组织做出 10 000 元及以上罚款的行政处罚之前，税务机关应当向当事人送达《税务行政处罚事项告知书》，告知当事人已经查明的违法事实、违法证据、行政处罚的法律依据和拟给予的行政处罚，并告诉当事人有要求举行听证的权利。若当事人要求听证，则税务机关应当举行听证。

听证应当依照下列程序组织：

1. 当事人要求听证的，应在税务机关告知后 3 日内提出；逾期不提出的，视为放弃听证权利。

2. 税务机关应当在收到当事人听证要求后 15 日内举行听证，并在举行听证的 7 日前将《税务行政处罚听证通知书》送达当事人，通知当事人举行听证的时间、地点、听证主持人姓名及有关事项。当事人由于不可抗力或者其他特殊情况而耽误提出听证的，在障碍消除后 5 日内，可以向税务机关申请延长期限。

3. 除涉及国家机密、商业秘密或者个人隐私外，听证应公开进行。听证由税务机关指定的非本案调查人员主持，当事人认为主持人与本案有直接利害关系的，有权申请回避。当事人可以亲自参加听证，也可以委托一至两个人代理。

4. 举行听证时，调查人员提出当事人的违法事实、证据和处罚意见；当事人进行申辩和质证；听证应当制作笔录，笔录应当交当事人审核无误后签字或盖章。

5. 听证结束后，依法做出决定。

第三节　纳税检查的法律关系

一、税收法律关系的一般内涵

税收法律关系是指国家和纳税人之间在税法所调整的税收活动中发生的权利和义务关系。它是国家政治权力介入经济生活的税收关系在法律上的反映和体现。

税收法律关系的主体是在税收法律关系中依法享有权利和承担义务的

当事人。它包括纳税主体和征税主体两个方面。纳税主体一般是指纳税人、扣缴义务人。征税主体包括广义与狭义两种概念。广义的征税主体包括三个层次：国家是第一层次征税主体，其他各层征税主体以国家名义征税；立法机关和各级政府是第二层次征税主体，共同配合实现国家的征税职能；税务机关是第三层次征税主体，具体执行征税活动，是直接的征税主体。狭义的征税主体是指税务机关。税收法律关系的客体是指税收法律关系主体权利和义务指向的对象，其具体客体呈现多样性。例如，中央和地方各级政府间的法律关系（宪法性法律关系）的客体是税收权利，国际税收权益分配法律关系的客体是税收权益，税收征纳法律关系的客体是按一定税率计算出来的税款，而税收救济法律关系的客体是行为，即税务机关在税收征管活动中的相关行政行为。

税收法律关系的内容是指税收法律关系主体双方在征纳活动中依法享有的权利和承担的义务。税收法律关系的内容包括征税主体的权利和义务，以及纳税主体的权利和义务两大方面。

（一）征税主体的权利和义务

征税主体的权利和义务具体包括税务机关的各项权利，如征税权、税法解释权、估税权、委托代征权、税收保全权、强制执行权、行政处罚权、税收检查权、税款追征权。税务机关的义务包括依法办理税务登记、开具完税凭证的义务、保守当事人的商业秘密、多征税款立即返还，以及实施税收保全过程中的义务、依法解决税务争议过程中应履行的义务等。

（二）纳税主体的权利和义务

纳税主体的权利和义务具体包括纳税主体的各项权利，如申请延期纳税权、申请减税免税权、多缴税款申请退还权、委托税务代理权、要求税务机关承担赔偿责任权、申请复议和提起诉讼权。纳税主体的义务包括：依法按期办理税务登记、变更登记或重新登记；依法设置账簿，合法、正确使用有关凭证；按规定定期向主管税务机关报送纳税申报表、财务会计报表和其他有关资料；按期进行纳税申报，及时、足额地缴纳税款；主动接受和配合税务机关的纳税检查；违反税收法规的纳税人，应按规定缴纳滞纳金、罚款，并接受其他法定处罚等。

二、纳税检查法律关系

纳税检查法律关系作为税收法律关系的组成部分，主要体现了稽查局和纳税人、扣缴义务人之间的权利和义务关系。因此，它具备税收法律关系的各项基本特征。其特殊性主要表现在以下三个方面。

（一）执法主体的特殊性

《税收征管法》第十四条规定，本法所称税务机关是指各级税务局、税务分局、税务所和按照国务院规定设立的并向社会公告的税务机构。《税收征管法实施细则》第九条规定，《税收征管法》第十四条所称的"按照国务院规定设立的并向社会公告的税务机构"，是指省以下税务局的稽查局。稽查局专司偷税、逃避追缴欠税、骗税、抗税案件的查处。该条第二款同时规定，国家税务总局应当明确划分税务局和稽查局的职责，避免职责交叉。

上述规定从三个层面规定了稽查执法主体的特殊性：①省以下税务局的稽查局具有执法主体资格；②将税务机关的部分职责分离给稽查局，即专司偷税、逃避追缴欠税、骗税、抗税案件的查处，同时授权国家税务总局明确划分税务局和稽查局的职责；③税务局与稽查局应当各司其职，不得混淆执法主体。

（二）法律关系内容的特殊性

税收法律关系的内容是税收征纳关系的权利和义务关系。就纳税检查而言，税收法律关系内容的特殊性主要表现在对纳税检查的权利和义务、稽查对象的权利和义务的特别设定上。另外，《税务稽查工作规程》中还规定了纳税检查的管辖关系，这也构成了纳税检查法律关系的内容。

税收法律法规对稽查法律关系内容的特别设定，既有对稽查执法的保护，也有对稽查执法的约束。同时，还在规定了纳税人、扣缴义务人及其他当事人接受纳税检查、调查义务的同时，明确了保护其合法权益方面的条款。这些特别设定，体现了纳税检查法律关系中稽查执法主体与稽查对象在法律地位上的平等关系。

（三）纳税检查法律关系的保护

稽查法律关系的保护是指对稽查局和稽查对象之间权利和义务的保护。这种保护体现在三个方面：一是稽查执法必须依照法定的权限和程序行使法律规定的职权。二是法律对稽查执法权力的保护部分来自对纳税人、扣缴义务人义务的规定；反之，对纳税人、扣缴义务人权利的保护，也部分来自对稽查执法主体义务的规定。三是违法者应承担相应的法律责任。

纳税检查

此外，为保证稽查局正确行使职权，还应建立有效的监督制约机制。当前，这种监督制约主要来自两个方面：①外部的社会监督，即通过实行稽查告知制度来接受被查对象的监督，通过实行税收违法案件公告制度来增强查办案件的透明度；②内部的行政监督，即接受上级、同级税务机关的执法检查、案件复查、纪检监发等内部监督。

第四节 纳税检查的作用

税务机关对纳税人和扣缴义务人履行纳税义务或者扣缴义务情况的检查，是一种行政监督手段，是税务机关履行职责、行使权利的过程。纳税检查对规范纳税行为的作用主要体现在以下五个方面。

一、实施检查，发现涉税违法行为

税务机关依照法定程序对纳税人、扣缴义务人违法行为的手段、情节、影响及所带来的消极后果进行分析和判断，确定其违法行为的性质。

二、宣传税法，教育违法的纳税人

在实施纳税检查的过程中，税务检查人员在发现和揭露纳税人的涉税违法行为时，要向纳税人宣传税法，指出其违法的具体行为及后果，并教育纳税人树立自觉守法的意识，履行纳税义务。

三、纠正违法，正确适用税收法律

经过纳税检查，税务机关对违法的纳税人按照规定的程序，通过下达税务处理决定书的方式纠正其违法行为，使其按照税收法律的规定正确执行税法，及时、足额地向国家缴纳各项税款。

四、教育

通过稽查执法查处税收违法案件，可以教育稽查对象和其他纳税人、扣缴义务人，从而起到引导纳税遵从的作用。一方面，可以通过对稽查对象的检查、处理和处罚来实施教育；另一方面，可以通过公告、新闻发布会、媒体曝光等宣传手段扩大稽查执法的影响面，以达到教育广大纳税人、震慑税收违法活动的效果。

五、增加财政收入

通过纳税检查增加财政收入,是纳税检查的直接效果,也是纳税检查的基本作用之一。但是,把增加财政收入作为纳税检查的唯一功能是片面的,这已不适应现代化税收管理的要求。

第五节 我国纳税检查的制度环境

税务检查制度通常是指征税机关根据税法及其他有关法律的规定而对纳税主体履行纳税义务的情况进行检验、核查的活动,包括征税机关的税务检查权和税务机关在税务检查方面的义务。

一、征税机关的税务检查权

税务检查权,是政府税法执行权的一种。税务检查权是税务机关依据《税收征收管理法》在实施税务检查过程中拥有的权力。税务检查权包括:对纳税人的账簿、凭证、报表和有关资料的税务检查权;对纳税人的生产、经营场所和货物存放地的应纳税商品、货物或者其他财产的税务检查权;到车站、码头、机场、邮政企业及其分支机构对纳税人托运、邮寄应纳税商品、货物或者其他财产的有关单据、凭证和有关资料的税务检查权;依法享有的对纳税人存款账户的检查权。同时,税务机关在进行税务检查时,享有采取税收保全措施和税收强制措施的权力。

根据《税收征管法》及其实施细则的规定,税务机关在税务检查中享有以下权力。

查账权:税务机关有权检查纳税人的账簿、记账凭证、报表和有关资料,检查扣缴义务人代扣代缴、代收代缴税款账簿、记账凭证和有关资料。

场地检查权:税务机关有权到纳税人的生产、经营场所和货物存放地检查纳税人应纳税的商品、货物或者其他财产,检查扣缴义务人与代扣代缴、代收代缴税款有关的经营情况。

责成提供资料权:税务机关实施税务检查时有权责成纳税人、扣缴义务人提供与纳税或者代扣代缴、代收代缴税款有关的文件、证明材料和有关资料。

询问权：税务机关有权询问纳税人、扣缴义务人与纳税或者代扣代缴、代收代缴税款有关的问题和情况。

查证权：税务机关有权到车站、码头、机场、邮政企业及其分支机构检查纳税人托运、邮寄应纳税商品、货物或者其他财产的有关单据、凭证和有关资料。

检查存款账户权：经县以上税务局（分局）局长批准，凭全国统一格式的检查存款账户许可证明，查询从事生产、经营的纳税人、扣缴义务人在银行或者其他金融机构的存款账户。查询的内容包括纳税人存款账户余额和资金往来情况。税务机关在调查税收违法案件时，经设区的市、自治州以上税务局（分局）局长批准，可以查询案件涉嫌人员的储蓄存款。税务机关查询所获得的资料，不得用于税收以外的用途。

采取税收保全措施或者强制执行措施权：税务机关对从事生产、经营的纳税人以前纳税期的纳税情况依法进行税务检查时，发现纳税人有逃避纳税义务行为，并有明显的转移、隐匿其应纳税的商品、货物以及其他财产或者应纳税的收入的迹象的，可以按照本法规定的批准权限采取税收保全措施或者强制执行措施。

调查取证权：税务机关依法进行税务检查时，有权向有关单位和个人调查纳税人、扣缴义务人和其他当事人与纳税或者代扣代缴、代收代缴税款有关的情况，有关单位和个人有义务向税务机关如实提供有关资料及证明材料。税务机关调查税务违法案件时，对与案件有关的情况和资料，可以记录、录音、录像、照相和复制。

二、税务机关和纳税人在税务检查中的权利和义务

税务机关和作为被查对象的税务检查相对人，在税务检查过程中是必不可少的两个方面，拥有各自的权利，同时承担着相应的义务。2001年4月28日，经修改后的新《税收征管法》进一步明确了征纳双方的权利和义务。具体内容如下。

（一）税务机关在税务检查中的权利和义务

1. 税务机关在检查中的权利。根据《税收征管法》，税务机关在实施税务检查过程中，依法享有以下权利：

（1）查账权。《税收征管法》第五十四条第一款规定，税务机关有权检查纳税人的账簿、记账凭证、报表和有关资料，检查扣缴义务人代扣代

第一章 税务检查概述

缴、代收代缴税款账簿、记账凭证和有关资料。

（2）调查权。《税收征管法》第五十七条规定，税务机关依法进行税务检查时，有权向有关单位和个人调查纳税人、扣缴义务人和其他当事人与纳税、代扣代缴、代收代缴税款有关的情况。

（3）存款账户检查权。《税收征管法》第五十四条第六款规定，经县以上税务局（分局）局长批准，凭全国统一格式的检查存款账户许可证明，可以查询从事生产经营的纳税人、扣缴义务人在银行或其他金融机构的存款账户。税务机关在调查税收违法案件时，经设区的市、县、自治州以上税务局（分局）局长批准，可以查询案件涉嫌人员的储蓄存款。

（4）实地检查权。《税收征管法》第五十四条第二款规定，税务机关有权到纳税人的生产、经营场所和货物存放地检查纳税人的商品、货物或其他财产，检查扣缴义务人与代扣代缴、代收代缴税款有关的经营情况；有权到车站、码头、机场、邮政企业及其分支机构检查纳税人托运、邮寄应税商品、货物或其他财产的有关单据、凭证和有关资料。

（5）责成提供资料权。《税收征管法》第五十四条第三款规定，税务机关有权责成纳税人、扣缴义务人提供与纳税或者代扣代缴、代收代缴税款有关的文件、证明材料和有关资料。

（6）询问权。《税收征管法》第五十四条第四款规定，税务机关有权询问纳税人、扣缴义务人与纳税或者代扣代缴、代收代缴税款有关的问题和情况。

（7）税收保全措施或税收强制执行措施权。《税收征管法》第五十五条规定，税务机关对从事生产、经营的纳税人以前纳税期的纳税情况依法进行税务检查时，发现纳税人有逃避纳税义务行为，并有明显的转移、隐匿其应纳税的商品、货物以及其他财产或者应纳税收入的迹象的，可以按规定程序执行税收保全措施或税收强制执行措施。

（8）资料获取权。《税收征管法》第五十七条规定，税务机关调查税务违法案件时，对与案件有关的资料和情况，可以记录、录音、录像、照相和复制。

2. 税务机关在检查中的义务。税务机关在税务检查中依法承担以下义务：

（1）持证检查。《税收征管法》第五十九条规定，税务机关派出的税务人员进行税务检查时，出示税务检查证和税务检查通知书，未出示税务

检查证和税务检查通知书的,被查人有权拒绝检查。这就是说,税务检查人员在检查纳税人存款账户时,必须出示全国统一格式的检查存款账户许可证明,在进行其他方面检查时,必须出示税务检查证。

(2)保守秘密。税务检查人员在检查纳税人账簿时,对企业的生产经营状况有了很深的了解,但是必须为企业保守秘密。《税收征管法》第五十九条规定,税务机关派出的检查人员有责任为被查人保守秘密。

(3)严格资料的使用。《税收征管法》第五十四条第六款规定,税务机关查询所获得的资料,不得用于税收以外的用途。同时,税务机关检查的资料、询问的对象和内容都必须与税收有关。

(二)纳税人在税务检查中的权利与义务

1. 纳税人在税务检查中享有的权利。纳税人在税务检查中,可以依法监督税务机关的执法行为。例如,可以拒绝税务机关的无证检查,可以拒绝回答与税收无关的询问,可以拒绝提供与纳税无关的资料,等等。

2. 纳税人在税务检查中承担的义务。纳税人在税务检查中,必须配合税务机关的检查工作,如实反映情况、提供有关资料,不得拒绝和隐瞒。

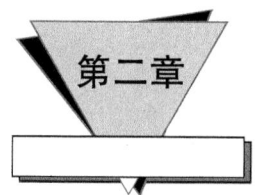

第二章

纳税检查基本方法

第二章 纳税检查基本方法

纳税检查的方法是税务机关和税务检查人员实施税务检查时，为发现税收违法问题，搜集相关证据，依法采取的各种手段和措施的总称。

第一节 账务检查方法

一、详查法和抽查法

按照检查的范围、内容、数量和查账详略的不同要求，纳税检查的方法可分为详查法和抽查法两种。

（一）详查法

详查法又称精查法或详细审查法，是指对稽查对象在检查期内的所有经济活动、涉及经济业务和财务管理的部门及其经济信息资料采取严密的审查程序，进行周详的审核检查的方法。详查法适用于规模较小、经济业务较少、会计核算简单、核算对象比较单一的企业，或者为了揭露重大问题而进行的专案检查，以及在整个检查过程中对某些（某类）特定项目、事项所进行的检查。因而，详查法对于管理混乱、业务复杂的企业，以及纳税检查的重点项目和事项的检查十分适用，一般都能取得较为满意的效果。详查法也适用于对歇业、停业清算企业的检查，可以在立案侦查经济案件时采用。

（二）抽查法

抽查法亦称抽样检查法。一般认为它是详查法的对称，单从方法上讲，它是一种独立的检查方法。抽查法不仅在检查的基础、环境、内容上与详查法不同，而且其使用的基本方法也不同。抽查法是指从被查总体中抽取一部分资料进行审查，再依据抽查结果推断总体的一种方法。抽查法具体又分为两种：一是重点抽查法，即根据检查目的、要求或事先掌握的纳税人的有关纳税情况，有目的地选择一部分会计资料或存货进行重点检查；二是随机抽查法，即以随机方法选择纳税人某一特定时期或某一特定范围的会计资料或存货进行检查。

抽查法的程序为：

1. 制订抽查方案，确定抽查重点。在制订抽查方案时要尽量考虑到各种因素的影响，从而使方案尽可能地与实际情况相符合。制订抽查方案时除要确定抽查的重点以外，还要根据不同的抽查项目制定合理的抽查路

线，确定抽查的时间、人员分工、复核等。

2. 确定抽查对象。抽查重点确定以后，要按照抽查的要求合理地确定抽查的对象和内容。当抽查重点存在多个对象时，要按照重要性原则确定具体的抽查对象，具体有：①依据检查的目的决定抽查对象；②依据被查项目在检查工作中的重要性决定抽查对象；③依据会计记录或报表分析中出现的矛盾决定抽查对象；④依据被查项目发生问题的可能性决定抽查对象。当然，抽查对象和抽查时期，有的事前可以确定，也有很多是在检查过程中确定的，具体问题应当具体分析，不能一概而论。

3. 实施抽查。实施抽查是对抽查方案的具体落实，在实施抽查时要把握好抽查时间，以免影响企业的生产经营。在抽查实物资产时，要选择在资产流动量相对较小的时候进行，以免影响抽查结果的正确性。

4. 抽查结果分析。分析抽查结果，目的是根据抽查的情况判断对总体的影响程度。分析时要确保准确性和可靠性。

5. 确定抽查结果对总体的重要程度。根据抽查结果对总体进行推断是抽查法的目的，但抽查结果只能作为对总体判断的参考，不能作为直接的定案依据。对于抽查结果与实际情况差异比较大的，要进一步查明原因，必要时可以扩大抽查范围，或者放弃抽查结果。

（三）对比抽查法和详查法的优缺点

1. 抽查法的优缺点和适用范围。

（1）抽查法的优点：提高审计工作效率。

（2）抽查法的缺点：可能对审计质量产生影响。尤其是对于那些发生频率不高的错弊行为，该方法的运用具有一定的局限性。

（3）抽查法的适用范围：比较广泛，凡对规模较大、经济业务较多、内部控制健全有效、会计基础工作较好、组织机构健全的单位进行审计，都可运用抽查法。

2. 详查法的优缺点和适用范围。

（1）详查法的优点：不易出现遗漏，审计质量有可靠的保证。

（2）详查法的缺点：工作量大，费时费力，审计成本相对较高。

（3）详查法的适用范围：对经济业务比较简单、内部控制比较薄弱以及可能存在重大违反财经法纪行为的被审计单位，可考虑采用详查法。

二、顺查法和逆查法

按照查账的顺序不同,纳税检查方法可分为顺查法和逆查法两种。

(一) 顺查法

所谓顺查法,是指依照会计核算的顺序,从检查会计凭证开始到账簿进而到报表的一种检查方法。这种方法主要用于对原始凭证、记账凭证和账簿记录的核对,审定费用开支和采购环节的代扣税金、营业外收支的发生额。运用时要着重核对以下关系:

1. 会计科目的对应关系。对工业企业和商业企业所使用的会计科目、名称及其使用范围、核算内容与对应科目,各种会计制度均有明确规定。如果科目对应关系出现异常,往往就会发生偷、漏税的问题。因此,检查会计科目的对应关系是否正常及其与发生的经济业务是否相符,是查核偷、漏税问题的一种有效手段。例如,"库存商品"账户贷方反映的是销售出库产品的成本,其对应账户是"主营业务成本"。如果其对应账户为"应收账款""应付账款""原材料""在建工程"等账户,而这种账户对应关系分别反映为把销售收入悬挂在收入结算账户、把销售收入冲抵偿还应付账款、用产品换回原材料、自用产品直接结转工程成本,那么就有可能存在漏报产品销售收入、逃避销售税金、转移销售利润的行为。所以,查核会计科目的对应关系,就能发现可能发生的问题。

2. 经济业务与会计核算的关系。会计核算应当按照制度规定如实反映企业的经济业务。为了有效监督企业的经济活动,对企业发生的各项收入、成本费用、往来结算和财务分配等各项业务,应明确规定它们应当在哪些科目核算,哪些可以开支和开支多少,哪些则不能列支。如果核算科目使用不当,把应由福利费开支的费用列进了生产费用科目,就会造成成本不实;把已经实现的销售收入挂在结算账户结算,就是隐匿了收入,都会影响利润和税收。可见,查核企业发生的经济业务的核算科目,是查核企业执行财会制度和遵守税法并履行纳税义务的情况,检查偷漏税问题的又一行之有效的方法。

3. 账证、账账、账表、账实之间的关系。账证、账账、账表、账实之间有着内在的相互制约关系。一般来说,它们的数据应当是一致的,如果发生差异,则往往与税收和利润有关,必须查实调整,力求一致。核对的内容一般有以下四个方面:①记账凭证与原始凭证核对。②生产成本期末

账面余额与在产品盘存计算的实有数核对。③库存商品、原材料、自制半成品等存货物资的期末盘点表与各明细账、总账核对。④库存商品明细账与主营业务收入、主营业务成本明细账核对。此外,还有其他辅助账表的核对,如工资考勤表、产品记录、预收货款、发货记录等。

(二) 逆查法

逆查法与顺查法的检查顺序相反,是逆会计核算程序,从检查报表开始到账册,而后在凭证中落实检查内容的一种方法,或者是从经济事项的结果逆向追查其原始状况的一种方法。在通常情况下,用这种方法来鉴定企业的财务状况,了解销售、成本、利润指标的完成情况,查明在建工程、固定资产的资金来源和使用情况。采用逆查法容易发现线索,便于抓住重点,目标比较明确,检查效果也较显著。

三、审阅法和核对法

按照检查的方式不同,纳税检查方法可分为审阅法和核对法。

(一) 审阅法

审阅法是指对会计报表、账簿、凭证和其他有关资料进行仔细阅读和审查,以判断其反映的经济活动是否真实、合法的一种税务检查方法。一般从形式和内容两个方面进行审阅。

对会计报表的审阅,主要注意各项经济指标有无异常变动,各种比例、平衡关系、勾稽关系是否正常等。

对账簿的审阅,着重注意记账是否正确,核算有无错误,费用开支是否正常等。例如,"库存商品"账户的贷方发生额,一般应与"主营业务成本""待处理财产损溢""发出商品"等科目对应。若发现"库存商品"贷方发生额的对应科目是"银行存款""库存现金"等,说明企业有漏报、瞒报销售收入和逃避税收的行为。

对凭证的审阅,则应注意经济业务是否合法、合理,字迹有无涂改,手续是否完备,会计分录和科目的对应关系是否正确等;对其他资料如生产经营计划、经济合同、各种定额、生产记录、考勤记录等审阅时,应注意其反映的内容是否真实、合法,发生的时间和金额是否与会计记录一致。

对会计资料以外的其他资料进行审阅,一般是为了进一步获取全面信息。在实际工作中,应视检查的具体情况审阅有关资料。一般可审查两方面的内容：一是除审阅其本身的合法性、合理性外，还应结合所掌握的其他资料进行审阅；二是对于时间逻辑关系的审阅，应审核资料所反映的日期与经济业务发生日期、会计核算记录日期是否存在前后矛盾的情况。

（二）核对法

核对法又称为联系检查法，是指依据账簿、凭证、报表和其他有关资料之间的逻辑关系，将其相互对照和审查的一种检查方法。核对可按账内的勾稽关系进行，也可按账外的逻辑联系进行。根据会计核算原理，企业的表表、表账、账账、账证、证证、账实之间存在一定的逻辑勾稽关系，如果企业财务会计人员不按记账规则和记账程序记账，或是汇总计算错误，或有意弄虚作假，势必破坏企业会计资料之间应有的逻辑关系。因此，这种方法可以用来查证纳税人是否真实地反映了生产经营情况，有无错账、漏账或违反财经纪律行为而造成少缴或不缴税。核对法的内容主要包括以下几个方面：

1. 表表核对。这是指将企业纳税申报表和不同会计报表中有相应关系的项目或指标的数据进行核对。例如，将增值税纳税申报表中的"主营业务收入"项目与主营业务收支明细表中的"主营业务收入"栏的有关项目和数据进行核对。

2. 表账核对。这是指将企业总分类账和明细分类账中的有关项目及数据与会计报表和纳税申报表中的有关项目及数据进行核对，查明各指标数据是否正确。例如，将资产负债表中的"应付职工薪酬"项目与"应付职工薪酬"总账或明细账进行核对，将损益表中的"管理费用"和"财务费用"项目与"管理费用"和"财务费用"总账及明细账进行核对。

3. 账账核对。这是指将有内在联系的总分类账或各总分类账与其所辖明细分类账之间的有关项目和数据进行核对。例如，将"库存商品"账户的贷方发生额与同期"主营业务成本"和"发出商品"等账户的发生额进行核对，看是否相符，如不相符，还要进一步查明产品的去向。

4. 账证核对。这是指将总账和明细账与企业的记账凭证和相应的原始凭证或其他证明材料进行核对。例如：将"固定资产"明细账与固定资产增加或减少时的有关记账凭证及其原始凭证进行核对，看其原始凭证是否合法、合规；将"原材料"明细账与材料购进时的有关凭证进行核对，看材料的进价是否真实、合理，增值税进项税额是否准确记载等。

5. 证证核对。这是指将记账凭证所反映的数据及经济业务内容与所附

的原始凭证，以及企业内部管理有关联的凭证进行核对。例如，检查购入原材料时，可将供货单位开具的发票等单据与购货单位的入库验收单核对，再与记账凭证进行核对，看是否相符，若不相符，则应进一步查明原因。

6. 账实相符。这是指将实物类资产账户与各类实物类资产的实际盘存或清查数量进行核对。例如，将"固定资产"各明细账与厂房、建筑物、机器设备等的盘点情况进行核对，将"原材料""包装物"等明细账与这些实物的盘存数量和金额进行核对等。

第二节　分析法

纳税检查的分析方法是对被检查的会计报表、账簿、凭证等资料和情况进行审查分析，以查证落实或进一步检查线索的一种检查方法。它又可分为控制计算法、比较分析法和推理分析法。

一、控制计算法

控制计算法又称逻辑审查法，是指根据有关数据之间相互制约的关系，用某一可靠的或科学测定的数据来验证另一核算资料或申报资料是否正确，或以某经济事项的核算资料来审定另一经济事项的核算资料的一种检查分析方法。

（一）控制计算法的基本程序

首先，确定需要进行分析的事项或目标。需要进行分析的事项和目标，是指检查人员在检查过程中根据检查目的和要求，以求证某些事项是客观存在并正确的实际事件。例如，分析税收负担率的实际情况时，必须将企业一定时期履行纳税义务的具体事项确定下来，而这一具体事项可以是企业全部经营的税收负担率，也可以是增值税税收负担率，还可以是所得税税收负担率。

其次，确定事项分析的参考数据和采集进行事项分析的数据。需要进行分析的事项或目标一经确定，就必须根据被分析事项的特征，确定相应的参数，同时采集供分析实体的相关数据。进行事项分析的参考数据，可以是企业同期比较值，也可以是行业平均值。例如，分析税收负担率时，必须获得企业同期比较值或者行业平均值，同时采集具有可比性的相关数据。

再次,建立事项分析的数学模型。建立数学模型,是控制计算法的基本条件。对同一事项进行分析比较可以有多种不同的方法,也可以建立多种数学分析模型。例如,在分析企业增值税税收负担率时,为了求得销售对进项税额影响的足够支持,以一定时期企业实际缴纳的增值税和同期实现的销售收入为基本依据,考虑和分析同期存货购入、结存以及销售变动对进项税额的影响。这样,建立的数学模型更能反映企业真实的增值税税收负担率,更易于发现问题。

最后,比较数据分析结果。建立数学模型,是正确运用控制计算法的关键。对于根据控制计算法所得到的数据,与企业实际数据进行比较而出现的差异,需要通过进一步检查和核实才能确定是否对税收构成实际影响。

(二) 常用的控制计算法

纳税检查工作中经常采用的控制计算法有:①材料检查中的以产定耗;②产品检查中的以耗计产;③销售检查中的以存核销、以支计销等。

【例2-1】2021年1月甲企业原材料耗用量为50 000吨,单位产品耗用1吨/件,则:

$$应出产量 = 50\,000 \div 1 = 50\,000(件)$$

检查"库存商品"科目借方入库数量是否是50 000件,若不是,可能存在的问题有:领用材料未全部用于生产,完工产品未入库即销售。

【例2-2】2021年1月某打印机厂月初结转打印机500台,本月生产完工打印机1 250台,月末结存打印机250台,核定本月销售的电视机数量应为1 500台。将计算出的结果与实际销售量相验证,检查销售量是否正确。

【例2-3】假设2021年1月某企业某期采集的信息资料为:原材料消耗1 000吨,单位产品原材料消耗定额10吨/台,平均单价1 500元/台,产销比例为80%,申报销售收入80 000元。

$$本期产品产量 = 本期原材料消耗量 \div 单位产品原材料消耗定额$$
$$= 1\,000 \div 10 = 100(台)$$
$$本期销售数量 = 本期产品产量 \times 产销比例 = 100 \times 80\% = 80(台)$$
$$应税销售额控制数 = 本期销售数量 \times 平均单价 = 80 \times 1\,500 = 120\,000(元)$$

应税销售额控制数 120 000元>申报销售收入80 000元,初步判断可

能存在账外经营、瞒报销售收入问题。

二、比较分析法

比较分析法,是指运用会计核算中以货币表现的综合指标,按照同口径与本企业的历史资料、计划指标或同类企业的相同指标,进行对比分析以捕捉检查线索的一种检查分析方法。既可以采用绝对数对比,即采用某项指标的实绩与计划(或定额)或与同类型企业相同指标进行横向对比;还可以将有关指标如销售、成本、利润之间的相应变动程度进行对比。通过对比,发现异常情况,据以查明变动因素。运用对比分析法,要注意指标的可比性、对比口径的一致性,否则,比较的结果不能说明问题。还要注意,对比分析的结果只能为检查提供线索,并不意味着经济活动的分析可以替代实际检查,更不能以对比分析的结果作为定案的依据。此方法适用于检查会计核算比较健全、会计资料健全的企业。

三、推理分析法

推理分析法。推理分析法又称推理判断法,是根据已掌握的事实,运用逻辑学原理去推想事物形成的原因或可能产生的结果或可能有类似事实的一种分析方法。进行推理时,应注意以事实为依据,遵循事物发展的规律,合乎逻辑,不能脱离实际凭空臆想,也要注意避免钻牛角尖,把事情复杂化,否则不利于快速得出检查结论。

第三节 调查方法

在税务检查工作中,不能只局限于就账查账,还必须运用辅助的检查方法来发现问题和证实问题。查账为调查提供线索,调查则为查账证实问题,二者互为补充,方能调查透彻。常用的调查方法有观察法、查询法、外调法和盘存法四种。

一、观察法

观察法是指到纳税人生产经营的车间、仓库、工地等现场,实地观察企业的产、供、销各环节的运行情况和内部管理控制情况,从中发现薄弱环节和存在的问题的一种调查方法。运用观察法,可以核对账证资料所反映的情况是否真实、准确,有无账外经营,经济活动是否合法等,从这个意义上说,观察法是账务检查的延续和补充。进行实地观察时,可由被查单位有关部门的负责人陪同,一般不事先通知被观察对象。观察时要结合询问法,观察的情况要形成书面记录,请有关人员签章证明,或进行录像或摄影。

二、查询法

查询法是指根据查账提供的线索和群众举报的情况,通过向被查单位内外有关人员调查询问,取得一些可靠的资料来证实某些问题的一种调查方法。《税收征管法》规定:税务机关有权询问纳税人、扣缴义务人与纳税或代扣代缴、代收代缴税款有关的问题和情况。采用这种方法,事前要明确询问哪些问题,做到有的放矢。询问法又包括面询和函询两种形式。

(一) 面询

面询,即当面口头询问。面询要做到有计划、通盘安排,确定时间、地点、当事人,并拟订提纲,以免遗漏重要问题。面询时,一般要有两名税务检查人员参加,要说明谈话目的,消除当事人的顾虑或抵触情绪,严禁逼供、套供等。同时约几个当事人面询时,应注意把他们分开,分别询问,防止串供。谈话内容应有记录,并请当事人审阅签名和押印。如有必要,谈话时可以录音或请当事人写出书面材料,谈话记录和书面材料也可请当事单位签署意见并盖章,同时应严格保密。

(二) 函询

函询,即发函查询。函询可分为默认式函询和答复式函询两种。函询时应注意几点:函询的目的要明确,文字要简洁易懂;函询内容要详细,数字要准确、清晰;函件上应写明回信详细地址和邮政编码、单位名称、收信人姓名等,并作登记。对答复式函询,如遇逾期不复的单位,应再次催问;对退回信件应引起重视,查明原因,若因单位撤并,则更应进一步查核。

三、外调法

外调法是指对发生怀疑的外来凭证或外地往来款项,通过到发生地外调以取得证明的一种调查方法。外调法又可分为函查和派员异地调查两种形式。采用外调法往往需要对方所在地税务部门协查,才能快速有效地取得证据。函查与函询在要求上有相通的地方,但二者也有区别。函询是直

接将函发往被询问对象，函查则通常将函发往对方所在地的税务部门，请当地税务部门协助调查有关问题。增值税专用发票的核查就经常使用函查法。函查可以最快的速度取得证明，能节省人力和办案开支，但对有些案情较复杂的案件，采取派员异地调查形式，效果往往更好。采用外调法应注意以下几点：①外调的目的要明确，函件文字要简练规范，内容要准确全面；②对发票的检查，应按照统一的发票核对卡的栏次，依次填清核对单位名称、发票填开日期、发票字轨号码、商品名称和金额（若是增值税专用发票，金额栏应分开填列价款和税款金额）及有关应列明的项目；③派员异地调查要求外调人员熟悉案情，应变能力强，办案经验丰富；④外调提供的证据材料要注意印章齐全，内容具体详细。

四、盘存法

盘存法是指通过对货币资金、存货、固定资产和其他物资进行盘点和清查，并与账面记录相对照来确定有无盈余、亏损和损坏的一种检查方法。采用盘存法，盘点工作量大，可结合企业季末或年末盘点工作进行。盘点时，着重盘点产成品、库存商品和贵重物资。对品种繁多、量大的原材料等物资，可只就可疑部分进行抽查。对必须进行重点检查的大宗货物或者需要进行全面盘存的，需组织得力的盘点班子，采用适当的盘点方法，以加快盘点进度，保证盘点质量。盘存法又可分为直接盘点法和监督盘点法两种。

（一）直接盘点法

直接盘点法是由税务检查人员亲自到现场对实物进行盘点的一种盘存方法。采用这种方法的要点主要有以下几个方面：①盘点时要停止收发。②如有几个仓库，应尽可能同时盘点，以防拆东墙补西墙。③盘点时原实物经管人员和主管人员应自始至终在场，不得离开。特别是盘点现金和贵重物品时，如经管人员中途离开，应停止盘点，暂时封存，等经管人员回来后再继续盘点。④盘点时一般要结合审查物品的质量和所有权。⑤盘点得到的数量、质量情况应当场进行记录，并由被检查单位的原经管人员、主管人员和税务检查人员签字盖章，以明确责任。⑥货币资金和贵重物资一般用突击盘点的方法。

（二）监督盘点法

监督盘点法又称观察盘点法、共同盘点法，是指税务检查人员虽到现场，但不亲自动手盘点，而是在旁边观察盘点的一种盘存方法。其要点有以下几个方面：①要求被检查单位制订盘点计划，税务检查人员可对盘点计划和方法提出建议。②盘点前一般事先发出通知，盘点时要停止收发，税务检查人员要能控制待盘点的物资。③盘点时除了观察物资数量外，还可结合检查物资的规格、质量和所有权。④对大宗物资如不便逐一过磅计量，可抽样检验。⑤尽可能不由原经管人员进行具体点数，而由第三者点数。⑥盘点结果应当场记入盘点清单，并由原经管人员、主管人员和税务检查人员共同签字盖章。⑦对物资出现溢余、短缺的情况，应进一步查明原因。

第四节 会计电算化资料的分析检查

一、会计电算化业务流程

目前市面上通用的会计电算化软件种类很多，如用友、金蝶、速达、瑞和、管家婆等，每个企业都有习惯使用的软件，软件以及软件版本的不同，都会在一定程度上改变会计电算化的基础建账流程，且流程的不同不会影响电子查账的结果。综上所述，在此不对基础建账流程进行赘述。

二、电子查账软件功能介绍

电子查账软件系统是针对纳税检查程序中稽查实施环节，以企业的涉税电子数据和税收征管部门的征管信息为基础，以税收的政策法规为依据，将纳税检查经验方法与计算机信息处理技术相组合，辅助稽查人员完成对不同税种稽查的信息化查账工具。

一套完整的电子查账软件系统应包括两个最基本的部分，即数据采集软件和数据处理软件，分别完成涉税数据采集和涉税疑点分析工作。

（一）数据采集软件

数据采集软件是专门针对企业的涉税电子数据进行采集并将其转换成标准电子文档的工具。

由于国内企业应用的财务会计软件种类和版本繁多，因此存在一个信息输出输入标准的问题。也就是说，在财务会计软件名目众多的情况下，纳税检查基础信息的搜查存在难度。在手工账务处理阶段，数据的形式都很统一，即都是纸质账册，只要不丢失，调阅搜集信息就没有什么问题。

但是信息以数据形式储存时，企业可以选择不同的财务会计软件（如用友、金蝶、新中大、SAP 等）核算，更可以选择不同的数据库（如 Access、Windows Vista、Linux 等）。此时就需要一个能够把不同格式的数据转换成标准数据，并且能够顺利访问不同数据甚至可以跨平台操作的特定软件，否则纳税检查信息化只能是空谈。因此，能成熟应用的数据采集软件，应具备如下特点。

1. 简便。数据采集软件应是一套免安装的应用软件，在使用该软件的时候可以直接在光盘或者 U 盘上运行，为稽查人员的使用提供方便。同时，由于软件不需要安装，不会对企业的计算机造成任何影响。

2. 智能。用户无需判断企业所用财务会计软件的版本、应用数据库类型，实现自动搜索财务会计软件类型、财务会计软件应用数据库、自动破解数据密码、自动搜索财务会计软件账套。

3. 通用。提供高级采集工具，通过数据库连接的建立实现万能采集。

4. 安全。数据采集软件用于将企业的涉税电子数据库转换成标准的电子文档，供电子查账软件使用。其采集的文档都是经过加密计算的，为企业信息的安全提供了保障。即便是采集的数据丢失了，企业也不必担心会泄密。

（二）**数据处理软件**

数据处理软件是电子查账软件系统的主体，它主要用于将数据采集软件获得的企业电子数据导入到软件中，然后对导入的数据进行分析，辅助纳税检查人员快速查阅企业的电子数据，发现和记录涉税疑点问题。值得注意的是，通过数据处理软件发现和记录的涉税疑点，还需要稽查人员进一步查证落实。

数据处理软件对导入电子数据进行分析检查得出涉税疑点的过程，是其主要功能模块从各个层面、各个角度对数据进行检测加工的过程，其效果很大程度上取决于该软件各功能模块所具备的检查分析功能。数据处理软件可通过系统内建立的若干重要指标群，对被查对象的财务、税收指标进行总体评价，全面检查和分析背离原因；通过系统提供的内控调查、指标分析和报表分析等功能，对企业单账户、双账户、多账户数据进行全面的分析评估，形成稽查热点账户和企业稽查风险系数；通过各种模型、模板，对企业数据进行自动检查分析；根据税法规定设置税目和计税依据项目，提供模板取数、科目归集、凭证归集和账外数据录入等功能，反映

"企业税务申报表",结合检察分析调整产生的数据同企业申报数据进行比对、审核,最终确认企业存在的涉税问题。

针对利用电算化软件进行会计舞弊的现象,数据处理软件也具备一定的侦测防伪能力。通过数据检测,可初步发现企业直接修改数据库的情况;通过将不同时点报表进行对比,可发现企业利用财务会计软件的反过账和反结账功能,不留痕迹地修改记账凭证,提供虚假财务数据的情况;通过自动搜索功能,可辅助稽查人员发现企业多套账的情况。

三、电子查账的工作步骤与方法

CTAIS V2.0 系统开发建设的最终目标是在全国各级税务机关建立一个统一的、完善的、全面的、严密的涵盖三个应用层面(基层操作层、省市级监控管理层、总局决策层)的税收征管信息系统。该系统提供包括管理服务、行政监控、纳税检查、税收法制和税务执行五个业务系列的功能模块及其他功能模块,其中纳税检查系列涵盖的主要业务包括稽查选案、稽查审理、稽查执行、稽查查询等。

CTAIS V2.0 稽查模块是依据《税收征管法》、行政法规、《稽查工作规程》等相关规定,通过建立统一规范的业务处理模式,实现对案件的过程管理,即对稽查案件的产生、查处和统计结果进行过程化管理的系统。纳税检查工作按照业务流程分为选案、实施、审理、执行四个环节,根据这一特点,CTAIS V2.0 系统中引入了工作流程模式来管理一个稽查案件从产生到终结的全过程,具体体现为不同人员在不同时段对案件进行相应的处理。

(一)稽查模块的基本操作

操作界面分为两大功能区:左边是功能权限树,用来选取需要操作的各个单项模块;右边是工作区,用来处理和编辑相关业务。每项业务均通过工作流程进行驱动,上一环节或上一项业务处理完毕,下一环节处理或下一事项办理人登录系统后就会在待办事宜中收到一条等待办理的工作事项;选择该事项进入相关编辑界面进行编辑和操作,直到所有事项办理完毕。

(二)文书的操作及其流转

如前所述,CTAIS V2.0 系统中,稽查工作是通过待办事宜(工作流)来体现的,在处理这些待办事宜的过程中,文书成了实现工作流程的载

体,很多功能模块都以稽查文书作为外在表现形式并通过其流转来实现。因此,在稽查模块中,文书操作及流程具有重要的意义。

1. 在 CTAIS V2.0 系统中,稽查系列文书操作包括文书的起草、传递(发送)作废、删除、查阅(案件处理人员、文书处理人员)等。

2. 文书的流转过程包括文书的起草、初审、终审、退回修改、驳回等。

3. 文书流转过程的不同审阅意见产生不同的结果,如表 2-1 所示。

表 2-1 不同审阅意见产生不同的结果

审阅意见代码	审阅意见类型	产生的结果
30	已审阅,终结	文书终审,生效
31	拟同意,不终结	文书不终审,并将文书移送下一环节继续处理
40	不同意,驳回	文书终审,不生效
41	不同意,修改(补正)后再报	文书不终审,并将文书退回上一处理环节继续处理
42	不同意,报上级裁定	文书不终审,并将文书移送下一环节继续处理

四、电子查账有关注意事项

(一)要注意了解单位情况

不同的单位有不同的生产、经营、服务、职能特点,也有不同的资金收支和财务管理特点。每到一个单位查账,首先要了解被查单位的基本情况、业务概况和财务管理状况、生产、经营、服务、职能和资金收支、财务管理的特点,特别要注意抓住单位中的重点部位,发现管理上的薄弱环节,以便根据查账目的有针对性地快速有效进行查账。

(二)要注意突出查账重点

根据被查单位的特点和查账的目的,突出查账重点。一是在环节上要突出重点。如某企业销售环节混乱,则要重点查销售环节的账。二是在时间上要突出重点。如查某单位滥发钱物,则要突出元旦、春节、五一节、端午节、中秋节、国庆节等重点节日。三是在人员上要突出重点。如查某领导的贪污行为,则除查经手人为该领导本人开具的发票外,还要突出查经手人为该领导亲信开具的发票。

（三）要注意选用查账方法

查账的技术方法很多，在具体查账中，要根据被查单位的实际情况和查账目的科学地选用查账方法，并要注意各种查账方法的配合运用，因为查账方法选用的好坏直接关系到查账的成败。查账方法选用得好，就能提高查账的工作效率，收到事半功倍的效果；查账方法选用不当，就有可能达不到查账的目的，甚至得出错误的查账结论。

（四）要注意利用掌握的线索

在查违法违纪行为时，很多作案者手段狡诈、踪迹隐蔽，确实给查账带来了难处。为此，如掌握违法违纪线索的，要充分利用已经掌握的线索进行查账，以增强查账的针对性和有效性。同时，也要千方百计收集有关被查对象违法违纪线索以备查账时利用。

（五）要注意依靠人民群众

群众的眼睛是雪亮的，觉悟也是高的。在查账中，一是要发动群众踊跃举报，积极提供违法违纪线索；二是要找单位里的一些比较熟悉情况、作风正派、敢说实话的人，特别是共产党员、老同志了解情况，这是收集违法违纪线索的一条有效途径；三是要对发现的疑点或问题找有关人员，如有关领导、业务人员、财会人员进行核实。当然，依靠群众还要善于做好群众的思想工作，激发群众维护正义的热情。

（六）要注意快速进行核实

对发现的违法违纪线索要周密组织，快速进行调查核实，以免违法违纪者得知自己的违法违纪问题被暴露后采取措施对抗检查，给违法违纪问题的核实增加难度，甚至造成无法核实。在不失时机地快速核实中，还要注意把握以下四点：一是要注意保密，防止打草惊蛇；二是要迅速查封有关账目，避免转移、涂改证据；三是要账上核实和账外调查工作紧密衔接，同步进行，不给违法违纪者喘息的机会；四是要及时追赃，增加证据的确凿力。

（七）要注意熟悉财经法规

经济业务及其所形成的资金收付合法与否，只需用现有的法规、制度相对照就可以看出来，因此，在查账时必须熟悉财经法规。只有熟悉财经法规，才能准确无误地进行查账，否则，违法违纪的证据摆在眼前也会视而不见。当然，要熟悉财经法规，平时必须要加强学习。

（八）要注意部门协调配合

纪检、监察、检察、财政、审计、物价等许多部门都会涉及查账，在具体查账中，要注意部门之间的协调配合。例如，纪检、监察、检察部门查账时，可以请审计部门协助；财政、审计部门查账中涉及重大违法违纪问题的，可以请纪检、监察或检察部门支持；查账中需要进行笔迹鉴定的，可以请公安部门协助；查账中需要进行产品质量鉴别的，可以请质量技术监督部门协助等。

（九）要注意发现其他行为

在进行某一目的的查账时，要注意发现其他违法违纪行为。例如，在对违规发放津贴、补贴进行专项检查时，也要注意发现有无贪污、挪用等其他违法违纪行为；在查某一同志的贪污问题时，也要注意发现单位有无私设"小金库"、滥发钱物、乱收费等其他违法违纪行为。

（十）要注意做好查账记录

根据查账目的，对查到的有关证据或情况，该摘录的就摘录，该复制的就要复制，不论摘录还是复制都要在摘录、复制件上注明摘录或复制原件的出处。如某单位某年某月第几册会计凭证内第几号会计凭证或第几号会计凭证中，原件存何处并由被查单位在摘录、复制件上签署摘录或复制属实意见和盖上行政公章或财务专用章。

信息化始终代替不了稽查人员的职业判断，通过电子查账软件系统能否得出正确的结论，关键要看稽查人员获得的企业会计信息是否真实、完整、有效。从会计信息化的角度看，财务会计软件反映的是企业的财务信息，从凭证到账簿再到报表，看似完整但却无法反映财务信息的源头，即原始凭证是否真实合法。在利用查账软件进行纳税检查的同时，绝不能放弃对原始凭证的检查和对企业相关业务真实性的准确判断。

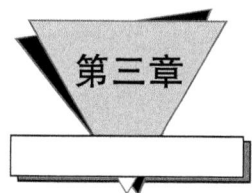

税务稽查证据

第一节 证据概述

一、证据的概念及特征

证据是指能够证明案件真实情况的有关事实或材料。税务稽查证据是指证明税收违法案件有关情况的事实或材料。

证据具有关联性、真实性和合法性三个特征。

关联性指证据必须是与案件有客观联系的事实。作为稽查的证据，必须与税收违法行为存在紧密联系，能够反映纳税人是否存在税收违法行为。在确认证据是否具有关联性时，要运用逻辑推理和生活经验，进行全面、客观和公正地分析判断。

真实性指证据必须是客观存在的事实。任何一种税收违法行为的发生、发展和结果，必然要在客观世界留下痕迹和映象，它是客观存在的事实，而非猜测和虚构的东西。如所有与案件有关的账册资料、购销记录、文件等实物证据，以及涉案当事人、证人的言辞证据都必须是确定的事实，是客观存在的东西。反之，任何猜测、幻想和虚构，都不是客观事实，均不能作为合法证据使用。

合法性是指证据的收集主体、收集程序和证据形式合法。在审查证据的合法性时，应从证据是否符合法定形式，证据的取得是否符合法律、法规、司法解释和规章的要求，是否有影响证据效力的其他违法情形等方面进行审查。

二、证据的分类

（一）证据法定分类

我国《行政诉讼法》和《税务行政复议规则》将稽查证据分为书证、物证、视听资料、证人证言、当事人的陈述、鉴定结论、勘验笔录、现场笔录等七类证据。

1. 书证。书证是指以文字、符号、图画等所表达和记载的内容、含义来证明案件真实情况的证据。税务稽查工作中，书证是最重要的证据，也是数量最多的证据，通常表现为证明税收违法行为的凭证、账簿、发票、企业营业执照、法定代表人身份证等复印件。

2. 物证。物证是指用外形、特征、质量等证明案件真实情况的物品。如非法印制、买卖、伪造、变造的发票、完税凭证；非法印制增值税专用发票的机器等作案工具；倒卖发票获取的赃款、赃物等。

3. 视听资料。视听资料是指以录音、录像、计算机软件等可视可听的载体储存的，证明案件真实情况的音像、图像、文字或者其他信息。主要包括录音资料、录像资料、电子计算机储存资料、运用专门技术设备得到的信息资料等。

4. 证人证言。证人证言是指知道案件真实情况的人，向税务机关及工作人员所做的有关案件部分或全部事实的陈述。常见的证人证言有询问笔录、证人提供的口头或书面证词等。

5. 当事人的陈述。当事人的陈述是指当事人做出的对案件真实情况的陈述。常见的当事人的陈述有询问笔录，当事人自述材料，陈述、申辩笔录等。

6. 鉴定结论。鉴定结论是指专门的鉴定部门借助鉴定人的专业知识、技能和经验，对案件有关事实材料涉及的专门性问题所做出的判断性意见。常见的鉴定结论有发票鉴定、海关完税凭证鉴定等。

7. 勘验笔录、现场笔录。勘验笔录、现场笔录是指税务机关及其工作人员对与案件有关的现场、物品进行勘查、测量、检验和拍照、询问等制作的实况记录。其形式可以是文字记录、图片、照片等，如稽查人员现场制作的实物盘点表等。

（二）证据的学理分类

证据还可以按照表现形式、与税收违法案件主要事实之间的关系、来源方式等标准进行分类。

1. 言词证据和实物证据。按照证据的表现形式，可以将其分为言词证据和实物证据。言词证据，是指以人的陈述形式表现出来的各种证据，如当事人陈述、证人证言、鉴定结论等都属于言词证据。实物证据，是指以客观存在的物体作为证据表现形式的证据。如稽查案件中的单据、账册、报表、视听资料等都属于实物证据。

2. 直接证据和间接证据。按照证据与案件主要事实之间的关系，可将其分为直接证据和间接证据。凡是能够直接证明案件主要事实的证据，属于直接证据。间接证据是指需要借助其他证据才能对所证事实产生证明作用的证据。在不能取得直接证据的情况下，应通过若干个间接证据证明案件的事实。

3. 原始证据和传来证据。按照证据的来源方式，可以将其分为原始证据和传来证据。原始证据是指从案件事实的最初来源获得的证据，即第一手的事实材料。如当事人提供或知情人提供的证言、外调取得的证据资料等。传来证据是从原始证据中衍生出来或在信息传播中间环节形成的证据，属于第二手的事实材料。如证人转述他人的证言，书证的抄件、影印件，各种证物的复制品，以及照片、录音、录像、复制的视听资料等。

三、证据规则

证据规则是关于证据取得和证据效力方面的规则，包括最佳证据规则、非法证据排除规则、补强证据规则等。了解和掌握证据规则，对提高稽查人员取证能力大有裨益。

最佳证据规则，在证明同一事实的数个证据中，应当优先按照最具证明效力的证据对案件事实进行认定。如原件、原物优于复制件、复制品，法定鉴定部门的鉴定结论优于其他鉴定部门的鉴定结论。

非法证据排除规则，指在取证过程中，主体违法、程序违法和手段违法等非法获取的证据，不具有法律上的证明效力，不能为法庭所采纳而作为定案的依据。如以偷拍、偷录、窃听等手段获取侵害他人合法权益的证据材料。

补强证据规则，是指法律规定某些证据不能单独作为认定案件事实的依据，只有在其他证据与其印证时，才能认定案件事实。如难以识别是否经过修改的视听资料，无法与原件、原物核对的复制件或者复制品。

对于上述规则的适用，《最高人民法院关于行政诉讼证据若干问题的规定》（法释〔2002〕21号，以下简称《若干规定》）第五十七条、第五十八条、第六十二条、第六十三条、第六十八条、第七十条、第七十一条做出了具体规定。

（一）证据效力的规定

1. 国家机关以及其他职能部门依职权制作的公文文书优于其他书证。
2. 鉴定结论、现场笔录、勘验笔录、档案材料以及经过公证或者登记的书证优于其他书证、视听资料和证人证言。
3. 原件、原物优于复制件、复制品。
4. 法定鉴定部门的鉴定结论优于其他鉴定部门的鉴定结论。

5. 法庭主持勘验所制作的勘验笔录优于其他部门主持勘验所制作的勘验笔录。

6. 原始证据优于传来证据。

7. 其他证人证言优于与当事人有亲属关系或者其他密切关系的证人提供的对该当事人有利的证言。

8. 出庭作证的证人证言优于未出庭作证的证人证言。

9. 数个种类不同、内容一致的证据优于一个孤立的证据。

（二）不能作为定案依据的证据规定

1. 严重违反法定程序收集的证据材料。

2. 以偷拍、偷录、窃听等手段获取侵害他人合法权益的证据材料。

3. 以利诱、欺诈、胁迫、暴力等不正当手段获取的证据材料。

4. 在中华人民共和国领域以外或者在中华人民共和国香港特别行政区、澳门特别行政区和台湾地区形成的未办理法定证明手续的证据材料。

5. 当事人无正当理由拒不提供原件、原物，又无其他证据印证，且对方当事人不予认可的证据的复制件或者复制品。

6. 被当事人或者他人进行技术处理而无法辨明真伪的证据材料。

7. 不能正确表达意志的证人提供的证言。

8. 以违反法律禁止性规定或者侵犯他人合法权益的方法取得的证据。

9. 不具备鉴定人资格的人或者鉴定程序违法的鉴定结论，以及鉴定结论错误、不明确或者内容不完整的鉴定结论。

（三）不能单独作为定案依据的证据的规定

1. 未成年人所作的与其年龄和智力状况不相适应的证言。

2. 与一方当事人有亲属关系或者其他密切关系的证人所作的对该当事人有利的证言，或者与一方当事人有不利关系的证人所作的对该当事人不利的证言。

3. 应当出庭作证而无正当理由不出庭作证的证人证言。

4. 难以识别是否经过修改的视听资料。

5. 无法与原件、原物核对的复制件或者复制品。

6. 经一方或者他人改动，对方当事人不予认可的证据材料。

7. 其他不能单独作为定案依据的证据材料。

（四）可以直接认定事实的证据

1. 自然规律及定理。

2. 除当事人有相反证据等情况以外，下列事实可以直接认定：众所周知的事实，按照法律规定推定的事实，已经依法证明的事实，根据日常生活经验法则推定的事实。

3. 生效的人民法院裁判文书或者仲裁机构裁决文书确认的事实，可以作为定案依据。

四、证据的证明与证明标准

证明是稽查人员根据法定的程序、标准，运用已知的证据或事实，按照一定的规则和法律原理来认定案件事实的活动。证明标准是稽查人员在查明案件事实和对案件进行审理时，运用证据证明案件事实所需要达到的程度和要求。

目前，在证据法学理论和司法实践中，一般认为诉讼证明活动有以下两种证明标准：一是优势证据证明标准。即在审查证据的真实性和证明力上，只要认定一方的证明力占优势或者具有明显优势即可。这主要适用于民事和行政诉讼。二是排除合理怀疑证明标准。即在审查证据的真实性和证明力上，要求承担证明责任的一方能够运用证据对案件事实排除所有合理的怀疑，能得出唯一的结论，这主要适用于刑事诉讼。

五、税务稽查证据的收集原则

（一）依法取证原则

稽查人员必须依照法定的职权、程序和步骤收集证据，不得超越法定职权和采取非法手段获取证据，不得滥用职权或损害被查对象合法权益来获得证据。《税收征管法》及其实施细则作了税务检查权和程序性规定，如稽查人员在实施稽查取证过程中，不得通过搜查被查对象住所等超越检查权限的方式提取证据，不得采取利诱、欺诈、胁迫、暴力等非法手段获取证据。

（二）全面、客观、公正原则

《行政处罚法》规定，行政机关发现公民、法人或其他组织有依法应当给予行政处罚的行为的，必须全面、客观、公正地调查、收集相关证据。全面，指要求与税收案件有关、能证明有关涉税事实的有关证据均要收集。《若干规定》要求，全面的证据应当是数个种类不同、内容一致的证据组成的完整的证据链，其效力高于一个孤立的证据。客观，指要求稽

纳税检查

查人员在收集证据时要采取实事求是的态度。公正,指要求稽查人员在收集证据时应本着法律面前人人平等原则,公道正派,不带个人偏见,不故意遗漏对稽查对象不利或有利的证据。

(三)行政效率原则

行政效率原则要求税务稽查取证工作应注重效率,以较低的耗费获取有效的证据。稽查人员在取证时要做到有计划、有目的,尽量提取最佳证据,尽可能收集直接证据和原始证据。对于不能提取原始证据的,要根据证据收集与固定的要求制作合法有效的复印件、照片、录像等派生证据。为避免证据的灭失,必要时通过证据保全方式取证。

第二节 税务稽查证据的收集与固定

一、书证的收集与固定

按照《若干规定》第十条、第十七条和《税务稽查工作规程》(国税发〔2009〕157号)第二十四条的规定,书证的收集与固定应符合以下要求:

(1)需要提取与案件有关资料原件的,以专用收据提取有关资料,以统一的换票证换取发票原件。

(2)不能取得原件的,或稽查对象以外的单位和个人提供的书证属于复印件的,可以照相、影印和复制,但必须注明原件的出处,由原件保存单位(个人)签注"本件由我单位提供,与原件核对无误,原件存于我处"字样,并由其签章或者押印;拒绝签章或者押印的,应当邀请有关基层组织(如街道办事处等)或公证处代表人等作为见证人到场,制作现场笔录,在现场笔录上记明拒签事由和日期,由稽查人员、见证人签名或者盖章。

(3)收集的报表、会计账簿、图纸、专业技术资料、科技文献等书证,应当附有说明出处等相关信息的材料并盖章和押印。

(4)外交书证或者外国语视听资料,应当附有由具有翻译资质的机构翻译的或者其他翻译准确的中文译本,由翻译机构盖章或者翻译人员签名。

二、物证的收集与固定

按照《若干规定》第十一条、第十四条的规定，物证的收集与固定应符合以下要求：

（1）应收集原物，如收集原物确有困难的，可以收集与原物核对无误的复制件或证明该物证的照片、录像等其他具有证明效力的证据。

（2）原物数量较多的，可收集、调取其中具有代表性的部分，并辅以照片、录像、现场笔录等加以佐证。

（3）收集物证时，还要注意与鉴定结论相结合。

三、视听资料的收集与固定

（一）录像资料和录音资料收集与固定的要求

按照《若干规定》第十二条、第五十七条、第七十条的规定，录像资料和录音资料的收集与固定应符合以下要求：

1. 尽可能调取有关资料的原始载体，即录音、录像、计算机储存资料等信息载体。调取原始载体确有困难的，可提供复制件，需注明制作方法、制作时间、制作人和证明对象等内容。

2. 通过拍摄、录音等方式取得（包括采用偷拍、偷录、窃听等手段获取，但不能侵害他人合法权益）。

3. 对取得的视听资料，应保持事实的完整性、真实性，不得进行剪辑、拼接等。

4. 声音资料应当附有该声音内容的文字记录。

5. 录制的原始音像可复制几个复制品后办理公证，封存备查，保证原始音像制品在多次使用后不会出现磨损和音像失真。

（二）电子证据的收集和固定

按照《若干规定》第十二条、第四十条、第六十四条、第七十条的规定要求，一般可以采取以下方式收集与固定电子证据。

1. 一般取证。对电子证据在未经伪饰、修改、破坏等情形下进行的取证：

（1）打印。直接将有关内容打印在纸张上，再按照提取书证的方法予以保管、固定，并注明打印的时间、数据信息在计算机中的位置（如存放于哪个文件夹中等）和取证人员等内容。

(2)拷贝。拷贝之后,应当及时检查拷贝的质量,防止因保存方式不当等原因而导致拷贝不成功或感染病毒。在取证同时应取得备份证据,然后将备份证据的存储介质封存,由纳税人注明"该数据出自我单位电脑中,未经修改,数据真实",写明"年、月、日",盖章封存,稽查人员将封存的电子数据存储介质带回单位保存。

(3)拍照、摄像。可采用拍照、摄像的方法对其进行提取和固定,也可同时对取证全程进行拍照、摄像。

(4)公证。对操作电脑的步骤、电脑型号、打开电脑和进入页面的程序,以及电脑中出现的内容进行复制等全过程进行现场监督,对现场情况进行拍照或录像,由公证人员出具公证书。

2.特殊取证。这主要指在不能顺利获取电子证据情况时,如被加密、删改、破坏的情况下,由专业技术人员协助进行的电子证据收集和固定活动。

(1)解密。找到相应的密码文件后,由专业人员选用相应的解除密码口令软件。解密后,将对案件有价值的文件进行一般取证。在解密过程中,可采取录像方式。

(2)恢复。使用软件恢复工具,恢复已被修改、破坏的证据后,再进行一般取证。

四、证人证言的收集与固定

按照《若干规定》第十三条、第四十二条、第四十六条、第五十七条、第七十一条的规定,证人证言的收集与固定应符合以下要求。

(1)《调查(询问)笔录》应逐项填写清楚以下内容:询问的时间、地点,询问调查人、记录人(录入人),被询问人姓名、性别、年龄、工作单位、职务、住址以及重要在场人的姓名、工作单位、职务等。

(2)正文部分采用问答形式。记录询问内容要真实、准确、详细、具体,不能随意取舍。

(3)稽查人员应就调查了解的事实进行询问,询问措辞应做到意思表达清晰、明确,不要使用暗示或隐喻性的言辞,并应告知不如实提供情况应当承担的法律责任。

(4)涉及重要事实、情节、数字、日期等问题时,应要求被询问人准确回答,避免含糊。

(5) 对证人提供的物证、书证，或询问人提问时出示的证据，都要在记录中反映并记明证据的来源。

(6)《调查（询问）笔录》应用钢笔、毛笔书写或打印。

(7) 应由证人本人签章或者押印，证人没有书写能力请人代写、代打印的，由代写、代打印人向本人宣读，本人认为无误的，由本人及代写、代打印人共同签章或者押印。

(8) 证人认为证言有遗漏或差错的，应允许其补充或更正。更改证言的，应当注明更改原因，并在更改处由被询问人押印，但税务机关不退还原件。

(9) 采用手书、计算机打印等多种方式固定证据的，均应当有稽查人员、被询问人、陈述人、谈话人签名或者盖章。

(10) 证人证言中要有证人的签名、盖章（押印）和出具日期，以及证明证人身份的文件。

五、当事人陈述的收集与固定

当事人陈述的收集与固定要求与证人证言的基本相同，参见上面内容。

六、鉴定结论的收集与固定

按照《若干规定》第十四条、第六十二条等有关规定，鉴定结论应当载明的事项包括：

(1) 委托人和委托鉴定的事项，向鉴定部门提交的相关材料。

(2) 进行鉴定的时间、地点。

(3) 鉴定的依据和使用的科学技术手段。

(4) 对鉴定情况和结果进行的论证。

(5) 鉴定部门和鉴定人鉴定资格的说明，并应有鉴定人、复核人签名和鉴定部门盖章。

(6) 明确的鉴定结论。通过分析获得的鉴定结论，鉴定人应当说明分析过程。

按照《若干规定》第三十条规定，对上述鉴定内容欠缺或鉴定结论不明确的，税务机关可要求鉴定部门予以说明、补充鉴定或重新鉴定。

七、勘验笔录、现场笔录的收集和固定

按照《若干规定》第十五条的规定,勘验笔录、现场笔录应符合以下要求:

(1) 必须由稽查人员当场制作,不得由他人代为制作,也不得事后补作。

(2) 应当全面、客观。应当载明时间、地点和事件等内容。

(3) 制作完毕由稽查人员和当事人签名,如当事人拒绝签名或者不能签名的,应当注明原因,有其他人在现场的,可由其他人签名。

第三节 主要税收违法行为的取证

一、偷税的取证

偷税是指纳税人、扣缴义务人伪造、变造、隐匿和擅自销毁账簿、记账凭证,或者在账簿上多列支出或者不列、少列收入,或者经税务机关通知申报而拒不申报或者进行虚假的纳税申报,不缴或者少缴应纳税款的行为。偷税行为取证参考见表3-1。

表3-1 主要涉税违法行为取证参考一览表

违法手段	主要证据
伪造、变造、隐匿、擅自销毁账簿、记账凭证	1. 伪造、变造、隐匿账簿的账簿凭证,公安等部门出具的销毁账簿、记账凭证的证明 2. 当事人陈述、证人证言、现场笔录、询问笔录、视听资料(如销毁账簿凭证的残骸等视听资料) 3. 证明真实业务的账簿凭证、业务合同、出库单等记载经营活动的资料、资金往来等的资料 4. 业务关联方的有关账簿凭证、业务合同、出库单等记载经营活动的资料、资金往来等的资料 5. 有关职能部门的鉴定、裁决等 6. 纳税申报资料 7. 其他证据

续表

违法手段		主要证据
在账簿上多列支出或者不列、少列收入	不列、少列收入	1. 不列、少列收入的账簿凭证等资料 2. 证明真实业务的账簿凭证、业务合同、出库单等记载经营活动的资料、资金往来等的资料 3. 业务关联方的有关账簿凭证、业务合同、出库单等记载经营活动的资料、资金往来等的资料 4. 当事人陈述、证人证言、现场（勘验）笔录、视听资料 5. 纳税申报资料 6. 其他证据
	多列支出	1. 多列成本费用（支出）的账簿凭证等资料 2. 生产（经营）费用的归集、分配计算表等资料 3. 销售成本结转资料等 4. 相关合同、协议等资料 5. 当事人陈述、证人证言、现场（勘验）笔录、询问笔录、视听资料 6. 纳税申报资料 7. 其他证据
经税务机关通知申报而拒不申报		1. 税务登记证或责令限期申报的相关文书 2. 主管税务机关的未申报证明 3. 证明真实业务的账簿凭证、业务合同、出库单等记载经营活动的资料、资金往来等的资料 4. 当事人陈述、证人证言、现场（勘验）笔录、视听资料 5. 其他证据
进行虚假的纳税申报		1. 纳税申报资料 2. 证明真实业务的账簿凭证、业务合同、出库单等记载经营活动的资料、资金往来等的资料 3. 业务关联方的有关账簿凭证、业务合同、出库单等记载经营活动的资料、资金往来等的资料 4. 当事人陈述、证人证言、现场（勘验）笔录、视听资料 5. 其他证据

（一）主体证据方面

1. 各类登记证照等书证（包括登记、变更、注销等书证）。如工商登记、税务登记、事业社团登记等，特殊行业还应取得特许经营批准文书；属于增值税一般纳税人的，应取得增值税一般纳税人证明；属于自然人、个体工商户的，应取得个人的居民身份证或护照等复印件。

2. 其他主体资格书证。纳税人银行账号、享受税收减免的批文等，法定代表人、主要负责人、财务人员、直接责任人等相关人员的身份证明。

（二）客观行为证据方面

主要围绕纳税人、扣缴义务人的偷税手段收集证据：以账务检查为切入点，结合稽查对象的供应、生产、销售、运输等部门信息，核实其纳税申报的真实性；通过现场检查、询问、协查等方法，以及到有关政府职能部门、业务相关单位等取得证据。

1. 伪造、变造、隐匿和擅自销毁账簿、记账凭证行为的证据。

（1）伪造、变造账簿、记账凭证行为的证据。取得伪造、变造账簿、记账凭证的原件或经稽查对象确认的复印件。真实反映其经营状况的账簿、会计凭证、业务合同、物流凭据、资金往来等相关资料也应作为证据并提取；需要对证据进行司法鉴定的，应提请司法部门做司法鉴定。其中，物流凭据包括出库、入库、送货单据，存货盘点表，日销单，账外账等。资金往来凭据包括进账单、对账单、现金或银行结算凭据等。

（2）隐匿账簿、记账凭证行为的证据。可从进货渠道核查进货量，从资金流向核查销货量，再通过库存盘点来确定其实际销售收入，并取得物流凭据、资金往来凭据、存货盘点凭据等证据。

（3）擅自销毁账簿、记账凭证行为的证据。可制作询问笔录、取得证人证言；有销毁现场的应制作现场笔录；以照相、录像、录音等方式提取销毁账簿、记账凭证的残骸等视听资料；从公安等部门取得销毁账簿、记账凭证的案件资料。

（4）其他证据的收集。取得当事人陈述或收集相关人员（包括法定代表人、经办人、财务人员、仓库管理员、运输人员等）的证人证言或制作询问笔录；纳税申报资料；纳税人相关的会议记录、电子数据等其他证据；纳税人是增值税一般纳税人的，还应取得其账外经营部分的合法抵扣凭证。

2. 在账簿上多列支出或不列、少列收入行为的证据。提取账簿证据时，收集和固定纳税人多列支出、少列收入等违反税收政策内容的账页。

（1）多列支出行为的证据。

①通过扩大产品材料成本多列支出的，应取得反映其材料假出库、变更原材料计价方法、职工发放资金计入材料采购成本等的相关账簿凭证

资料。

②通过税前列支购置、建造固定资产，超标、超范围计提固定资产折旧等手段多列支出的，应取得反映其固定资产折旧方法、折旧率、当期应计提固定资产折旧数额、不得提收的固定资产折旧数额等的相关账簿凭证资料。

③通过违规摊销多列支出的，应取得反映纳税人缩短待摊费用摊销期限，改变低值易耗品核算方法、违规摊销开办费等的相关账簿凭证资料。

④将专用基金支出挤入成本多列支出的，应取得反映其将专用基金支出列入成本费用的相关账簿凭证资料。

⑤以白条、假发票虚列各类费用支出，以及以超标列支各类费用支出等手段名列支出的，应提取相关账簿凭证资料；需要对证据进行鉴定的，应提请相关部门做鉴定。

⑥其他名目支出行为的证据。

（2）不列、少列收入行为的证据。

①对于账外经营的应税收入或将应税收入挂在往来账户不按规定结转收入的，应取得反映其真实业务状况的会计凭据、资金收支单据、货物出入库单据及业务合同、协议等相关资料。

②对于少计应税收入的行为，应将取得的销售收入分解，分别准备相应材料，如价外收入不作销售处理，出售来料加工剩余材料及出售用来料加工剩余材料加工的产品不计销售收入，将产品或半成品自用、对外投资、对外捐赠、以物易物、用于职工福利商品未申报纳税等行为的会计凭证、资金收支单据、货物出入库单据及业务合同、协议等相关资料。

③少计"营业外收入"或"其他业务收入"的，应取得反映其固定资产清理净收益、罚没收入、固定资产变价收入、固定资产出租收入、转让无形资产收入等少计收入行为的会计凭证、资金收支单据及合同、协议等相关资料。

3. 经税务机关通知申报而拒不申报行为的证据。

（1）主管税务机关下达的责令限期改正通知书和送达回证。

（2）税务登记证或扣缴登记情况。纳税人、扣缴义务人已办理税务登记或扣缴登记的，认定为"经税务机关通知申报"；未依法办理税务登记或扣缴登记的，提取税务机关在法定或依法确定的纳税申报期限期满后依法书面通知其申报的通知书复印件。

(3)证明纳税人、扣缴义务人经税务机关通知申报而拒不申报行为的当事人陈述,制作询问笔录。

4. 采取虚假纳税申报行为的证据。

(1)纳税人、扣缴义务人报送的与事实不符的纳税申报表、财务会计报表及其他纳税资料。

(2)反映纳税人虚假申报的账簿、报表等资料。提取时,可视情况只提取反映虚假申报内容的账页和虚假申报期间账上反映月计、累计发生额、余额情况的账页。

(3)纳税人非法取得或取得不符合有关规定发票的证据。收集纳税人不按规定做纳税调整的证据时,一方面应提取相关业务会计处理的资料,另一方面可以结合询问笔录对所提取的上述证据加以固定。

(4)纳税人、扣缴义务人的偷税行为,少缴纳税款的证据,包括偷税当期的申报资料、反映应缴纳税款的询问笔录等。

(5)其他反映虚假纳税申报行为的证据。

二、逃避追缴欠税行为的取证

对逃避追缴欠税行为,主要围绕纳税人欠缴税款,采用转移、隐匿财产手段,逃避履行纳税义务的行为进行取证,主要取证参考见表3-2。

表3-2 逃避追缴欠税主要取证参考一览表

违法类型	主要证据
逃避追缴欠税行为	1. 证明纳税人欠税的相关账簿、纳税申报资料和税务处理决定 2. 纳税人转移、隐匿财产的证据 3. 当事人陈述、证人证言、现场(勘验)笔录、视听资料 4. 造成无法追缴欠税或妨碍追缴欠税结果的证据 5. 其他证据

(一)主体方面证据

与本节偷税行为主体证据方面的取证相同。

(二)客观方面证据

1. 欠税证据。

(1)纳税人欠缴税款期间财务报表、"应交税费"账簿相关账页、会计凭证、纳税申报资料等。

（2）欠缴税款的资料，如欠税税种、纳税期限、应纳税额、欠税数额等。

（3）主管税务机关下达的责令限期缴纳税款文书。

（4）属于欠缴查补税款的，还应取得相关的税务处理决定书及送达回证。

2. 无法追缴欠税或妨碍追缴的证据。

（1）纳税人转移、隐匿财产的，应取得该物品原存放地（仓库等）的照片、现场勘验笔录和相关人员证人证言；对已转移财产的，应该取得此物品财产所有权人的调查笔录、交易合同、款项支付情况、转移时间、有关部门如房地产部门出具的房屋产权转移证据等证据。

（2）纳税人转移、隐匿资金的，需提取纳税人税务登记证、税务登记表中登录或报告的纳税人银行账号内容的证据，取得纳税人与转移、隐匿行为相关的资金进出凭证及相关人员证人证言等。

3. 询问笔录，当事人陈述及其他可以证明逃避追缴欠税事实的证据。

三、骗取出口退税行为的取证

骗取出口退税是以假报出口或者其他欺骗手段骗取国家出口退税款的税收违法行为。对骗取出口退税行为的取证，应从行为主体、骗税手段、行为结果等方面收集相关证据。主要取证参考见表3-3。

表3-3 骗取出口退税主要取证参考一览表

违法类型	主要证据
骗取出口退税行为	1. 纳税人退（免）税申报资料，包括出口货物报关单、外汇核销单、增值税专用发票或出口商品专用发票等 2. 相关购销合同或协议、出口货物明细单、出口货物装箱单、出口货物运输单据等证明货主真实身份的证据 3. 相关账簿资料、记账凭证、银行单证 4. 向海关、外汇管理部门、供货方税务机关协查的回函、虚开发票证明及其他资料 5. 购进货物非法取得的虚开、伪造、非法购进增值税专用发票或有关发票 6. 虚假交易资金回流的证据 7. 当事人陈述、证人证言、现场（勘验）笔录、视听资料 8. 收入退还书 9. 其他与骗税相关的证据

(一) 主体方面证据

与本节偷税行为主体证据方面的取证相同。

(二) 客观方面证据

主要围绕稽查对象的骗税手段收集证据：以账务检查为切入点，结合稽查对象的产、供、销、运等部门信息，核实其纳税申报的真实性；结合下面介绍的对虚开发票和接受虚开发票的检查，取得稽查对象通过接受虚开发票、骗取出口退税的证据；通过现场检查、询问、协查（特别是向海关、外汇主管部门、供货方税务机关协查）等方法，取得其骗税行为的证据。

1. 退（免）税申报资料。包括出口退税申报表（含进货和出口申报明细表及汇总申报表）、退库通知书、申请退税时所附的增值税专用发票、出口货物报关单（出口退税专用联）、出口外汇核销单（出口退税专用联）、外销（出口）发票及其他证明资料。

2. 出口货物行为真实性的证据。

(1) 物流证据。物流证据包括货物出口合同、购销合同、委托加工合同；企业生产工艺流程和生产能力、耗用辅助材料和原料动力情况、库存及运输中的出口货物；出口货物购进明细账、出口货物生产明细账、出口销售明细账、库存明细账、出入库单据、货物购进或出口运输单据；海关出具的设备交接单，汽车运输公司的集装箱往返手册，船运公司的配箱回单、海运提单，货运代理公司的拖车业务代理单，运输公司的委托运单和台账，港口的集装箱交接单，确定出口货物行为的真实性以及出口货物品名、数量、单价、金额、目的港等的真实性。

(2) 资金流证据。根据资金往来账、银行对账单、银行原始凭证、货物购进方的资金往来账等资料，确定资金回流到稽查对象情况。

(3) 发票流证据。增值税专用发票、农产品采购发票等，确定其同货物情况是否一致；是否依法足额纳税；税务机关对虚开发票的供货单位的查处情况等资料。

(4) 当事人陈述或相关人员（包括法定代表人、具体经办人、财务人员及仓库管理员、生产部门、运输部门人员等），有关货物、资金和发票，以及相关出口离境、收汇情况等方面的证人证言、询问笔录等。

3. 收入退还书和收到退税款的凭证。

四、抗税行为的取证

抗税是指以暴力、威胁等方法拒不缴纳税款的行为。对抗税行为的取证，主要从行为人、抗税手段、行为结果等方面进行。主要取证参考见表3-4。

表3-4 抗税主要取证参考一览表

违法类型	主要证据
抗税	1. 当事人陈述、证人证言、勘验笔录、询问笔录、视听资料 2. 医疗和法医鉴定，威胁、暴力行为的物证、视听资料等 3. 申报纳税资料、税务处理决定书、责令限期缴纳文书等证明抗税数额的资料 4. 其他证据

（一）主体方面证据

抗税行为主体只能是自然人。可证明行为主体情况的证据，主要是纳税人及有关人员的身份证明，如居民身份证或护照、工作证等。

（二）客观方面证据

稽查人员通过询问抗税人、取得公安机关立案证明、取得相关人员证人证言等，掌握抗税行为证据。

1. 抗税数额方面的证据。收集抗税人应纳、已纳税款、税种、纳税期限等资料；属于责令限期缴纳的，应取得税务机关下达的责令限期缴纳文书；属于欠缴查补税款的，应取得相关的税务处理决定书。

2. 使用暴力、威胁手段的证据。包括受到暴力、威胁影响的执法人员自述材料，公安机关立案证明材料（如报案的记录、作案时间、地点证明、现场勘验笔录等）相关书证等，抗税人陈述或相关人员的证人证言等。

3. 抗税人使用暴力、威胁等手段造成伤害的证据。包括医疗单位鉴定、抗税人使用抗税手段造成后果的视听资料或相关物证、书证等。

五、虚开增值税专用发票的取证

虚开增值税专用发票是指为他人虚开、为自己虚开、让他人为自己虚开、介绍他人虚开增值税专用发票的行为。应围绕开票方、受票方收集纳税人故意虚开发票及其后果的相关证据。主要取证参考见表3-5。

表 3-5　虚开增值税专用发票主要取证参考一览表

违法类型		主要证据
虚开增值税专用发票	开票方	1. 虚开的增值税专用发票、发票领购簿，并取得发票使用情况的相关资料 2. 纳税申报表、税收缴款书、为虚开取得的进项抵扣凭证 3. 相关账册凭证、货物进出凭据、生产过程资料、货物出入库单据、运输单据及相关合同、协议 4. 资金往来凭证 5. 当事人陈述、证人证言、现场（勘验）笔录、视听资料 6. 有关部门等出具的生产能力、交易行为的鉴定结论 7. 发出协查的回复资料及受票方取得虚开发票的已抵扣证明 8. 已证实虚开发票的证明等 9. 其他与虚开增值税专用发票有关的资料
	受票方	1. 取得虚开的增值税专用发票抵扣联、发票联 2. 相关账册凭证、货物进出凭据、生产过程资料、货物出入库单据、运输单据及相关合同、协议 3. 资金往来凭证 4. 当事人陈述、证人证言、现场（勘验）笔录、视听资料 5. 取得虚开发票的已抵扣证明 6. 开票方主管税务机关出具的虚开发票的证明及有关资料 7. 其他与接受虚开增值税专用发票有关的资料

（一）主体方面证据

与本节偷税行为主体证据方面的取证相同。

（二）客观方面证据

1. 开票方证据。

（1）纳税人发票领购簿，取得发票使用情况的相关证明材料。

（2）纳税申报表、税收缴款书、进项抵扣凭证。

（3）票、货、款是否一致的证据，包括开票单位与受票单位相关的账册凭证、资金收支单据、货物进出库凭证、生产过程资料、运输单据及相关合同、协议。

（4）当事人陈述、申辩材料及开票单位与受票单位有关人员（包括法定代表人、业务经办人、财务人员、仓库管理员及运输部门人员等）的证言材料，询问笔录。

证言应能说明：代开、虚开、接受虚开或介绍虚开增值税专用发票的动机、目的以及虚开行为的策划者和策划过程；填开及交接过程；收取开票手续费情况等。

（5）有关的政府部门、行业协会等出具的证明无真实交易的鉴定结论。根据稽查对象的行业，邀请有关的政府部门或委托相关行业协会对稽查对象的生产能力等情况（如设备数量、工人效率、运输能力等）实施勘察，制作鉴定结论，确定销售业务的真实性。

（6）通过对受票单位调查和协查，取得虚开发票是否申报抵扣的凭证。

（7）必要时，请主管税务机关、发票印制单位鉴定涉嫌发票，出具鉴定结论。

（8）其他与虚开增值税专用发票有关的证据。

2. 受票方证据。

（1）纳税申报表、税收缴款书、进项抵扣凭证。

（2）涉嫌虚开发票的发票联和抵扣联。

（3）票、货、款是否一致的证据，包括开票单位与受票单位相关的账册凭证、资金收支单据、货物进出凭据、生产过程资料、货物出入库单据、运输单据及相关合同、协议。

（4）当事人陈述、申辩材料及开票单位与受票单位有关人员（包括法定代表人、业务经办人、财务人员、仓库管理员及运输部门人员等）的证言材料、询问笔录。

证言应能说明：代开、虚开、接受虚开或介绍虚开增值税专用发票的动机、目的、手段，以及虚开行为的策划者和策划过程；填开及交接过程；收取开票手续费情况等。

（5）必要时，请主管税务机关、发票印制单位鉴定涉嫌发票，出具鉴定结论；取得其他与虚开增值税行为相关的证据。

（6）受票方取得虚开发票，并已据此申报抵扣税款的证据。

（7）其他与虚开增值税专用发票有关的证据。

六、虚开其他用于骗取出口退税、抵扣税款的凭证的取证

虚开其他涉及骗取出口退税、抵扣税款的凭证包括废旧物资收购（销售）发票、农产品收购发票、运输发票及海关进口货物增值税缴款书等，税务机关应围绕业务的真实性，收集虚开、接受虚开及其后果等方面证

据。主要取证参考见表3-6。

表3-6 虚开其他涉及骗取出口退税、抵扣税款的凭证的主要取证参考一览表

违法类型			主要证据
虚开废旧物资发票抵扣税款	开票方	虚开废旧物资收购发票	1. 虚开的废旧物资收购发票 2. 相关账簿凭证、货物出入库单、过磅单、运输发票及相关合同、协议等 3. 资金往来凭据 4. 对出售人及业务的调查取证资料 5. 当事人陈述、证人证言、现场（勘验）笔录、视听资料等 6. 其他与虚开废旧物资收购发票有关的资料
	受票方		1. 接受虚开的废旧物资销售发票联、抵扣联等 2. 相关账簿凭证、过磅单、货物验收入库单、运输发票及相关合同、协议等 3. 资金往来凭据 4. 当事人陈述、证人证言、现场（勘验）笔录、视听资料等 5. 纳税申报资料 6. 主管税务机关出具的已抵扣税款证明 7. 开票方主管税务机关出具的虚开发票的证明及有关资料 8. 其他与接受虚开废旧物资销售发票有关的资料
虚开农产品收购凭证抵扣税款			1. 虚开的农产品收购凭证、发票领购簿等 2. 相关账簿凭证、货物出库单、过磅单、运输发票及相关合同、协议等 3. 付款凭据 4. 对出售人及业务的调查取证资料 5. 有关部门等出具的生产能力、交易行为的鉴定结论 6. 当事人陈述、证人证言、现场（勘验）笔录、视听资料等 7. 纳税申报资料 8. 其他与虚开农产品收购发票有关的资料
使用虚假海关完税凭证抵扣税款			1. 已申报抵扣的虚假海关完税凭证 2. 相关账簿凭证、报关单、货物入库单、过磅单、运输发票及相关合同、协议等 3. 海关完税凭证真实性的证明材料 4. 纳税申报资料及税款抵扣证明 5. 进口单位、代理报关单位与受票方之间无真实业务往来的资料 6. 当事人陈述、证人证言、现场（勘验）笔录、视听资料等 7. 其他与虚假海关完税凭证有关的资料

第三章 税务稽查证据

续表

违法类型		主要证据
虚开运输发票抵扣税款	开票方	1. 虚开的运输发票、发票领购簿等 2. 运输工具、运输能力、运输费用支出、相关合同、协议证明及发货人、收货人的相关账簿凭证、货物验收单、过磅单等资料 3. 开票方相关账簿凭证方 4. 运费收取凭证 5. 当事人陈述、证人证言、现场（勘验）笔录、视听资料等 6. 纳税申报资料及受票方主管税务机关出具的已抵扣税款证明 7. 其他与虚假运输发票有关的资料
	受票方	1. 虚开的运输发票的发票联、抵扣联 2. 相关账簿凭证、货物的过磅单、验收入库单及相关合同、协议等 3. 运输费用的支付凭证 4. 当事人陈述、证人证言、现场（勘验）笔录、视听资料等 5. 纳税申报资料 6. 开票方主管税务机关出具的虚开发票的证明及有关资料 7. 其他与接受虚假运输发票有关的资料

（一）主体方面证据

与本节偷税行为主体证据方面的取证基本相同。对于废旧物资收购，收购企业还应当取得其废旧物资收购资质的证明。

（二）客观方面证据

1. 虚开废旧物资发票抵扣税款行为的证据。

（1）虚开废旧物资收购发票行为的证据。

①开票单位有无真实业务的证据，包括相关的货物、资金账簿等复印件，资金收支单据，货物出入库单据，运输单据等，取得票、货、款是否一致的证据。

②当事人陈述、申辩材料及开票单位有关人员（包括法定代表人、业务经办人、财务人员及仓库管理员、生产部门人员、运输部门人员等）的证言材料、询问笔录。证言应能说明：虚开废旧物资收购发票抵扣税款行为的动机、目的、手段，以及虚开行为的策划者和策划过程；填开及交接过程；收取开票手续费情况等。

③收购发票上填写的出售人的证人证言，以确定收购业务的真实性。

（2）虚开废旧物资销售发票行为的证据。

①开票单位发票领购簿，其他相关证明材料。

②开票单位与受票单位之间有无真实业务往来的证据，包括相关的货物往来、资金往来账簿，资金收支单据，货物出入库单据，运输单据及相关合同、协议，并对其进行比对，取得票、货、款是否一致的证据。

③受票单位纳税申报及缴纳税款资料，核实受票单位是否根据虚开发票骗取出口退税、抵扣税款。

④当事人陈述或相关人员（包括法定代表人、具体经办人、财务人员及仓库管理员、运输部门人员等）的证人证言、询问笔录。证言应能说明：虚开废旧物资发票的动机、目的、手段及虚开行为的策划者和策划过程；填开及交接过程；收取开票手续费情况等。

⑤其他与虚开废旧物资销售发票有关的证据。

2. 虚开农产品收购凭证抵扣税款行为的证据。

（1）开票单位发票领购簿及其他相关证明资料。

（2）开票单位与受票单位之间有无真实业务往来的证据，包括相关的货物往来、资金往来账簿，资金收支单据，货物出入库单据，运输单据及相关合同、协议，并对其进行比对，取得票、货、款是否一致的证据。

（3）当事人陈述或相关人员（包括法定代表人、具体经办人、财务人员及仓库管理员、运输部门人员等）的证人证言、询问笔录。证言应能说明：虚开农产品收购凭证的动机、目的、手段及虚开行为的策划者和策划过程；填开及交接过程等。

（4）必要时，请公安机关出具收购发票上填写的出售人的身份证鉴定结论，确定收购业务的真实性。

（5）出具收购发票上填写的出售人的证人证言，内容包括农产品的种植面积、饲养数量、捕捞数量、季节性特点等（必要时邀请出售人所在地政府机关工作人员作为见证人），确定收购业务的真实性。

（6）委托的行业协会等出具的证明有无真实交易的鉴定结论。根据稽查对象的行业，委托相关行业协会对稽查对象的收购行为、生产能力等情况（如设备数量、工人效率、运输能力等）实施勘察，制作鉴定结论，确定收购业务的真实性。

（7）有关政府部门的公文，如环保局等出具的证明文件，确定稽查对象是否利用收购的农产品从事过生产，确定收购业务的真实性。

（8）受票单位纳税申报及缴纳税款资料，核实受票单位是否根据虚开发票骗取出口退税、抵扣税款。

3. 使用虚假海关完税凭证抵扣税款行为的证据。

（1）海关出具的海关完税凭证真实性的证明材料。

（2）代理报关单位与接受单位之间有无真实业务往来的证据，包括相关的货物往来、资金往来账簿，资金收支单据，货物出入库单据，运输单据及相关合同、协议。

（3）进口单位有无真实进口业务的证据，包括相关的进口货物、资金账簿、进口货物出入库单据、运输单据及相关合同、协议、生产的有关资料等。

（4）当事人陈述或相关人员（包括法定代表人、具体经办人、财务人员及仓库管理员、生产部门人员、运输部门人员等）的证人证言、询问笔录。证言应能说明：使用虚假海关完税凭证的动机、目的、手段及策划者和策划过程；收取开票手续费情况等。

（5）接受单位纳税申报及缴纳税款资料，确定接收单位抵扣税款的事实。

4. 虚开运费发票抵扣税款行为的证据。

（1）虚开运费发票行为的证据。

①开票单位发票领购簿及其他相关证明材料。

②开票单位与受票单位之间有无真实运输业务发生的证据，包括相关的运输成本、费用、资金往来等账簿，资金收支单据，货物出入库单据，运输单据及相关合同、协议，并对其进行比对，取得票、货、款是否一致的证据。

③当事人陈述或相关人员（包括法定代表人、具体经办人、财务人员及仓库管理员、运输部门人员等）的证人证言、询问笔录。证言应能说明：虚开运输发票的动机、目的、手段及虚开行为的策划者和策划过程；填开及交接过程；收取开票手续费情况等。

④受票单位纳税申报及缴纳税款资料，核实受票单位是否根据虚开发票骗取出口退税、抵扣税款。

（2）接受虚开运费发票抵扣税款行为的证据。

①核实受票单位有无真实运输业务发生的证据，包括相关的材料采购、销售费用账簿、凭证等，资金收支单据，货物出入库单据，运输单据及相关合同、协议，并对其进行比对，取得票、款是否一致的证据。

②当事人陈述、相关人员的（包括法定代表人、具体经办人、财务人员及仓库管理员、运输部门人员等）证人证言、询问笔录。证言应能说明：虚开运输发票的动机、目的、手段及虚开行为的策划者和策划过程；填开及交接过程；收取开票手续费情况等。

③运输方主管税务机关的证明及其他资料，确定运输业务的真实性。

④受票单位纳税申报及缴纳税款资料，核实受票单位是否根据虚开发票骗取出口退税、抵扣税款。

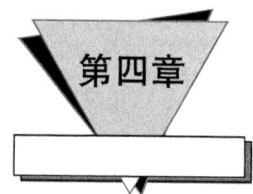

第四章

增值税的纳税检查

第四章 增值税的纳税检查

第一节 增值税检查概述

一、增值税计税原理

（一）增值税的性质

增值税以增值额为课税对象，以销售额为计税依据，同时实行税款抵扣的计税方式，这一计税方式决定了增值税是属于流转税性质的税种。作为流转税，增值税同对特定消费品征收的消费税有着很多共同的方面。

1. 都是以全部流转额为计税销售额。实行增值税的国家无论采取哪种类型的增值税，在计税方法上都是以货物或劳务的全部销售额为计税依据，这同消费税是一样的，所不同的只是增值税还同时实行税款抵扣制度，是一种只就未税流转额征税的新型流转税。

2. 税负具有转嫁性。增值税实行价外征税，经营者出售商品时，税款附加在价格之上转嫁。

3. 按产品或行业实行比例税率，而不能采取累进税率。这一点与其他流转税一样，但与所得税则完全不同。增值税的主要作用在于广泛征集财政收入，而非调节收入差距，因此不必也不应采用累进税率。

（二）增值税的计税原理

增值税的计税原理是通过增值税的计税方法体现出来的。增值税的计税方法是以每个生产经营环节上发生的货物或劳务的销售额为计税依据，然后按规定税率计算出货物或劳务的整体税负，同时通过税款抵扣方式将外购项目在以前环节已纳的税款予以扣除，从而完全避免了重复征税。该原理具体体现在以下几个方面：

1. 按全部销售额计算税款，但只对货物或劳务价值中新增价值部分征税。

2. 实行税款抵扣制度，对以前环节已纳税款予以扣除。

3. 税款随着货物的销售逐环节转移，最终消费者是全部税款的承担者，但政府并不直接向消费者征税，而是在生产经营的各个环节分段征收，各环节的纳税人并不承担增值税税款。

二、增值税主要政策规定

(一) 纳税义务人和扣缴义务人

1. 纳税义务人。在中华人民共和国境内销售货物或者提供加工、修理修配劳务以及进口货物的单位和个人,为增值税的纳税义务人 [《中华人民共和国增值税暂行条例》(以下简称《增值税暂行条例》)第一条]。

2. 一般纳税人与小规模纳税人的划分。

(1) 基本资格登记标准——销售规模的金额标准。增值税纳税人年应税销售额超过财政部、国家税务总局规定的小规模纳税人标准的,除另有规定外,应当向其机构所在地主管税务机关办理一般纳税人登记。一般纳税人与小规模纳税人的划分见表4-1。

表4-1 一般纳税人与小规模纳税人的划分

要 点	相关规定
年应税销售额标准	2018年5月1日起,年应税销售额500万元(含)以下的,为小规模纳税人。其中,年应税销售额是不含增值税的销售额。销售服务、无形资产或者不动产有扣除项目的纳税人,其年应税销售额按照未扣除之前的销售额计算
年应税销售额范围	年应税销售额,是指纳税人在连续不超过12个月或者四个季度的经营期内累计应征增值税销售额,包括纳税申报销售额、稽查查补销售额、纳税评估调整销售额

(2) 资格条件。年应税销售额不能达到规定标准但符合资格条件的,也可登记成为一般纳税人。目前规定的资格条件有:能够按照国家统一的会计制度规定设置账簿,根据合法、有效凭证核算,能够准确提供税务资料。

(3) 例外规定。在增值税一般纳税人资格登记规则中(见表4-2),有一般规定之外的例外规定,包括选择登记、不能登记。

表4-2 增值税一般纳税人资格登记规则

经营规模	具体情况	纳税人类型
年应征增值税销售额超过500万元	一般情况	应当向税务机关申请办理一般纳税人登记
	非企业单位、不经常发生应税行为的单位和个体工商户	可选择按小规模纳税人纳税
	其他个人	只能作为小规模纳税人

续表

经营规模	具体情况	纳税人类型
年应征增值税销售额500万元及以下	一般情况	小规模纳税人
	会计核算健全、能提供准确税务资料	可以成为一般纳税人

3. 扣缴义务人。境外的单位或个人在境内销售应税劳务而在境内未设有经营机构的，其应纳税款以代理人为扣缴义务人；没有代理人的，以购买者为扣缴义务人。(《增值税暂行条例实施细则》第三十四条)

（二）征税范围

1. 销售货物。销售货物，是指有偿转让货物的所有权。有偿，是指从购买方取得货币、货物或者其他经济利益。货物，是指有形动产，包括电力、热力、气体在内。

2. 提供加工、修理修配劳务。加工，是指受托加工货物，即委托方提供原料及主要材料，受托方按照委托方的要求，制造货物并收取加工费的业务。修理修配，是指受托对损伤和丧失功能的货物进行修复，使其恢复原状和功能的业务。单位或者个体工商户聘用的员工为本单位或者雇主提供加工、修理修配劳务的，不包括在内。

3. 销售服务。销售服务，是指提供交通运输服务、邮政服务、电信服务、建筑服务、金融服务、现代服务、生活服务。

交通运输服务，是指利用运输工具将货物或者旅客送达目的地，使其空间位置得到转移的业务活动，包括陆路运输服务、水路运输服务、航空运输服务和管道运输服务。

邮政服务，是指中国邮政集团公司及其所属邮政企业提供邮件寄递、邮政汇兑和机要通信等邮政基本服务的业务活动，包括邮政普遍服务、邮政特殊服务和其他邮政服务。

电信服务，是指利用有线、无线的电磁系统或者光电系统等各种通信网络资源，提供语音通话服务，传送、发射、接收或者应用图像、短信等电子数据和信息的业务活动，包括基础电信服务和增值电信服务。

建筑服务，是指各类建筑物、构筑物及其附属设施的建造、修缮、装饰、线路、管道、设备、设施等的安装以及其他工程作业的业务活动，包括工程服务、安装服务、修缮服务、装饰服务和其他建筑服务。

纳税检查

金融服务,是指经营金融保险的业务活动,包括贷款服务、直接收费金融服务、保险服务和金融商品转让。

现代服务,是指围绕制造业、文化产业、现代物流产业等提供技术性、知识性服务的业务活动,包括研发和技术服务、信息技术服务、文化创意服务、物流辅助服务、租赁服务、鉴证咨询服务、广播影视服务、商务辅助服务和其他现代服务。

生活服务,是指为满足城乡居民日常生活需求提供的各类服务活动。包括文化体育服务、教育医疗服务、旅游娱乐服务、餐饮住宿服务、居民日常服务和其他生活服务。

4. 销售无形资产。无形资产,是指不具有实物形态,但能带来经济利益的资产,包括技术、商标、著作权、商誉、自然资源使用权和其他权益性无形资产。销售无形资产,是指转让无形资产所有权或者使用权的业务活动。

5. 销售不动产。不动产,是指不能移动或者移动后会引起性质、形状改变的财产,包括建筑物、构筑物等。销售不动产,是指转让不动产所有权的业务活动。转让建筑物有限产权或者永久使用权的,转让在建的建筑物或者构筑物所有权的,以及在转让建筑物或者构筑物时一并转让其所占土地的使用权的,按照销售不动产缴纳增值税。

6. 视同销售。单位或者个体工商户的下列行为视同销售货物:①将货物交付其他单位或者个人代销;②销售代销货物;③设有两个以上机构并实行统一核算的纳税人,将货物从一个机构移送其他机构用于销售,但相关机构设在同一县(市)的除外;④将自产或者委托加工的货物用于非增值税应税项目;⑤将自产、委托加工的货物用于集体福利或者个人消费;⑥将自产、委托加工或者购进的货物作为投资,提供给其他单位或者个体工商户;⑦将自产、委托加工或者购进的货物分配给股东或者投资者;⑧将自产、委托加工或者购进的货物无偿赠送其他单位或者个人。

视同发生营改增应税行为:①单位或者个体工商户向其他单位或者个人无偿提供服务,但用于公益事业或者以社会公众为对象的除外;②单位或者个人向其他单位或者个人无偿转让无形资产或者不动产但用于公益事业或者以社会公众为对象的除外。

7. 混合销售。一项销售行为如果既涉及服务又涉及货物,为混合销售。从事货物的生产、批发或者零售的单位和个体工商户的混合销售行为，按照销售货物缴纳增值税；其他单位和个体工商户的混合销售行为，按照销售服务缴纳增值税。从事货物的生产、批发或者零售的单位和个体工商户，包括以从事货物的生产、批发或者零售为主，并兼营销售服务的单位和个体工商户在内。

营改增试点纳税人销售电信服务时，附带赠送用户识别卡、电信终端等货物或者电信服务的，应将其取得的全部价款和价外费用分别进行核算，按各自适用的税率计算缴纳增值税。

从2017年5月1日起，纳税人销售活动板房、机器设备、钢结构件等自产货物的同时提供建筑、安装服务，不属于混合销售，应分别核算货物和建筑服务的销售额，分别适用不同的税率或者征收率。此前已发生未处理的事项，按照《国家税务总局关于进一步明确营改增有关征管问题的公告》（国家税务总局公告2017年第11号）执行。

8. 兼营。纳税人销售货物、加工修理修配劳务、服务、无形资产或者不动产适用不同税率或者征收率的，应当分别核算适用不同税率或者征收率的销售额，未分别核算销售额的，按照以下情形适用税率或者征收率。

（1）兼有不同税率的销售货物、加工修理修配劳务、服务、无形资产或者不动产，从高适用税率。

（2）兼有不同征收率的销售货物、加工修理修配劳务、服务、无形资产或者不动产，从高适用征收率。

（3）兼有不同税率和征收率的销售货物、加工修理修配劳务、服务、无形资产或者不动产，从高适用税率。纳税人兼营免税、减税项目的，应当分别核算免税、减税项目的销售额；未分别核算的，不得免税、减税。

（三）税率及征收率

1. 13%税率。销售货物及加工修理修配劳务、有形动产租赁服务适用13%税率。

2. 9%税率。提供交通运输、邮政、基础电信、建筑、不动产租赁服务，销售不动产，转让土地使用权。销售农产品（含粮食）、自来水、暖气、石油液化气、天然气、食用植物油、冷气、热水、煤气、居民用煤炭制品、食用盐、农机、饲料、农药、农膜、化肥、沼气、二甲醚、图书、报纸、杂志、音像制品、电子出版物，从2019年4月1日起，税率调整为9%。

3. 6%税率。纳税人发生应税行为，除适用13%、9%税率外，税率为6%。例如，增值电信服务、金融服务、现代服务、生活服务（租赁服务除外）、销售无形资产（土地使用权除外）

4. 零税率。纳税人出口货物（国务院另有规定的除外）、境内单位和个人发生的跨境营改增应税行为适用零税率。

5. 3%征收率。小规模纳税人销售货物、服务、提供劳务等，增值税征收率为3%。一般纳税人销售寄售商店代销寄售物品（包括居民个人寄售的物品在内）、典当业销售死当物品等，可选择按照简易办法依照3%征收率计算缴纳增值税。

6. 5%征收率。

（1）小规模纳税人销售或出租不动产，小规模纳税人提供劳务派遣服务，房地产开发企业中的小规模纳税人销售自行开发的房地产项目，按照5%的征收率计算缴纳增值税。

（2）一般纳税人销售其2016年4月30日前取得（不含自建）的不动产可以选择适用简易计税方法，以取得的全部价款和价外费用减去该项不动产购置原价或者取得不动产作价后的余额为销售额，按照5%的征收率计算缴纳增值税。

（3）一般纳税人销售其2016年4月30日前自建的不动产，可以选择适用简易计税方法，以取得的全部价款和价外费用为销售额，按照5%的征收率计算缴纳增值税。

（4）一般纳税人出租其2016年4月30日前取得的不动产，可以选择适用简易计税方法，按照5%的征收率计算应纳税额。

（5）房地产开发企业中的一般纳税人，销售自行开发的房地产老项目按照5%的征收率计算缴纳增值税。

（6）纳税人转让2016年4月30日前取得的土地使用权，可以选择适用简易计税方法，以取得的全部价款和价外费用减去取得该土地使用权的原价后的余额为销售额，按照5%的征收率计算应纳税额。

（四）纳税义务发生时间

1. 纳税人销售货物或者应税劳务，为收讫销售款项或者取得索取销售款项凭据的当天；先开具发票的，为开具发票的当天。其中，收讫销售款项或者取得索取销售款项凭据的当天，按销售结算方式的不同，具体如下所述。

（1）采取直接收款方式销售货物，不论货物是否发出，均为收到销售款或者取得索取销售款凭据的当天。

（2）采取托收承付和委托银行收款方式销售货物，为发出货物并办妥托收手续的当天。

（3）采取赊销和分期收款方式销售货物，为书面合同约定的收款日期的当天，无书面合同的或者书面合同没有约定收款日期的，为货物发出的当天。

（4）采取预收货款方式销售货物，为货物发出的当天，但生产、销售生产工期超过 12 个月的大型机械设备、船舶、飞机等货物，为收到预收款或者书面合同约定的收款日期的当天。

（5）委托其他纳税人代销货物，为收到代销单位的代销清单或者收到全部或者部分货款的当天。未收到代销清单及货款的，为发出代销货物满 180 天的当天。

（6）销售应税劳务，为提供劳务同时收讫销售款或者取得索取销售款凭据的当天。

（7）纳税人发生除将货物交付其他单位或者个人代销和销售代销货物以外的视同销售行为，为货物移送的当天。

2. 进口货物，为报关进口的当天。

3. 发生销售服务、无形资产、不动产的纳税义务发生时间。

（1）纳税人发生应税行为并收讫销售款项或者取得索取销售款项凭据的当天；先开具发票的，为开具发票的当天。收讫销售款项，是指纳税人销售服务、无形资产、不动产过程中或者完成后收到款项。取得索取销售款项凭据的当天，是指书面合同确定的付款日期；未签订书面合同或者书面合同未确定付款日期的，为服务、无形资产转让完成的当天或者不动产权属变更的当天。

（2）纳税人提供租赁服务采取预收款方式的，其纳税义务发生时间为收到预收款的当天。

（3）纳税人从事金融商品转让的，为金融商品所有权转移的当天。

（4）视同发生应税行为的，其纳税义务发生时间为服务、无形资产转让完成的当天或者不动产权属变更的当天。

4. 增值税扣缴义务发生时间为纳税人增值税纳税义务发生的当天。

（五）纳税地点

1. 固定业户应当向其机构所在地或者居住地主管税务机关申报纳税。

纳税检查

总机构和分支机构不在同一县（市）的，应当分别向各自所在地的主管税务机关申报纳税；经财政部和国家税务总局或者其授权的财政和税务机关批准，可以由总机构汇总向总机构所在地的主管税务机关申报纳税。

固定业户到外县（市）销售货物或者应税劳务，应当向其机构所在地的主管税务机关申请开具外出经营活动税收管理证明，并向其机构所在地的主管税务机关申报纳税；未开具证明的，应当向销售地或者劳务发生地的主管税务机关申报纳税；未向销售地或者劳务发生地的主管税务机关申报纳税的，由所在地或者居住地主管税务机关补征税款。

2. 非固定业户销售货物、提供应税劳务、发生应税行为，应当向销售地、劳务发生地或应税行为发生地主管税务机关申报纳税。未申报纳税的，由其机构所在地或者居住地主管税务机关补征税款。

3. 其他个人提供建筑服务，销售或者租赁不动产，转让自然资源使用权，应向建筑服务发生地、不动产所在地、自然资源所在地主管税务机关申报纳税。

4. 扣缴义务人应当向其机构所在地或者居住地主管税务机关申报缴纳扣缴的税款。

5. 进口货物，应当向报关地海关申报纳税。

（六）纳税期限

1. 增值税的纳税期限分别为1日、3日、5日、10日、15日、1个月或者1个季度。纳税人的具体纳税期限，由主管税务机关根据纳税人应纳税额的大小分别核定。

以1个季度为纳税期限的规定适用于小规模纳税人、银行、财务公司、信托投资公司、信用社，以及财政部和国家税务总局规定的其他纳税人。不能按照固定期限纳税的，可以按次纳税。

增值税小规模纳税人缴纳增值税原则上实行按季申报。纳税人要求不实行按季申报的，由主管税务机关根据其应纳税额大小核定纳税期限。

2. 纳税人以1个月或者1个季度为1个纳税期的，自期满之日起15日内申报纳税；以1日、3日、5日、10日或者15日为1个纳税期的，自期满之日起5日内预缴税款，于次月1日起15日内申报纳税并结清上月应纳税款。

3. 扣缴义务人解缴税款的期限，按照前两款规定执行。

三、增值税税额的计算

(一) 应纳税额的计算方法

1. 一般计税方法。一般纳税人发生增值税应税行为适用一般计税方法计税。

$$应纳税额 = 当期销项税额 - 当期进项税额$$

当期销项税额小于当期进项税额不足抵扣时,其不足部分可以结转下期继续抵扣。销项税额,是指纳税人发生应税行为按照销售额和增值税税率计算并收取的增值税税额。

$$销项税额 = 销售额 \times 税率 = 含税销售额 \div (1+税率) \times 税率$$

2. 简易计税方法。小规模纳税人发生增值税应税行为适用简易计税方法计税。一般纳税人发生财政部和国家税务总局规定的特定应税行为,可以选择适用简易计税方法计税,但一经选择,36个月内不得变更。

$$应纳税额 = 销售额 \times 征收率 = 含税销售额 \div (1+征收率) \times 征收率$$

3. 应扣缴税额的计算。境外单位或者个人在境内发生应税行为,在境内未设有经营机构的,扣缴义务人按照下列公式计算应扣缴税额。

$$应扣缴税额 = 购买方支付的价款 \div (1+税率) \times 税率$$

(二) 销售额

1. 销售额的一般规定。销售额为纳税人销售货物、提供应税劳务、发生应税服务向购买方收取的全部价款和价外费用。作为销售额组成部分的价外费用,包括价外向购买方收取的手续费、补贴、基金、集资费、返还利润、奖励费、违约金、滞纳金、延期付款利息、赔偿金、代收款项、代垫款项、包装费、包装物租金、储备费、优质费、运输装卸费以及其他各种性质的价外收费。但下列项目不包括在内。

(1) 受托加工应征消费税的消费品所代收代缴的消费税。

(2) 同时符合以下条件的代垫运输费用:①承运部门的运输费用发票开具给购买方的;②纳税人将该项发票转交给购买方的。

(3) 同时符合以下条件代为收取的政府性基金或者行政事业性收费:①由国务院或者财政部批准设立的政府性基金,由国务院或省级人民政府及其财政、价格主管部门批准设立的行政事业性收费;②收取时开具省级以上财政部门印制的财政票据;③所收款项全额上缴财政。

(4) 销售货物的同时代办保险等而向购买方收取的保险费,以及向购买方收取的代购买方缴纳的车辆购置税、车辆牌照费。

（5）纳税人发生应税行为取得的全部价款和价外费用，不包括以下项目：①代为收取并符合规定的政府性基金或者行政事业性收费；②以委托方名义开具发票代委托方收取的款项。

2. 含税销售额的换算。一般纳税人采用销售额和销项税额合并定价方法的，按下列公式计算销售额：

销售额=含税销售额÷（1+税率）

3. 按人民币以外的货币结算的销售额。纳税人按人民币以外的货币结算销售额的，其销售额的人民币折合率可以选择销售额发生的当天或者当月1日的人民币汇率中间价。纳税人应在事先确定采用何种折合率，确定后一年内不得变更。

4. 销售额的核定。纳税人销售货物或者应税劳务的价格明显偏低并无正当理由的或者视同销售货物行为而无销售额的，由主管税务机关核定其销售额。纳税人发生销售服务、无形资产或者不动产价格明显偏低或者偏高且不具有合理商业目的的，或者发生视同提供应税行为而无销售额的，由主管税务机关核定其销售额。不具有合理商业目的，是指以谋取税收利益为主要目的，通过人为安排，减少、免除、推迟缴纳增值税税款，或者增加退还增值税税款。主管税务机关按照下列顺序确定销售额：

（1）按照纳税人最近时期销售同类货物、服务、无形资产或者不动产的平均价格确定。

（2）按照其他纳税人最近时期销售同类货物、服务、无形资产或者不动产的平均价格确定。

（3）按照组成计税价格确定。组成计税价格的公式为：组成计税价格=成本×（1+成本利润率），成本利润率由国家税务总局确定。

5. 特殊销售方式的销售额。

（1）销售折让、终止或退回。一般纳税人因销售折让、终止或退回而退还给购买方的增值税税额，应当从当期的销项税额中扣减。一般纳税人开具增值税专用发票后，发生开票有误或销售折让、终止或退回等情形的，应按国家税务总局的规定开具红字增值税专用发票。未按规定开具红字增值税专用发票的，增值税额不得从销项税额中扣减。小规模纳税人因销售折让、终止或退回退还给购买方的销售额，应从当期的销售额中扣减。

（2）折扣销售。纳税人采取折扣方式销售，如果销售额和折扣额在同一张发票的金额栏分别注明的，可按折扣后的销售额征收增值税；如果将折扣额另开发票，或仅在发票的"备注"栏注明折扣额的，不论其在财务上如何处理，均不得从销售额中减除折扣额。

（3）以旧换新销售货物。纳税人采取以旧换新方式销售货物的（金银首饰除外），应按新货物的同期销售价格确定销售额。

（4）还本销售。还本销售是指销货方将货物出售之后，按约定的时间，一次或分次将购货款部分或全部退还给购货方，退还的货款即为还本支出，不得从销售额中减除还本支出。

（5）以物易物。双方都应作购销处理，以各自发出的货物核算销售额并计算销项税额，以各自收到的货物核算购货额并计算进项税额。

（6）包装物押金计税问题。

①纳税人为销售货物而出租出借包装物收取的押金，单独记账核算的，时间在一年内，又未逾期的，不并入销售额征税。

②逾期未收回包装物不再退还的押金，应按规定计算征收增值税。"逾期"是指超过合同约定的期限或超过1年的期限，对收取1年以上的押金，无论是否退还均应并入销售额征税。

$$应纳增值税 = 逾期押金 \div (1+税率) \times 税率$$

押金视为含增值税收入，并入销售额征税时要换算为不含税销售额。

③酒类产品包装物押金。对销售除啤酒、黄酒外的其他酒类产品收取的包装物押金，无论是否返还以及会计上如何核算，均应并入当期销售额征税。啤酒、黄酒押金与其他货物处理方式相同。

6. 差额征税项目销售额的确定。

（1）金融商品转让。金融商品转让，以卖出价扣除买入价后的余额为销售额。金融商品转让，不得开具增值税专用发票。

（2）经纪代理服务以取得的全部价款和价外费用，扣除向委托方收取并代为支付的政府性基金或者行政事业性收费后的余额为销售额。向委托方收取的政府性基金或者行政事业性收费，不得开具增值税专用发票。

纳税人提供人力资源外包服务，按照经纪代理服务缴纳增值税，其销售额不包括受客户单位委托代为向客户单位员工发放的工资和代理缴纳的社会保险、住房公积金。向委托方收取并代为发放的工资和代理缴纳的社会保险、住房公积金，不得开具增值税专用发票，可以开具普通发票。

纳税人提供签证代理服务，以取得的全部价款和价外费用，扣除向服务接受方收取并代为支付给外交部和外国驻华使（领）馆的签证费、认证费后的余额为销售额。向服务接受方收取并代为支付的签证费、认证费，不得开具增值税专用发票，可以开具增值税普通发票。

纳税人代理进口按规定免征进口增值税的货物，其销售额不包括向委托方收取并代为支付的货款。向委托方收取并代为支付的款项，不得开具增值税专用发票，可以开具增值税普通发票。

（3）融资租赁和融资性售后回租业务。经人民银行、银保监会或者商务部批准从事融资租赁业务的营改增试点纳税人，提供融资租赁服务，以取得的全部价款和价外费用，扣除支付的借款利息（包括外汇借款和人民币借款利息）、发行债券利息和车辆购置税后的余额作为销售额。

经人民银行、银保监会或者商务部批准从事融资租赁业务的营改增试点纳税人，提供融资性售后回租服务，以取得的全部价款和价外费用（不含本金），扣除对外支付的借款利息（包括外汇借款和人民币借款利息）、发行债券利息后的余额作为销售额。

（4）客运场站服务。营改增试点纳税人中的一般纳税人提供客运场站服务，以其取得的全部价款和价外费用，扣除支付给承运方运费后的余额为销售额。

（5）旅游服务。营改增试点纳税人提供旅游服务，可以选择以取得的全部价款和价外费用，扣除向旅游服务购买方收取并支付给其他单位或者个人的住宿费、餐饮费、交通费、签证费、门票费和支付给其他接团旅游企业的旅游费用后的余额为销售额。选择上述办法计算销售额的营改增试点纳税人，向旅游服务购买方收取并支付的上述费用，不得开具增值税专用发票，可以开具增值税普通发票。

（6）建筑服务。营改增试点纳税人提供建筑服务适用简易计税方法的，以取得的全部价款和价外费用扣除支付的分包款后的余额为销售额。

（7）销售不动产。

①房地产开发企业中的一般纳税人销售其开发的房地产项目①（选择简易计税方法的房地产老项目除外），以取得的全部价款和价外费用，扣除受让土地时向政府部门支付的土地价款后的余额为销售额。"向政府部

---

① 是指《建筑工程施工许可证》注明的合同开工日期在2016年4月30日前的房地产项目。

门支付的土地价款",包括土地受让人向政府部门支付的征地和拆迁补偿费用、土地前期开发费用和土地出让收益等。

②纳税人销售取得（不含自建）的不动产适用简易计税方法的，以取得的全部价款和价外费用减去该项不动产购置原价或者取得不动产时的作价后的余额为销售额，按照5%的征收率计算应纳税额。

（8）劳务派遣服务。一般纳税人提供劳务派遣服务，可以以取得的全部价款和价外费用为销售额，按照一般计税方法计算缴纳增值税；也可以选择差额纳税，以取得的全部价款和价外费用，扣除代用工单位支付给劳务派遣员工的工资、福利和为其办理社会保险及住房公积金后的余额为销售额，按照简易计税方法依照征收率计算缴纳增值税。

小规模纳税人提供劳务派遣服务，可以以取得的全部价款和价外费用为销售额，按照简易计税方法依3%的征收率计算缴纳增值税；也可以选择差额纳税，以取得的全部价款和价外费用，扣除代用工单位支付给劳务派遣员工的工资、福利和为其办理社会保险及住房公积金后的余额为销售额，按照简易计税方法依5%的征收率计算缴纳增值税。

选择差额纳税的纳税人，向用工单位收取用于支付给劳务派遣员工工资、福利和为其办理社会保险及住房公积金的费用，不得开具增值税专用发票，可以开具增值税普通发票。

（9）销售土地使用权。纳税人转让2016年4月30日前取得的土地使用权，可以选择适用简易计税方法，以取得的全部价款和价外费用减去取得该土地使用权的原价后的余额为销售额，按照5%的征收率计算缴纳增值税

（三）进项税额

进项税额，是指纳税人购进货物、加工修理修配劳务、服务、无形资产或者不动产，支付或者负担的增值税税额。

1. 准予抵扣的进项税额。

（1）从销售方取得的增值税专用发票（含税控机动车销售统一发票，下同）上注明的增值税税额。

（2）从海关取得的海关进口增值税专用缴款书上注明的增值税税额。

（3）购进农产品。

①纳税人购进农产品，取得一般纳税人开具的专用发票或海关进口增值税专用缴款书的，以注明的税额为进项税额。

②从按照简易计税方法依照3%征收率计算缴纳增值税的小规模纳税人取得增值税专用发票的，以专用发票上注明的金额和9%的扣除率计算进项税额。

③取得（开具）农产品销售发票或收购发票的，以农产品销售发票或收购发票上注明的农产品买价和9%的扣除率计算进项税额。

④纳税人购进用于生产或者委托加工13%税率货物的农产品，购进时按照9%的扣除率计算进项税额，在生产领用当期加计1%扣除，实际扣除率为10%。

⑤部分产品或行业实行农产品进项税额核定扣除，按照《财政部 国家税务总局关于在部分行业试行农产品增值税进项税额核定扣除办法的通知》（财税〔2012〕38号）、《财政部 国家税务总局关于扩大农产品增值税进项税额核定扣除试点行业范围的通知》（财税〔2013〕57号）执行。其中，《农产品增值税进项税额核定扣除试点实施办法》（财税〔2012〕38号印发）第四条第（二）项规定的扣除率调整为9%；第（三）项规定的扣除率调整为按《财政部 税务总局 海关总署关于深化增值税改革有关政策的公告财政部》（税务总局海关总署公告2019年第39号）第（一）项、第（二）项规定执行。

⑥纳税人从批发、零售环节购进适用免征增值税政策的蔬菜、部分鲜活肉蛋而取得的普通发票，不得作为计算抵扣进项税额的凭证。

（4）从境外单位或者个人购进服务、无形资产或者不动产，以自税务机关或者扣缴义务人取得的解缴税款的完税凭证上注明的增值税税额为进项税额。纳税人凭完税凭证抵扣进项税额的，应当具备书面合同、付款证明和境外单位的对账单或者发票。资料不全的，其进项税额不得从销项税额中抵扣。

（5）道路通行费发票。自2018年1月1日起，纳税人支付的道路、桥、闸通行费，按照以下规定抵扣进项税额：

①纳税人支付的道路通行费，按照收费公路通行费增值税电子普通发票上注明的增值税税额抵扣进项税额。

2018年1月1日至6月30日，纳税人支付的高速公路通行费，如暂未能取得收费公路通行费增值税电子普通发票，可凭取得的通行费发票（不含财政票据，下同）上注明的收费金额按照下列公式计算可抵扣的进项税额：

高速公路通行费可抵扣进项税额=高速公路通行费发票上注明的金额÷（1+3%）×3%

2018年1月1日至12月31日，纳税人支付的一级、二级公路通行费，如暂未能取得收费公路通行费增值税电子普通发票，可凭取得的通行费发票上注明的收费金额按照下列公式计算可抵扣进项税额：

一级、二级公路通行费可抵扣进项税额 = 一级、二级公路通行费发票上注明的金额 ÷（1+5%）×5%

②纳税人支付的桥、闸通行费，暂凭取得的通行费发票上注明的收费金额按照下列公式计算可抵扣的进项税额：

桥、闸通行费可抵扣进项税额=桥、闸通行费发票上注明的金额÷（1+5%）×5%

（6）纳税人取得不得抵扣且未抵扣进项税额的固定资产、无形资产、不动产，发生用途改变，用于允许抵扣进项税额的应税项目，可在用途改变的次月按照下列公式计算可以抵扣的进项税额：

可以抵扣的进项税额=固定资产、无形资产、不动产净值÷（1+适用税率）×适用税率

上述可以抵扣的进项税额应取得合法有效的增值税扣税凭证。

（7）纳税人购进国内旅客运输服务，其进项税额允许从销项税额中抵扣。纳税人未取得增值税专用发票的，暂按照以下规定确定进项税额。

①取得增值税电子普通发票的，为发票上注明的税额。

②取得注明旅客身份信息的航空运输电子客票行程单的，按照下列公式计算进项税额：

航空旅客运输进项税额=（票价+燃油附加费）÷（1+9%）×9%

③取得注明旅客身份信息的铁路车票的，按照下列公式计算进项税额：

铁路旅客运输进项税额=票面金额÷（1+9%）×9%

④得注明旅客身份信息的公路、水路等其他客票的，按照下列公式计算进项税额：

公路、水路等其他旅客运输进项税额=票面金额÷（1+3%）×3%

2.不准予抵扣的进项税额。

（1）用于简易计税方法计税项目、免征增值税项目、集体福利或者个人消费的购进货物、加工修理修配劳务、服务、无形资产和不动产。其中涉及的固定资产、无形资产、不动产，仅指专用于上述项目的固定资产、无形资产（不包括其他权益性无形资产）、不动产。纳税人的交际应酬消费属于个人消费。

（2）非正常损失的购进货物，以及相关的加工修理修配劳务和交通运

输服务。

（3）非正常损失的在产品、产成品所耗用的购进货物（不包括固定资产）加工修理修配劳务和交通运输服务。

（4）非正常损失的不动产，以及该不动产所耗用的购进货物、设计服务和建筑服务。

（5）非正常损失的不动产在建工程所耗用的购进货物、设计服务和建筑服务。纳税人新建、改建、扩建、修缮、装饰不动产，均属于不动产在建工程。非正常损失，是指因管理不善造成货物被盗、丢失、霉烂变质，以及因违反法律法规造成货物或者不动产被依法没收、销毁、拆除的情形。

（6）购进的贷款服务、餐饮服务、居民日常服务和娱乐服务。纳税人接受贷款服务向贷款方支付的与该笔贷款直接相关的投融资顾问费、手续费、咨询费等费用，其进项税额也不得从销项税额中抵扣。

（7）财政部和国家税务总局规定的其他情形。

四、增值税检查的特点

（一）稽查的环节多

其他产品（商品）及劳务税一般只稽查应税产品（商品）项目的销售收入和营业收入，主要是对销售环节的稽查，而增值税对一般纳税人除稽查销售环节销售收入的销项税额外，还要稽查购进或转入货物的进项税额。此外，还要从进项税额中界定不得从销项税额中抵扣有关项目的税额，据以计算应纳增值税税额。可见，不仅增值税的计算、稽查的环节多，而且所涉及的财务处理环节也多。

（二）发票管理难度大

实行凭增值税专用发票抵扣税金制度，就是以货物的不含增值税销售收入为计税依据，以发票扣税为手段，对销项税额和进项税额进行分别核算，据以计算征收增值税的办法。在零售以前各环节销售产品（商品）时，均须按照规定在增值税专用发票上分别注明增值税税额和不含增值税的价格，凡发票未注明税额的，以及所使用发票不符合规定或发票填写内容等不符合要求的，均不得抵扣税款。因此，发票的印刷、领购、开具和保管各环节都涉及税源的管理和稽查。

第四章 增值税的纳税检查

（三）税金的核算、调整和处理比较复杂

增值税实行价外税，产品（商品）有不含增值税销售额的核算，也有含增值税销售额的核算，还有销项税额、进项税额和应交税费的核算。销项税额的核算和调整，不同的业务又有不同的规定，销售货物一般在"银行存款""应收账款"等科目核算调整。自用产品（商品）一般在"在建工程""应付职工薪酬——职工福利费"等科目作为追加税金核算调整；进项税额的核算调整，既有可以抵扣销项税额的，也有不准抵扣销项税额的，有关的规定及其调整处理比较复杂。

第二节 增值税检查的主要内容

一、对应税行为的销售额检查

（一）视同销售行为的检查

1. 常见涉税问题。

（1）委托代销业务不按规定申报纳税。

（2）受托代销业务未申报纳税。

（3）不同县（市）间移送货物用于销售未申报纳税。

（4）自产或委托加工的货物用于非应税项目、集体福利和个人消费，未视同销售申报纳税。

（5）自产、委托加工或购买的货物用于对外投资、分配给股东或无偿赠送他人，未视同销售申报纳税。

2. 主要检查方法。

（1）对委托代销业务不按规定申报纳税的检查。审核委托代销业务的真实性，查阅委托方与受托方签订的委托代销合同或协议，重点检查是否构成代销业务，核实纳税人是否将直销业务作为委托代销业务进行核算。

审查在收到代销清单前是否收取货款，收到清单后是否及时结转销售，审查发出代销商品是否超过180天，核实有无延迟纳税义务发生时间和不计销售的问题。检查"应收账款""应付账款""其他应付款""销售费用"等账户，核查"库存商品——委托代销商品"账户贷方发生额的对应账户是否异常。

（2）对受托代销业务未申报纳税的检查。审查代销商品账户、销售资

料和往来明细账,查阅相关合同、协议,了解被查单位是否存在代销业务,必要时对受托代销商品采用发函协查或实地盘存的方法进行检查,核实是否存在代销收入不入账、隐匿销售收入或延缓实现销售收入时间的问题。

(3) 在不同县(市)间移送货物用于销售,未申报纳税的检查。审查工商登记情况,了解企业经营机构尤其是异地分支机构的设立情况;检查"库存商品"等存货类账户,核实机构间是否存在移送货物的情况;核对机构间的往来明细账和银行资金往来凭据;审查销售部门的销售台账、仓库部门的实物账等情况。

(4) 将自产或委托加工的货物用于集体福利和个人消费,未视同销售申报纳税问题的检查。审阅"其他业务成本""在建工程""应付职工薪酬"账户的借方发生额,进一步检查"库存商品""自制半成品"账户的贷方发生额,若发生额大于当期结转的主营业务成本,说明有可能将自制或委托加工的货物用于非应税项目或集体福利、个人消费,应对"应付职工薪酬""其他业务成本""在建工程"账户进行逆向反查,对这些账户的借方发生额的对应账户进行审核,检查其是否使用了自产或委托加工的货物。检查仓库发货单,审核是否存在集体福利和个人消费领用自产、委托加工货物的情况。

(5) 将自产、委托加工或购买的货物用于对外投资、分配给股东或无偿赠送他人,未视同销售申报纳税的检查。重点审阅"长期股权投资""应付股利""产成品""营业外支出"等账户借方的对应账户是否是"原材料""库存商品"等存货类账户,核实企业有无将自产、委托加工或购买的货物用于对外投资和分配给股东以及无偿赠送他人等事项;如果有,查阅相应业务的记账凭证,再对应"应交税费——应交增值税(销项税额)"账户,检查纳税人用于投资、赠送或分配的货物是否按规定核算销项税额。

(二) 兼营的检查

1. 常见涉税问题。纳税人未分别核算或不能准确核算不同税率或者征收率的销售额,未按规定申报缴纳增值税。

2. 主要检查方法。查阅工商登记情况,采取询问、实地观察等方法,了解企业的实际经营范围,核实其是否有兼营不同税率业务的情况;检查"其他业务收入""营业外收入""其他业务成本""营业外支出"以及费用类账户，审核兼营业务是否分别核算，不分别核算或者不能准确核算的，从高适用税率。

（三）混合销售行为的检查

1. 常见涉税问题。纳税人从事混合销售行为，未按照规定缴纳增值税。

2. 主要检查方法。

（1）查阅工商营业执照和税务登记证件，了解企业的经营范围，检查纳税人的生产经营场所，了解有无混合销售业务。

（2）检查"主营业务收入""其他业务收入"账户，核实混合销售行为如何缴纳增值税，有无将一项混合销售业务分别核算的情况。

（3）审查有关成本、费用账户，核实是否存在将收取的混合销售收入直接冲减成本、费用的情形。

（四）销售自己使用过的固定资产的检查

1. 常见涉税问题。销售自己使用过的应税固定资产，未按规定申报缴纳增值税。

2. 主要检查方法。检查"固定资产""固定资产清理""营业外收入""应交税费——应交增值税（销项税额）"账户，核实销售自己使用过的应缴纳增值税的固定资产是否已申报缴纳增值税。

二、企业增值税专用发票的检查

1. 常见涉税问题。

（1）虚开增值税专用发票。

（2）接受虚开的增值税专用发票。

2. 主要检查方法。分析纳税人的有关数据、资料，判断是否存在虚开或接受虚开增值税专用发票的可能。对经营和申报上比较特殊的企业，加强重点检查。应重点关注的几类企业：一是经常性零申报的企业；二是销售额增长较快，税负率反而下降的企业；三是长期进项税额大于销项税额的企业（也称负申报企业）；四是申报的销售额与该企业的经营场所、注册资金、固定资产、流动资产、从业人员、经营费用不匹配的企业；五是进项抵扣凭证多是"四小票"的企业；六是抵扣凭证数量多、金额大且多来自案件高发地区的企业；七是购销对象较分散且变化频繁，往往大多只有单笔业务往来的企业；八是经营活动使用大量现金交易的企业。

（1）虚开增值税专用发票的检查。从查处的虚开增值税专用发票案来看，虚开增值税专用发票的作案手法已经从简单的无货虚开、开假票、大头小尾票等传统的手法转移为真票虚开、有货虚开偷骗税款的形式。其表现形式主要有三大类：一是"虚进虚出"，即利用虚假的抵扣凭证，虚开增值税专用发票，如利用伪造的海关专用缴款书作为进项税额抵扣凭证，对外虚开增值税专用发票。二是"控额虚开"，即利用生产经营中不需开具发票的销售额度虚开增值税专用发票。如钢材经营企业将已销售且不需开票的销售额度，开具给没有实际购货的单位，赚取开票手续费。三是相互虚开，即关联企业间互相虚开增值税抵扣凭证。

真票虚开、有货虚开增值税专用发票，一般能通过增值税交叉稽核系统审核比对，因此，虚开增值税专用发票的检查必须从"票流""货流""资金流"三方面着手，核实货物购销的真实性。

审查纳税人经营项目、经营方式、生产经营规模、生产能力、盈利能力、货物流向等，分析是否存在虚开增值税专用发票的嫌疑；检查有关原始凭证，如购销合同、材料入库单、验收单、成品出库单、提货单、托运单等，核对企业的资金流向和票据流向，核实其是否存在虚假的货物购销业务。如对涉嫌"虚进虚开"的工业企业的检查，可运用水、电、气投入产出分析法，根据其实际耗电量，推算生产能力，如有疑点，则应结合对"资金流"和"票流"的检查，查实是否存在虚开发票的问题。再如，对涉嫌"控额虚开"企业的检查，首先分析其是否存在销售货物不开发票的可能性，然后重点调取仓库保管员留存的发货联，看提货人与所开发票的受票人是否一致，进而通过核实其资金流，查实其是否存在虚开发票的问题。

调查资金流向的真实性。检查中，应尽量了解和掌握企业银行账号和涉案人员如法定代表人、厂长、出纳、主要业务人员和其他相关人员的个人银行存款账号或卡号，通过银行协查核实资金的实际流向情况。如果资金回流到受票企业，则该企业可能存在虚开发票的问题。

协查发票开具的真实性。在虚开发票案件的检查中，对有疑问的进项发票和销项发票，应向受票地或开票地税务机关发函协查，核实购销业务和票面内容的真实性。

核实采购货物取得的增值税专用发票是否真实，有无取得假票情况，有无满额联号填开情况，有无开票日期不同、票号相连或相近情况，有无大宗货物来自非产地的情况,有无票面价税合计是大额整数等。如存在上述情况,应进一步加以核实,可通过付款结算方式、支付的对象加以分析,询问当事人了解情况,通过函查、实地调查等方法进一步落实。

(2)接受虚开增值税专用发票的检查。确认受票企业接受的已证实虚开的增值税专用发票,是否是企业购销业务中销货方所在省(自治区、直辖市和计划单列市)的增值税专用发票。

确认受票企业与销货方是否有真实交易,购进的货物与取得虚开的增值税专用发票上的内容是否一致。可以通过企业正常的采购、耗用量水平加以初步判断,并结合付款方式、是否支付货款、付款对象、取得增值税专用发票有无异常等,查找疑点,验证购进货物经济业务的真实性;主要核查企业的购货合同、货物运输凭据、货物验收单和入库单以及领用(发出)记录,审核其与销货方是否有真实货物交易,以及其实际采购货物与增值税专用发票注明的销售方名称、印章、货物数量、金额及税额等全部内容是否相符。

检查"应付账款"账户,从该账户贷方发生额入手,与该账户的借方发生额相对照。一是检查其贷方核算的单位与付款反映的单位是否一致,如不一致,则应进一步查明原因,是否有取得代开、虚开的发票抵扣税款的情况;二是要检查其发生额是否与其经营规模或销售情况相匹配,对某些发生额较大、长期不付款或通过大额现金付款的且与其资本规模不符的,应对其进货凭证逐一检查,并发函协查;三是要结合销售开票情况,看其有无销售开票是小额多份开具,而进货则是大额整笔开具或是月底集中进货的情况,是否有虚进虚开增值税专用发票的情况。

三、小规模纳税人增值税检查的内容

小规模纳税人销售货物或应税劳务,按照销售额和规定的征收率,实行简易办法计算应纳税额。计算公式为:

$$应纳税额=销售额×征收率$$

公式表明,对小规模纳税人的税务稽查主要是销售额的确定和征收率的运用。

公式中销售额的含义和一般纳税人销售额的含义是相同的,均为不含增值税销售额。但由于小规模纳税人除另有规定者外,不能使用增值税专用发票,无税收抵扣权,只能使用普通发票。因此,对销售额和应纳税额

合并在一起的,应分离出不含增值税销售额。

对销售额的稽查,首先应比照前述一般纳税人销售额的稽查内容和方法,审定含税销售收入额,然后验算其计税销售额是否正确。

计算应纳税额,与当期"应交税费——应交增值税"明细账贷方及借方发生额相核对,结合纳税申报表和完税凭证,查核应纳税额的计算是否正确,应缴的增值税是否及时足额缴纳入库。

第三节 一般纳税人增值税检查的一般方法和技巧

一、购进阶段进项税额的检查

(一) 国内采购货物进项税额的稽查

企业在国内采购的货物,在取得销货方开具的增值税专用发票时,根据发票上注明的增值税税额,借记"应交税费——应交增值税(进项税额)"科目,按照增值税专用发票上记载的应计入采购成本的金额,借记"原材料""制造费用""管理费用""其他业务成本"等科目,按照应付或实际支付的金额,贷记"应付账款""应付票据""银行存款"等科目。

稽查时,应审查"物资采购""原材料"等科目和"应交税费——应交增值税(进项税额)"科目借方发生额,对照增值税专用发票,看是否相符,有无少计采购成本、多计进项税额或待抵进项税额的情况。

(二) 接受投资或捐赠转入的货物进项税额的稽查

企业接受投资或捐赠转入的货物,按照取得的增值税专用发票上注明的增值税税额,借记"应交税费——应交增值税(进项税额)"科目,按照确认的并记载在增值税专用发票上的投资或捐赠货物价值,借记"原材料"等科目,按照增值税税额与货物价值合计数,贷记"递延税款""资本公积"科目。

审核"原材料"等科目,根据增值税专用发票等有关原始凭证,对照"应交税费——应交增值税(进项税额)"科目,查明转入的货物有无少计原材料成本、多计进项税额的情况。

(三) 购进免税农业产品进项税额的稽查

企业购进免税农业产品,按照经税务部门批准使用的"收购专用发票"或取得普通发票上注明的买价(包括支付给农业生产者的价款和按规定代收代缴的或由收购方缴纳的农业特产税）依扣除率计提进项税额。提取时，借记"应交税费——应交增值税（进项税额）"科目，按买价扣除依规定计算的进项税额后的金额，借记"物资采购"等科目，按应付或实际支付的价款，贷记"应付账款""银行存款"等科目。

因为购进免税农业产品的买价是计算进项税额的直接依据，所以关键是要审查购入免税农业产品的买价是否真实，有无将不属于农业产品的一些进货费用，如收购人员的差旅费、奖金，以及雇用人员的手续费等计入采购费用计算进项税额进行扣税；有无将购进免税农业产品的运杂费计算采购成本后，在计算扣税时未予剔除；有无擅自扩大税务部门批准使用的收购专用发票和低税高扣错用扣除税率的问题。

审核"物资采购"及其对应科目的账务处理，查看原始凭证的合法性和所列示的内容，并用其核实的买价计算出可计的进项税额后，与"应交税费——应交增值税（进项税额）"科目进行核对，看是否相符，若有差异，其差异额应调整农业产品成本和进项税额等项目。

（四）进口货物进项税额的稽查

企业进口货物，按照海关提供的完税凭证上注明的增值税税额，借记"应交税费——应交增值税（进项税额）"科目，按照进口货物应计采购成本的金额，借记"物资采购""原材料"等科目，按照应付或实际支付的金额，贷记"应付账款""银行存款"科目。

审核企业列入的进项税额有无按国外进价合并关税和消费税计算扣除的问题。按照税法规定，计算进口货物计税价格时要加上关税和消费税。审核进口的免税货物是否也列计了扣除进项税额。审核企业以外汇进口的货物，其折合人民币的汇率运用是否正确。

审核"物资采购"等科目，调阅完税凭证，查看其凭证上所列货物品名、用途及性能，结合纳税申报的进项税额，查明有无上述问题。

（五）接受应税劳务进项税额的稽查

企业接受应税劳务，按照取得的增值税专用发票上注明的增值税税额，借记"应交税费——应交增值税（进项税额）"或"待摊费用——待抵进项税额"科目，按照专用发票上记载的应计入加工、修理修配等货物成本的金额，借记"其他业务成本""委托加工物资""制造费用""管理费用"等科目，按应付或实际支付的金额，贷记"应付账款""银行存款"等科目。

审核"其他业务成本""委托加工物资"等科目，查阅增值税专用发票，结合加工合同或协议所载明的加工品名、性质和用途，看有无将接受应税劳务直接用于非应税项目、免税项目、集体福利和个人消费的，按不含税成本核算，将收取的专用发票上注明的增值税税额计入了"应交税费——应交增值税（进项税额）"科目中。有无接受应税劳务，尚未支付款项时，超前从销项税额中抵扣了进项税额。

二、生产周转阶段进项税额转出的检查

（一）原材料用于免税项目、简易计税项目进项税额转出的检查

审核企业的纳税申报表，看有无免税收入申报。对有免税收入申报的企业，一要检查有无进项税额转出记录，进项税额转出的核算是否及时，有无人为调节进项税额转出的时间，从而人为调节当期应交税费的情况。二要检查进项税额转出的计算是否正确，对从事来料加工复出口的企业，有无仅将材料成本作进项税额转出，而对其耗用的水、电、气等不作进项转出的情况。

（二）进货退出或折让不冲减或延期冲减进项税额

审查纳税人进货退出或折让货物的账务处理是否正确，调阅原始凭证和收到的红字专用发票上所注明的金额和开具的时间，查明有无不冲减或延期冲减进项税额的情况。如果购买方收到红字专用发票后，不冲减或延期冲减进项税额，造成不纳或推迟缴纳增值税的，均属偷税行为。

三、销售阶段销项税额的检查

（一）纳税义务发生时间的检查

1. 常见涉税问题。人为滞后销售入账时间，延迟实现税款，主要包括：

（1）采用托收承付结算方式销售时，为调减当期销售或利润，延期办理托收手续。

（2）发出商品时不作销售收入处理。

（3）采用交款提货销售方式销售时，货款已收到，提货单和发票账单已交给买方，但买方尚未提货情况下，不作销售收入处理。

（4）故意推迟代销商品的结算，人为调节或推迟当期应交税费。

（5）货物已经发出，未收到货款而不申报纳税。

第四章　增值税的纳税检查

2. 主要检查方法。

（1）查阅"主营业务收入"明细账，根据摘要内容和凭证字号，调阅有关记账凭证和原始凭证，将"销货发票""出库单"等单据上记载的发出商品的时间等内容，与"主营业务收入"明细账、"增值税纳税申报表"的相关记录进行比较分析。

（2）根据所附的发货证明、收货证明，确认其发出日期；根据所附的托收回单、送款单等确定其收款依据，判断是否延期办理托收手续、入账时间是否正确、有无存在不及时结转销售的问题。

（3）必要时可调查询问有关业务人员和保管人员，以取得证据。如发现存在问题或疑点，再根据有关凭证进行深入核对，进一步查证，特别要注意检查核算期末前几天的销售情况。

（4）检查仓库实物账，并与货物出运凭证核对，确认货物的出库和出运时间，判断是否存在滞后入账的情况。

（二）销售额申报情况的检查

1. 常见涉税问题。采取少申报或不申报销售额办法，不计或少计销项税额，包括：

（1）账面已记销售，但账面未计提销项税额，未申报纳税。

（2）账面已记销售、已计提销项税额，但未申报或少申报纳税。

2. 主要检查方法。对于纳税人向税务机关申报的增值税销项税额与账面销项税额不一致，申报数额小于账面计提数的情况，可以采用以下方法检查：

（1）采用对比分析法，对账表进行比对，将增值税纳税申报表与"应交税费——应交增值税"进行逐月比对，从中发现问题。

（2）对于汇总申报缴纳增值税的企业，还要注意将各成员单位的增值税明细账进行汇总，并与应交增值税汇总账户进行比对，核实是否存在不一致的问题。

（三）账面隐匿销售额的检查

1. 常见涉税问题。不按规定核算货物销售，应计未计销售收入，不计提销项税额，主要有以下三种情况：

（1）销售货物直接冲减"生产成本"或"库存商品"。

（2）以物易物不按规定确认收入，不计提销项税额。

（3）用货物抵偿债务，不按规定计提销项税额。

2. 主要检查方法。

（1）检查"生产成本""原材料"或"库存商品"明细账的贷方发生额，如果存在与资金账户直接对转的异常情况，则结合原始凭证核查销售货物是否直接冲减生产成本或库存商品。

（2）检查"库存商品""原材料"等存货类账户明细账的贷方发生额，若对应账户是"原材料"或"工程物资"或其他货物等账户的，应进一步检查记账凭证和原始凭证，查明是否存在以物易物不按规定确认收入、少缴税款的问题。

（3）查阅相关合同和负债类账户的明细账，审核各种债务的清偿方式，核实是否存在与"库存商品""原材料"等资产类账户的贷方发生额对转的情况，确认是否存在以货抵债的事项。

（4）检查偿还债务的原始凭证和应交税费明细账，核实以货抵债业务是否按规定计提销项税额。

（四）虚构销货退回业务的检查

1. 常见涉税问题。

（1）纳税人为了少缴税款，采取虚构退货的手段，人为减少应计税销售收入，销售货物直接冲减"生产成本"或"库存商品"。

（2）以退货名义支付费用。

2. 主要检查方法。

（1）审查销货退回冲减销售收入时，有无合法凭据，在购货方尚未付款并未作账务处理的情况下，全部退货的，增值税专用发票各联次是否全部收回作废；已付款或购货方已作账务处理的情况下，是否取得了购买方税务机关出具的"开具红字增值税专用发票通知单"。

（2）核实退回的货物是否冲减了本期的销售成本并办理了入库手续。如果纳税人无合法依据冲减"主营业务收入"，且无货物退货入库记录的，就可能存在虚构销货退回的业务。

（3）检查资金流，核实货物流和资金流是否一致和同步，在财务上是否构成完整的核算过程，如果不存在，则可能存在虚构销货退回业务的情况。

（五）收取价外费用的检查

1. 常见涉税问题。将向购货方收取的各种应一并缴纳增值税的价外费用，采用不入账、冲减费用、人为分解代垫运费或长期挂往来账等手段，不计算缴纳增值税。

2. 主要检查方法。

（1）了解企业所属行业特点和产品市场供求关系，综合分析企业有无加收价外费用的可能，同时还要了解行业管理部门是否要求其代收价外费用的情况等。

（2）审核销售合同，查阅是否有收取价外费用的约定或协议。

（3）检查往来明细账，重点检查"其他应付款"明细账户，如果存在长期挂账款项，需进一步审阅有关原始单据，核实是否属于价外费用。

（4）检查"其他业务收入""营业外收入"等明细账，如有从购买方收取的价外费用，应对照"应交税费——应交增值税（销项税额）"账户，核实是否申报纳税。

（5）检查"管理费用""制造费用""销售费用"等明细账，如有贷方发生额或借方红字冲减销售额，应对照记账凭证，逐笔检查，核实是否存在收取价外费用直接冲减成本费用、少缴税款的情形。

（6）审阅购销合同，并与"其他应收款"账户进行核对，确认是否存在代垫运费协议，是否同时符合代垫运费的两个条件等，判断代垫运费业务是否成立，有无将销售业务人为分割成货物销售和代垫运费的情况等。

（六）以旧换新、还本销售的检查

1. 常见涉税问题。

（1）纳税人采取还本销售方式销售货物按减除还本支出后的销售额计税。

（2）纳税人采用以旧换新销售方式销售货物，按实际收取的销售款项计税（金银首饰除外）。

2. 主要检查方法。

（1）采用调查、询问和比较分析法，核实纳税人是否存在以旧换新、还本销售业务。

（2）检查纳税人的收入类明细账和销售原始凭据，核实有无某种货物销售价格明显低于正常时期的销售价格，若有异常且无正当理由的，是否是采取以旧换新方式，按实际收取的款项计算销售额造成的。

（3）检查"销售费用""主营业务成本"等成本费用账户，核实有无还本支出核算；是否存在还本支出冲减销售收入的问题，对照销售收入进行审核。

(4) 核实实际销售收入（方法见前面相应的检查方法）。

(七) 出售、出借包装物的检查

1. 常见涉税问题。

(1) 随同产品出售单独计价包装物不计或少计收入。

(2) 包装物押金收入不及时纳税。

2. 主要检查方法。

(1) 现场查看纳税人成品仓库的产品有无包装，询问相关人员随同产品出售的包装物是否单独计价。

(2) 审查纳税人"包装物"账户，看其贷方是否与货币资金、往来结算等账户发生对应关系；根据"包装物"明细账贷方发生额逐笔审查产品销售领用包装物业务的记账凭证和原始单据，核实其是否存在随同产品出售单独计价的包装物，应计而未计销售收入、未申报纳税的问题。

(3) 结合企业生产的特点，了解其是否有出借包装物的行为及包装物的出借方式、押金的收取方式等。

(4) 审查与出借包装物有关的货物销售合同、审核与包装物押金相关的"其他应付款"明细账，掌握各种包装物的回收期限，核实时间超过一年的押金，是否按规定计算缴纳了增值税。

(5) 对酒类生产企业，还要重点审查包装物明细账的贷方发生额，核实销售除黄酒、啤酒以外的酒类产品收取的包装物押金是否并入了当期销售额计算缴纳了增值税。

(八) 残次品、废品、材料、边角废料等销售的检查

1. 常见涉税问题。销售残次品、废品、材料、边角废料等隐匿账外；直接冲减原材料、成本、费用等账户；或作其他收入，不计提销项税额。

2. 主要检查方法。

(1) 采用审阅法和核对法，从与"其他业务收入""营业外收入"等账户相对应的贷方账户着手，核查销售收入是否提取了销项税额。

(2) 检查"产成品"、"原材料"、费用、成本等账户，看是否有红字冲减记录，并查阅原始凭证，看是否属销售残次品、废品、材料、边角废料等取得的收入。

(3) 结合投入产出率、企业消耗定额、废品率等指标分析企业残次品、废品、材料、边角废料等数量，与账面记载情况相核对；对差额较大的，进一步检查车间、厂办、食堂等部门，看是否将边角废料收入隐匿在内部有关部门。

第四节 增值税评估指标分析

增值税评估指标见表4-3。

表4-3 增值税评估指标

指标名称	指标含义	计算公式
增值税税负率	增值税税负率是增值税应纳税额与课税对象的比率，它比较直观地体现了行业、企业实现税收的能力和负担水平。 增值税税负率属综合类分析指标，影响该指标的因素较多，如季节、价格、产品结构等。因此，增值税税负率异常时，应结合其他指标进行多角度分析，重点核实进项税额、销项税额，判定是否存在少计收入、少提销项税额、扩大进项抵扣范围的问题	增值税税负率=应纳增值税税额÷应税销售收入×100%
增值税税负变动率	增值税税负变动率是指企业一定时期增值税税负率与上年同期比较发生变化后的差异度。 若增值税税负变动率为负，值越小风险越大，可能存在少计销项或多抵进项的问题	增值税税负变动率=（本期增值税税负率–基期税负率）÷基期税负率×100%
工（商）业增加值税负	工（商）业增加值税负为企业应纳税额与企业工（商）业增加值的比率。通过与同行业工（商）业增加值税负的对比，对其申报真实性进行评估。 若工（商）业增加值税负异常，则企业可能存在隐瞒收入、少缴税款等问题	企业工（商）业增加值税负=企业应纳税额÷企业工（商）业增加值 企业工（商）业增加值=工资+利润+折旧+税金
销售额变动率	销售额变动率是指纳税人本期销售额和基期销售额的差额与基期销售额的比率。 若销售额变动率为负，值越小风险越大，可能存在少计销售收入的问题	销售额变动率=（本期销售额–基期销售额）÷基期销售额×100%

续表

指标名称	指标含义	计算公式
销项税额负担率	销项税额负担率是指销项税额与计征增值税销售收入的比率。 销项税额负担率异常，可能存在隐瞒收入、少计销项税额的疑点	销售收入的销项税额负担率=销项税额÷（一般货物及劳务销售额+出口免抵退税货物销售额）×100%
销项税额变动率	销项税额变动率是指企业一定时期增值税销项税额与上年同期比较发生变化后的差异度。 若销项税额变动率为负，值越小风险越大，可能存在少计销项税额的问题	销项税额变动率=（本期销项税额-基期销项税额）÷基期销项税额×100%
进项税额负担率	进项税额负担率是进项税额与一般货物及劳务销售额、出口免抵退税货物销售额之和的比率，用于评价进项税金占销售额比率的合理程度。 若进项税额负担率异常，反映纳税人可能存在多抵扣进项税额的疑点	进项税额负担率=进项税额÷（一般货物及劳务销售额+出口免抵退税货物销售额）×100%
进项税额变动率	进项税额变动率是指企业一定时期增值税进项税额与上年同期比较发生变化后的差异度。 若进项税额变动率为正，值越大风险越大，可能存在多抵进项税额的问题	进项税额变动率=（本期进项税额-基期进项税额）÷基期进项税额×100%
销项税额与进项税额弹性	销项税额与进项税额弹性是指企业增值税形成过程中销项税额变动率与进项税额变动率幅度之间的比率，该指标反映的是增值税纳税人销售收入与购进成本增减变动幅度的协调程度。 正常情况下，两者基本同步增长。异常情况下，可能存在少计销项税额、多计进项税额等问题	销项税额与进项税额弹性=销项税额变动率÷进项税额变动率 销项税额变动率=（本期销项税额-基期销项税额）÷基期销项税额×100% 进项税额变动率=（本期进项税额-基期进项税额）÷基期进项税额×100%
应纳增值税税额变动率	应纳增值税税额变动率是指企业一定时期增值税应纳税额与上年同期比较发生变化后的差异度。 若该指标为负，值越小风险越大，可能存在少计销项税额或多抵进项税额的问题	应纳增值税税额变动率=（本期应纳增值税税额-基期应纳增值税税额）÷基期应纳增值税税额×100%

续表

指标名称	指标含义	计算公式
销售额变动率与应纳增值税税额变动率弹性系数	销售额变动率与应纳增值税税额变动率弹性系数是指销售额变动率与应纳增值税税额变动率的比率。正常情况下，二者基本同步增长。异常情况下，可能存在实现销售收入而不计提销项税额或扩大抵扣范围而多抵进项税额的问题	销售额变动率与应纳增值税税额变动率弹性系数=销售额变动率÷应纳增值税税额变动率 销售额变动率=（本期销售额－基期销售额）÷基期销售额×100% 应纳增值税税额变动率=（本期应纳增值税税额－基期应纳增值税税额）÷基期应纳增值税税额×100%
工时（工资）耗用	工时耗用法是指在单位产品耗用生产时间基本确定的前提下，按照纳税人在一定时期耗用工时总量，分析、测算该时期内的产品产量及销售数量或销售额，并与申报信息对比分析的方法。工资耗用是生产耗用工时反映在货币上的金额表现。该方法主要适用于单位产品耗用工时或者工资基本稳定，工资或工时记录完整、核算规范的工业企业。 由于工时在纳税人的账面不反映，不易于收集。工时往往反映在工资上。这部分工资仅仅指生产一线工人的工资，即生产成本中的直接人工成本部分，可以在会计核算健全的纳税人账簿、凭证中直接反映。 该方法主要通过生产耗用的工时或者工资测算产品产量，进而测算其销售额和应纳税额，并与申报信息进行对比分析，查找纳税疑点和线索	关键值=（企业实际申报应税销售收入－测算应税销售收入）÷测算应税销售收入 测算应税销售收入=（期初库存产品数量+本期测算产品产量－期末库存产品数量）×本期产品销售单价 本期测算产品产量=本期生产人员工时总量（工资总额）或某一主要生产环节工时总量（工资总额）÷单位产品耗用工时（或者工资）
投入产出比	根据已确定的行业或产品的投入产出比及企业评估期原材料的耗用数量，测算出产品生产数量，与企业账面记载产品产量相比对，同时结合产品库存数量及销售单价等信息进行关联测算，并与企业实际申报的应税销售收入对比，查找企业可能存在的问题。 投入产出比异常，可能存在未及时结转应税销售收入等问题	关键值=（企业实际申报应税销售收入－测算应税销售收入）÷测算应税销售收入 测算应税销售收入=（期初库存产品数量+本期测算产品数量－期末库存产品数量）×本期产品销售单价 本期测算产品数量=本期投入原材料数量×投入产出比

消费税的纳税检查

第五章　消费税的纳税检查

第一节　纳税义务人和扣缴义务人的检查

一、政策依据

(1) 纳税人是指在中国境内生产、委托加工和进口应税消费品的单位和个人。[《中华人民共和国消费税暂行条例》（简称《消费税暂行条例》）第一条]

(2) 委托加工的应税消费品，由受托方在向委托方交货时代收代缴税款。(《消费税暂行条例》第四条)

二、常见涉税问题及主要检查方法

(一) 常见涉税问题

1. 从事应税消费品生产经营的纳税人未办理税务登记、税种登记手续，或虽办理登记却未申报纳税。

2. 受托加工应税消费品未按规定履行代扣代缴义务。

(二) 主要检查方法

1. 界定纳税人的身份，查清纳税人是否属漏征漏管户。通过对"经营范围"中有消费税应税项目、"纳税人名称"中有消费税税目关键字的纳税人进行索引，然后逐一查询其税种登记信息和申报征收信息，特别关注实行定期定额征收的个体经营户。

2. 对照现行政策，看被查对象有无法定代扣代缴义务。对于有法定扣缴义务的，则应让其提供扣缴义务登记手续，以界定其身份。

3. 履行扣缴义务的检查。查阅委托加工合同，结合受托加工账目，核实在中国境内受托加工应税消费品（不包括金银首饰）的单位和个人（委托个体经营者加工应税消费品的除外）在交货时是否按照规定代扣代缴了消费税。

第二节 适用税目税率的检查

一、政策依据

(一) 消费税的税目税率

消费税的税目税率依照本条例所附的消费税税目税率表执行。消费税税目税率的调整，由国务院决定（《消费税暂行条例》第二条）。

(二) 各税目具体规定

1. 烟。本税目设置了三个子目：①卷烟；②雪茄烟；③烟丝。

卷烟生产、批发、委托加工和进口环节均采用从量加从价的复合计税方式。

2009年5月1日起，我国在卷烟批发环节加征了一道从价税，适用税率为5%；2015年5月10日起，卷烟批发环节消费税的从价税税率由5%提高到11%，并按0.005元/支加征从量税。

2. 酒。本税目设置了四个子税目：①白酒；②黄酒；③啤酒；④其他酒。

(1) 白酒采用复合计税的方法。

(2) 对以蒸馏酒或者食用酒精为酒基，具有国家相关部门批准的国食健字或卫食健字文号且酒精度低于38度（含）的配制酒，或以发酵酒为酒基，酒精度低于20度（含）的配制酒，按消费税税目税率表"其他酒"10%适用税率征收消费税。其他配制酒，按消费税税目税率表"白酒"适用税率征收消费税。

(3) 果啤属于啤酒。

(4) 葡萄酒消费税适用"酒"税目下设的"其他酒"子目。

(5) 葡萄酒是指以葡萄为原料，经破碎（压榨）、发酵而成的酒精度在1度（含）以上的葡萄原酒和成品酒，不含以葡萄为原料的蒸馏酒。

3. 高档化妆品。征收范围包括高档美容修饰类化妆品、高档护肤类化妆品和成套化妆品。

高档美容、修饰类化妆品和高档护肤类化妆品是指生产（进口）环节销售（完税）价格（不含增值税）在10元/毫升（克）或15元/片（张）及以上的美容、修饰类化妆品和护肤类化妆品。

不含舞台、戏剧、影视演员化妆用的上妆油、卸妆油、油彩。

4. 贵重首饰及珠宝玉石。本税目征收范围包括：各种金银珠宝首饰和经采掘、打磨、加工的各种珠宝玉石。其中金银及金银镶嵌首饰、铂金首饰、钻石镶嵌饰品在零售环节纳税。

5. 鞭炮、焰火。本税目征收范围包括各种鞭炮、焰火。体育上用的发令纸、鞭炮引线不按本税目征税。

6. 成品油。本税目下设汽油、柴油、石脑油、溶剂油、润滑油、燃料油、航空煤油七个子目。

（1）用原油或其他原料加工生产的用于内燃机、机械加工过程的润滑产品均属于润滑油征税范围。润滑脂是润滑产品，生产、加工润滑脂应当征收消费税。

（2）变压器油、导热类油等绝缘油类不属于润滑油，不征收消费税。

（3）航空煤油暂缓征收消费税。

（4）取消车用含铅汽油的消费税，汽油税目不再划分二级子目，统一按照无铅汽油税率征收消费税。

（5）经国务院批准，从2009年1月1日起，对同时符合下列条件的纯生物柴油免征消费税：生产原料中废弃的动物油和植物油用量所占比重不低于70%。生产的纯生物柴油符合国家《柴油机燃料调和生物柴油（BD100）标准》。

7. 高尔夫球及球具。包括高尔夫球、高尔夫球杆、高尔夫球包（袋），高尔夫球杆的杆头、杆身和握把。

8. 高档手表。高档手表是指销售价格（不含增值税）每只在10 000元（含）以上的各类手表。

9. 游艇。游艇是指长度大于8米小于90米，船体由玻璃钢、钢、铝合金、塑料等多种材料制作，可以在水上移动的水上浮载体。按照动力划分，游艇分为无动力艇、帆艇和机动艇。

10. 木制一次性筷子。木制一次性筷子，又称卫生筷子，是指以木材为原料经过锯段、浸泡、旋切、刨切、烘干、筛选、打磨、倒角、包装等环节加工而成的各类一次性使用的筷子。本税目征收范围包括各种规格的木制一次性筷子。未经打磨、倒角的木制一次性筷子属于本税目征税范围。

11. 实木地板。含各种规格的实木地板、实木指接地板、实木复合地

板以及用于装饰墙壁、天棚的侧端面为榫、槽的实木装饰板以及未经涂饰的素板。

12. 小汽车。本税目设置了三个子目：乘用车（不超过 9 座）；中轻型商用客车（10~23 座）；超豪华小汽车。

（1）额定载客为区间值的，按其区间值下限人数确定。

（2）电动汽车以及沙滩车、雪地车、卡丁车、高尔夫车等均不属于本税目征税范围，不征消费税。

（3）超豪华小汽车为每辆零售价格 130 万元（不含增值税）及以上的乘用车和中轻型商用客车。

13. 摩托车。气缸容量 250 毫升（不含）以下的小排量摩托车免征消费税。

14. 电池。本税目征收范围包括原电池、蓄电池、燃料电池、太阳能电池和其他电池。

对无汞原电池、金属氢化物镍蓄电池、锂原电池、锂离子蓄电池、太阳能电池、燃料电池和全钒液流电池免征消费税。

15. 涂料。涂料是指涂抹于物体表面能形成有效保护、装饰或特殊性能的固态涂膜的一类液体或固体材料之总称。自 2015 年 2 月 1 日起，对涂料征收消费税，对施工状态下挥发性有机物（VOC）含量低于 420 克/升（含）的涂料免征消费税。

纳税人兼营不同税率的应税消费品，应当分别核算不同税率应税消费品的销售额、销售数量

未分别核算销售额、销售数量，或者将不同税率的应税消费品组成成套消费品销售的，从高适用税率。（《消费税暂行条例》第三条）

二、常见涉税问题及主要检查方法

（一）一般税目税率的检查

1. 常见涉税问题。

（1）兼营非应税消费品，采取混淆产品性能、类别、名称，隐瞒、虚报销售价格等手段，故意混淆应税与非应税的界限。

（2）兼营不同税率应税消费品从低适用税率。

（3）不同税率应税消费品，或者应税消费品与非应税消费品组成成套应税消费品对外销售的，从低适用税率。

(4) 对税目税率发生变化的应税消费品从低适用税率。

2. 主要检查方法。

(1) 重点检查应税与非应税消费品的划分是否正确,检查要点见表 5-1。

表 5-1 兼营非应税消费品检查要点一览表

序号	重点审查对象	审查标准
1	高档手表与普通手表	每只不含税售价是否在 1 万元以上
2	游艇与其他艇船	艇的长度、是否为机动艇、是否用于牟利等
3	木制一次性筷子与一般筷子	材质、是否属一次性使用
4	实木地板与其他装饰板材	材质、用途
5	酒与饮料	原料、工艺、酒精含量等
6	高档化妆品与普通护肤护发品	性能、类别、用途、档次
7	贵重首饰及珠宝玉石与一般饰品	材质、用途
8	小汽车与其他汽车	是否有轨道承载、座位数、用途

(2) 对照检查"主营业务收入""应交税费——应交消费税"明细账。检查时,要注意审查销售发票、发货凭据等原始单据;必要时,应深入车间、仓库、技术、销售部门,了解生产工艺流程、产品原料、结构、性能、用途及售价等,看有无不同税率的应税消费品的适用税目,是否正确划分;不同税率的应税消费品,是否分别核算;未分别核算的,是否从高适用税率;不同税率应税消费品的销售额、销售数量,是否正确计算应纳消费税。

(3) 检查"库存商品""自制半成品""原材料""委托加工物资""包装物"等账户,重点看其有无可供销售的成套应税消费品。如有,进一步查阅"主营业务收入"等账户,核实其有无将组成成套消费品销售的不同税率的货物分别核算、分别适用税率或者从低适用税率的情形。

(4) 审查税目税率发生过变动的应税消费品,看被查对象是否在政策变动的时间临界点及时调整了核算对象或核算办法。

(二) 卷烟产品的检查

1. 常见涉税问题。

(1) 混淆卷烟的品种、牌号、价格,从低适用比例税率。

（2）自产自用、委托加工、进口的卷烟，从低适用比例税率。

（3）白包卷烟、手工卷烟、残次品卷烟、成套礼品烟，未经国务院批准纳入计划的企业和个人生产的卷烟，从低适用比例税率。

2. 主要检查方法。

（1）了解纳税人生产经营的基本情况，掌握其生产销售卷烟的品种、牌号、价格，检查其是否准确划分征税对象、正确适用税目税率。

（2）检查"原材料""库存商品""委托加工物资""主营业务收入""其他业务收入"等账户，看其是否有自产自用、委托加工的卷烟、手工卷烟、残次品卷烟等，应与"应交税费——应交消费税"明细账进行核对，看有无自产自用、委托加工的卷烟，是否按同牌号卷烟计税，没有同牌号卷烟的，是否适用了适当的比例税率；白包卷烟、手工卷烟、未经国务院批准纳入计划的企业和个人生产的卷烟，是否适用了适当的比例税率；残次品卷烟，是否按照同牌号规格正品卷烟的征税类别确定适用税率。

（三）酒及酒精的检查

1. 常见涉税问题。

（1）混淆原料，从低适用税目税率。

（2）混淆发酵或蒸馏工艺，从低适用税目税率。

（3）故意压低啤酒的出厂价格，从低确定单位税额。

2. 主要检查方法。

（1）了解被查对象生产工艺、生产流程，掌握其生产销售酒及酒精的品种，准确划分征税对象、适用税目税率；检查"原材料""库存商品""委托加工物资"等账户以及仓库"发料单""领料单"等单据，核实用外购酒或酒精生产的白酒，是否按所用原料确定适用税率；原料无法确定的，或者以多种原料混合生产的，或者用两种以上白酒勾兑生产的白酒，是否从高适用了税率。例如，将用青稞等酿造的白酒混淆为用稗子酿造的白酒，按糠麸白酒、其他原料白酒申报纳税，从而从低适用了比例税率。

（2）混淆工艺的检查。如葡萄采取破碎、压榨、发酵工艺制成的酒应适用"其他酒"税目税率；采取蒸馏工艺，则应适用"白酒"税目税率。再如佐料产品虽然没有使用"黄酒"这一称谓，但从其原料和工艺来看仍属于黄酒类产品，应予征收消费税。

（3）故意压低啤酒出厂价格的检查。检查"主营业务收入""应交税费——应交消费税"明细账,核对销售发票、销售单据等原始凭据,看其生产销售的啤酒,是否按国税函〔2002〕166号规定的销售价格,确定其适用的单位税额。

(四) 成品油的检查

1. 常见涉税问题。混用非消费税货物名称,销售可用于调和为汽油、柴油的石脑油、溶剂油。

2. 主要检查方法。

(1) 了解从事成品油生产的被查对象的基本情况,掌握其各类产品的基本信息,对照技术监督局的质检报告(按照现行政策,企业生产的每一批成品油都应取得技术监督局的质检报告,否则不予出售),重点查看其适用税目税额是否准确。重点检查其有无以化工原料(如轻烃等)的名义销售可用于调和为汽油、柴油的石脑油、溶剂油的情况。

(2) 生产企业所在地的稽查部门应重点检查被查对象开具的除汽油、柴油外的所有油品销售发票,看其有无以非消费税货物名称销售可用于调和为汽油、柴油的石脑油、溶剂油、添加剂的情况。检查的侧重点在于产品的化学构成,而不应仅仅关注产品的名称。根据产品的化学构成,结合技术监督局的质检报告,看其是否符合成品油的税目定义,是否属于成品油的征税范围。

(3) 非生产企业所在地的稽查部门,应向生产企业所在地税务机关发函协查生产企业开具的除汽油、柴油外的异常油品销售发票。

第三节 纳税环节与纳税义务发生时间的检查

一、政策依据

(一) 纳税环节

1. 纳税人生产的应税消费品,于销售时纳税。(《消费税暂行条例》第四条)

2. 自产自用的应税消费品,用于连续生产应税消费品的,不纳税;用于其他方面的,于移送使用时纳税。(《消费税暂行条例》第四条)

3. 委托加工的应税消费品,由受托方在向委托方交货时代收代缴税款。(《消费税暂行条例》第四条)

4. 进口的应税消费品，于报关进口时纳税。(《消费税暂行条例》第四条)

5. 委托加工的应税消费品直接出售的，不再征收消费税。(《消费税暂行条例实施细则》第7条)

6. 经国务院批准，金银首饰消费税由生产销售环节征收改为零售环节征收。纳税人销售（指零售，下同）的金银首饰（含以旧换新），于销售时纳税；用于馈赠、赞助、集资、广告、样品、职工福利、奖励等方面的金银首饰，于移送时纳税；带料加工、翻新改制的金银首饰，于委托方交货时纳税。[《财政部 国家税务总局关于调整金银首饰消费税纳税环节有关问题的通知》（财税〔1994〕95号）]

7. 金银首饰消费税改变征税环节后，经营单位进口金银首饰的消费税，由进口环节征收改为在零售环节征收；出口金银首饰由出口退税改为出口不退消费税。个人携带、邮寄金银首饰进境，仍按海关现行规定征税。[《财政部 国家税务总局关于调整金银首饰消费税纳税环节有关问题的通知》（财税〔1994〕95号）]

8. 2002年1月1日起，对钻石及钻石饰品消费税的纳税环节由现在的生产环节、进口环节后移至零售环节。[《财政部 国家税务总局关于钻石及上海钻石交易所有关税收政策的通知》（财税〔2001〕176号）]

9. 2003年5月1日起，铂金首饰消费税的征收环节由在生产环节和进口环节征收改为在零售环节征收。[《财政部 国家税务总局关于铂金及其制品税收政策的通知》（财税〔2003〕86号）]

10. 委托个体加工的，由委托方收回后在委托方所在地缴纳消费税。消费者个人委托加工的金银首饰及珠宝玉石，委托方可暂按收取的加工费征收消费税。[《国家税务总局关于消费税若干征税问题的通知》（国税发〔1994〕130号）]

11. 生产企业将自产石脑油用于本企业连续生产汽油等应税消费品的，不缴纳消费税；用于连续生产乙烯等非应税消费品或其他方面的，于移送使用时缴纳消费税。[《财政部 国家税务总局关于调整和完善消费税政策的通知》（财税〔2006〕33号第6条）]

（二）纳税义务发生时间

1. 纳税人销售应税消费品，其纳税义务的发生时间为：纳税人采取赊销和分期收款结算方式的，为销售合同规定的收款日期的当天；纳税人采

取预收货款结算方式的,为发出应税消费品的当天;纳税人采取托收承付和委托银行收款方式销售的应税消费品,为发出应税消费品并办妥托收手续的当天;纳税人采取其他结算方式的,为收讫销售款或者取得索取销售款的凭据的当天。

2. 纳税人自产自用的应税消费品,其纳税义务的发生时间,为移送使用的当天。

3. 纳税人委托加工的应税消费品,其纳税义务的发生时间,为纳税人提货的当天。

4. 纳税人进口的应税消费品,其纳税义务的发生时间,为报关进口的当天。(《消费税暂行条例实施细则》第八条)

5. 纳税人销售金银首饰,其纳税义务发生时间为收讫销货款或取得索取销货凭据的当天;用于馈赠、赞助、集资、广告、样品、职工福利、奖励等方面的金银首饰,其纳税义务发生时间为移送的当天;带料加工、翻新改制的金银首饰,其纳税义务发生时间为受托方交货的当天。[《财政部 国家税务总局关于调整金银首饰消费税纳税环节有关问题的通知》(财税〔1994〕95号)]

二、常见涉税问题及主要检查方法

(一) 生产销售应税消费品的检查

1. 常见涉税问题。

(1) 在中国境内生产销售应税消费品(不包括金银首饰),未申报纳税。

(2) 非税务定义下的受托加工(《消费税暂行条例实施细则》第7条第1款)未按销售自制应税消费品缴纳消费税。

2. 主要检查方法。

(1) 检查纳税人的经营范围,看其是否有上述应税消费品的应税行为。

(2) 检查"库存商品""生产成本""委托加工物资"等账户,看其是否有属于应税消费品的货物。

(3) 审查购销合同,了解购销双方有关货物流、资金流以及收款依据的约定,检查存货明细账、仓库实物账、货币资金类账户明细账、往来款项明细账、银行对账单以及相关发运货物单据,并与销售发票、收入明细账、"应交税费——应交消费税"明细账进行比对,核查是否已发生纳税义务而未及时申报缴纳消费税。

(4) 检查那些不生产最终应税消费品的生产企业、商业企业、服务企业时,重点看其生产经营过程是否有自产自制应税消费品又连续用于生产经营的行为。如饮食企业、商业、娱乐业举办的啤酒屋(啤酒坊)利用啤酒生产设备生产的啤酒,按照《国家税务总局关于消费税若干征税问题的通知》(国税发〔1997〕84号)的规定,也属于生产销售应税消费品。

(二) 自产自用应税消费品的检查

1. 常见涉税问题。

(1) 将自产应税消费品(不包括金银首饰)用于连续生产应税消费品以外用途的,未在移送使用时申报纳税。

(2) 生产、批发、零售单位用于馈赠、赞助、集资、广告、样品、职工福利、奖励等方面的金银首饰,未按视同销售在移送使用时申报纳税。

(3) 纳税人将自产石脑油用于连续生产乙烯等非应税消费品或其他方面的,未按规定建立移送使用台账,或未于移送使用环节申报纳税。

2. 主要检查方法。

(1) 熟悉纳税人的经营范围、生产工艺流程,看其是否有上述应税消费品的应税行为。重点检查被查对象有无属于应税消费品的自产半成品、中间产品。

(2) 检查"自制半成品""库存商品"等账户的对应账户,看其有无将其用于连续生产应税消费品以外的其他方面的情形。检查中,可结合仓库实物账以及发货、发料凭据,购销发票的品种、数量,根据其生产工艺判断应税消费品的发出去向、用途和领用部门。审查其一定时期内纳税人相关办公会议纪要,了解管理层是否作出自产自用应税消费品的纪要,并对照"应交税费——应交消费税"明细账,核查属于应税消费品的自产半成品、中间产品用于其他方面的,是否按规定申报缴纳消费税。

(三) 委托加工应税消费品的检查

1. 常见涉税问题。

(1) 委托方常见涉税问题。

①委托加工应税消费品(不包括金银首饰)的应纳消费税,受托方未按规定代收代缴,委托方也未主动申报纳税。

②委托个体经营者加工应税消费品(不包括金银首饰)的纳税人,未

按规定申报纳税。

③将非委托加工应税消费品混入委托加工应税消费品直接销售而不申报纳税。

④隐匿或部分隐匿委托加工的应税消费品。

⑤委托方以委托加工的部分应税消费品抵偿加工费，少申报缴纳消费税。

（2）受托方常见涉税问题。

①受托加工应税消费品（不包括金银首饰），未在交货时代扣代缴消费税。

②受托代销金银首饰，未将受托代销收入申报纳税。

③接受除消费者个人外的单位委托加工金银首饰及珠宝玉石时，故意将委托方变为消费者个人，仅就加工费缴纳消费税，从中少缴消费税。

④委托方与受托方串通，货物收发、加工，款项收付均不作账务处理，偷逃消费税。

2. 主要检查方法。

（1）检查"库存商品""生产成本""委托加工物资"等账户，看其中是否有属于委托加工的应税消费品。审查委托加工合同、存货明细账、材料出（入）库凭据、备查簿、收（付）款凭证等，核查委托加工业务是否真实。

（2）审查（或外调）其往来单位，看其有无委托加工应税消费品的业务；核实委托加工数量与其收回数量是否匹配；若收回委托加工应税消费品直接用于销售的，核实其销售数量与委托加工的收回数量是否匹配。

（3）审查委托方存货明细账、受托方收入明细账以及双方的往来明细账、"应交税费——应交消费税"账户，核查是否在交货时代收代缴消费税，是否及时解缴税款。

（4）核对仓库实物账、发（收）货发（收）料凭证及存货明细账，审查核对货币资金类账户明细账及银行对账单，核查是否存在双方串通，货物、资金账外循环偷逃消费税情况。

（四）进口应税消费品的检查

1. 常见涉税问题。

（1）进口应税消费品（不包括金银首饰），在报关进口时未足额申报消费税。

（2）进口金银首饰（除个人携带、邮寄进境外），在零售环节未申报纳税或未足额申报纳税。

2. 主要检查方法。

（1）审查纳税人的经营范围，看其是否有进口应税消费品的应税行为。

（2）检查"库存商品""生产成本""委托加工物资"等账户，看其中是否有属于应税消费品的进口货物。

（3）对有进口应税消费品的，除金银首饰外，均应核查其进口环节的完税证明及其货款支付、往来情况。

（五）金银首饰应税消费品的检查

1. 常见涉税问题。

（1）在中国境内从事金银首饰零售业务（包括受托代销）、为生产经营单位以外的单位和个人加工金银首饰未申报纳税。

（2）生产、进口的铂金首饰，在零售环节未足额缴纳消费税。

2. 主要检查方法。

（1）检查"库存商品""委托加工物资"等账户，看其中是否有属于应税消费品的货物。

（2）审查购销合同、委托加工合同，了解购销双方、委托加工的双方有关货物流、资金流以及收款依据的约定，检查存货明细账、仓库实物账、货币资金类账户明细账、往来款项明细账、银行对账单以及相关发运货物单据，结合销售发票、销售单据，并与"主营业务收入"明细账、"应交税费——应交消费税"明细账进行比对，核查是否已发生纳税义务而未及时足额申报缴纳消费税。

（六）纳税义务发生时间的检查

1. 常见涉税问题。未按规定的纳税义务发生时间申报缴纳消费税。

2. 主要检查方法。调取收集仓库保管人员的"销货发票""产品出库单"等单据，结合仓库保管员的货物出库单存根联的开具情况，调阅与取得与收入相关的原始凭证和记账凭证。根据所附的发货证明、收货证明，查清发出商品的时间；根据所附的托收回单、送款单确定其收款依据，与"产品销售明细账""消费税纳税申报表"相对照，以此判断入账时间是否正确，确定有无存在不及时结转销售而少计销售收入的问题。

（1）采用直接收款结算方式的。①结合订货合同，如果合同注明直接

第五章 消费税的纳税检查

收款方式,则将"主营业务收入""其他业务收入"等与货物出库单进行核对,查明当月应实现的收入是否全部入账,有无压票现象。②通过对应收、应付、其他应收、其他应付等有关明细账进行清理,查看有无虚列户名的无主账户或转账异常的情况,凡核算内容不符合规定的、发生额挂账时间较长的,就存在隐匿收入的可能,必要时可到对方单位调查取证。

(2)采取赊销和分期收款结算方式的。①应检查"分期收款发出商品"明细账,并调阅一些老客户、信誉好的大户的赊销合同。②根据赊销双方赊销合同的约定,确认其赊销行为是否成立,核实企业是否将不属于分期收款方式销售的商品划为赊销处理,滞后实现销售收入。③对照赊销合同,检查备查对象是否按照约定的金额和时间实现销售。④通过审核合同约定的收款时间,与相关收入、往来账户进行比对,核实到期应转而未转的应税销售额,确认是否存在滞后收入或不计收入的情况。

(3)采取预收货款结算方式的。①将"预收账款"账户(有的企业是在其他往来账户核算的)与"主营业务收入"等账户进行比对,检查其是否在发出应税消费品的当天确认销售额。②审查存货明细账、仓库实物账、发货(出门)凭据、运输单据等,与收入明细账、"应交税费——应交消费税"明细账进行比对,核查是否存在发出应税消费品未及时申报缴纳消费税的情况。

(4)采取托收承付和委托银行收款方式销售应税消费品的。①审查购销合同了解收款期限和相关约定,结合出库单(或销售清单),以季末或年末发出商品备查簿为依据,将一定时期内办理托收的相关凭据、银行对账单、银行结算凭证回单联及发票开具日期,与"主营业务收入""其他业务收入""应交税费——应交消费税"明细账进行比对,核查其是否存在不及时结转销售收入的问题。②将"银行存款""应收票据""其他货币资金"等账户与"主营业务收入"等账户进行比对,检查其是否在发出应税消费品并办妥托收手续的当天确认销售额。

(5)采取其他结算方式的。①检查中应将"现金""银行存款""其他货币资金""应收/应付账款""其他应收/应付账款"账户与"主营业务收入"等账户进行比对,检查其是否在收讫销售款或者取得索取销售款的凭据的当天确认销售额。②以"库存商品"等存货类账户为中心,结合提货单、出库单、发票及记账凭证,检查会计分录的对应关系,对照收入类账户,看有无产品(商品)已发出,劳务已提供而未列销售的情况。

纳税检查

（6）自产自用应税消费品应当纳税的。检查"原材料"、"自制半成品"、"库存商品"、"生产成本"（非应税消费品）、"固定资产"、"在建工程"、"管理费用"、"营业费用"、"营业外支出"、"其他业务支出"、"应付职工薪酬"等账户以及仓库实物账和相关发货（领料）凭据，看其是否在移送使用的当天确认销售额。

（7）委托加工的应税消费品。检查"委托加工物资""原材料""自制半成品"等账户，看其是否在提货的当天确认应代扣代缴的消费税。

（8）进口的应税消费品。检查"材料采购""原材料""包装物""库存商品"等账户以及完税凭证，看其是否将进口的应税消费品在报关进口的当天确认销售额。

第四节 计税依据及应纳税额的检查

一、政策依据

（一）从价定率的计税依据

1. 销售额。

（1）一般规定。销售额为纳税人销售应税消费品向购买方收取的全部价款和价外费用。销售额不包括应向购货方收取的增值税税款。纳税人销售的应税消费品，以外汇计算销售额的，应当按外汇市场价格折合成人民币计算应纳税额。

（2）价外费用。价外费用是指价外收取的基金、集资费、返还利润、补贴、违约金（延期付款利息）和手续费、包装费、储备费、优质费、运输装卸费、代收款项、代垫款项以及其他各种性质的价外收费。但下列款项不包括在内：承运部门的运费发票开具给购货方的；纳税人将该项发票转交给购货方的。其他价外费用，无论是否属于纳税人的收入，均应并入销售额计算征税。具体操作按《中华人民共和国消费税暂行条例实施细则》第十四条规定执行。

如果包装物不作价随同产品销售，而是收取押金，此项押金则不应并入应税消费品的销售额中征税。但对因逾期未收回的包装物不再退还的和已收取一年以上的押金，应并入应税消费品的销售额，按照应税消费品的适用税率征收消费税。既作价随同应税消费品销售，又另外收取押金的包装物的押金,凡纳税人在规定的期限内不予退还的,均应并入应税消费品的销售额,按照应税消费品的适用税率征收消费税。具体操作按《中华人民共和国消费税暂行条例实施细则》第十三条规定执行。

(3) 包装物。连同包装销售的应税消费品,无论包装是否单独计价,也不论在会计上如何核算,均应并入应税消费品的销售额中征收消费税。

(4) 视同销售。纳税人用于生产非应税消费品和在建工程、管理部门、非生产机构、提供劳务,以及用于馈赠、赞助、集资、广告、样品、职工福利、奖励等方面的应税消费品,按销售同类应税消费品的销售价格确定计税依据征收消费税。没有同类应税消费品销售价格的,按照组成计税价格计算纳税。

纳税人用于换取生产资料和消费资料,投资入股和抵偿债务等方面的应税消费品,应当以纳税人同类应税消费品的最高销售价格作为计税依据计算消费税。

(5) 非独立核算门市部销售的自产应税消费品。纳税人通过自设非独立核算门市部销售的自产应税消费品,应当按照门市部对外销售额或者销售数量征收消费税。

(6) 金银首饰。金银首饰以旧换新,应按实际收取的不含增值税的全部价款确定计税依据征收消费税。

带料加工业务,应按受托方销售同类金银首饰的销售价格确定计税依据征收消费税。没有同类金银首饰销售价格的,按照组成计税价格计算纳税。组成计税价格的计算公式为:组成计税价格=(材料成本+加工费)÷(1-消费税税率)。《财政部 国家税务总局关于调整金银首饰消费税纳税环节有关问题的通知》(财税〔1994〕95号)

生产、批发、零售单位用于馈赠、赞助、集资、广告、样品、职工福利、奖励等方面的金银首饰,应按纳税人销售同类金银首饰的销售价格确定计税依据征收消费税;没有同类金银首饰销售价格的,按照组成计税价格计算纳税。组成计税价格的计算公式为:

$$组成计税价格=购进原价×(1+利润率)÷(1-消费税税率)$$

(7) 成套应税消费品。2006年4月1日起,纳税人将自产的应税消费品与外购或自产的非应税消费品组成套装销售的,以套装产品的销售额(不含增值税)为计税依据。

2. 组成计税价格。纳税人自产自用的应税消费品,依照本条例第4条第1款规定应当纳税的（即用于非连续生产应税消费品的），按照纳税人生产的同类消费品的销售价格计算纳税；没有同类消费品销售价格的，按照组成计税价格计算纳税。组成计税价格计算公式：

$$组成计税价格 = （成本+利润）\div（1-消费税税率）$$

同类消费品的销售价格是指纳税人或代收代缴义务人当月销售的同类消费品的销售价格。如果当月同类消费品各期销售价格高低不同，应按销售数量加权平均计算。但销售的应税消费品有下列情况之一的，不得列入加权平均计算：销售价格明显偏低又无正当理由的；无销售价格的。如果当月无销售或者当月未完结，应按照同类消费品上月或最近月份的销售价格计算纳税。

委托加工的应税消费品，按照受托方的同类消费品的销售价格计算纳税；没有同类消费品销售价格的，按照组成计税价格计算纳税。组成计税价格计算公式：

$$组成计税价格 = （材料成本+加工费）\div（1-消费税税率）$$

材料成本是指委托方所提供加工材料的实际成本。委托加工应税消费品的纳税人，必须在委托加工合同上如实注明（或以其他方式提供）材料成本。凡未提供材料成本的，受托方所在地主管税务机关有权核定其材料成本。

加工费是指受托方加工应税消费品向委托方所收取的全部费用（包括代垫辅助材料的实际成本）。

3. 核定计税价格。纳税人应税消费品的计税价格明显偏低又无正当理由的，由主管税务机关核定其计税价格。

应税消费品计税价格的核定权限规定如下：甲类卷烟和粮食白酒的计税价格由国家税务总局核定；其他应税消费品的计税价格由国家税务总局所属税务分局核定；进口的应税消费品的计税价格由海关核定。

（二）从量定额的计税依据

根据《消费税暂行条例》的规定，对啤酒和黄酒实行从量定额的办法征收消费税，即按照应税数量和单位税额计算应纳税额。按照这一办法征税的消费品的计税依据为应税消费品的数量，而非应税消费品的销售额，征税的多少与应税消费品的数量成正比，而与应税消费品的销售金额无直接关系。因此，对酒类包装物押金征税的规定只适用于实行从价定率办法征收消费税的粮食白酒、薯类白酒和其他酒，而不适用于实行从量定额办法征收消费税的啤酒和黄酒产品。

（三）复合计税的计税依据

1. 卷烟。

（1）自 2001 年 6 月 1 日起，生产销售卷烟从量定额计税办法的计税依据为卷烟的实际销售数量。从价定率计税办法的计税依据为卷烟的调拨价格或者核定价格。调拨价格是指卷烟生产企业通过卷烟交易市场与购货方签订的卷烟交易价格。调拨价格由国家税务总局按照中国烟草交易中心（以下简称"交易中心"）和各省烟草交易会（以下简称"交易会"）2000 年各牌号、规格卷烟的调拨价格确定，并作为卷烟计税价格对外公布。核定价格是指不进入交易中心和交易会交易、没有调拨价格的卷烟，应由税务机关按其零售价倒算一定比例的办法核定计税价格。核定价格的计算公式为：某牌号规格卷烟核定价格＝该牌号规格卷烟市场零售价格÷（1+35%）。2000 年 11 月以后生产销售的新牌号规格卷烟，暂按生产企业自定的调拨价格征收消费税。新牌号规格卷烟的概念界定、计税价格管理办法由国家税务总局、财政部另行制定。计税价格和核定价格确定以后，执行计税价格的卷烟，国家每年根据卷烟实际交易价格的情况，对个别市场交易价格变动较大的卷烟，以交易中心或者交易会的调拨价格为基础对其计税价格进行适当调整。执行核定价格的卷烟，由税务机关按照零售价格变动情况进行调整。实际销售价格高于计税价格和核定价格的卷烟，按实际销售价格征收消费税；实际销售价格低于计税价格和核定价格的卷烟，按计税价格或核定价格征收消费税。非标准条包装卷烟应当折算成标准条包装卷烟的数量，依其实际销售收入计算确定其折算成标准条包装后的实际销售价格，并确定适用的比例税率。折算的实际销售价格高于计税价格的，应按照折算的实际销售价格确定适用比例税率；折算的实际销售价格低于计税价格的，应按照同牌号规格标准条包装卷烟的计税价格和适用税率征税。非标准条包装卷烟是指每条包装多于或者少于 200 支的条包装卷烟。

（2）自 2001 年 6 月 1 日起，进口卷烟、委托加工卷烟、自产自用卷烟从量定额计税的依据分别为海关核定的进口征税数量、委托方收回数量、移送使用数量；从价定率计税的计税依据按《消费税暂行条例》及其有关规定执行。

（3）2003 年 3 月 1 日起，卷烟消费税计税价格执行《卷烟消费税计税

价格信息采集和核定管理办法》。

（4）新牌号、新规格以及已经国家税务总局核定计税价格，但交易价格发生变动需要重新调整计税价格的卷烟，消费税计税价格由国家税务总局核定。

（5）不进入中烟烟草交易中心和各省烟草交易会交易、没有调拨价格的卷烟，消费税计税价格由省国家税务局核定。

（6）已由各级国家税务局公示消费税计税价格的卷烟，生产企业实际销售价格高于消费税计税价格的，按实际销售价格征税；实际销售价格低于消费税计税价格的，按消费税计税价格征税。

（7）2004年3月1日起，进口卷烟消费税组成计税价格=（关税完税价格+关税+消费税定额税）÷（1-进口卷烟消费税适用比例税率）。

（8）2006年5月1日起，新牌号、新规格卷烟消费税计税价格执行国家税务总局第5号令有关规定。

2. 白酒。

（1）粮食白酒、薯类白酒计税办法由《消费税暂行条例》规定的实行从价定率计算应纳税额的办法调整为实行从量定额和从价定率相结合计算应纳税额的复合计税办法。

（2）生产销售粮食白酒、薯类白酒，从量定额计税办法的计税依据为粮食白酒、薯类白酒的实际销售数量。

（3）进口、委托加工、自产自用粮食白酒、薯类白酒，从量定额计税办法的计税依据分别为海关核定的进口征税数量、委托方收回数量、移送使用数量。

（4）生产销售、进口、委托加工、自产自用粮食白酒、薯类白酒从价定率计税办法的计税依据按《消费税暂行条例》及其有关规定执行。

（四）应纳税额计算公式

1. 实行从价定率办法计算的应纳税额=销售额×税率。（《消费税暂行条例》第五条）

2. 实行从量定额办法计算的应纳税额=销售数量×单位税额。（《消费税暂行条例》第五条）

3. 实行复合计税办法计算的应纳税额=销售数量×定额税率+销售额×比例税率。

4. 纳税人销售的应税消费品，以外汇计算销售额的，应当按外汇市场价格折合成人民币计算应纳税额。

(五) 外购或委托加工收回应税消费品已纳消费税额抵扣的政策规定

1. 下列应税消费品可以销售额扣除外购已税消费品买价后的余额作为计税价格计征消费税：外购已税烟丝生产的卷烟；外购已税酒和酒精生产的酒（包括以外购已税白酒加浆降度，用外购已税的不同品种的白酒勾兑的白酒，用曲香、香精对外购已税白酒进行调香、调味以及外购散装白酒装瓶出售等）；外购已税化妆品生产的化妆品；外购已税护肤护发品生产的护肤护发品；外购已税珠宝玉石生产的贵重首饰及珠宝玉石；外购已税鞭炮焰火生产的鞭炮焰火。外购已税消费品的买价是指购货发票上注明的销售额（不包括增值税税款）。

2. 下列应税消费品准予从应纳消费税税额中扣除原料已纳消费税税款：以委托加工收回的已税烟丝为原料生产的卷烟；以委托加工收回的已税酒和酒精为原料生产的酒；以委托加工收回的以税化妆品为原料生产的化妆品；以委托加工收回的已税护肤护发品为原料生产的护肤护发品；以委托加工收回已税珠宝玉石为原料生产的贵重首饰及珠宝玉石；以委托加工收回已税鞭炮焰火为原料生产的鞭炮焰火。已纳消费税税款是指委托加工的应税消费品由受托方代收代缴的消费税。《国家税务总局关于印发消费税若干具体问题的规定的通知》（国税发〔1993〕156号）

二、常见涉税问题及主要检查方法

(一) 从价定率计税依据的检查

1. 常见涉税问题。

（1）隐匿销售收入。

（2）视同销售（如对外投资、抵偿债务等），未按视同销售处理或未按最高价计税。

（3）已列销售少报或不申报税款。

（4）将价外费用单独记账，不并入销售额。

（5）包装物及其押金收入未足额缴纳消费税。

（6）将销售费用、支付给购货方的回扣等直接抵减应税销售额。

（7）自产应税消费品用于连续生产应税消费品以外用途，未按视同销售处理。

（8）向单独成立的销售公司或其他关联企业低价销售应税消费品。

纳税检查

(9) 委托加工（不含金银首饰）应税消费品未按规定代扣代缴消费税。

(10) 成套应税消费品未按规定足额申报纳税。

2. 主要检查方法。

(1) 隐匿收入的检查。

①对被查对象进行综合测评。第一，申报数据的审查。审查"库存商品""自制半成品""包装物""委托加工物资""主营业务收入""其他业务收入""营业外收入"等账户，核实被查对象的产销存情况是否与纳税申报情况相符。第二，测算消费税税负，与同行业税负对比，本期税负与基期税负对比，找出异常之处。第三，运用比较分析法进行分析，找出异常之处。如将本期销售收入与其上年同期销售收入进行比较，分析销售结构和价格变动是否异常；比较被查对象与同行业其他企业的销售收入变动情况，分析是否符合行业发展趋势；比较本期的存货减少额与销售成本之间的比例关系，检查是否存在销售收入小于或等于存货减少数的异常情况。

②进一步核实账外疑点。第一，资金流的检查。一是检查收支登记簿、现金日记账、银行对账单、产品出库单或销货清单，以审查其有无虚构往来而将已实现的销售额挂账或不入账（或部分入账）的情况。二是通过突击盘点现金，核实库存现金是否与现金日记账的余额一致，如果实存现金与现金日记账余额差额很大而又不能够说明原因，则账外经营的可能性就很大。三是调查纳税人在银行设立账户情况。将银行对账单与"银行存款"明细账相核对，检查是否存在多头开户的情况；检查存款账户中存款的来源，从中发现是否存在销售货物不入账的问题；核对"银行存款"明细账与主营业务收入明细账相关数据的一致性，审核是否存在销售货物不作销售收入处理的问题。四是抽取部分往来客户，对其实施协查取证，查找其他信息。五是检查被查对象的结算币种。第二，物流的检查。一是核对"库存商品"明细账与仓库保管账。如果仓库保管账账面数量小于"库存商品"账户数量，应进一步查明是否存在由仓库直接销售货物，隐瞒货物销售收入的问题。二是到仓库检查出库单、提货单并与"库存商品"账户贷方核对。若出库单、提货单反映的发出货物数量大于"库存商品"账户的发出数量、"主营业务收入"账户的销售数量，应进一步检查是否存在将库存商品发出而未作销售处理的情况。三是通过实物盘点，核

对账实是否相符。如仓库实际数量小于账面结存数量,应进一步检查是否存在销售收入不入账以及用白条抵库存问题。四是检查有无瞒报、少报销售额或者销售数量,有无只报主要产品不报其他产品、半成品、残次品销售情况的问题。第三,发票流的检查。一是滞留票的检查。从 CTAIS 上调取滞留票信息,对发票开具方、收取方进行调查取证。二是取得及开具发票的检查,主要是对品名、单价、数量等进行统计比对,看有无异常。

③应税消费品的销售收入,有无不通过"主营业务收入"等账户核算,而直接挂"应收(付)账款"等往来账户,必要时进行协查取证。

(2) 视同销售的检查。

①检查"库存商品""自制半成品"明细账的贷方发生额中有无异常减少的情况。如有应进一步核查相应的原始凭证(如产品出库单、商品销售清单等),看其是否存在将应税消费品用于对外投资、抵偿债务等非货币性交易的行为。必要时,可到对方处进行协查取证。

②检查"长期股权投资"账户、往来款异常波动的往来单位往来明细账,看被查对象有无将应税消费品用于对外投资入股和抵偿债务等方面。如有,应进一步审核其是否是按照《国家税务总局关于印发消费税若干具体问题的规定的通知》(国税发〔1993〕156 号)文件的规定,以其同类应税消费品的最高销售价格作为计税依据计算消费税。

(3) 已列销售少报或不申报税款。

将年度、季度或月度纳税申报表中的申报收入明细数据及累计数据与"主营业务收入""其他业务收入"明细账贷方发生额相比较,结合原始凭证的检查和抽查销售日报表、发货款存根联、银行解款单等,查明申报销售收入与账面数是否相符、征免划分是否符合规定。

(4) 价外费用的检查。

①了解被查对象可能收取的价外费用种类,特别是其代政府或行业管理部门收取的价外费用。

②向销售部门了解销售情况和货款结算形式,对有长期业务往来的客户,应要求其提供合同、协议,并审阅业务相关内容,综合分析企业有无加收价外补贴的可能。

③根据开具发票或收据所列货物或劳务名称,严格界定价外费用的性质,确定价外费用的金额。

纳税检查

④检查"销售费用""管理费用""财务费用"等明细账，如有借方红字发生额或贷方发生额，应逐笔核对相关会计凭证，审查其有无价外费用直接冲减期间费用的情况，并与"应交税费——应交消费税"账户核对。

⑤检查"主营业务收入""其他业务收入""营业外收入"明细账，如有属于应税消费品而从购买方收取的价外收费，应对照"应交税费——应交消费税"账户，核实价外收费有无申报纳税。

（5）包装物的检查。

①结合企业生产特点，实地察看其所产应税消费品是否需要包装物。

②检查购进包装物的财务核算情况。第一，审查在购进时有无不通过"包装物"账户而通过往来账户核算、随货销售后不记收入的情形；重点审查其取得发票的品名是否真正属于包装物。第二，检查随同应税消费品出售单独计价的包装物，审查其包装物销售额是否计入"其他业务收入"账户、是否一并申报缴纳消费税。第三，检查须包装的应税消费品与包装物的消耗量的对应关系有无异常。如有异常则可能存在以下两个问题：一是应税消费品可能存在问题，二是包装物可能存在问题。应根据检查情况，分别进行调查取证。

③抽查往来明细账，审查有无异常波动情况，特别是要检查"其他应付款"明细账户借方发生额的对应账户，看有无异常的对应关系，如发现有与"应付职工薪酬""盈余公积"等账户对应的，一般就是将应没收的包装物押金（如销售啤酒、黄酒、成品油收取的包装物押金）挪作了他用。

（6）异常抵减应税销售额。

①红字冲减应税销售额。检查"主营业务收入"账户有无红字冲销的情况，如有，应进一步核实，看其有无将支付给购货方的回扣、推销奖、委托代销商品的代购代销手续费用等直接冲销销售收入。

②直接坐支销售额的检查。采用随机抽样等方法，抽检部分销售凭证，审查原始凭证中有无按坐支后的余额记入"主营业务收入"账户。抽检中，注意将原始销售凭证、销售（代理代销）合同、合同订立价格与收入类账户、同类货物正常销售价格进行对比，从中找出异常并予以查证核实。

（7）自产应税消费品用于连续生产应税消费品以外用途的检查。

①检查"自制半成品""库存商品""在建工程"(如燃料油)"管理费用""销售费用""营业外支出""其他业务支出""应付职工薪酬"等账户,看被查对象有无将其自产应税消费品用于连续生产应税消费品以外用途的情形;如有则应进一步审查其是否生产同类应税消费品,有无确认销售额、是否足额申报纳税。

②对有同类应税消费品销售价格的,是否按其当月同类消费品的售价(或当月加权平均售价)计算自产自用应税消费品的计税价格,审查中应特别注意加权平均价格的计算是否正确。

③对无同类应税消费品销售价格的,是否按组成计税价格计算其自产自用应税消费品的组成计税价格。尤其要审查应税消费品的成本、全国平均成本利润率的引用是否正确。

(8)关联交易的检查。

①了解被查对象销售机构的设置及汇总核算情况,特别要注意审查被查对象是否单独成立了销售公司;查看相关注册登记文书,判断是否存在其他关联企业。

②将同类应税消费品按销货单位对销售收入、销售数量进行统计,分销售对象计算出检查期销售平均单价并按单价排序,从中找到价格异常明显偏低的单位,结合单位成本价格,对低于成本价销售的单位进行重点检查。

③对关联企业的关联交易业务,是否按照《税收征管法》、《消费税暂行条例》及其《消费税暂行条例实施细则》的规定,对其关联交易行为进行处理。

④调查取证中,应了解被查对象的生产经营范围及其生产的各类应税消费品的销售情况,了解被查对象应税消费品的定价政策和价格组成。

(9)委托加工应税消费品的检查。

①检查"委托加工物资""原材料""自制半成品""库存商品"等账户,看被查对象有无委托加工应税消费业务,有无代扣代缴完税凭证。

②鉴定委托加工业务的真实性。调阅委托加工合同,对照《消费税暂行条例实施细则》第7条设定的委托加工条件"对于由受托方提供原材料生产的应税消费品,或者受托方先将原材料卖给委托方,然后再接受加工的应税消费品,以及由受托方以委托方名义购进原材料生产的应税消费品,不论纳税人在财务上是否作销售处理,都不得作为委托加工应税消

品，而应当按照销售自制应税消费品缴纳消费税"。凡不符合的，一律按自产应税消费品征税。

③对属于委托加工业务的，则应进一步审查受托方是否为个体经营户、委托方收回委托加工货物时，是否按受托方同类应税消费品的销售价格或组成计税价格，申报缴纳了委托加工环节的消费税。

④受托方不是个体经营户的，应审查受托方是否按当月同类消费品的平均售价或组成计税价格，计算并代扣代缴消费税，核实委托方有无不代扣代缴消费税的情况。

⑤必要时可到受托方进行调查取证。

（10）成套应税消费品的检查。

①实地查看成品仓库，了解被查对象是否生产销售成套应税消费品。

②了解包括包装物在内的成套应税消费品的组成项目及其各自适用税目税率。

③对由应税消费品和非应税消费品组成的成套应税消费品，则应重点审查其是否按照应税消费品适用税率计算纳税；对于由不同税率的应税消费品组成的成套应税消费品，则应重点审查其是否从高适用税率计算纳税。

（二）从量定额计税依据的检查

1. 常见涉税问题。

（1）隐匿销售数量。

（2）对自产的用于连续生产的石脑油未建立中间产品移送使用台账。

2. 主要检查方法。

（1）对于生产销售的应税产品，查阅其生产台账、库存台账、销售台账等，核实其应税消费品的生产、销售、库存数量，与其申报销售数量核对，看有无异常情况。

（2）审核石脑油中间产品移送使用台账，检查用于连续生产非应税消费品或其他方面的，是否记录了石脑油的移送使用数量，是否按规定缴纳了消费税。

（3）对于委托加工应税产品，核实"委托加工物资"账户，核实其委托加工的收回数量、销售数量。

（4）对于进口的应税产品，应核实其报关进口数量。

（5）从量定额进行过调整的税目，是否及时调整了适用税额。

(三) 复合计税依据的检查

1. 卷烟计税依据的检查。

(1) 常见涉税问题。

①混淆卷烟牌号，混淆卷烟计税价格或核定价格从低适用计税价格。

②卷烟回购企业回购后再直接销售的卷烟不符合《国家税务总局关于卷烟生产企业购进卷烟直接销售不再征收消费税的批复》(国税函〔2001〕955号) 规定而未计算缴纳消费税。

③委托加工卷烟、自产自用卷烟未计算缴纳或未足额计算缴纳消费税。

④白包烟、科研烟 (白包烟是指未进入市场流通的简易包装的卷烟; 科研烟是指处于科研试制阶段的卷烟) 未按规定申报纳税。

⑤评析烟 (专门用于品质、包装的鉴定、评审的卷烟)、礼品烟、样品烟、促销烟未按规定申报纳税。

(2) 主要检查方法。

①混淆卷烟牌号，混淆卷烟计税价格或核定价格的检查。审核被查对象所有牌号规格卷烟，区分执行计税价格和核定价格的范围，看有无擅自改变执行计税价格或核定价格的情况。对实际销售价格与计税价格、核定价格不一致的卷烟，实际销售价格高于计税价格、核定价格的，应审查其是否按实际销售价格计缴消费税；实际销售价格低于计税价格、核定价格的，应审查是否按计税价格或核定价格计缴消费税。检查非标准条包装卷烟，是否折算成标准条包装卷烟的数量，依其实际销售收入计算确定其折算成标准条包装后的实际销售价格，并确定适用的比例税率。

②回购卷烟的检查。审查卷烟回购合同，看与入账情况是否相符；回购企业是否向联营企业提供卷烟牌号和已由税务机关公示的消费税计税价格；接受委托的联营企业是否按照已经公示的调拨价格代扣代缴消费税；回购企业是否申报抵扣回购卷烟的已征消费税；回购企业是否将回购卷烟与自产卷烟分开核算，若未分开核算，是否与自产卷烟一并缴纳了消费税。

③委托加工卷烟、自产自用卷烟的检查。检查从量定额的计税依据。审查委托加工卷烟、自产自用卷烟是否以海关核定的委托方收回数量、移送使用数量为计税依据计算应纳税额；检查从价定率的计税依据。审查委托加工卷烟、自产自用卷烟是否按其组成计税价格分别计算应纳税额。

④白包烟、科研烟的检查。检查"原材料""包装物"等明细账,结合实物盘点,审查其专用物料的领用存情况,看其是否有用于白包烟生产的专用物料,实地调查卷烟生产企业的科研专用生产线,查看其白包烟、科研烟的生产经营规模,调阅白包烟、科研烟的生产、科研、销毁等相关去向记录。对用于科研以外用途的白包烟、科研烟是否缴纳了消费税。

⑤评析烟、礼品烟、样品烟、促销烟的检查。到卷烟生产企业的发货窗口(成品仓库、厂办、科研部门等部门)调取评析烟、礼品烟、样品烟、促销烟的发出记录。到原料仓库(含主辅料)、产成品、半成品仓库及其生产线,调查了解生产、销售、库存的相关信息,重点调取审查扫码中心的扫码记录(多为电子台账)。审查"库存商品""委托加工卷烟"等明细账,看有无异常的对应账户。

2. 白酒计税依据的检查。

(1) 常见涉税问题。

①人为调节销售数量。

②违反规定隐匿销售收入。

③成立关联销售公司。

(2) 主要检查方法。

①从量定率部分的计税数量是否准确,方法见"从量定额计税依据的检查"。

②从价定率部分的销售额计算是否准确,价外费用、视同销售、包装物及其押金等的确认是否正确,方法见"从价定率计税依据的检查"。

(四) 税收优惠的检查

1. 常见涉税问题。

(1) 生产企业将汽油、柴油混入优惠成品油品种一并享受税收优惠。

(2) 生产企业未从2008年度起及时取消部分成品油的减征优惠。

(3) 欧洲Ⅱ号排放标准的小汽车2003年度后享受税收优惠。

2. 主要检查方法。

(1) 混淆成品油减征范围的检查。

①鉴于成品油是按照不同组分在一定数值范围内进行区分的,因此汽油、柴油有可能被划分到属于减征范围的其他成品油(如汽油→溶剂油,柴油→石脑油)中,并以此申报纳税。

②了解生产工艺及其技术标准,审查"库存商品"明细账,看其产能

是否异常、与以前期间是否保持一贯性。

③审查"原材料""库存商品"等明细账,看其投料、产出情况,核实投入产出是否异常。

④到质检部门调取每批产成品的质检报告,到成品仓库调取油品出(入)库记录,对比检查"库存商品"明细账,确定汽油、柴油是否混入属于减征范围的其他成品油。

（2）成品油减征的检查。

①检查生产企业是否是根据石脑油、溶剂油、润滑油、燃料油的实际销售数量,按《国家税务总局关于印发调整和完善消费税政策征收管理规定的通知》（国税发〔2006〕49号）的规定办理纳税申报后,再按应纳税额的30%申报纳税。

②检查生产企业是否按《调整部分成品油消费税政策》（财税〔2008〕19号）第1条的规定,从2008年1月1日起取消了减征优惠政策。

（3）汽车生产企业达标优惠的检查。

①对已通过"产品检验及生产一致性认定"审查的汽车生产企业,检查时应看其对生产销售的达到GB18352.2—2001排放标准（相当于欧洲Ⅱ标准）的小汽车,在2000—2003年,按批准期限享受减征优惠。重点应关注其有无擅自扩大减征优惠期限的问题。

②对已通过"产品检验及生产一致性认定"审查的汽车生产企业,检查时应看其对生产销售达到相当于欧洲Ⅲ号排放标准的小汽车是否按照应纳税额的70%缴纳税款。

③对未经相关部门进行"产品检验及生产一致性认定"审查的汽车生产企业,应逐点关注其是否存在擅自享受减征优惠的问题。

（五）应纳税额的检查

1. 抵扣税额的检查。

（1）常见涉税问题。

①超范围抵扣外购或委托加工应税消费品的已纳税额。

②外购或委托加工应税消费品的已纳税额已申报抵扣,但该应税消费品未用于连续生产应税消费品的,没有转出已纳税额。

③取得不符合规定的抵扣凭证申报抵扣外购或委托加工应税消费品的已纳税额。

④外购应税消费品取得普通发票,属于可扣除已纳税额范围的,按含

增值税的买价计算扣除已纳税额。

⑤工业企业从商业企业购进应税消费品一并申报抵扣。

(2) 检查方法。

①抵扣范围的检查。了解被查对象所涉及的消费税税目,进而确定其允许扣除已纳消费税税款的税目,然后与被查对象的申报数据进行一一比对,看其对消费税抵扣政策的执行范围的界定是否准确,有无擅自超范围抵扣的问题;对已停止执行抵扣政策的消费税税目,是否及时中止了已纳消费税的抵扣;对新增税目的抵扣项目,有无将2006年4月1日前的业务一并申报抵扣的问题。

②转出已抵扣税款的检查。检查"库存材料""生产成本""自制半成品""库存商品""委托加工物资"等账户,到生产车间查询生产记录等有关资料,追查生产领用应税消费品的去向,审查其有无将生产领用的应税消费品改变用途,而又未转出已抵扣的已纳税额。

③抵扣凭证的检查。第一,对外购应税消费品的,检查时应看其是否凭取得的增值税专用发票(含销货清单,从小规模购进应税消费品为税务机关代开增值税专用发票)申报抵扣;对2006年4月1日前取得普通发票的被查对象,还应看其外购或委托加工应税消费品的抵扣换算是否正确。第二,对委托加工应税消费品的,检查时应看其是否凭代扣代收税款凭证申报抵扣。第三,对进口应税消费品的,检查时应看其是否凭"海关进口消费税专用缴款书"申报抵扣。

④工业企业外购抵扣的检查。对工业企业既自产又外购应税消费品,或不自产只外购应税消费品的,检查2006年8月之前从商业企业购进的应税消费品是否一并申报抵扣了已纳消费税税款。

⑤对纳税人提供的消费税申报抵扣凭证上注明的货物,无法辨别销货方是否申缴纳消费税的,应当向销货方所在地税务机关发函协查,并根据销货方税务机关的回函结果核准是否准予其抵扣。注意,未经核准的一律不得抵扣。

2. 销货退回的检查。

(1) 常见涉税问题。虚构销货退回业务。

(2) 主要检查方法。

①检查有无合法扣减依据。第一,在购货方尚未付款并未作账务处理的情况下,原开具的发票是否作了相应的处理。全部退货的,发票各联是

否全部收回作废。第二,已付款或购货方已作账务处理的情况下,是否取得了购买方提供的开具红字增值税专用发票通知单,并据以开具红字发票。

②实物追踪检查。第一,审查有无入库记录,看其退回的货物是否办理了入库手续并相应冲减了本期的业务成本。第二,跟踪追查销货退回货物的去向。一般情况下,发现无合法扣减依据,随意冲减业务收入又无产成品退货入库记录的,就是虚构销货退回,必要时可到对方处协查取证。

其他税种检查方法

第六章 其他税种检查方法

第一节 资源税检查方法

一、纳税义务人、扣缴义务人和征税范围的检查

(一) 政策依据

在中华人民共和国领域和中华人民共和国管辖的其他海域开发应税资源的单位和个人,为资源税的纳税人,应当依照本法规定缴纳资源税。(《中华人民共和国资源税法》自 2020 年 9 月 1 日起施行)

根据《中华人民共和国资源税法》(自 2020 年 9 月 1 日起施行)所附资源税税目税率表中所列部分税目的征税范围限定如下:

1. 原油,是指开采的天然原油,不包括人造石油。
2. 天然气,是指专门开采或者与原油同时开采的天然气。
3. 煤炭,是指原煤,不包括洗煤、选煤及其他煤炭制品。
4. 其他非金属矿原矿,是指上列产品和井矿盐以外的非金属矿原矿。
5. 固体盐,是指海盐原盐、湖盐原盐和井矿盐。液体盐,是指卤水。

(二) 会计核算

1. 企业交纳的资源税,通过"应交税费——应交资源税"科目核算。
2. 企业计算出销售的应税产品应交纳的资源税,借记"税金及附加"等科目,贷记"应交税费——应交资源税"科目;上缴资源税时,借记"应交税费——应交资源税"科目,贷记"银行存款"科目。

(三) 常见涉税问题

1. 临时开采、不定期作业、零散隐蔽的纳税人未按规定进行申报纳税。
2. 扣缴义务人未按规定全面履行代扣代缴义务。
3. 纳税人开采矿产品或生产盐的过程中伴生、伴采矿未按规定申报纳税。

(四) 主要检查方法

1. 首先到矿产资源管理部门调查,摸清辖区内开采矿产品或生产盐的企业经营者名单,掌握其采矿许可证的颁发情况;其次,实地检查经营者的具体经营内容,核实是否属于资源税的应税范围,以此确认经营者是否为资源税的纳税义务人。

2. 检查经常性发生收购未税矿产品业务的单位时，从检查"原材料""应付账款""其他应付款""银行存款""应交税费"等账户入手，并结合实地查看，确定购进耗用的原材料是否为资源税应税产品，以发现是否存在收购未税矿产品行为，同时也便于及时从中发现不定期开采、临时开采或零散开采的资源税纳税人。

3. 征税范围检查，应深入车间、仓库，通过实地观察生产场所，了解生产经营流程、耗材和产品，查询与纳税人有经营往来关系的单位及个人，检查纳税人的"原材料""产成品""其他应付款""管理费用""应交税费"等账户，核对入库单、货物运输发票等原始资料，查核纳税人是否有在开采、生产、购进等环节隐匿属于某种特定应税资源范围的行为。

二、计税依据的检查

（一）政策依据

资源税一般实行从价计征。

对《中华人民共和国资源税法》所附资源税税目税率表规定实行从价计征的应税产品，应纳税额按照应税产品的销售额乘以具体适用的比例税率计算。

对《中华人民共和国资源税法》所附资源税税目税率表规定实行从价计征或者从量计征的应税产品，由省、自治区、直辖市人民政府提出具体计征方式建议，报同级人民代表大会常务委员会决定。

对实行从量计征的应税产品，应纳税额按照应税产品的销售数量乘以具体适用的定额税率计算。

根据《国家税务总局关于资源税征收管理若干问题的公告》（国家税务总局公告2020年第14号），纳税人以外购原矿与自采原矿混合为原矿销售，或者以外购选矿产品与自产选矿产品混合为选矿产品销售的，在计算应税产品销售额或者销售数量时，直接扣减外购原矿或者外购选矿产品的购进金额或者购进数量。

纳税人以外购原矿与自采原矿混合洗选加工为选矿产品销售的，在计算应税产品销售额或者销售数量时，按照下列方法进行扣减：

准予扣减的外购应税产品购进金额（数量）＝外购原矿购进金额（数量）×（本地区原矿适用税率÷本地区选矿产品适用税率）

不能按照上述方法计算扣减的，按照主管税务机关确定的其他合理方

第六章 其他税种检查方法

法进行扣减。

(二) 常见涉税问题

1. 纳税人应税产品的销售数量、自用数量以及收购的未税矿产品数量不真实。

2. 自产、自用应税产品，在使用时直接出库结转成本而未作销售处理。

3. 将加工精选煤实际销售量折算成原煤耗用量作为课税数量的纳税人，故意加大损耗数量比，不按规定的加工产品综合回收率折算，少计耗用原煤数量。

4. 将精矿按选矿比折算成原矿数量作为课税数量的，不按规定的选矿比进行折算，少计耗用原矿数量。

5. 以应税产品的产量为课税数量的，少计开采或生产的应税产品数量。

(三) 主要检查方法

1. 自产、自用应税产品数量的检查。企业在生产、生活过程中消耗自用产品，数量操控性强，难以核准。如煤炭企业的食堂、浴室、职工学校耗用的生活用煤，下属商店、服务公司等耗用的取暖用煤等，检查时可直接审查"库存商品"明细账的贷方发生额和"生产成本"的借方发生额，对照产品实物账及"产品出库单"或"领料单"，核实企业是否以当期应税产品的实际消耗数量作为资源税的计税数量。如果当期有产品损耗，还应认真审查"待处理财产损溢"明细账及"账存实存对比表"和"盘存单"，以便核实损耗的具体原因及真实数量，报经有关部门审批后，再从计税数量中予以扣除。将核实数量与企业纳税申报表上的申报数量相核对，如不相符，应按核实的数量计算应纳税款，确定应补税数额。还应审查"生产成本"总账及明细账，特别是涉及"生产成本"贷方发生额的，要根据记账凭证上的科目对应关系逐笔查对，核实纳税人是否有将生产的应税产品自用后直接冲减"生产成本"，不作库存商品增加和减少的账务处理，进而少申报缴纳税款。

2. 煤矿以自产原煤连续加工洗煤、选煤或用于炼焦、发电以及生活用煤的检查。对于连续加工前无法计算耗用量，按产品综合回收率计算的，检查时需从"库存商品"明细账入手，先核实加工后的入库产品数量，再核实企业还原计算的原煤数量和资源税纳税申报表，验证企业使用的折算比是否符合规定,折算使用的加工后产品数量是否真实,折算的原煤课税数量是否准确。例如,对于机车发电使用量没有健全使用记录的,可以采取技术测算的方法,先审查发电车间的生产记录、工作量和生产量(产电度数),再根据有关的配比消耗技术资料,按单位工作量和单位产品消耗量推算出耗用原煤的数量。

3. 按选矿比将精矿折算为原矿数量作为课税数量的检查。首先应审查"库存商品——××精矿"明细账,查看原始入库单据,并实地监测,核实车间精矿数量是否账实相符,并按规定的选矿比计算出原矿数量,再与企业申报的原矿数量相比较,核实是否少申报缴纳税款。

4. 以应税产品产量为课税数量的检查。检查时可先审查"生产成本"账户的贷方结转数量,并与产品成本计算表上的"完工产品数量""库存商品"账户借方当期增加数量相核对,核实当期增加数量,确定当期实际产量并与报表上的申报数量进行核对,从中发现企业申报课税数量小于实际生产数量,或"产成品"账面数量小于实际生产数量的问题。

5. 扣缴义务人收购未税矿产品数量的检查。扣缴义务人属于商品流通企业的,应审查"库存商品"明细账的借方发生额,并结合审查"商品入库单"和购货发票等原始凭证,核实购进未税矿产品的数量。扣缴义务人属工矿企业的,应审查其"原材料"账户,结合"材料入库单""发货票""货物运输发票"等原始资料的审核,查实购进未税矿产品的数量,再与企业申报纳税的课税数量相核对,若申报数量小于核实的数量,说明扣缴义务人少扣缴了税款。

三、适用税目和适用税率的检查

(一)政策依据

资源税的税目、税率,依照本法所附的资源税税目税率表及财政部的有关规定执行。

纳税人开采或者生产不同税目应税产品的,应当分别核算不同税目应税产品的销售额或者销售数量;未分别核算或者不能准确提供不同税目应税产品的销售额或者销售数量的,从高适用税率。(《中华人民共和国资源税法》自2020年9月1日起施行)

(二)常见涉税问题

1. 降低或混淆应税产品的等级,按低等级的单位税额计算缴纳资源税。

2. 将稀油记入稠油、高凝油，按低等级的单位税额计算缴纳资源税。

3. 将液体盐加工成固体盐进行销售，却按液体盐的单位税额申报纳税。

（三）主要检查方法

1. 降低或混淆应税产品等级的检查。检查时，先审查"生产成本""库存商品"等账户，核实生产入库和销售结转应税产品的等级数量确定是否正确；再审查"银行存款""主营业务成本""主营业务收入"等账户，核实结转的应税产品的销售成本和销售价格，佐证应税产品的等级数量认定是否无误；然后按核实认定的等级，确定适用的单位税额；最后根据各等级数量、适用的单位税额计算应纳税额，与企业"应交税费——应交资源税"账户的贷方发生额以及纳税申报表上的应纳税额核对，从中发现企业是否存在降低或混淆产品等级、少申报缴纳税款的行为。

2. 油田的稠油、高凝油与稀油的纳税检查。首先，检查"生产成本""库存商品"等明细账以及油田的生产记录，核实企业稠油、高凝油及稀油的产量；其次，检查"银行存款""主营业务成本""主营业务收入"等账户以及销售发票等资料，对照销售价格，掌握企业稠油、高凝油及稀油的实际销售数量，推算企业稠油、高凝油及稀油的实际产量，进而查实企业有无混记、混销稠油、高凝油与稀油的情况。对划分不清的，一律按原油的数量课税。

3. 液体盐加工成固体盐进行销售的纳税检查。对盐场（厂）检查时，可以采取倒推计算法，即先从企业的销售环节入手，根据销售发票上记载的销售数量和单位价格，确定销售盐的种类和数量；再检查企业的生产加工环节，按照盐的生产加工流程，核实液体盐和固体盐的生产、加工、结转数量；将检查掌握的有关数据资料对比分析，核实数量上、分类上是否一致；税金计算表，发现企业是否存在将固体盐当作液体盐进行申报以降低适用税额、减少应税数量的问题。

四、税收优惠的检查

（一）政策依据

1. 有下列情形之一的，免征资源税。

（1）开采原油以及在油田范围内运输原油过程中用于加热的原油、天

然气。

(2) 煤炭开采企业因安全生产需要抽采的煤成（层）气。(《中华人民共和国资源税法》自 2020 年 9 月 1 日起施行)

2. 有下列情形之一的，减征资源税。

(1) 从低丰度油气田开采的原油、天然气，减征百分之二十资源税。

(2) 高含硫天然气、三次采油和从深水油气田开采的原油、天然气，减征百分之三十资源税。

(3) 稠油、高凝油减征百分之四十资源税。

(4) 从衰竭期矿山开采的矿产品，减征百分之三十资源税。

根据国民经济和社会发展需要，国务院对有利于促进资源节约集约利用、保护环境等情形可以规定免征或者减征资源税，报全国人民代表大会常务委员会备案。(《中华人民共和国资源税法》自 2020 年 9 月 1 日起施行)

3. 有下列情形之一的，省、自治区、直辖市可以决定免征或者减征资源税。

(1) 纳税人开采或者生产应税产品过程中，因意外事故或者自然灾害等原因遭受重大损失。

(2) 纳税人开采共伴生矿、低品位矿、尾矿。

前款规定的免征或者减征资源税的具体办法，由省、自治区、直辖市人民政府提出，报同级人民代表大会常务委员会决定，并报全国人民代表大会常务委员会和国务院备案。(《中华人民共和国资源税法》自 2020 年 9 月 1 日起施行)

4. 其他项目。

(1) 对青藏铁路公司及其所属单位运营期间自采自用的砂、石等材料免征资源税。具体操作按《财政部 国家税务总局关于青藏铁路公司运营期间有关税收等政策问题的通知》（财税〔2007〕11 号）第三条规定执行。

(2) 自 2018 年 4 月 1 日至 2021 年 3 月 31 日，对页岩气资源税减征 30%。具体操作按《财政部 国家税务总局关于对页岩气减征资源税的通知》（财税〔2018〕26 号）规定执行。

(3) 自 2019 年 1 月 1 日至 2021 年 12 月 31 日，对增值税小规模纳税人可以在 50%的税额幅度内减征资源税。具体操作按《财政部 税务总局关于实施小微企业普惠性税收减免政策的通知》（财税〔2019〕13 号）有关规定执行。

（4）自 2014 年 12 月 1 日至 2023 年 8 月 31 日，对充填开采置换出来的煤炭资源税减征 50%。《财政部 税务总局关于继续执行的资源税优惠政策的公告》（财政部 税务总局公告 2020 年第 32 号）

（二）常见涉税问题

1. 未按规定履行报批手续擅自享受减免税优惠。
2. 免税项目未按规定单独核算。

（三）主要检查方法

1. 使用原油免税情况的检查。检查与原油免税有关的会计资料，使用审批手续，出库、入库记录，核实免税原油的使用数量。并通过询问调查有关人员，掌握原油的实际流向和用途，并根据使用单位的工作计划、生产记录和有关的技术资料，验证开采过程中用于加热、修井使用原油的真实性，核查有无以加热、修井名义领取原油但实际改变用途的情况。对不能准确提供使用数量或不单独核算的，不得享受免税待遇。

2. 纳税人损失数量减免税的检查。在检查中可采取账实对照的方法进行检查，即以各种资产账目为基础，核对企业的报损清单，对部分损失较大的资产或贵重资产进行实地清查，以核实企业损失的真实数量，看企业有无多报、虚报损失的情况。

五、指标分析：资源税税负变动系数、资源税同步增长系数

（一）资源税税负变动系数

分析纳税人申报缴纳的资源税占应税产品销售收入的比例及其变化情况，评估纳税人申报的真实性。

资源税税负变动系数＝本期资源税税收负担率÷上年同期资源税税收负担率

其中：

资源税税收负担率＝［应纳税额÷主营业务收入（产品销售收入）］×100%

资源税税负变动系数指标是本期资源税负担率与上年同期资源税负担率的对比分析。一般在产品售价相对稳定的情况下二者的比值应接近 1。当比值小于 1，可能存在未足额申报资源税问题，进入下一工作环节处理。当比值大于 1，无问题。

（二）资源税同步增长系数

分析资源税应纳税额增长率与主营业务收入（产品销售收入）增长

率，评估纳税人申报情况的真实性。

资源税同步增长系数=应纳税额增长率÷主营业务收入（产品销售收入）增长率

应纳税额增长率=［（本期累计应纳税额-上年同期累计应纳税额）÷上年同期累计应纳税额］×100%

主营业务收入（产品销售收入）增长率={［本期累计主营业务收入（产品销售收入）-上年同期累计主营业务收入（产品销售收入）］÷上年同期累计主营业务收入（产品销售收入）}×100%

资源税同步增长系数指标是应纳税额增长率与主营业务收入（产品销售收入）增长率的对比分析。正常情况下二者应基本同步增长（在产品销售单价没有较大波动的情况下），比值应接近1。当比值小于1，可能存在未足额申报资源税问题。分析中若发现高于或低于预警率指标的情况，要借助其他指标深入分析并按照总局纳税评估管理办法规定处理。

六、资源税检查案例分析

（一）原油资源税纳税检查

1. 基本案情。2020年克拉玛依市某油田8月份生产原油10万吨（该油田原油单位税额12元/吨），其去向为：

（1）售给A炼油厂5万吨，已收回货款，并核算应交资源税60万元。

（2）采用分期收款方式售给B炼油厂1万吨，合同规定B炼油厂应于当月25日付款20%，但其违约未付，所以该油田未按销售成本处理，未核算应交资源税。

（3）自用20 000吨，其中自办炼油厂18 000吨，用于加热、修井2 000吨，均未核算应交资源税。

（4）剩余原油10 000吨待售，未核算应交资源税。

2020年税务机关对该公司纳税情况进行审查时，发现该油田在资源税的计算缴纳方面存在应缴纳未缴或者与税法规定的计缴方法不相符的地方，需要进行纳税调整。

2. 分析点评。该油田售给A炼油厂原油5万吨，核算应交资源税60万元和待售的原油未计提资源税是正确的。存在影响纳税的问题及调账主要有：

（1）根据规定，纳税人采取分期收款结算方式的，其纳税义务发生时间为销售合同规定的收款日期的当天。因此，该油田采用分期收款方式售给 B 炼油厂的原油，由于合同规定 B 炼油厂应于当月付款20%，即使其违约未付，也应认为此部分纳税义务已发生，应计提应交资源税。

该油田少纳资源税 = 12×（10 000×20%）= 24 000（元）

调整分录如下：

①计提资源税时：

借：税金及附加 　　　　　　　　　　　　　　　24 000
　　贷：应交税费——应交资源税 　　　　　　　　　　24 000

②上缴资源税时：

借：应交税费——应交资源税 　　　　　　　　　24 000
　　贷：银行存款 　　　　　　　　　　　　　　　　　24 000

（2）根据规定，纳税人开采或者生产应税产品自用的，以自用数量为课税数量。在开采原油过程中用于加热、修井的原油免税。因此，该油田自用的原油中，用于自办炼油厂加工的 18 000 吨应计提资源税。

该油田少纳资源税 = 12×18 000 = 216 000（元）

调整分录如下：

①计提资源税时：

借：税金及附加 　　　　　　　　　　　　　　　216 000
　　贷：应交税费——应交资源税 　　　　　　　　　　216 000

②上缴资源税时：

借：应交税费——应交资源税 　　　　　　　　　216 000
　　贷：银行存款 　　　　　　　　　　　　　　　　　216 000

综上，该油田应补缴资源税为：

24 000+216 000 = 240 000（元）

（二）矿产类资源税纳税检查

1. 基本案情。山西省某煤矿煤炭的资源税单位税额为 1.50 元/吨，2020 年 10 月份该煤矿开采原煤 19 万吨，当月销售 14 万吨，已核算应交资源税；领用自产原煤加工成洗煤 35 000 吨，税务机关无法准确计算其原煤移送使用量，但知道该煤矿加工产品的综合回收率为 70%，该煤矿计算此项业务应纳资源税为：

1.50×35 000 = 52 500（元）

税务机关在对该煤矿进行纳税检查时，通过对其有关账证资料的审查，发现该煤矿在对该项业务计缴的资源税方面存在问题，不符合税法相关的规定，应重新计算缴纳，进行纳税调整。

2. 分析点评。根据税法规定，对于连续加工前无法计算原煤移送使用量的，可按加工产品的综合回报率，将加工产品实际销量和自用量折算成原煤数量作为课税数量。因此，该煤矿领用自产原煤加工洗煤 2 800 吨，其资源税应纳税额应为：

$$1.5 \times 35\,000 \div 70\% = 75\,000（元）$$

该煤矿少纳资源税为：

$$75\,000 - 52\,500 = 22\,500（元）$$

因此，该煤矿应补缴资源税 22 500 元。

调整分录如下。

（1）计提资源税时：

借：税金及附加　　　　　　　　　　　　　　　　22 500

　　贷：应交税费——应交资源税　　　　　　　　　22 500

（2）上缴资源税时：

借：应交税费应——交资源税　　　　　　　　　　22 500

　　贷：银行存款　　　　　　　　　　　　　　　　22 500

（三）开采固体盐和液体盐的处理及纳税调整

1. 基本案情。天津市某盐场 2020 年 10 月份生产液体盐 500 吨，其中对外销售 100 吨。当月生产固体盐 100 吨（本月已全部对外销售），共耗用液体盐 1 200 吨，其中 400 吨是本企业自产的液体盐，另 800 吨为液体盐，全部从另一盐场购进，已知液体盐单位税额每吨 5 元，固体盐单位税额每吨 35 元。

税务机关对该盐场 10 月份的纳税情况进行检查时，通过审查其有关账证资料，发现该盐场已经缴纳资源税 20 000 元，但在计算缴纳过程中存在违反税法规定的地方，需要进行纳税调整。

2. 分析点评。根据税法规定，纳税人以自产的液体盐加工固体盐，按固体盐税额征税，以加工的固体盐数量为课税数量。

纳税人以外购的液体盐加工成固体盐，其加工固体盐所耗用液体盐的已纳税额准予抵扣。

因此：

销售液体盐应纳资源税 = 100×5 = 500（元）

销售固体盐应纳资源税 = 1 000×35 = 35 000（元）

允许抵扣的外购液体盐已纳资源税=800×5=4 000（元）

合计应纳税额=500+35 000-4 000=31 500（元）

该盐场应补缴资源税=31 500-2 000=11 500（元）

其会计核算应注意：

企业外购液体盐加工固体盐，在购入液体盐时，按所允许抵扣的资源税，借记"应交税费——应交资源税"科目，按外购价款扣除允许抵扣资源税后的数额，借记"材料采购"等科目，按应支付的全部价款，贷记"银行存款""应付账款"等科目；企业加工成固体盐后，在销售时，按计算出的销售固体盐应缴的资源税，借记"税金及附加"科目，贷记"应交税费——应交资源税"科目；将销售固体盐应纳资源税抵扣液体盐已纳资源税后的差额上缴时，借记"应交税费——应交资源税"科目，贷记"银行存款"等科目。

（四）有色金属矿资源税的处理及纳税调整

1. 基本案情。某开采企业2020年3月开采铜矿石50万吨，收购邻县小矿山开采的铜矿石20万吨，并代收代缴了资源税。4月销售上月自己开采的铜矿石45万吨，以及收购的20万吨铜矿石。另将资产铜矿石20万吨按市场价作价2万元换取生产用动力煤。该矿山铜矿石资源税税额为1.5元/吨。

该企业4月申报缴纳的资源税为：

45×1.5=67.5（万元）

税务机关在对该煤矿进行纳税检查时，认为其处理不符合税法相关的规定，应重新计算缴纳，进行纳税调整。

2. 分析点评。根据税法规定：按销售计征资源税时，上月已代扣代缴的资源税的矿石本月不用缴纳资源税，但换取动力煤的铜矿石应计征资源税。

因此，该企业4月应纳税额为：

(45+20)×1.5=97.5（万元）

该企业少纳资源税为：

97.5-67.5=30（万元）

因此，该煤矿应补缴资源税30万元。

调整分录如下：

（1）计提资源税时：

借：税金及附加　　　　　　　　　　　　　　　　　　　300 000

　　贷：应交税费——应交资源税　　　　　　　　　　　300 000

（2）上缴资源税时：

借：应交税费——应交资源税　　　　　　　　　　　300 000

　　贷：银行存款　　　　　　　　　　　　　　　　　　300 000

第二节　城市维护建设税检查方法

一、纳税义务人和征税范围的检查

（一）政策依据

1. 在中华人民共和国境内缴纳增值税、消费税的单位和个人，为城市维护建设税的纳税人，应当依照本法规定缴纳城市维护建设税。

2. 对进口货物或者境外单位和个人向境内销售劳务、服务、无形资产缴纳的增值税、消费税税额，不征收城市维护建设税。《中华人民共和国城市维护建设税法》（自2021年9月1日起施行）

（二）会计核算

会计制度规定，城市维护建设税通过"应交税费——应交城市维护建设税"科目核算。计提城市维护建设税时，借记"税金及附加"科目，贷记"应交税费——应交城市维护建设税"科目；上缴时，借记"应交税费——应交城市维护建设税"科目，贷记"银行存款"科目。

（三）常见涉税问题

符合纳税人确认条件未申报纳税。

（四）主要检查方法

1. 纳税申报表和完税凭证，核实被查对象是否是缴纳增值税、消费税的（除三资企业）单位和个人，以此确定城市维护建设税的纳税义务人。

2. 除"三资"企业和海关进口产品代征的增值税、消费税以外，对其他减免税的检查，主要审查其相关审批手续是否符合规定，对不符合规定而擅自减免的税款应及时补征入库。

二、计税依据和适用税率的检查

（一）政策依据

1. 城市维护建设税的计税依据为纳税人实际缴纳的增值税、消费税税额，以及出口货物、劳务或者跨境销售服务、无形资产增值税免抵税额。

2. 城市维护建设税的税率如下：

（1）纳税人所在地在市区的，税率为7%。

（2）纳税人所在地在县城、镇的，税率为5%。

（3）纳税人所在地不在市区、县城或者镇的，税率为1%。

3. 城市维护建设税的应纳税额按照纳税人实际缴纳的增值税、消费税税额和出口货物、劳务或者跨境销售服务、无形资产增值税免抵税额乘以税率计算。

4. 对实行增值税期末留抵退税的纳税人，允许其从城市维护建设税的计税依据中扣除退还的增值税税额。

5. 对出口货物、劳务和跨境销售服务、无形资产以及因优惠政策退还增值税、消费税的，不退还已缴纳的城市维护建设税。《中华人民共和国城市维护建设税法》（自2021年9月1日起施行）

（二）常见涉税问题

城市维护建设税适用税率错误。

（三）主要检查方法

1. 检查时将增值税、消费税纳税申报表，生产企业出口货物免、抵、退税申报汇总表第25行的"当期免抵税额"与城市维护建设税纳税申报表进行核对，查实是否相符。

2. 检查增值税、消费税应税发生地，核实城市维护建设税适用税率是否正确。

三、纳税地点与纳税期限的检查

（一）政策依据

1. 城市维护建设税的纳税义务发生时间与增值税、消费税的纳税义务发生时间一致，分别与增值税、消费税同时缴纳。

2. 城市维护建设税的扣缴义务人为负有增值税、消费税扣缴义务的单位和个人，在扣缴增值税、消费税的同时扣缴城市维护建设税。

3. 城市维护建设税纳税地点为实际缴纳增值税、消费税的地点。

4. 扣缴义务人应当向其机构所在地或者居住地的主管税务机关申报缴纳其扣缴的税款。

5. 城市维护建设税按月或者按季计征。不能按固定期限计征的，可以按次计征。

6. 实行按月或者按季计征的，纳税人应当于月度或者季度终了之日起十五日内申报并缴纳税款。实行按次计征的，纳税人应当于纳税义务发生之日起十五日内申报并缴纳税款。

7. 扣缴义务人解缴税款的期限，依照前两款规定执行。《中华人民共和国城市维护建设税法》（自 2021 年 9 月 1 日起施行）

（二）检查方法

检查城市维护建设税纳税地点、纳税期限是否与增值税、消费税纳税地点、纳税期限一致。

四、城市维护建设税案例分析

（一）进口不征税、出口不退税

1. 基本案情。某县城生产企业为增值税一般纳税人，2020 年 3 月进口原材料一批，向海关缴纳进口环节增值税 10 万元；本期在国内销售甲产品缴纳增值税 30 万元、消费税 50 万元，由于缴纳消费税时超过纳税期限 10 天，被罚滞纳金 1 万元；本期出口乙产品一批，按规定退回增值税 5 万元。某税务师事务所受托对该企业进行纳税检查时发现：

该企业计算缴纳城市维护建设税 =（10+30+50+1-5）×5% = 4.3（万元）

2. 分析点评。按城市维护建设税有关规定，城市维护建设税的计税依据是纳税人实际缴纳的增值税、消费税税额。进口不征税，出口不退税，纳税人违反消费税有关规定而加收的滞纳金和罚款，不作为城市维护建设税计税依据。

根据上述规定，应纳城建税税额为：

（30+50）×5% = 4（万元）

（二）代征、代扣、代缴增值税、消费税的同时也要代征、代扣、代缴城市维护建设税

1. 基本案情。位于某县城的白酒生产企业，2020 年 3 月接受某私营企业（位于农村）委托加工粮食白酒 100 吨，同类产品不含税售价 30 000 元/吨，当月加工好的产品发往私营企业，并按规定代扣代缴消费税 750 000 元。该白酒生产企业未代扣代缴城市维护建设税。

2. 分析点评。税法规定，代征、代扣、代缴增值税、消费税的企业同时也要代征、代扣、代缴城市维护建设税。城市维护建设税的适用税率，一般按纳税人所在地的适用税率计算。但对由受托方代收、代扣增值税、

第六章 其他税种检查方法

消费税的单位和个人,以及流动经营等无固定纳税地点的单位和个人,按缴纳增值税、消费税所在地的规定税率就地缴纳城市维护建设税。

该白酒生产企业代扣代缴城市维护建设税=750 000×5%=37 500(元)

第三节 土地增值税检查方法

一、纳税义务人的检查

土地增值税的纳税义务人是指转让国有土地使用权、土地上的建筑物及其附着物并取得收入的单位和个人。

(1)不论法人与自然人,包括各类企业、事业单位、行政单位、社会团体、个体工商业户以及其他组织和个人,只要有偿转让房地产,都是土地增值税的纳税人。

(2)不论经济性质,即不论是全民所有制企业、集体企业、私营企业、个体经营者,还是联营企业、合资企业、合作企业、外商独资企业等。

(3)不论内资与外资企业、中国公民与外籍个人。

(4)不论部门,即不论工业、农业、商业、学校、医院、机关等。

由此看来,土地增值税的纳税义务人的范围十分广泛。只要是产生了应纳税行为,不论其行为主体是法人还是自然人,是全民所有制企业、集体所有制企业还是个体经营者,是内资企业还是外资企业、是中国公民还是外籍公民,是企业、事业单位还是社会团体,都是土地增值税的纳税义务人。

对土地增值税的纳税义务人稽查,首先应当确定该单位或个人是否具备成为土地增值税纳税义务人的条件,即其是否拥有国有土地使用权及其地上建筑物和其他附着物。例如,某些从事服务性行业的单位或个人本身并不拥有国有土地使用权及相应的房产,只是在租赁的场所进行经营活动,显然不可能成为纳税义务人。其次,确定拥有国有土地使用权及相应房产的单位和个人是否确实转让了其拥有的房地产并取得收入。这是确定土地增值税纳税义务人的关键一环。

在稽查时,一方面要积极与房产管理部门及土地管理部门保持密切联系,及时了解房地产拥有人的变化;另一方面应当重点审查企事业单位的

固定资产明细账，了解其拥有的房产与土地使用权是否发生了增减变化，并进一步确定这些发生房地产增减变化的企事业单位是否属于土地增值税的纳税义务人。对于不设账簿记录或记录不完整的单位和个人，还应当深入实际进行调查，了解其是否发生了有偿转让房地产的行为，以防漏列纳税义务人。另外，税务机关还可以结合其他税种的征管情况，了解和掌握纳税义务人。

二、征税范围的检查

（一）审查单位或个人所转让的土地，其使用权是否为国家所拥有

根据我国《宪法》和《土地管理法》的规定，城市的土地属于国家所有，农村和城市郊区的土地除由法律规定属于国家所有的以外，属于集体所有。国家为了公共利益，可以依照法律规定对集体土地实行征用，依法被征用的土地属于国家所有。上述由法律规定属于国家所有的土地，其土地使用权在转让时，属于土地增值税的征税范围。而农村集体所有的土地，根据《土地管理法》《城市房地产管理法》及国家其他有关规定，是不得自行转让的，只有根据有关法律规定，由国家征用以后变为国家所有时，才能进行转让。所以集体土地的自行转让是一种违法行为，不缴纳土地增值税，而应交有关部门进行处理。

（二）审查国有土地使用权、地上建筑物及其附着物的产权是否发生转移

这一标准共有两层含义：

1. 土地增值税的征税范围不包括国有土地使用权出让所取得的收入。在这里，应当注意国有土地使用权的"出让"与"转让"的区别。国有土地使用权的出让是指国家以土地所有者的身份将土地使用权在一定年限内让与土地使用者，并由土地使用者向国家支付土地使用权出让金的行为。这种行为属于由政府垄断的土地一级市场，不用缴纳土地增值税。国有土地使用权的转让是指土地使用者通过出让等形式取得土地使用权后，将土地使用权再转让的行为，包括出售、交换和赠与。这种行为属于土地的二级市场。随着土地使用权的转让，土地上的建筑物、其他附着物的所有权也随之转让。土地使用权的转让，属于土地增值税的征税范围。

2. 土地增值税的征税范围不包括未转让土地使用权、房产产权的行为。凡是土地使用权、房产产权未转让的，不征土地增值税。具体来说，

第六章 其他税种检查方法

在实践中可能出现以下情形。

(1) 房地产的出租。在房地产的出租行为中，出租人虽然取得了收入，但没有发生房产产权或土地使用权的转让行为，因此不属于土地增值税的征税范围。

(2) 房地产的抵押。房地产的抵押是指房地产的产权所有人、依法取得土地使用权的土地使用人作为债务人或者第三人，向债权人提供不动产作为清偿债务的担保而不转移权属的法律行为。在房地产的抵押期间，没有发生房地产权属的转让行为，不征收土地增值税。待抵押期满后，应视该房地产是否被转让而确定是否征收土地增值税。对于由于债务人到期不能清偿债务而以房地产抵债，从而发生房地产权属转让的，应列入土地增值税的征税范围。

(3) 合作建房。对于一方出地，一方出资，双方合作建房，建成后按比例分房自用的，暂免征收土地增值税；建成后转让的，应列入征税范围。

(4) 房地产的代建房行为。这是指房地产开发公司代客户进行房地产的开发，开发完成后向客户收取代建收入的行为。在这种情形下，由于没有发生房地产权属的转移，房地产开发公司取得的收入属于劳务收入的性质，所以不属于土地增值税的征税范围。

(5) 房地产的评估增值。国有企业在清产核资时对房地产进行重新评估，出现评估增值时，由于既没有发生房地产权属的转移，企业也没有取得实际收入，所以不属于土地增值税的征税范围。

3. 审查房地产的转让是否取得了收入。土地增值税的征税范围不包括房地产的权属虽转让，但未取得收入的行为。具体来说，可能有以下几种情况。

(1) 房地产的继承与赠与。这两种行为属于无偿转让房地产的行为，不属于土地增值税的征税范围。但应注意的是，这里的"赠与"仅指两种情况，一是房产所有人、土地使用权所有人将房屋产权、土地使用权赠与直系亲属或承担直接赡养义务的人；二是房产所有人、土地使用权所有人通过中国境内非营利的社会团体、国家机关如中国青少年发展基金会、希望工程基金会等将房屋产权、土地使用权赠与教育、民政和其他社会福利、公益事业的。

(2) 房地产的交换。这种行为虽然没有带来货币收入，但交换双方实际已取得了实物形态的收入，即通过交换所得的原属于对方的房地产，所以应属于土地增值税的征税范围。但对个人之间互换自有居住用房地产的，经当地税务机关核实，可以免征土地增值税。

（3）以房地产进行投资、联营。即投资、联营的一方以土地（房地产）作价入股进行投资，或作为联营条件，将房地产转让到所投资、联营的企业中。这种行为具有投资的性质，与房地产的出售不同，没有取得转让房地产的收入，按有关规定暂免征收土地增值税。对投资、联营企业将上述房地产再转移的，应征收土地增值税。

（4）企业兼并转让房地产。在企业兼并中，对被兼并企业将房地产转让到兼并企业中的，暂免征收土地增值税。

（5）因国家收回国有土地使用权、征用地上的建筑物及其附着物而使房地产权属发生转移的。在这种情况下，发生了房地产权属的变更，原房产所有人、土地使用权人也取得了一定的收入（补偿土金），但根据《土地增值税暂行条例》的有关规定，可以免征土地增值税。

需要强调的是，无论是单独转让国有土地使用权，还是房屋产权与国有土地使用权一并转让的，只要取得了收入，均属于土地增值税的征税范围。具体来说，可以有以下三种情况：一是仅出售国有土地使用权。这是指土地使用者通过出让方式有偿取得土地使用权后，并不进行房产开发，仅进行通水、通电、通路、平整地面等土地开发，然后直接将空地出售出去。二是土地所用者在取得土地使用权后进行房屋开发建造，然后再出售，这就是一般所谓的房地产开发。三是对已存在的房地产的买卖，即房屋所有人将已有的房屋及相连的土地使用权一并转让给他人。以上这三种情况都产生了房地产权属的转让，转让者又取得了收入，因而均属于土地增值税的征税范围。

三、应税收入的检查

按照税法规定，收入总额包括纳税人转让房地产取得的全部价款及有关的经济利益。从收入的形式来看，包括货币收入、实物收入和其他收入。货币收入是指纳税人转让房地产而取得的现金、银行存款、支票、银行本票、汇票等各种信用票据和国库券、金融债券、企业债券、股票等有价债券。这些类型的收入的实质都是转让方因转让土地使用权、房屋产权而向取得方收取的价款。实物收入是指纳税人转让房地产而取得的各种实物形态的收入，如钢材、水泥等建材，房屋、土地等不动产等。其他收入是指纳税人转让房地产而取得的无形资产收入或具有财产价值的权利，如专利权、商标权、著作权、专有技术使用权、土地使用权、商誉权等。

三种收入中，货币收入比较容易确定，实物收入的价值不太容易确定，一般要对这些实物形态的财产进行评估。其他收入比较少见，其价值需要进行专门的评估。根据收入的不同特点，检查的主要方法有：

（1）对其自行申报的收入额与会计核算中的利润表、销售总分类账、销售明细账、销售发票等资料的发生额进行核对，审核它们之间的数据是否相等，有无隐瞒收入的情况。

（2）将银行借款借方发生的销售收入额，与开具发票的金额核对，看纳税人有无收款后不按时开票，或是隐瞒预收款项不按规定纳税的情况。

（3）检查销售合同或转让合同，确定付款的形式和日期，收款方式是现金还是通过银行结算，有无将收取的现金放入"小金库"的情况。

（4）在取得实物和其他收入的情况下，检查其是否在会计收入中如实反映，购销双方办理了哪些手续，在评估销售额的过程中是否存在虚假行为。

四、扣除项目的检查

按照规定，房地产企业销售的房地产，在计算增值额时准许扣除的项目有五项。

（一）取得土地使用权所支付的金额

取得土地使用权所支付的金额包括纳税人为取得土地使用权所支付的地价款和在取得土地使用权时按国家统一规定缴纳的有关费用。如果是以协议、招标、拍卖等出让方式取得土地出让权的，地价款为纳税人所支付的土地支付金；如果是以行政划分方式取得土地使用权的，地价款为按照国家有关规定补交的土地出让金；如果是以出让方式取得土地使用权的，地价款为向原土地使用权人实际支付的地价款。费用是指纳税人在取得土地使用权过程中为办理有关手续，按国家统一规定缴纳的有关登记、过户手续费。

（二）房地产开发成本

房地产开发成本是指纳税人房地产开发项目实际发生的成本，包括土

地征用及拆迁补偿费、前期工程费、建筑安装工程费、基础设施费、公共配套设施费、开发间接费用等。土地征用及拆迁补偿费包括土地征用费、耕地占用税、劳动力安置费及有关地上、地下附着物拆迁补偿的净支出、安置动迁用房支出等。前期工程费包括规划、设计、项目可行性研究和水文、地质、勘察、测绘、"三通一平"等支出。建筑安装工程费包括以出包方式支付给承包单位的建筑安装工程费，以自营方式发生的建筑安装工程费。基础设施费包括开发小区内道路、供水、供电、供气、排污、排洪、通信、照明、环卫、绿化等工程发生的支出。公共设施配套费包括不能有偿转让的开发小区内公共配套设施发生的支出。开发间接费用指直接组织、管理开发项目发生的费用，包括工资、职工福利费、折旧费、修理费、办公费、水电费、劳动保护费、周转房摊销等。

（三）房地产开发费用

房地产开发费用是指与房地产开发项目有关的销售费用、管理费用和财务费用。根据现行财务会计制度的规定，这三项费用作为期间费用，直接计入当期损益，不按成本核算对象进行分摊。故作为土地增值税扣除项目的房地产开发费用，不按纳税人房地产开发项目实际发生的费用进行扣除，而按《中华人民共和国土地增值税暂行条例实施细则》的标准进行扣除。具体计算方法是：纳税人能够按照转让房地产开发项目计算分摊利息支出，并能提供金融机构的贷款证明的，其允许扣除的房地产开发费用为：利息+（取得土地使用权所支付的金额+房地产开发成本）×5%以内（利息最高不能超过按商业银行同类同期贷款利率计算的金额）；纳税人不能按转让房地产项目计算分摊利息支出或不能提供金融机构贷款证明的，其允许扣除的房地产开发费用为：（取得土地使用权所支付的金额+房地产开发成本）×10%以内。

（四）与转让房地产有关的税金

与转让房地产有关的税金是指在转让房地产时缴纳的城市维护建设税、印花税。因转让房地产缴纳的教育费附加，也可视同税金予以扣除。房地产开发企业按照《施工、房地产开发企业财务制度》有关规定，其在转让时缴纳的印花税因列入管理费用中，故在此不允许再单独扣除。其他纳税人缴纳的印花税（按产权转移数据所载金额的0.5%贴花）允许在此扣除。

（五）其他扣除项目

对从事房地产开发的纳税人，按照《中华人民共和国土地增值税暂行条例实施细则》规定，可按取得土地使用权所支付的金额和房地产开发成本金额的合计，加计20%扣除。此条优惠只适用于从事房地产开发的纳税人，除此之外的其他纳税人不适用。

计算土地增值税的增值额时，其扣除项目金额的计算非常复杂，它不像增值税那样只是将购进的货物或劳务进行扣除。土地增值税的增值额的计算实际类似于利润的计算。扣除项目的检查方法主要有：①检查扣除项目的相关票据是否齐全，所扣金额是否属于税法规定的范围。②检查相关数据的计算是否正确，某些项目的扣除是否超过规定的标准。由于扣除项目众多且计算较复杂，要认真审核每一项应扣除的数据。检查时，用核定的各项金额与纳税人自己账载金额核对，如有差异应予以调整。③检查各环节签订的协议或合同，核对扣除项目是否符合相关的内容，账载金额是否与合同的有关数据一致。

五、适用税率和应纳税额的检查

（一）房地产开发企业应纳增值税税额的检查

房地产转让业务中，新开发房地产的销售占绝对比重。房地产开发业务的特点是周期长，少则几个月，多则几年。按照土地增值税的有关规定，一般采取预交和营业收入实现或项目全部竣工、办事结算后进行清算的征管办法。土地增值税的计算公式如下：

$$增值额 = 收入总额 - 扣除项目金额$$

$$增值比例 = 增值额 \div 扣除项目金额$$

$$应纳土地增值税税额 = 增值额 \times 适用税率 - 扣除项目金额 \times 速算扣除系数$$

根据上述公式可知，土地增值税应纳税额的计算，首先计算增值额，其次计算增值的比例，最后计算应纳税额。根据计税的程序，检查的主要内容有：因土地增值税采用的是四级超率累进税率，而适用税率又是依据增值的比例确定的，只有在增值额存在时才能计算增值的比例。

增值比例的正确与否，直接关系到适用税率的正确程度。因此，对纳税人自行计算的增值比例和应纳税额适用的税率，以及计算的应纳税额要逐项核定，防止纳税人错用比例和税率来偷逃税款。土地增值税四级超率累进税率见表6-1。

表 6-1 土地增值税四级超率累进税率表　　　（单位:%）

级数	增值额占扣除项目金额比例	税率	速算扣除率
1	未超过 50%部分	30	0
2	超过 50%、未超过 100%的部分	40	5
3	超过 100%、未超过 200%的部分	50	15
4	超过 200%的部分	60	35

（二）非房地产企业应纳土地增值税的检查

非房地产企业一般不直接开发房地产转让，因此，非房地产企业销售的房产或建筑物一般为存量房产。按照规定，销售旧房或建筑物应纳土地增值税的计算公式为：

增值额 = 收入总额 – 评估价 – 相关税费

增值比例 = 增值额 ÷ 扣除项目金额

应纳土地增值税税额 = 增值额 × 适用税率 – 扣除项目金额 × 速算扣除数

根据公式可知，存量房地产销售应缴纳的土地增值税的计算方法，除评估项目不同以外，其他方面与房地产开发企业应纳土地增值税的计算方法一致。因此，对存量房地产应纳土地增值税的检查重点在于评估价的核定。

六、土地增值税的预缴及清算条件的检查

在《关于营改增后土地增值税若干征管规定的公告》（国家税务总局公告 2016 年第 70 号）（以下简称"70 号公告"）公布之前，A 地产公司销售自行开发的房地产项目一直按照"应预缴的土地增值税 = 预收款 ÷（1+适用税率或征收率）× 预征率"计算缴纳当期应预缴的土地增值税。在 70 号公告公布之后，A 地产公司根据主管税务机关的要求，开始按照 70 号公告规定的计算方法纳税，即：应预缴的土地增值税 =（预收款 – 应预缴增值税税款）× 预征率。

《土地增值税清算管理规程》（国税发〔2009〕91 号）第三条规定，《规程》所称土地增值税清算，是指纳税人在符合土地增值税清算条件后，依照税收法律、法规及土地增值税有关政策规定，计算房地产开发项目应缴纳的土地增值税税额，并填写土地增值税清算申报表，向主管税务机关

第六章 其他税种检查方法

提供有关资料,办理土地增值税清算手续,结清该房地产项目应缴纳土地增值税税款的行为。

根据《关于房地产开发企业土地增值税清算管理有关问题的通知》(国税发〔2006〕187号)第一条规定,土地增值税的清算单位包括以下两个方面:①土地增值税以国家有关部门审批的房地产开发项目为单位进行清算,对于分期开发的项目,以分期项目为单位清算。②开发项目中同时包含普通住宅和非普通住宅的,应分别计算增值额。

由于土地增值税是地方税,各省、自治区及直辖市根据自身房地产开发行业的特点,发布了适用于本地区房地产开发项目的清算政策。例如,《江苏省地方税务局关于土地增值税若干问题的公告》(苏地税规〔2015〕8号)第一条规定,土地增值税以国家有关部门审批、备案的项目为单位进行清算。对于国家有关部门批准分期开发的项目,以分期项目为单位进行清算。对开发周期较长、纳税人自行分期的开发项目,可将自行分期项目确定为清算单位,并报主管税务机关备案。对同一宗地块上的多个批准项目,纳税人进行整体开发的,可将该宗土地上的多个项目作为一个清算单位,并报主管税务机关备案。《江苏省地方税务局关于调整土地增值税有关政策的公告》(苏地税规〔2016〕7号)第一条规定:自2017年1月1日起,将"对同一宗地块上的多个批准项目,纳税人进行整体开发的,可将该宗土地上的多个项目作为一个清算单位,并报主管税务机关备案"的内容废止。根据上述两个文件,房地产企业自行分期项目可以确定为清算单位。

《北京市地方税务局关于土地增值税清算管理若干问题的通知》(京地税地〔2007〕325号)第四条规定:对于一个房地产开发项目,在开发过程中分期建设、分期取得施工许可证和销售许可证的,主管地方税务机关可以根据实际情况要求纳税人分期进行清算。

北京市土地增值税征管实务中,在商品房取得预售款项前,以发展和改革委员会的项目审批到主管税务机关进行备案,核定预征率按项目预缴土地增值税。在项目销售比例达到85%以上时,税务机关向企业下达清算通知书,按照整体项目进行土地增值税清算,不要求分期清算。房地产企业可根据项目的实际情况测算分期清算的应纳税额,若税负低于整体项目的清算税负,应向主管税务机关提供分期开发的资料,申请分期清算土地增值税。

七、土地增值税纳税检查案例分析

（一）基本案情

2021年1月某市稽查局接到群众举报：某房地产开发公司于2020年12月10日将位于繁华地段的一栋2 000平方米待售的办公大楼以每平方米2 000元的价格对外销售，获得销售收入400万元。企业申报缴纳城市维护建设税14万元，教育费附加6万元，印花税2万元。举报者认为该房地产开发公司未交土地增值税，偷税300多万元，要求对该公司进行检查。稽查局按照规定程序经过检查核实，公司为建造这栋办公大楼支付地价款800万元，房地产开发成本1 200万元，由于未对具体楼盘进行明细核算，房地产开发费用难以划分。稽查局按规定程序查补了土地增值税354万元，并处以一倍罚款。

（二）分析点评

根据税法规定，房地产开发企业已转让的房地产建筑面积占房地产开发项目可售建筑面积的比例在85%以上，或该比例虽未超过85%，但剩余的可售建筑面积已经出租或自用的，主管税务机关可要求纳税人进行土地增值税清算。

扣除项目：

$$（800+1\ 200）\times[1+（10\%+20\%）]+220=2\ 820（万元）$$

增值额：

$$4\ 000-2\ 820=1\ 180（万元）$$

增值额与扣除项目额比例：

$$（1\ 180\div2\ 820）\times100\%=41.84\%$$

应交土地增值税税额：

$$1\ 180\times30\%=354（万元）$$

同时，按规定加收了滞纳金。罚款一倍，计354万元，并移送公安部门追究相应的法律责任。

本案可以说明，作为房地产开发企业，必须高度重视土地增值税的缴纳，积极配合当地主管税务机关做好土地增值税的清算工作，如果处理不当，其后果是非常严重的。

（三）附录

《国家税务总局关于房地产开发企业土地增值税清算管理有关问题的

通知》（国税发〔2006〕187号）第四条规定：

1. 房地产开发企业办理土地增值税清算时计算与清算项目有关的扣除项目，应根据土地增值税暂行条例第六条及其实施细则第七条的规定执行。除另有规定外，扣除取得土地使用权所支付的金额、房地产开发成本、费用及与转让房地产有关税金，需提供合法有效凭证；不能提供合法有效凭证的，不予扣除。

2. 房地产开发企业办理土地增值税清算所附送的前期工程费、建筑安装工程费、基础设施费、开发间接费用的凭证或资料不符合清算要求或不实的，地方税务机关可参照当地建设工程造价管理部门公布的建安造价定额资料，结合房屋结构、用途、区位等因素，核定上述四项开发成本的单位面积金额标准，并据以计算扣除。具体核定方法由省税务机关确定。

3. 房地产开发企业开发建造的与清算项目配套的居委会和派出所用房、会所、停车场（库）、物业管理场所、变电站、热力站、水厂、文体场馆、学校、幼儿园、托儿所、医院、邮电通信等公共实施，按以下原则处理：

（1）建成后产权属于全体业主所有的，其成本、费用扣除；

（2）建成后无偿移交给政府、公共事业单位用于非营利性社会公共事业的，其成本、费用可以扣除；

（3）建成后有偿转让的，应计算收入，并准予扣除成本、费用。

4. 房地产开发企业销售已装修的房屋，其装修费用可以计入房地产开发成本。房地产开发企业的预提费用，除另有规定外，不得扣除。

5. 属于多个房地产项目共同的成本费用，应按清算项目可售建筑面积占多个项目可售总建筑面积的比例或其他合理的方法，计算确定清算项目的扣除金额。

第四节　城镇土地使用税检查方法

一、纳税义务人和征税范围的检查

现行《中华人民共和国城镇土地使用税暂行条例》规定：在城市、县城、建制镇、工矿区范围内使用土地的单位和个人，为城镇土地使用税（以下简称"土地使用税"）的纳税义务人（以下简称"纳税人"），应

当依照本条例的规定缴纳土地使用税。

1. 拥有土地使用权的单位和个人是纳税人。
2. 拥有土地使用权的单位和个人不在土地所在地的,其土地的实际使用人和代管人为纳税人。
3. 土地使用权未确定的或权属纠纷未解决的,其实际使用人为纳税人。
4. 土地使用权共有的,共有各方都是纳税人,由共有各方分别纳税。

城镇土地使用税的征税范围是税法规定的纳税区域内的土地。凡在城市、县城、建制镇、工矿区范围内的土地,不论是属于国家所有的土地,还是集体所有的土地,都属于城镇土地使用税的征税范围。

(1) 建制镇的征税范围为镇人民政府所在地的地区,但不包括镇政府所在地所辖行政村,即征税范围不包括农村土地。

(2) 建立在城市、县城、建制镇和工矿区以外的工矿企业则不需缴纳城镇土地使用税。

(3) 自 2009 年 1 月 1 日起,公园、名胜古迹内的索道公司经营用地,应按规定缴纳城镇土地使用税。

二、计税依据和适用税额的检查

应税土地面积是纳税人实际占用土地的面积,它是计算土地使用税的直接依据。凡已由省、自治区、直辖市人民政府指定的单位组织测定土地面积的,以实际测定的土地面积为应税土地面积;凡未经省、自治区、直辖市人民政府指定的单位组织测定的,以政府部门核发的土地使用证书确认的土地面积为应税土地面积;对尚未核发土地使用证书的,暂以纳税人据实申报的土地面积为应税土地面积。检查时,应将土地使用税纳税申报表中填报的应税土地面积与实际测定的土地面积、土地使用证书确认的土地面积、"固定资产"明细账中记载的土地面积相核对,看其是否相符。

土地使用税的计算公式为:

$$应纳税额 = 单位适用税额 \times 占用土地面积(平方米)$$

根据土地位置和用途,对照当地人民政府对本地区土地划分的等级及单位税额,审核纳税人适用税率是否正确。在此基础上,进一步复核土地使用税纳税申报表和有关完税凭证,检查纳税人应纳税款的计算正确与否,税款是否及时申报缴纳入库。

三、城镇土地使用税纳税检查案例分析

(一) 基本案情

2020年,深圳市某商场坐落在繁华地段,该企业土地使用证书记载占用土地的面积为3 500平方米,经确定属一等地段;该商场另有两个统一核算的分店均坐落在市区三等地段,共占地7 000平方米;一座仓库位于市郊,属于五等地段,占地面积为2 000平方米,该商场自办托儿所占地面积2 800平方米,属三等地段。

(二) 分析点评

该商场计算的2020年应纳城镇土地使用税税额为:

$$3\times3\ 500+1\times7\ 000+0.6\times2\ 000+1\times2\ 800=21\ 500\ (元)$$

分析:该商场计算的年应纳土地使用税不正确。

$$商场占地应纳税额=3\times3\ 500=10\ 500\ (元)$$
$$分店占地应纳税额=1\times7\ 000=7\ 000\ (元)$$
$$仓库占地应纳税额=0.6\times2\ 000=1\ 200\ (元)$$

商场自办托儿所按税法规定免税。

$$该企业全年应纳土地使用税额为=10\ 500+7\ 000+1\ 200=18\ 700\ (元)$$

正确的会计分录如下:

(1) 计提应交土地使用税时:

借:管理费用　　　　　　　　　　　　　　　　　　　　18 700
　　贷:应交税费——应交城镇土地使用税　　　　　　　　18 700

(2) 实际缴纳土地使用税时:

借:应交税费——应交城镇土地使用税　　　　　　　　　18 700
　　贷:银行存款　　　　　　　　　　　　　　　　　　　18 700

(三) 附录

《关于土地使用税若干具体问题的解释和暂行规定》(国税地〔1988〕第015号)第十七条、第十八条规定:

关于企业办的学校、医院、托儿所、幼儿园自用的土地,可否免征土地使用税。

企业办的学校、医院、托儿所、幼儿园,其用地能与企业其他用地明确区分的,可以比照由国家财政部门拨付事业经费的单位自用的土地,免征土地使用税。

纳税检查

第五节 车船税检查方法

一、纳税义务人(扣缴义务人)和征税范围的检查

(一)纳税义务人

在中华人民共和国境内,车辆、船舶的所有人或者管理人为车船税的纳税人。车辆管理人是指对车船具有管理使用权,不具有所有权的单位。车船的所有人或者管理人未缴纳车船税的,使用人应当代为缴纳。从事机动车交通事故责任强制保险业务的保险机构为机动车车船税的扣缴义务人,应当依法代收代缴车船税。

(二)征税范围

1. 对办理机动车交通事故责任强制保险业务的保险公司,根据其办理的机动车交通事故责任强制保险情况,检查其是否完全履行代收代缴车船税义务。

2. 对纳税人车船税申报检查时,可充分利用车船管理部门提供的资料,核实车船税是否准确。

二、计税依据和适用税率的检查

对各种不同类型的车辆和船舶分别以辆、自重吨位或净吨位为计税依据。其中,车辆中的载货汽车、三轮汽车和低速货车以自重吨位为计税依据,其他车辆以辆数为计税依据,船舶以净吨位为计税依据。

应重点核实纳税人各种应税车船的计税依据是否正确,适用税率是否得当,是否分别按辆数、自重吨位数或净吨位数计算缴纳税款。检查时,应把"固定资产"明细账和实物逐一对照,注意查实纳税人的应税车船是否全部登记入账、账面数量与实存数量是否一致、规格型号是否真实、入账凭证是否合法、应纳税款计提和申报是否及时、足额。

检查扣缴义务人是否对纳税人所拥有的全部应税车船依法履行代收代缴义务,其代收代缴税款是否计算正确,是否及时、足额缴库。

三、车船税检查案例分析

(一)案例一

1. 基本案情。北京市某运输公司2020年拥有载货汽车120辆(4.7吨的 80 辆，8 吨的 40 辆），载货汽车拖车 20 辆（3 吨的 10 辆，4.3 吨的 10 辆），大型客车 4 辆（50 座），小客车 3 辆（8 座）。（该省规定的年税额如下：大型客车每年 600 元，小型客车每年 400 元，载货汽车每吨 60 元）

该公司计算缴纳的车船税税额如下：

（1）4.7 吨载货汽车应纳税额为：
$$60×4.7×80=22\ 560\ （元）$$

（2）8 吨载货汽车应纳税额为：
$$60×8×40=19\ 200\ （元）$$

（3）3 吨载货汽车拖车应纳税额为：
$$60×70\%×10×3=1\ 260\ （元）$$

（4）4.3 吨载货汽车拖车应纳税额为：
$$60×70\%×4.3×10=1\ 806\ （元）$$

（5）大客车应纳税额为：
$$600×4=2\ 400\ （元）$$

（6）小客车应纳税额为：
$$400×3=1\ 200\ （元）$$

（7）2020 年应纳税额为：
$$22\ 560+19\ 200+1\ 260+1\ 806+2\ 400+1\ 200=48\ 426\ （元）$$

2. 分析点评。

（1）根据税法规定，车辆净吨位尾数超过 0.5 吨的按 1 吨计算。4.7 吨的载货汽车净吨位尾数超过 0.5 吨，按 5 吨计算，所以 4.7 吨载货汽车应纳税额为：
$$60×5×80=24\ 000\ （元）$$

（2）根据税法规定，车辆净吨位尾数在 0.5 吨以下的按 0.5 吨计算。4.3 吨的载货汽车拖车净吨位尾数在 0.5 吨以下，按 4.5 吨计算，所以 4.3 吨载货汽车拖车应纳税额为：
$$60×70\%×4.5×10=1\ 890\ （元）$$

2020 年应纳税额 = 24 000+19 200+1 260+1 890+1 200+2 400 = 49 950（元）

正确的会计分录如下：

（1）计提应缴车船税时：

借：管理费用　　　　　　　　　　　　　　　　　　　49 950

　　贷：应交税费——应交车船税　　　　　　　　　　　　　49 950

（2）实际缴纳车船税时：

| 借：应交税费——应交车船税 | 49 950 |
| 贷：银行存款 | 49 950 |

3. 附录。

(1)《中华人民共和国车船税暂行条例》规定：

第一条　在中华人民共和国境内，车辆、船舶（以下简称"车船"）的所有人或者管理人为车船税的纳税人，应当依照本条例的规定缴纳车船税。

本条例所称车船，是指依法应当在车船管理部门登记的车船。

第四条　省、自治区、直辖市人民政府可以根据当地实际情况，对城市、农村公共交通车船给予定期减税、免税。

第五条　车船税由地方税务机关负责征收。

第六条　车船税的纳税地点，由省、自治区、直辖市人民政府根据当地实际情况确定。

跨省、自治区、直辖市使用的车船，纳税地点为车船的登记地。

第七条　车船税的纳税义务发生时间，为车船管理部门核发的车船登记证书或者行驶证书所记载日期的当月。

第八条　车船税按年申报缴纳。具体申报纳税期限由省、自治区、直辖市人民政府确定。

第九条　车船的所有人或者管理人未缴纳车船税的，使用人应当代为缴纳车船税。

第十条　从事机动车交通事故责任强制保险业务的保险机构为机动车车船税的扣缴义务人，应当依法代收代缴车船税。

税务机关付给扣缴义务人代收代缴手续费的标准由国务院财政部门、税务主管部门制定。

第十一条　机动车车船税的扣缴义务人依法代收代缴车船税时，纳税人不得拒绝。

(2)《中华人民共和国车船税暂行条例实施细则》规定：

第二十三条　条例车船税税目税额表中的载客汽车，划分为大型客车、中型客车、小型客车和微型客车4个子税目。其中，大型客车是指核定载客人数大于或者等于20人的载客汽车；中型客车是指核定载客人数大于9人且小于20人的载客汽车；小型客车是指核定载客人数小于或者等于9人的载客汽车；微型客车是指发动机气缸总排气量小于或者等于1升的载客汽车。载客汽车各子税目的每年税额幅度为：①大型客车480

元至 660 元；②中型客车 420 元至 660 元；③小型客车 360 元至 660 元；④微型客车 60 元至 480 元。

第二十九条　条例及本细则所涉及的核定载客人数、自重、净吨位、马力等计税标准，以车船管理部门核发的车船登记证书或者行驶证书相应项目所载数额为准。纳税人未按照规定到车船管理部门办理登记手续的，上述计税标准以车船出厂合格证明或者进口凭证相应项目所载数额为准；不能提供车船出厂合格证明或者进口凭证的，由主管地方税务机关根据车船自身状况并参照同类车船核定。

车辆自重尾数在 0.5 吨以下（含 0.5 吨）的，按照 0.5 吨计算；超过 0.5 吨的，按照 1 吨计算。船舶净吨位尾数在 0.5 吨以下（含 0.5 吨）的不予计算，超过 0.5 吨的按照 1 吨计算。1 吨以下的小型车船，一律按照 1 吨计算。

（二）案例二

1. 基本案情。某航运公司 2020 年拥有机动船 30 艘（其中净吨位为 100 吨的 10 艘，2 000 吨的 10 艘，5 000 吨的 10 艘），100 吨的单位税额为 3 元，2 000 吨的单位税额为 4 元，5 000 吨的单位税额为 5 元。拥有 5 艘共 1 000 马力的拖船，并且拥有 5 艘非机动船。

该公司 2020 年申报的车船税为：

$$10×100×3+10×2\ 000×4+10×5\ 000×5=333\ 000（元）$$

2. 分析点评。根据税法规定，非机动船免税，而拖船应按照发动机功率每 2 马力折合净吨位 1 吨计算征收车船税。因此，5 艘拖船应纳税为：

$$（1\ 000÷2）×4=2\ 000（元）$$

所以该公司 2020 年应纳车船税为：

$$333\ 000+2\ 000=335\ 000（元）$$

会计分录如下：

（1）计提应缴车船税时：

借：管理费用　　　　　　　　　　　　　　　　335 000
　　贷：应交税费——应交车船税　　　　　　　335 000

（2）实际缴纳车船税时：

借：应交税费——应交车船税　　　　　　　　　335 000
　　贷：银行存款　　　　　　　　　　　　　　335 000

3. 附录。

（1）《中华人民共和国车船税暂行条例》规定：

第三条　下列车船免征车船税：非机动车船（不包括非机动驳船）；拖拉机；捕捞、养殖渔船；军队、武警专用的车船；警用车船；按照有关规定已经缴纳船舶吨税的船舶；依照我国有关法律和我国缔结或者参加的国际条约的规定应当予以免税的外国驻华使馆、领事馆和国际组织驻华机构及其有关人员的车船。

（2）《中华人民共和国车船税暂行条例实施细则》规定：

第二十六条　客货两用汽车按照载货汽车的计税单位和税额标准计征车船税。

第二十七条　条例车船税税目税额表中的船舶，具体适用税额为：净吨位小于或者等于200吨的，每吨3元；净吨位201吨至2 000吨的，每吨4元；净吨位2 001吨至10 000吨的，每吨5元；净吨位10 001吨及其以上的，每吨6元。

第二十八条　条例车船税税目税额表中的拖船，是指专门用于拖（推）动运输船舶的专业作业船舶。

拖船按照发动机功率每2马力折合净吨位1吨计算征收车船税。

第六节　房产税检查方法

一、纳税义务人和征税范围的检查

（一）纳税义务人

房产税的纳税义务人包括：①产权属国家所有的，由经营管理单位纳税；产权属集体和个人所有的，由集体单位和个人纳税。②产权出典的，由承典人纳税。③产权所有人、承典人不在房屋所在地的，由房产代管人或者使用人纳税。④产权未确定及租典纠纷未解决的，亦由房产代管人或者使用人纳税。⑤无租使用其他房产的问题。纳税单位和个人无租使用房产管理部门、免税单位及纳税单位的房产，应由使用人代为缴纳房产税。

（二）征税范围

房产税属于财产税中的个别财产税，其征税的对象是房屋。征收范围限于城市、县城、建制镇、工矿区，不包括农村的房屋。区别房屋的经营使用方式规定征税办法，对于自用的按房产计税余值征收，对于出租、出典的房屋按租金收入征税。

第六章 其他税种检查方法

二、计税依据和适用税率的检查

(一) 计税依据

房产税的计税依据是房产的计税价值或房产的租金收入。按照房产计税价值征税的,称为从价计征;按照房产租金收入计征的,称为从租计征。

1. 从价计征。《房产税暂行条例》第三条规定,房产税依照房产原值一次减除10%至30%后的余值计算缴纳。具体减除幅度由省、自治区、直辖市人民政府规定。没有房产原值作为依据的,由房产所在地税务机关参考同类房产核定。

所谓房产原值,是指纳税人按照会计制度规定,在账簿"固定资产"科目中记载的房屋原价。对纳税人未按会计制度记载的,在计征房产税时,应按规定调整房产原值;对房产原值明显不合理的,应重新予以评估。

在房产原值确定以后,应当根据当地所适用的扣除比例,计算确定房产余值。对于扣除比例,一定要按省、自治区、直辖市人民政府确定的比例执行,且减除幅度只在10%至30%之间,不能超过这个范围。

另外,还应注意以下两个问题。

(1) 对投资联营的房产,在计征房产税时应予以区别对待。对于以房产投资联营,投资者参与投资利润分红、共担风险的,按房产原值作为计税依据计征房产税;对以房产投资,收取固定收入、不承担联营风险的,实际以联营名义取得房产租金,应根据《房产税暂行条例》的有关规定由出租方按租金收入计缴房产税。

(2) 对融资租赁房屋的情况,由于租赁费包括购进房屋的价款、手续费、借款利息等,与一般房屋出租的"租金"内涵不同,且租赁期满后,当承租方偿还最后一笔租赁费时,房屋产权要转移到承租方,这实际是一种变相的分期付款购买固定资产的形式,所以在计征房产税时应以房产余值计算征收。至于租赁期内房产税的纳税人,由当地税务机关根据实际情况确定。

2. 从租计征。《房产税暂行条例》第三条规定,房产出租的,以房产租金收入为房产税的计税依据。

所谓房产的租金收入,是指房屋产权所有人出租房产使用权所得的报酬,包括货币收入和实物收入。如果是以劳务或其他形式为报酬抵付房租收入的，应根据当地同类房产的租金水平，确定一个标准租金金额从租计征。

需注意的是，纳税人对个人出租房屋的租金收入申报不实，或申报数与同一地段同类房屋的租金收入相比明显不合理的，税务部门可以按照《税收征管法》有关规定，采取科学合理的方法核定其应纳税款。具体办法由各省、自治区、直辖市地方税务机关结合当地实际情况制定。

（二）适用税率

我国现行房产税采用的是比例税率。《房产税暂行条例》第四条规定，房产税的税率依照房产余值计算缴纳的，税率为 1.2%；依照房产租金收入计算缴纳的，税率为 12%。

三、房产税检查案例分析

（一）案例一

1. 基本案情。某企业 2020 年度上半年拥有房产原值 4 000 万元，7 月 1 日起企业将其中原值 200 万元、占地面积 400 平方米的一栋仓库出租给某商场存放货物，租期 1 年，每月租金收入 1.5 万元。8 月 10 日对委托施工单位建设的生产车间办理验收手续，由在建工程转入固定资产原值 500 万元。该企业针对该项在建工程转入固定资产原值从 8 月开始计税，到年底共 5 个月。该公司计算 2020 年房产税如下（当地房产税计算余值的扣除比例为 20%）。

（1）拥有房产从价计税：

$$4\,000×(1-20\%)×1.2\%=38.4（万元）$$

（2）在建工程转入的房产从当月起计税：

$$500×(1-20\%)×1.2\%÷12×5=2（万元）$$

因此，该公司认为 2020 年应缴纳房产税为 40.4 万元（38.4+2）。

2. 分析点评。税务机关对其检查如下：

（1）房产原值扣除出租部分，再扣 20% 耗损，从价计税：

$$(4\,000-200)×(1-20\%)×1.2\%=36.48（万元）$$

（2）下半年出租房产，则上半年按计税余值为 1—6 月共 6 个月使用期计税：

$$200×(1-20\%)×1.2\%÷12×6=0.96（万元）$$

（3）企业出租房产按 7 月至当年年底共 6 个月租金收入计税：

$$1.5×6×12\%=1.08（万元）$$

(4) 在建工程转入的房产应自验收手续之次月起计税,故应从 9 月计至年底共 4 个月。正确计算为:

$$500×（1-20\%）×1.2\%÷12×4=1.6（万元）$$

因此,

$$2020 年应缴纳房产税为=36.48+0.96+1.08+1.6=40.12（万元）$$

会计分录如下:

(1) 计提应交房产税时:

借:管理费用　　　　　　　　　　　　　　　　　401 200

　贷:应交税费——应交房产税　　　　　　　　　　401 200

(2) 实际缴纳房产税时:

借:应交税费——应交房产税　　　　　　　　　　401 200

　贷:银行存款　　　　　　　　　　　　　　　　　401 200

本案例涉及房产税应纳税额计算以及房产税计算时间的相关问题。

3. 附录。

(1)《中华人民共和国房产税暂行条例》规定:

第一条　房产税在城市、县城、建制镇和工矿区征收。

第二条　房产税由产权所有人缴纳。产权属于全民所有的,由经营管理的单位缴纳。产权出典的,由承典人缴纳。产权所有人、承典人不在房产所在地的,或者产权未确定及租典纠纷未解决的,由房产代管人或者使用人缴纳。

第三条　房产税依照房产原值次减除 10%~30% 后的余值计算缴纳。具体减除幅度,由省、自治区、直辖市人民政府规定。

房产出租的,以房产租金收入为房产税的计税依据。

第四条　房产税的税率,依照房产余值计算缴纳的,税率为 1.2%;依照房产租金收入计算缴纳的,税率为 12%。

(二) 案例二

1. 基本案情。A 企业于 2020 年发生以下业务:

(1) 2 月 20 日对刚建成的一个生产车间办理竣工决算,并于当月投入使用,原值 400 万元。(当地房产税计算余值的扣除比例为 30%)

该企业于当月起计算房产税 $=400×（1-30\%）×1.2\%×11÷12=3.08（万元）$

3 月 5 日,企业因资金紧张,将这个车间抵押,房屋仍由企业使用。

(2) 4 月 30 日,将原值为 200 万元的闲置用房向 B 企业投资,协议规定，A企业每月向B企业收取固定收入2万元，B企业的经营盈亏情况与企业无关，当年获得收益20万元。

（3）5月7日，将原值为100万元的闲置房产出典给某金融机构，获得资金50万元，出典期间房屋空置。A企业与金融企业都没有缴纳房产税。

2. 分析点评。税务机关对其检查如下：

（1）根据税法规定，纳税人自建的房屋自建成之日的次月起征收房产税。

$$应纳房产税=400×（1-30\%）×1.2\%×10÷12=2.8（万元）$$

（2）根据税法规定，对外投资的房产按房产余值征税，但如果是以房产对外投资，收取固定收入，不承担联营风险，实际上是以联营名义取得房产的租金，应由出租方按租金收入计缴房产税。

$$应纳房产税=200×（1-30\%）×1.2\%×4÷12+20×12\%=2.96（万元）$$

（3）按照《中华人民共和国房产税暂行条例》的规定，产权出典的，由对房屋具有支配权的承典人缴纳房产税。因此，该企业1—5月份应纳房产税：

$$100×（1-30\%）×1.2\%×5÷12=0.35（万元）$$

6月至12月，金融机构应纳房产税：

$$100×（1-30\%）×1.2\%×7÷12=0.49（万元）$$

因此，金融机构没有缴纳房产税是错误的。

综上，

$$A企业2020年共应纳房产税=2.8+2.96+0.49+0.35=6.6（万元）$$

正确的会计分录如下：

（1）计提应交房产税时：

借：管理费用　　　　　　　　　　　　　　　　　　　　　66 000
　　贷：应交税费——应交房产税　　　　　　　　　　　　66 000

（2）实际缴纳房产税时：

借：应交税费——应交房产税　　　　　　　　　　　　　66 000
　　贷：银行存款　　　　　　　　　　　　　　　　　　　66 000

本案例主要涉及房产税纳税人的确定及对外投资房产应纳房产税额的处理及纳税调整。

3. 附录。

（1）《中华人民共和国房产税暂行条例》规定：

第一条　房产税在城市、县城、建制镇和工矿区征收。

第二条　房产税由产权所有人缴纳。产权属于全民所有的，由经营管理的单位缴纳。产权出典的，由承典人缴纳。产权所有人、承典人不在房产所在地的，或者产权未确定及租典纠纷未解决的，由房产代管人或者使用人缴纳。

第三条　房产税依照房产原值一次减除10%~30%后的余值计算缴纳。具体减除幅度，由省、自治区、直辖市人民政府规定。

房产出租的，以房产租金收入为房产税的计税依据。

第四条　房产税的税率依照房产余值计算缴纳的，税率为1.2%；依照房产租金收入计算缴纳的，税率为12%。

（三）案例三

1. 基本案情。某国有饭店房产原值4 000万元，2019年该饭店委托装修公司为饭店进行内装修，6月份装修完毕办理竣工结算，装修支出250万元（包括部分排水、中央空调等配套设施更换支出，原值150万元），均未计入固定资产原值。该企业认为此装修支出不应相应增加房屋的原值。2020年1月起将其另外一处自有经营性房产原值为2 000万元的1/4投资联营，经营期限10年，每年固定分红36万元

要求：请计算该饭店应纳房产税总额。

2. 分析点评。税务机关对其检查如下。

（1）2019年上半年应纳房产税为：

$$4\,000\times(1-20\%)\times1.2\%\times6\div12=19.2（万元）$$

根据税法规定，纳税人对原有房屋进行改建、扩建的，要相应增加房屋的原值；纳税人委托施工企业建设的房屋，从办理验收手续之次月起，缴纳房产税。

2019年下半年应纳房产税为：

$$(4\,000+250)\times(1-20\%)\times1.2\%\times6\div12=20.4（万元）$$

该企业装修支出没有计入房屋的原值是错误的，应补缴房产税：

$$250\times(1-20\%)\times1.2\%\times6\div12=1.2（万元）$$

因此，

　　　　该企业2019年度应纳房产税=19.2+20.4=39.6（万元）

会计分录如下：

①计提应交房产税时：

借：管理费用 396 000
　　贷：应交税费——应交房产税 396 000
②实际缴纳房产税时：
借：应交税费——应交房产税 396 000
　　贷：银行存款 396 000

（2）2020年，纳税人将房产投资联营，取得固定收入的，由出租方从租计税。联营投出房产的固定收入应纳房产税：

$$36×12\%=4.32（万元）$$

纳税人房产从价计征房产税：

$$2\,000×（1-1/4）×1.2\%=18（万元）$$

该企业2020年应纳房产税＝4.32＋18＝22.32（万元）

正确的会计分录如下：
①计提应交房产税时：
借：管理费用 223 200
　　贷：应交税费——应交房产税 223 200
②实际缴纳房产税时：
借：应交税费——应交房产税 223 200
　　贷：银行存款 223 200

本案例主要涉及装修支出应计入房产原值计征房产税的处理方法及纳税调整。

3. 附录。

（1）《中华人民共和国房产税暂行条例》规定：

第一条　房产税在城市、县城、建制镇和工矿区征收。

第二条　房产税由产权所有人缴纳。产权属于全民所有的，由经营管理单位缴纳。产权出典的，由承典人缴纳。产权所有人、承典人不在房产所在地的，或者产权未确定及租典纠纷未解决的，由房产代管人或者使用人缴纳。

第三条　房产税依照房产原值一次减除10%~30%后的余值计算缴纳。具体减除幅度，由省、自治区、直辖市人民政府规定。

出租房屋的，以房产租金收入为房产税的计税依据。

第四条　房产税的税率，依照房产余值计算缴纳的，税率为1.2%；依照房产租金收入计算缴纳的，税率为12%。

（2）《国家税务总局关于进一步明确房屋附属设备和配套设施计征房

产税有关问题的通知》（国税发〔2005〕173号）第一条、第二条规定：

为了维持和增加房屋的使用功能或使房屋满足设计要求，凡以房屋为载体，不可随意移动的附属设备和配套设施，如给排水、采暖、消防、中央空调、电气及智能化楼宇设备等，无论在会计核算中是否单独记账与核算，都应计入房产原值，计征房产税。

对于更换房屋附属设备和配套设施的，在将其价值计入房产原值时，可扣减原来相应设备和设施的价值；对附属设备和配套设施中易损坏、需要经常更换的零配件，更新后不再计入房产原值。

(3)《国家税务总局关于安徽省若干房产税业务问题的批复》（国税函发〔1993〕368号）第一条规定：

对于投资联营的房产，应根据投资联营的具体情况，在计征房产税时予以区别对待。对于以房产投资联营，投资者参与投资利润分红、共担风险的情况，按房产原值作为计税依据计征房产税；对于以房产投资，收取固定收入、不承担联营风险的情况，实际上是以联营名义取得房产的租金，应根据《中华人民共和国房产税暂行条例》的有关规定由出租方按租金收入计缴房产税。

第七节　印花税检查方法

一、纳税义务人和征税范围的检查

印花税的纳税人，按照规定：凡在中华人民共和国境内书立、领受条例所列举凭证的国内各类企业、事业、机关、团体、部队以及中外合资企业、合作企业、外资企业、外国公司企业和其他经济组织及其在华机构等单位和个人都是印花税的纳税义务人。

印花税的征税范围，按照现行规定其有13个税目。一般而言，列入税目的就要征税，未列入税目的就不征税。随着经济的不断发展，书立、使用、领受凭证的行为也在不断创新，由于印花税法规长时间没有得以完善，因此在实践中有许多书立行为都难以征税，如土地的转让合同等。

（一）纳税义务人的具体规定

1. 立合同人：是指合同的当事人，不包括合同的担保人、证人、鉴

定人。

2. 立据人：是指土地、房屋权属转移过程中买卖双方的当事人。

3. 立账簿人：营业账簿的纳税人。营业账簿，是指单位或者个人记载生产经营活动的财务会计核算账簿。

4. 领受人：权利、许可证照的纳税人。

5. 使用人：在国外书立、领受，但在国内使用应税凭证的纳税人。

6. 各类电子应税凭证的签订人：纳税人以电子形式签订的各类应税凭证。

（二）征税范围的具体规定

1. 购销合同：包括供应、预购、采购、购销结合及协作、调剂、补偿、贸易等合同。此外，还包括出版单位与发行单位之间订立的图书、报纸、期刊和音像制品的应税凭证，如订购单、订数单等。

2. 加工承揽合同：包括加工、定做、修缮、修理、印刷、广告、测绘、测试等合同。

3. 建设工程勘察设计合同：包括勘察、设计合同。

4. 建筑安装工程承包合同：包括建筑、安装工程承包合同。承包合同包括总承包合同、分包合同和转包合同。

5. 财产租赁合同：包括租赁房屋、船舶、飞机、机动车辆、机械、器具、设备等合同，还包括企业、个人出租门店、柜台等签订的合同。

6. 货物运输合同：包括民用航空、铁路运输、海上运输、公路运输和联运合同，以及作为合同使用的单据。

7. 仓储保管合同：包括仓储、保管合同，以及作为合同使用的仓单、栈单等。

8. 借款合同：银行及其他金融组织与借款人（不包括银行同业拆借）所签订的合同，以及只填开借据并作为合同使用、取得银行借款的借据。银行及其他金融机构经营的融资租赁业务，是一种以融物方式达到融资目的的业务，实际上是分期偿还的固定资金借款，因此融资租赁合同也属于借款合同。

9. 财产保险合同：包括财产、责任、保证、信用等保险合同，以及作为合同使用的单据。财产保险合同分为企业财产保险合同、机动车辆保险合同、货物运输保险合同、家庭财产保险合同和农牧业保险合同五大类。"家庭财产两全保险"属于家庭财产保险性质，其合同在财产保险合同之

第六章 其他税种检查方法

列，应照章纳税。

10. 技术合同：包括技术开发、转让、咨询、服务等合同，以及作为合同使用的单据。技术转让合同包括专利权转让、专利申请权转让、专利实施许可和非专利技术转让合同。

技术咨询合同是当事人就有关项目的分析、论证、预测和调查订立的技术合同，但一般的法律、会计、审计等方面的咨询不属于技术咨询，其所立合同不缴纳印花税。

技术服务合同是当事人一方委托另一方就解决有关特定技术问题，如为改进产品结构、改良工艺流程、提高产品质量、降低产品成本、保护资源环境、实现安全操作、提高经济效益等提出实施方案，实施指导所订立的技术合同，包括技术服务合同、技术培训合同和技术中介合同，但不包括以常规手段或者为生产经营目的进行一般加工、修理、修缮、广告、印刷、测绘、标准化测试，以及勘察、设计等所书立的合同。

11. 产权转移书据：包括财产所有权和版权、商标专用权、专利权、专有技术使用权等转移书据。

此处的产权转移书据，是指单位和个人产权的买卖、继承、赠予、交换、分割等所立的书据。"财产所有权"转移书据的征税范围，是指经政府管理机关登记注册的动产、不动产的所有权转移所立的书据，以及企业股权转让所立的书据。

12. 营业账簿：是指单位或者个人记载生产经营活动的财务会计核算账簿。营业账簿按其反映内容的不同，可分为记载资金的账簿和其他账簿。

记载资金的账簿是指反映生产经营单位资本金数额增减变化的账簿。其他账簿是指除上述账簿以外的有关其他生产经营活动内容的账簿，包括日记账簿和各明细分类账簿。

但是，对金融系统营业账簿，要结合金融系统财务会计核算的实际情况进行具体分析。凡银行用以反映资金存贷经营活动、记载经营资金增减变化、核算经营成果的账簿，如各种日记账、明细账和总账都属于营业账簿，应按照规定缴纳印花税；银行根据业务管理需要设置的各种登记簿，如空白重要凭证登记簿、有价单证登记簿、现金收付登记簿等，其记载的内容与资金活动无关，仅用于内部备查，属于非营业账簿，均不征收印花税。

13. 权利、许可证照。包括政府部门发给的房屋产权证、工商营业执照、商标注册证、专利证、土地使用证。

(三) 检查方法

1. 以印花税征税范围的各规定项目为依据，对纳税人发生的各项经营活动行为进行核对，看有无发生的应税行为未列入征税范围计算缴纳税款的情况。

2. 检查纳税人签订的各项经济合同和凭证，有无将应税行为的合同改变名称、隐瞒事实真相、逃避应缴纳税款的情况。

3. 进行实地调查，了解纳税人经营活动中应涉及的事项，防止纳税人将签订的经济合同隐瞒申报。

二、适用税目、税率的检查

印花税税目及税率见表6-2。

表6-2 印花税税目及税率

类 别	税 目	税率形式	纳税人
合同或具有合同性质的凭证	1. 购销合同	购销金额0.3‰	立合同人
	2. 加工承揽合同	加工或承揽收入0.5‰	
	3. 建设工程勘察设计合同	收取费用0.5‰	
	4. 建筑安装工程承包合同	承包金额0.3‰	
	5. 财产租赁合同	租赁金额1‰	
	6. 货物运输合同	收取的运输费用0.5‰	
	7. 仓储保管合同	仓储保管费用1‰	
	8. 借款合同（包括融资租赁合同）	借款金额0.05‰	
	9. 财产保险合同	收取的保险费收入1‰	
	10. 技术合同（技术转让合同：包括专利申请转让和非专利技术转让）	所载金额0.3‰	
产权转移书据	产权转移书据（包括：专利实施许可合同、土地使用权出让合同、土地使用权转让合同、商品房销售合同、专利权转让合同）	所载金额0.5‰	立据人 立据人

第六章 其他税种检查方法

续表

类　别	税　目	税率形式	纳税人
营业账簿	营业账簿（包括：记载金额的账簿和其他账簿）	记载资金的账簿，实收资本和资本公积的合计金额0.5‰；其他账簿按件贴花5元	立账簿人
权利、许可证照	权利、许可证照（包括：房屋产权证、工商营业执照、商标注册证、专利证、土地使用证）	按件贴花5元	领受人

检查方法：

（1）将应税合同的纳税贴花金额进行汇总，并与"管理费用"账户中的印花税支出数额进行核对，核实是否有应税未贴或少贴印花税的情况。

（2）逐项审阅纳税人书立的《国有土地出让合同》或《国有土地转让合同（协议）》，确定计税依据和应纳税额，核实是否少贴花。

（3）检查纳税人书立的各种凭证是否具有合同性质，再对凭证的内容和性质进行审核，参照印花税税目税率表确定合同是否属于应税凭证，重点审核签订的建设工程勘察设计合同、建筑安装工程承包合同、加工承揽合同、购销合同、财产租赁合同、借款合同等是否贴花。

（4）对照印花税税目税率表所属税目，核实纳税人有无混淆税目、错用税率的情况，如将"建设工程勘察设计合同"错按"建筑安装工程承包合同"贴花。

（5）对应税合同计税依据检查时，逐项审核应税合同，确定计税金额和应纳税额，将确定的应纳税额与粘贴的应税合同上的印花税票或缴纳印花税的缴款书核对，补贴少贴的印花。

（6）检查应税合同书立时间，核实是否在书立时贴花。

（7）通过审查纳税人的"固定资产""无形资产""长期股权投资"账户的变动增减情况，核对有关记账凭证和原始凭证，应注意纳税人是否混淆了应税书据与免税书据，有无将应税书据当作免税或不征税书据处理的现象，从而核实应税书据是否已按规定计税贴花。

纳税检查

三、印花税计税依据的检查

(一) 计税依据的基本规定

1. 购销合同的计税依据为合同记载的购销金额。

2. 加工承揽合同的计税依据是加工或承揽收入的金额。

具体规定如下:

(1) 对于由受托方提供原材料的加工定做合同,凡在合同中分别记载加工费金额和原材料金额的,应分别按"加工承揽合同"和"购销合同"计税,两项税额相加数即为合同应纳印花税。若合同中未分别记载,则应就全部金额依照加工承揽合同计税贴花。

(2) 对于由委托方提供主要材料或原料,受托方只提供辅助材料的加工合同,无论加工费和辅助材料金额是否分别记载,均以辅助材料与加工费的合计数,依照加工承揽合同计税贴花。对委托方提供的主要材料或原料金额不计税贴花。

3. 建设工程勘察设计合同的计税依据为收取的费用。

4. 建筑安装工程承包合同的计税依据为承包金额。

5. 财产租赁合同的计税依据为租赁金额。经计算,税额不足1元的,按1元贴花。

6. 货物运输合同的计税依据为取得的运输费金额(即运费收入),不包括所运货物的金额、装卸费和保险费等。

7. 仓储保管合同的计税依据为收取的仓储保管费用。

8. 借款合同的计税依据为借款金额。针对实际借贷活动中不同的借款形式,税法规定了不同的计税方法:

(1) 凡是一项借贷业务既签订借款合同,又一次或分次填开借据的,只以借款合同所载金额为计税依据计税贴花;凡是只填开借据并作为合同使用的,应以借据所载金额为计税依据计税贴花。

(2) 借贷双方签订的流动资金周转性借款合同,一般按年(期)签订,规定最高限额,借款人在规定的期限和最高限额内随借随还,为避免加重借贷双方的负担,对这类合同只以其规定的最高金额为计税依据,在签订时贴花一次,在限额内随借随还不签订新合同的,不再另贴印花。

(3) 对借款方以财产作抵押,从贷款方取得一定数量抵押贷款的合同,应按借款合同贴花。在借款方因无力偿还借款而将抵押财产转移给贷款方时,应再就双方书立的产权书据,按产权转移书据的有关规定计税贴花。

(4) 对银行及其他金融组织的融资租赁业务签订的融资租赁合同,应税合同所载租金总额,暂按借款合同计税贴花。

(5) 在贷款业务中,如果贷方系由若干银行组成的银团,银团各方均承担约定的贷款数额,借款合同由借款方与银团各方共同书立,各执份合同正本,则对这类合同借款方与贷款银团各方分别在所执的合同正本上按各自的借贷金额计税贴花。

(6) 在基本建设贷款中,如果按年度用款计划分年签订借款合同,在最后一年按总概算签订借款总合同,且总合同的借款金额包括各个分合同的借款金额,则对这类基建借款合同,应按分合同分别贴花,最后签订的总合同,只就借款总额扣除分合同借款金额后的余额计税贴花。

9. 财产保险合同的计税依据为支付(收取)的保险费,不包括所保财产的金额。

10. 技术合同的计税依据为合同所载的价款、报酬或使用费。为了鼓励技术研究开发,对技术开发合同,只就合同所载的报酬金额计税,研究开发经费不作为计税依据。但对合同约定将研究开发经费的一定比例作为报酬的,应按一定比例的报酬金额贴花。

11. 营业账簿税目中记载资金的账簿的计税依据为"实收资本"与"资本公积"两项的合计金额。实收资本包括现金、实物、无形资产和材料物资。现金按实际收到或存入纳税人开户银行的金额确定。实物是指房屋、机器等,按评估确认的价值或者合同、协议约定的价格确定。无形资产和材料物资按评估确认的价值确定。

资本公积包括接受捐赠、法定财产重估增值、资本折算差额、资本溢价等。如果是实物捐赠,则按同类资产的市场价格或有关凭据确定。

其他账簿的计税依据为应税凭证件数。

12. 权利、许可证照的计税依据为应税凭证件数。

(二) 检查应税合同计税情况

印花税的征税对象主要是合同。对合同的检查是印花税检查的重点。由于印花税税源零星分散,漏税最多的项目是购销合同、建筑承包合同、财产租赁合同等。因为这些凭证一般不是财务部门管理,财务部门无法像征收其他税种那样及时准确缴纳印花税。检查企业印花税时,重点应放在供销合同、基建部门的建筑工程承包合同上。检查印花税不像检查其他税种那样能在账上查出来，有些凭证账上是不记载的，需要对职能部门逐个检查。

对合同检查，主要检查只载明数量、未标明金额的合同，是否按规定先计算出计税依据再计算贴花；所载金额为外国货币的合同，是否按规定先折合人民币再计税贴花；到期不能兑现的合同，有无将已贴印花税票揭下重用的情况。检查印花税时还应注意以下三个问题：①应纳税凭证是否已粘贴印花；②粘贴的印花是否足额；③粘贴的印花是否按规定注销。对未完成已纳税手续的，应督促纳税人当场贴花。

检查时应注意纳税人可能存在的主要问题有：①应纳税凭证书立或领受时不即行贴花定税，而直到凭证生效日期才贴花纳税。②印花税票粘贴在应纳税凭证上，纳税人不注销或画销每枚税票。③已粘贴的税票揭下重用。④已贴花的凭证、修改后所载金额增加的部分不补贴印花。⑤应纳税凭证不按规定期限保管。⑥错算印花税、少贴税票等。

（三）检查营业账簿计税情况

首先，检查企业有无错划核算形式、漏缴印花税的问题。例如，采用分级核算形式的纳税人，仅就财会部门本身设置的账簿计税贴花，对设置在二级核算单位和车间的明细账未按规定计税贴花。其次，检查资金账簿计税情况是否正确。例如，企业"实收资本"和"资本公积"两项合计金额大于已贴花资金的，是否按规定就增加部分补贴印花税票。再次，检查其他账簿是否按规定计税贴花，除总分类账簿以外的账簿，包括日记账簿和各明细分类账等，是否按件贴花。

（四）检查产权转移书据和权利许可证照的计税情况

主要检查房屋产权证、工商营业执照、商标注册证、专利证、土地使用证等证照，看其是否在领受时按件贴花。

四、印花税纳税情况的检查

（一）应纳税额的检查

纳税人应缴纳的印花税税额，是根据应纳税凭证的性质，分别按比例税率或者定额税率计算的，其计算公式是：

应纳税额＝应税凭证计税金额（或应税凭证件数）×适用税率

根据计税公式可知，印花税税额的计算取决于计税金额和适用税率，关键是计税金额。

（二）检查方法

1. 检查纳税人有无分解计算金额以逃避税款的情况。按照规定，凡属于以"金额""收入""费用"为计税依据的，应当全额计税，不得作任何扣除。在检查时，应认真核对签订的合同和相关的发票金额。

2. 检查纳税人计算应纳税额时有无错用税率、少计税款的情况。在检查时，对适用不同税率的各项经济行为要逐项进行核对；同时，要注意同一凭证载有两个或两个以上经济事项而适用不同税目税率的，只有分别记载金额的，才能分别计算应纳税额，如未分别记载金额，则应按高税率计算纳税。

3. 检查纳税人是否按照规定的期限申报纳税。按照规定，应税合同在签订时纳税义务即已产生，应计算应纳税额并贴花。不论合同是否兑现或是否按期兑现，均应贴花。在检查时，应对纳税人签订的合同进行核实，然后与已纳税额进行比较，如果发现差异，即存在少缴纳税款行为。防止纳税人故意拖延期限、逃避纳税。

4. 检查双向交易业务的购销合同是否足额纳税。按照规定，商品购销活动中采用以物易物方式进行商品交易签订的合同，是反映购销双重经济行为的合同。对此，应按合同所载的购、销合计金额计税贴花。合同未列明金额的，应按合同所载购、销数量，依照国家牌价或者市场价格计算应纳税额。在检查时，应注意纳税人的计税金额是否正确，有无故意少计税款的情况。

5. 检查对同一经济事项多次签订合同的是否全部计算纳税。按照规定，施工单位将自己承包的建设项目分包或者转包给其他施工单位所签订的分包合同或者转包合同，应按新的分包合同或转包合同所载金额计算应纳税额，不能只按总承包合同计算纳税。

6. 检查适用的税率是否正确。按照规定，目前适用税率分别为：借款合同适用0.5‰的税率；购销合同、建筑安装工程承包合同、技术合同适用0.3‰的税率；加工承揽合同、建筑工程勘察设计合同、货物运输合同、产权转移书据、营业账簿税目中记载资金的账簿适用0.5‰的税率；财产租赁合同、仓储保管合同、财产保险合同适用1‰的税率。

在检查时，防止纳税人将高税率金额并入低税率的计算金额中，或者将以高税率计税的金额按低税率计算纳税。

五、指标分析：印花税税负变动系数、印花税同步增长系数

（一）印花税税负变动系数

印花税税负变动系数＝本期印花税负担率÷上年同期印花税负担率

其中：

印花税负担率＝（应纳税额÷计税收入）×100%

本指标用于分析可比口径下印花税额占计税收入的比例及其变化情况。本期印花税负担率与上年同期对比，正常情况下二者的比值应接近于1。当比值小于1，可能存在未足额申报印花税问题，进入下一工作环节处理（下同）。

（二）印花税同步增长系数

印花税同步增长系数＝应纳税额增长率÷主营业务收入增长率

其中：

应纳税额增长率＝〔（本期累计应纳税额－上年同期累计应纳税额）÷上年同期累计应纳税额〕×100%

主营业务收入增长率＝〔（本期累计主营业务收入额－上年同期累计主营业务收入额）÷上年同期累计主营业务收入额〕×100%

本指标用于分析印花税应纳税额增长率与主营业务收入增长率，评估纳税人申报（贴花）纳税情况真实性，适用于工商、建筑安装等行业应纳税额增长率与主营业务收入增长率对比分析。正常情况下二者应基本同步增长，比值应接近1。当比值小于1，可能存在未足额申报印花税问题。分析中发现高于或低于预警值的，要借助其他指标深入分析并按照总局纳税评估管理办法处理。

（三）综合审核分析

1. 审核纳税申报表中本期各税目应纳税额与上期应纳税额、上年同期应纳税额相比有无重大差异，能否合理解释。

2. 是否连续零申报，能否合理解释。

3. 适用税目税率等是否正确；是否有错用税目以适用低税率；有无将按比例税率和按定额税率计征的凭证相互混淆；有无将载有多项不同性质的经济业务的经济合同误用税目税率，应税合同计税依据是否正确。

4. 申报单位所属行业所对应的应税凭证是否申报纳税（如工商企业的购销合同是否申报）。

5. 参考同行业的合同签订情况以及其他影响印花税纳税的情况进行调

查、评估纳税人印花税的纳税状况。

6. 对于签订时无法确定金额的应税凭证，在最终结算实际金额时是否按规定补贴了印花。

7. 审核《增值税纳税申报表》中申报项目是否有租赁、建筑安装、货物运输、销售不动产、转让无形资产等应税收入，是否申报缴纳了印花税。

8. 实行印花税汇总缴纳的纳税人，审核其"利润表"中的"主营业务收入"与申报的"购销合同"计税金额或"加工承揽合同"的计税金额是否合理，有无异常现象，能否合理解释。

9. 根据"利润表"中"财务费用"以及"资产负债表"中的"短期借款"和"长期借款"项目的变动情况，确定申报"借款合同"的计税金额是否合理。

10. "资产负债表"中"实收资本"项目和"资本公积"项本期数与上期数相比是否增加，增加数是否申报缴纳印花税。

11. "管理费用"等科目中体现的保险支出与已申报情况进行对比是否有出入。

12. 审核资产负债表中的"固定资产"科目中"不动产"项目增加或减少情况，据此检查纳税人书立、领受的"产权转移书据"是否缴纳了印花税。

13. 审核资产负债表中的"在建工程"科目是否有建筑、设备安装等项目，"委托加工物资"科目是否发生委托加工业务，是否申报缴纳了印花税。

14. 审核其他业务收入和营业外收入项目是否有应税收入。

15. 审核有无查补收入。

16. 其他需要审核、分析的内容。

六、印花税检查案例分析

（一）案例一：签订合同未贴花

1. 基本案情。甲企业于 2020 年 2 月 10 日与 A 企业签订一份以货易货合同。合同规定，甲企业以价值 50 万元的产品换取 A 企业 52 万元的货物作为原材料。由于种种原因，该合同在规定的期限内未履行。当月，该企业还接受 B 企业委托加工产品。合同载明，原材料及辅助材料由甲企业提供，价值50万元，另收加工费10万元，合计价款60万元。

同年，甲企业于3月15日与市农业银行签订周转性流动资金借款合同，合同规定的最高借款限额为800万元，本年度在规定的限额内共借款3次，随借随还，金额分别为300万元、400万元、350万元；4月20日与C企业签订借款合同一份，金额为300万元；5月12日，签订无息贷款合同一份，金额80万元。2月份甲企业还与市商业银行签订借款合同，合同总金额为800万元，又分三次填开借据领取该笔借款，金额分别是200万元、300万元、300万元。

2020年5月9日，该企业与D企业签订仓储保管合同，货物总价值200万元，保管费20万元。本年度共对外捐赠三次，分别书立产权转移书据。其中，将财产赠给学校文化事业单位所立书据金额为10万元；将财产赠给另一关联企业所立书据金额为40万元；将财产赠给政府所立书据金额为20万元。

2020年，甲企业生产经营用账簿共8本，其中资金账簿1本，账面反映年初实收资本800万元，资本公积200万元，年末实收资本余额900万元，资本公积金余额250万元；其他营业账簿7本，其中固定资产明细从企业开办以来一直使用。

2. 分析点评。

（1）企业采用以货易货方式进行商品交易签订的合同，应视为购销双重经济行为合同，应按合同所载的购、销合计金额计税贴花。

应纳印花税税额＝（500 000+520 000）×0.3‰＝306（元）

（2）由委托方提供原料及主要材料，受托方按照委托方的要求制造货物并收取加工费的业务，应按照"加工承揽合同"征收印花税。对由受托方提供原材料的加工、定做合同，凡在合同中分别记载加工费金额与原材料金额的，应分别按照"加工承揽合同"和"购销合同"计税；合同中不划分加工费金额与原材料金额的，应按全部金额，依照"加工承揽合同"从高适用税率计算贴花。

委托加工应纳印花税税额＝500 000×0.3‰+100 000×0.5‰＝200（元）

（3）对流动资金周转借款合同，只就最高限额贴花，随借随还的合同免征印花税；企业间相互拆借的借款合同不征印花税；无息贷款合同免征印花税；借款合同既签合同又分开填开借据的，只就合同金额计算贴花。

借贷合同应纳印花税税额＝8 000 000×0.05‰+8 000 000×0.05‰＝800（元）

(4) 仓储、保管合同按仓储保管费用的1‰贴花；财产所有人将财产赠给政府、社会福利单位、学校所书立的书据，按规定免征印花税，其他财产赠与行为书立的书据以0.5‰计算贴花。

仓储、保管合同应纳印花税税额 = 200 000×1‰ = 200（元）

书立书据应纳印花税税额 = 400×0.5‰ = 200（元）

(5) 营业账簿的印花税在账簿启用时缴纳，对继续使用的固定资产账簿免征印花税，资金账簿仅对当年度增加的金额计算贴花。

资金账簿应纳印花税税额 =〔（9 000 000-8 000 000）+（2 500 000-2 000 000）〕×0.5‰ = 750（元）

其他营业账簿应纳印花税税额 =（8-1-1）×5 = 30（元）

3. 附录。

《中华人民共和国印花税暂行条例》第三条规定：

纳税人根据应纳税凭证的性质，分别按比例税率或者按件定额计算应纳税额。具体税率、税额的确定，依照本条例所附印花税税目税率表执行。

《中华人民共和国印花税暂行条例施行细则》第十三条规定，对下列凭证免纳印花税：

(1) 国家指定的收购部门与村民委员会、农民个人书立的农副产品收购合同。

(2) 无息、贴息贷款合同。

(3) 外国政府或者国际金融组织向我国政府及国家金融机构提供优惠贷款所书立的合同。

《关于对借款合同贴花问题的具体规定》（国税地〔1988〕30号）第二条规定：

关于对流动资金周转性借款合同的贴花问题。借贷双方签订的流动资金周转性借款合同，一般按年（期）签订，规定最高限额，借款人在规定的期限和最高限额内随借随还。为此，在签订流动资金周转借款合同时，应按合同规定的最高借款限额计税贴花。以后，只要在限额内随借随还，不再签新合同的，就不另贴印花。

（二）案例二：签订合同印花税不能忘

1. 基本案情。乙企业于2020年1月份与某科研单位签订技术开发合同，合同的金额为200万元，合同规定：研究开发费用为160万元，报酬

40万元。当月还与A企业签订非专利技术转让合同,价款200万元;与B企业签订专利权转让合同,价款300万元。

2020年4月1日,该企业与某租赁公司签订一项租赁合同。合同规定:机器设备租赁费总额为800万元,租期为8年,每年支付租金100万元。6月1日,与C企业签订一项财产租赁合同,合同规定:该企业承租C企业厂房1栋,每月租赁费5万元,暂不确定租赁期限。

2020年6月,与某建筑公司以电子形式签订一项建筑承包合同,金额为1 000万元。

2020年9月,与保险公司签订财产保险合同1份,保险标的物价值为5 000万元,按8‰的比例支付保险费40万元;当月为本企业1 000名员工签订人寿保险合同,支付保费50万元。

某税务师事务所在受托对该企业进行税务审查时发现该企业未缴纳印花税。

2. 分析点评。

(1)技术合同的计税依据为合同所载的价款、报酬或使用费。但对技术开发合同,只就合同所载的报酬金额计税,研究开发经费不作为计税依据。

该技术开发合同应纳印花税税额 = 400 000 × 0.3‰ = 120(元)

技术转让合同包括专利申请转让、非专利技术转让所立合同,不包括专利权转让、专利实施许可所立合同。因此,与A企业签订的非专利技术合同应按"技术合同"计税,与B企业签订的专利权转让合同应按"产权转移书据"合同计税。

转让非专利技术应纳印花税税额 = 2 000 000 × 0.3‰ = 600(元)

转让专利技术应纳印花税税额 = 3 000 000 × 0.5‰ = 1 500(元)

(2)对与银行及其他金融组织的融资租赁业务签订的融资租赁合同,应按合同所载租金总额,按借款合同计税。

融资租赁应纳印花税税额 = 8 000 000 × 0.05‰ = 400(元)

对在签订时无法确定计税金额的合同,可以在签订时先按5元贴花,以后结算时再按实际金额计税,补贴印花。因此,该企业在签订合同时,先按5元贴花。

(3)以电子形式签订的各类应税凭证应交纳印花税。建筑安装工程合同适用印花税税率为0.3‰,所以:

应纳印花税税额 = 10 000 000×0.3‰ = 3 000（元）

（4）人寿保险合同不属于印花税税目表中列举征税的合同，因此不征税；财产保险合同按保险费金额的1‰计算缴纳印花税。

财产保险合同应纳印花税税额 = 400 000×1‰ = 400（元）

3. 附录。

《中华人民共和国印花税暂行条例》第三条规定：

纳税人根据应纳税凭证的性质，分别按比例税率或者按件定额计算应纳税额。具体税率、税额的确定依照本条例所附印花税税目税率表执行。

《财政部 国家税务总局关于融资租赁合同有关印花税政策的通知》（财税〔2015〕144号）第一条、第二条规定：

对开展融资租赁业务签订的融资租赁合同（含融资性售后回租），统一按照其所载明的租金总额依照"借款合同"税目，按万分之零点五的税率计税贴花。

在融资性售后回租业务中，对承租人、出租人因出售租赁资产及购回租赁资产所签订的合同，不征收印花税。

第八节 环保税检查方法

一、纳税义务人和征税范围

在中华人民共和国领域和中华人民共和国管辖的其他海域，直接向环境排放应税污染物的企业事业单位和其他生产经营者为环境保护税的纳税人，纳税义务发生时间为纳税人排放应税污染物的当日。

二、税目及税率

环保税税目及税率见表6-3。

表6-3 环保税税目及税率

税　目	计税单位	税　额	备　注
大气污染物	每污染当量	1.2元至12元	
水污染物	每污染当量	1.4元至14元	

续表

税 目		计税单位	税 额	备 注
固体废物	煤矸石	每吨	5元	
	尾矿	每吨	15元	
	危险废物	每吨	1 000元	
	冶炼渣、粉煤灰、炉渣、其他固体废物（含半固态、液态废物）	每吨	25元	
噪声	工业噪声	超标1~3分贝	每月350元	1. 一个单位边界上有多处噪声超标，根据最高一处超标声级计算应纳税额；当沿边界长度超过100米有两处以上噪声超标，按照两个单位计算应纳税额 2. 一个单位有不同地点作业场所的，应当分别计算应纳税额，合并计征 3. 昼夜均超标的环境噪声，昼、夜分别计算应纳税额，累计计征 4. 声源一个月内超标不足15天的，减半计征应纳税额 5. 夜间频繁突发和夜间偶然突发厂界超标噪声，按等效声级和峰值噪声两种指标中超标分贝高的一项计算应纳税额
		超标4~6分贝	每月700元	
		超标7~9分贝	每月1 400元	
		超标10~12分贝	每月2 800元	
		超标13~15分贝	每月5 600元	
		超标16分贝以上	每月11 200元	

三、计税依据

应税污染物的计税依据，按照下列方法确定：

（1）应税大气污染物按照污染物排放量折合的污染当量数确定。

（2）应税水污染物按照污染物排放量折合的污染当量数确定。

（3）应税固体废物按照固体废物的排放量确定。

（4）应税噪声按照超过国家规定标准的分贝数确定。

四、应纳税额

环境保护税应纳税额按照下列方法计算：

（1）应税大气污染物的应纳税额为污染当量数乘以具体适用税额。

（2）应税水污染物的应纳税额为污染当量数乘以具体适用税额。

（3）应税固体废物的应纳税额为固体废物排放量乘以具体适用税额。

（4）应税噪声的应纳税额为超过国家规定标准的分贝数对应的具体适用税额。

五、纳税人正确核算申报环保税的步骤

（一）第一步：确定应税污染物的种类

《环境保护税法》附件2的应税污染物和当量值表明确了应税大气污染物、应税水污染物、应税固体废物和噪声的种类。纳税人应当注意的是，并不是所有污染物都是需要缴税的应税污染物。

纳税人必须准确判断自身排放的应税污染物种类。应税水污染物和有组织排放的应税大气污染物及噪声可以通过监测的方法确定。无组织排放的应税大气污染物的种类，则要通过分析物料的种类、生产工艺的反应原理等方式确定。

无论采取何种手段，应税污染物的种类确定方式必须是有据可查、有法可依的。比如，采用监测的方法确定水污染物种类，就应该监测全部应税水污染物，并将应税水污染物按污染当量数从大到小排序，对一类水污染物按前五项征收，对其他类按前三项征收；对没有排放口进行无组织排放的应税大气污染物，可以按某车间的生产工艺流程涉及的物料种类及反应过程，判断应税污染物的种类。

（二）第二步：计算应税污染物数量

计算应税污染物的数量比较复杂，可以通过四个例子说明。

例1：A省B企业2021年1月向大气中排放二氧化硫10千克，氮氧化物20千克，一氧化碳300千克，汞及其化合物1千克。大气污染物适用税额为每污染当量1.2元。B企业只有一个排放口，计算该企业1月大气污染物应缴纳的环境保护税。（相应污染物的污染当量值分别为0.95千克、0.95千克、16.7千克和0.0001千克）

第一步，计算各污染物的污染当量数。二氧化硫：$10 \div 0.95 = 10.53$；

氮氧化物：20÷0.95＝21.05；一氧化碳：300÷16.7＝17.96；汞及其化合物：1÷0.000 1＝10 000。

第二步，按污染当量数排序。汞及其化合物（10 000）＞氮氧化物（21.05）＞一氧化碳（17.96）＞二氧化硫（10.53）。

第三步，计算应纳税额。汞及其化合物：10 000×1.2＝12 000（元）；氮氧化物：21.05×1.2＝25.26（元）；一氧化碳：17.96×1.2＝21.55（元）。

例2：A省B企业2021年1月向水体直接排放第一类水污染物总汞、总镉、总铬、六价铬、总砷、总铅各1千克。排放其他类水污染物悬浮物、生化需氧量、总有机碳、氨氮、挥发酚各20千克。水污染物适用税额为每污染当量1.4元；计算B企业1月水污染物应缴纳的环境保护税。第一类水污染物的污染当量值分别为：0.000 5、0.005、0.04、0.02、0.02、0.025；第二类水污染物的污染当量值分别为4、0.5、0.49、0.8、0.08（单位：千克）。

第一步，计算第一类水污染物的污染当量数并排序。总汞：1÷0.000 5＝2 000；总镉：1÷0.005＝200；总铬：1÷0.04＝25；六价铬：1÷0.02＝50；总砷：1÷0.02＝50；总铅：1÷0.025＝40。因此，总汞（2 000）＞总镉（200）＞六价铬（50）＝总砷（50）＞总铅（40）＞总铬（25）。

第二步，计算第一类水污染物应纳税额（单位：元）。总汞：2 000×1.4＝2 800（元）；总镉：200×1.4＝280（元）；六价铬：50×1.4＝70（元）；总砷：50×1.4＝70（元）；总铅：40×1.4＝56（元）。

第三步，计算第二类水污染物的污染当量数并排序（单位：千克）。悬浮物：20÷4＝5；生化需氧量：20÷0.5＝40；总有机碳：20÷0.49＝40.82；氨氮：20÷0.8＝25；挥发酚：20÷0.08＝250。因此，挥发酚（250）＞总有机碳（40.82）＞生化需氧量（40）＞氨氮（25）＞悬浮物（5）。

根据应税污染物和当量值表，对同一排放口中的化学需氧量、生化需氧量和总有机碳只征收一项，按三者中污染当量数最高的一项收取。因此，其他类水污染物按照挥发酚、总有机碳、氨氮征收环境保护税。

第四步，计算其他类水污染物应纳税额（单位：元）。挥发酚：250×1.4＝350（元）；总有机碳：40.82×1.4＝57.15（元）；氨氮：25×1.4＝35

（元）。

例3：C企业2021年1月产生煤矸石100吨，其中综合利用的煤矸石20吨（符合国家、地方环境保护标准和资源综合利用标准），在符合国家和地方环境保护标准的设施贮存30吨，计算C企业1月煤矸石应缴纳的环境保护税。计算方式：

$$应纳税额=（100-20-30）\times 5=250（元）$$

例4：D企业2021年1月在A、B两地作业均存在夜间噪声超标。A作业场所一个单位边界上有两处噪声超标，分别为超标1~3分贝、超标7~9分贝，超标天数为16天；B作业场所沿边界长度110米有两处噪声超标，分别为超标1~3分贝、超标7~9分贝，两处超标天数为14天。计算D企业1月噪声污染应缴纳的环境保护税。

应税噪声的应纳税额为超过国家规定标准的分贝数对应的具体适用税额。计算方式：一个单位有不同地点作业场所的应分开计算，需要合并计征。

A场所应纳税额=1 400（元）（注：同一单位边界多噪声超标按最高处声级计算）。B场所应纳税额=（1 400+1 400）÷2=1 400（元）（注：沿边界长度超过100米有两处以上噪声超标，按两个单位计算；声源一个月内超标不足15天，减半计算）。

（三）第三步：制作合规纳税凭证

环保税核算申报工作并不仅仅是计算应纳税额，还需要制作大量合规的纳税凭证，包括监测记录、污染防治设施的运行记录、危废处置单位的资质及转移贮存情况、一般固体废物综合利用情况等，这些纳税凭证要统一保存，以备税务部门检查。

环保税是一个专业性较强的税种，需要财务、环保、设备、生产和技术等部门形成一套合理的工作流程，才能更好地完成环保税的核算申报工作。尤其是像防腐工程、土石方作业等企业，有较多非正常生产情况下的排污行为，仍需要按次申报，这需要多部门联合才能保证环保税足额申报、足额纳税。

六、检查中出现的主要问题

（一）申报方式没有切换

环保税纳税人最大的问题是思维还没有改变，还在用过去申报排污费

的思维方式申报环保税。

企业最初都是想直接把环保局的监测数据、以前环保局提供的排污费数据，作为最终的申报数据报送给税务机关。同时，企业对"费改税"的认识不够深入，导致很多问题都没有在申报前充分预计到。申报中遇到问题后，才想起找税务机关或专业服务机构咨询。

环保税与排污费相比，在申报方式上有重要变化。过去申报排污费，企业先自行填写排放污染物动态申报表（试行），最后由环保部门负责污染物种类和数量等相关数据的确定。"费改税"后，纳税人需自行填报环境保护税基础信息采集表，在申报期内填报 A 类和 B 类环保税纳税申报表。和排污费征收时期的排放污染物动态申报表（试行）相比，环保税的两类申报表已作了简化，更方便纳税人填写。对此，安永深圳税务合伙人梁斯尔说，虽然"费改税"后申报表简化，但环境保护税的申报与其他税种的申报存在差异，企业认识上的转变还不够。

企业所得税、货物和劳务税等税种的申报数据，主要来自企业的收入、成本和费用会计核算账目和相关财务报表，而环保税的申报数据主要来源于测量或核算，无法从财务系统中直接获得。基于此，与其他税种的申报由财务部门单独负责不同，环保税的申报需要财务、技术和环保等多个部门共同协作才能完成。所以和排污费相比，环保税的执法刚性更强。如果不及时转变申报思维，违法的成本很高。

（二）计算方法选择错误

申报思维没转变的直接后果是企业环境保护税的申报数据准确率不高。

有些企业在初步填写环境保护税基础信息采集表和环保税纳税申报表时，确定的应税大气污染物税目是 3 项，计算的应纳税额约 10 万元，同时不享受减税优惠，而检查最终确定的应税大气污染物包括有组织排放和无组织排放的税目共 9 项，享受减税优惠后计算的应纳税额近 20 万元，差了近一倍。而有的企业则在填写环保税纳税申报表时，仅仅填了氮氧化物、二氧化硫、烟尘三项，而没有填写粉尘、苯和氨等其他应税污染物，对固体废物也没有进行申报。同时不少企业认为，监测数据就是申报数据，因此仅申报传统排污费中收费的二氧化硫、氮氧化物、烟尘、氨氮和悬浮物等应税污染物，没有考虑这些究竟是不是应该申报的应税污染物，是不是漏报了其他应该申报的应税污染物。

申报的环保税数据是否准确,方法的选择非常重要。根据《环境保护税法》及其实施条例的规定,应税污染物排放量有四种核算方法,有着非常明确的适用顺序要求:首先适用符合规定的污染物自动监测设备数据;其次适用监测机构出具的符合有关规定的监测数据;再次适用排污系数和物料衡算方法计算;若以上条件均不符合,则最后适用省级环保部门规定的抽样测算核定计算方法。

实践中,一些企业跳过前三种方法,直接向税务机关申请核定缴纳。根据环保税法规定,企业出于各种客观原因,在前三种应税污染物排放核算方法均不适用的情况下,才能适用核定计算方法。此外,还有一些企业误以为以往征收排污费时期环保局的核定方法,可以直接等同于征收环保税后的核定方法,从而忽视自动监测或第三方机构监测方法,直接以以前环保局核定的排污费结果申报。

在第三方监测方法下,对企业的监测频率没有强制和规范性的要求。一些企业可能会根据实际情况安排有利于企业的监测时点,从而不能准确地记录污染物的排放量。同时,对于排污系数、物料衡算等方法,只有纳入排污许可管理的火电等 17 个行业,以及未纳入排污许可管理的锡矿采选业等部分行业适用。根据相关规定,所覆盖行业对应不同情形,应按先后排序适用不同污染物计算方法,且相关测算较复杂、难度系数较大。

已安装自动监测设备的企业申报出现数据错误,主要原因是基础信息采集资料填写不准确。一些企业在填写环境保护税基础信息采集表时,直接按照排污许可证上的信息填写,而排污许可证上的排污信息仅仅是环保部门对部分排污环节的监测结果,与税务机关要求的应税污染物数据并不匹配。例如,某企业产生的一些污染物,属于环保税法下的应税范围,但没有在排污许可证上列示,很容易发生漏报。加之一些企业超标排放、偷排漏排、伪造排放数据等现象仍然存在,如果仅仅按照排污许可证上的数据申报环保税,则准确率会大大降低。持证排污并不等于按证排污,这一点企业尤其要注意。

(三) 内部管理尚不协调

环保税申报比较顺利的企业,往往都在申报前做了大量的工作,或改进管理流程,或引入专业服务机构,或实施技术改造。但是,环保税开征后,还有一部分企业的相关税务管理几乎没有改进,这与环保税的要求存在一定程度的脱节。

环保税的申报是一个系统性较强的工作,需要多个环节的支持配合。企业环保税管理脱节主要体现在以下几个方面:一是相关部门协调不畅,导致财务部门很难掌握全面、准确的申报数据;二是复核环节缺失,申报数据形成后直接申报;三是没有建立疑难问题解决机制,很多具体问题需要申报人员自行解决,公司层面不能提供有效的资源、资金和人员支持;四是与税务机关沟通不足,不能很好地利用税务机关提供的各类培训和纳税服务措施,有效地改进自身的工作。

关于申报数据的复核,企业应该进一步强化。企业所得税等税种的申报数据,可通过合同、资金流、发票流等相关数据复核,从而保证数据的真实性。相比之下,对环保税数据的复核具有不确定性,即如果企业有相关监测数据,可以通过读表复核。在缺失或不需要安装自动监测设备的情况下,则需要用排污系数、物料衡算或者抽样测算核定等方法来匡算复核,固体废物的排放核算更依赖于台账数据。

第七章

个人所得税检查方法

第七章　个人所得税检查方法

第一节　纳税义务人的检查

个人所得税纳税义务人依据住所和居住时间两个标准，可区分为居民纳税义务人和非居民纳税义务人。

一、政策依据

(一) 居民纳税义务人

1. 在中国境内有住所，或者无住所而一个纳税年度内在中国境内居住累计满183天的个人，为居民个人。居民个人从中国境内和境外取得的所得，依照本法规定缴纳个人所得税。(《中华人民共和国个人所得税法》第一条)

2. 在个人所得税法所称在中国境内有住所，是指因户籍、家庭、经济利益关系而在中国境内习惯性居住；所称从中国境内和境外取得的所得，分别是指来源于中国境内的所得和来源于中国境外的所得。(《中华人民共和国个人所得税法实施条例》第二条)

3. 取得综合所得需要办理汇算清缴的情形包括：

(1) 从两处以上取得综合所得，且综合所得年收入额减除专项扣除的余额超过6万元；

(2) 取得劳务报酬所得、稿酬所得、特许权使用费所得中一项或者多项所得，且综合所得年收入额减除专项扣除的余额超过6万元；

(3) 纳税年度内预缴税额低于应纳税额；

(4) 纳税人申请退税。

纳税人申请退税，应当提供其在中国境内开设的银行账户，并在汇算清缴地就地办理税款退库。(《中华人民共和国个人所得税法实施条例》第二十五条)

(二) 非居民纳税义务人

1. 在中国境内无住所又不居住，或者无住所而一个纳税年度内在中国境内居住累计不满183天的个人，为非居民个人。非居民个人从中国境内取得的所得，依照本法规定缴纳个人所得税。(《中华人民共和国个人所得税法》第一条)

2. 在中国境内无住所的个人，在中国境内居住累计满183天的年度连续不满6年的，经向主管税务机关备案，其来源于中国境外且由境外单位或者个人支付的所得，免予缴纳个人所得税；在中国境内居住累计满183天的任一年度中有一次离境超过30天的，其在中国境内居住累计满183天的年度的连续年限重新起算。(《中华人民共和国个人所得税法实施条例》第四条)

3. 在中国境内无住所的个人，在一个纳税年度内在中国境内居住累计不超过90天的，其来源于中国境内的所得，由境外雇主支付并且不由该雇主在中国境内的机构、场所负担的部分，免予缴纳个人所得税。(《中华人民共和国个人所得税法实施条例》第五条)

4. 《财政部 国家税务总局关于非居民个人和无住所居民个人有关个人所得税政策的公告》(财政部 税务总局公告2019年第35号)中对在中国境内无住所的个人取得工资薪金所得的个人所得税有关规定，详见表7-1。

表7-1 中国境内无住所的个人取得工资薪金所得的个人所得税有关规定

情形	规定
非居民个人境内居住时间累计不超过90天的情形	在一个纳税年度内，在境内累计居住不超过90天的非居民个人，仅就归属于境内工作期间并由境内雇主支付或者负担的工资薪金所得计算缴纳个人所得税
非居民个人境内居住时间累计超过90天不满183天的情形	在一个纳税年度内，在境内累计居住超过90天但不满183天的非居民个人，取得归属于境内工作期间的工资薪金所得，均应当计算缴纳个人所得税；其取得归属于境外工作期间的工资薪金所得，不征收个人所得税

二、主要检查方法

在判定纳税义务人纳税身份时，通常会出现居民纳税人和非居民纳税人划分不清、居民纳税人和非居民纳税人义务划分不清、年收入超过12万元的纳税人未办理纳税申报等一系列问题。此时可采取以下方法进行检查判定：

(1) 对在中国境内任职的外籍人员，检查其与任职单位签署的合同、薪酬发放资料，对照个人护照记录，到进出境机关核实了解进出境时间，并根据相关税收协定的规定，判断其属于居民纳税人还是非居民纳税人。

（2）检查居民纳税人在境内和境外取得的所得是否履行纳税义务时，需要通过与国际税收管理部门进行情报交换，调查其在境外取得所得的情况，核对其境内和境外取得所得的申报资料，从中发现疑点，并将相关疑点呈交国际税收管理部门，由其负责查询个人所得税境外缴纳情况，确定是否存在居民纳税人按非居民纳税人履行纳税义务的情况。

（3）检查企业"应付职工薪酬""应付利息""财务费用"等账户，通过相关部门查询纳税人买卖股票、证券、基金及福利彩票等所得，特别是对于在两处以上兼职取得收入的个人要采取函证、协查或实地核查等方式，检查确认个人在一个纳税年度取得的各项所得汇总是否达到 12 万元以上，是否按规定进行申报。

（4）外籍个人在境内担任企业董事或高层管理职务，在境内连续或累计居住超过 90 日，或在税收协议规定期间在境内连续累计居住超过 183 日但不满 1 年的个人，是否对来源于中国境内而境外支付的所得一并申报纳税。

（5）对于居民纳税人来源于中国境外的应税所得，按照该国税法规定实际已缴纳的个人所得额，核查是否持有完税凭证原件，扣除额是否超过按税法规定计算的扣除限额。

第二节　扣缴义务人的检查

一、政策依据

居民个人取得综合所得，按年计算个人所得税；有扣缴义务人的，由扣缴义务人按月或者按次预扣预缴税款；需要办理汇算清缴的，应当在取得所得的次年 3 月 1 日至 6 月 30 日内办理汇算清缴。预扣预缴办法由国务院税务主管部门制定。

居民个人向扣缴义务人提供专项附加扣除信息的，扣缴义务人按月预扣预缴税款时应当按照规定予以扣除，不得拒绝。

非居民个人取得工资、薪金所得、劳务报酬所得、稿酬所得和特许权使用费所得，有扣缴义务人的，由扣缴义务人按月或者按次代扣代缴税款，不办理汇算清缴。（《中华人民共和国个人所得税法》第十一条）

扣缴义务人向个人支付应税款项时，应当依照个人所得税法规定预扣

或者代扣税款，按时缴库，并专项记载备查。前款所称支付，包括现金支付、汇拨支付、转账支付和以有价证券、实物以及其他形式支付。(《中华人民共和国个人所得税法实施条例》第二十四条)

二、会计核算

扣缴义务人代扣代缴个人所得税会计核算如下：扣税时，借记"应付职工薪酬""应付股息""利润分配"等科目，贷记"应交税费——应交个人所得税"科目。解缴税款时，借记"应交税费——应交个人所得税"科目，贷记"银行存款"科目。

三、主要检查方法

在对扣缴义务人进行纳税检查时，可能会出现扣缴义务人未按规定代扣税款、代扣的税款未按规定期限解缴入库等情况，通常情况下采取下列方法进行检查：

(1) 检查"应付职工薪酬""应交税费——应交个人所得税"等明细账，审查职工薪酬发放单，核实职工的月工资、薪金收入，对达到征税标准的，扣缴义务人是否按规定履行代扣税款义务。

(2) 检查"生产成本""管理费用""销售费用"等明细账，核查企业是否有支付给临时外聘的技术人员的业务指导费、鉴定费，是否有列支的邀请教授、专家的授课培训费、评审费等，是否按规定履行代扣税款义务。

(3) 检查"利润分配——应付股利""财务费用"等账户，核实对支付给个人的股息、红利、利息是否全额计算扣缴税款。在对金融机构检查时，检查支付给个人的储蓄存款利息是否按规定履行代扣代缴税款义务，是否及时解缴代扣税款。

(4) 检查直接在各成本、费用账户中列支或通过其他渠道间接支付给员工的各种现金、实物和有价证券等薪酬，是否按规定全部合并到工资、薪金中一并计算应扣缴的税款。

(5) 检查企业"应交税费——应交个人所得税"明细账户、员工薪酬收入明细表和个人所得税扣缴情况报告表及完税证或缴款书，查看账表数额是否相符，代扣税款是否正确、完整，是否按规定期限解缴税款。

(6) 检查是否根据人力资源部门计算的工资单，计算应纳的个人所得税金额，并在发放工资时，扣除个人所得税的相应金额。

(7) 检查计算个人所得税适用的税率和速算扣除数是否正确。

(8) 检查是否按照税法规定填写纳税申报表,定期向税务机关纳税。

(9) 检查有无扩大减除费用标准或分次多扣费用,防止漏缴或少缴税款。

第三节 征税范围的检查

一、政策依据

(1) 根据《中华人民共和国个人所得税法》第二条的规定,下列各项个人所得,应当缴纳个人所得税:①工资、薪金所得;②劳务报酬所得;③稿酬所得;④特许权使用费所得;⑤经营所得;⑥利息、股息、红利所得;⑦财产租赁所得;⑧财产转让所得;⑨偶然所得。居民个人取得前款第一项至第四项所得(以下简称"综合所得"),按纳税年度合并计算个人所得税;非居民个人取得前款第一项至第四项所得,按月或者按次分项计算个人所得税。纳税人取得前款第五项至第九项所得,依照本法规定分别计算个人所得税。

(2) 根据《国务院关于个人独资企业和合伙企业征收所得税问题的通知》(国发〔2000〕16号)的规定:自2000年1月1日起,对个人独资企业和合伙企业停止征收企业所得税,其投资者的生产经营所得,比照个体工商户的生产、经营所得征收个人所得税。

(3)《中华人民共和国个人所得税法条例》第六条明确规定了各项个人所得的征税范围,详见表7-2。

表7-2 个人所得的征税范围

项 目	征税范围
工资、薪金所得	指个人因任职或者受雇取得的工资、薪金、奖金、年终加薪、劳动分红、津贴、补贴以及与任职或者受雇有关的其他所得
劳务报酬所得	指个人从事劳务取得的所得,包括从事设计、装潢、安装、制图、化验、测试、医疗、法律、会计、咨询、讲学、翻译、审稿、书画、雕刻、影视、录音、录像、演出、表演、广告、展览、技术服务、介绍服务、经纪服务、代办服务以及其他劳务取得的所得

续表

项　目	征税范围
稿酬所得	指个人因其作品以图书、报刊等形式出版、发表而取得的所得
特许权使用费所得	指个人提供专利权、商标权、著作权、非专利技术以及其他特许权的使用权取得的所得；提供著作权的使用权取得的所得，不包括稿酬所得
经营所得	1. 个体工商户从事生产、经营活动取得的所得，个人独资企业投资人、合伙企业的个人合伙人来源于境内注册的个人独资企业、合伙企业生产、经营的所得 2. 个人依法从事办学、医疗、咨询以及其他有偿服务活动取得的所得 3. 个人对企业、事业单位承包经营、承租经营以及转包、转租取得的所得 4. 个人从事其他生产、经营活动取得的所得
利息、股息、红利所得	指个人拥有债权、股权等而取得的利息、股息、红利所得
财产租赁所得	指个人出租不动产、机器设备、车船以及其他财产取得的所得
财产转让所得	指个人转让有价证券、股权、合伙企业中的财产份额、不动产、机器设备、车船以及其他财产取得的所得
偶然所得	指个人得奖、中奖、中彩以及其他偶然性质的所得

二、常见涉税问题

（1）劳务报酬所得和工资、薪金所得相混淆。

（2）个体工商户生产、经营所得和承包、承租所得相混淆。

（3）承包、承租人对企业经营成果不拥有所有权，错按承包、承租所得缴纳个人所得税。

（4）将提供著作权所得错按稿酬所得申报缴纳个人所得税。

（5）其他所得和偶然所得相混淆。

（6）利息、股息、红利性质的所得和工资、薪金所得相混淆。

三、主要检查方法

（一）劳务报酬所得和工资、薪金所得征税范围的检查

通过检查员工薪酬发放花名册、签订的劳动用工合同和在社保机构缴纳养老保险金的人员名册等相关资料，核实个人与接受劳务的单位是否存

第七章 个人所得税检查方法

在雇佣与被雇佣关系，确定其取得的所得是属于工资、薪金所得还是劳务报酬所得。如存在雇佣与被雇佣的关系，其所得应按工资、薪金所得的范围征税；如果是独立个人提供有偿劳务，不存在雇佣与被雇佣的关系，其所得应属于劳务报酬所得的征税范围。

（二）个体工商户的生产、经营所得征税范围的检查

查看经营者工商营业执照的性质是否为个体工商户，实地调查，确定是否为个人自负盈亏经营，检查个体经营者的生产经营情况，查阅会计核算账簿，核实收入、成本、利润、税金是否真实，是否有隐瞒收入、加大成本、虚假申报的问题；核实是否有与生产经营无关的其他应税项目所得混同个体工商户生产、经营所得计税，如从联营企业分回的利润按照"个体工商户生产、经营所得"申报，而未按"利息、股息、红利所得"申报。

（三）企事业单位的承包经营、承租经营所得征税范围的检查

根据承包（承租）合同内容、经营者的实际承包（承租）方式、性质和收益归属、工商登记情况确定是否属于企事业单位的承包经营、承租经营所得项目的征税范围。在检查中，一是审查被承包、承租企业的工商登记执照的性质，确认该企业发包或出租前后的变更情况。如工商登记仍为企业的，则应进一步审查其是否首先按规定申报企业所得税，然后按照承包、承租经营合同（协议）规定取得的所得申报个人所得税；如果工商登记已改变为个体工商户的，则应审查是否按个体工商户生产、经营所得项目申报个人所得税。二是审查承包（租）人与发包（出租）方签订的承包（租）合同，如果承包、承租人对企业经营成果不拥有所有权，仅是按合同（协议）规定取得一定所得的，则确定承包（租）人取得的所得是属于工资、薪金所得的征税范围；如果承包、承租人按合同（协议）的规定只向发包、出租方交纳一定费用后，企业经营成果归其所有的，则承包、承租人取得的所得属于对企事业单位承包经营、承租经营所得的征税范围。

（四）稿酬所得和特许权使用费所得征税范围的检查

检查出版单位账簿明细，结合相关的合同、协议，查看原始的支付凭证，按照经济行为的实质，分析、核实支付给个人的报酬属于特许权使用费所得征税范围还是稿酬所得征税范围。若作者将其作品的使用权因出版、发表而提供给他人使用，则此项所得属稿酬所得的征税范围。若作者

纳税检查

将自己的文字作品手稿原件或复印件公开竞价拍卖而取得的所得，属于转让个人著作的使用权，则此项所得属于特许权使用费所得的征税范围。

(五) 利息、股息、红利所得征税范围的检查

检查"应付股利""应付利息""财务费用"等账户，对照扣缴个人所得税税款报告表、支付个人收入明细表等，核实企业有无把支付的利息、股息、红利性质的所得按照工资、薪金所得，少代扣代缴个人所得税；是否把不属于减税或免税范围的利息、股息、红利所得作为减税或免税处理，少代扣或未代扣代缴个人所得税。

第四节　计税依据的检查

一、工资、薪金所得计税依据的检查

(一) 政策依据

1. 根据《中华人民共和国个人所得税法》第六条第一款规定：居民个人的综合所得，以每一纳税年度的收入额减除费用6万元以及专项扣除、专项附加扣除和依法确定的其他扣除后的余额，为应纳税所得额。

2. 根据《中华人民共和国个人所得税法》第六条第二款规定：非居民个人的工资、薪金所得，以每月收入额减除费用5 000元后的余额为应纳税所得额；劳务报酬所得、稿酬所得、特许权使用费所得，以每次收入额为应纳税所得额。

3. 根据《中华人民共和国个人所得税法实施条例》第六条第一款规定：工资、薪金所得，是指个人因任职或者受雇取得的工资、薪金、奖金、年终加薪、劳动分红、津贴、补贴以及与任职或者受雇有关的其他所得。

4. 根据《中华人民共和国个人所得税法实施条例》第十三条规定：依法确定的其他扣除，包括个人缴付符合国家规定的企业年金、职业年金，个人购买符合国家规定的商业健康保险、税收递延型商业养老保险的支出，以及国务院规定可以扣除的其他项目。

专项扣除、专项附加扣除和依法确定的其他扣除，以居民个人一个纳税年度的应纳税所得额为限额；一个纳税年度扣除不完的，不结转以后年度扣除。

(二) 常见涉税问题

1. 少报、瞒报职工薪酬或虚增人数分解薪酬。
2. 自行扩大工资、薪金所得的税前扣除项目。
3. 从两处或两处以上取得收入未合并纳税。

(三) 主要检查方法

工资、薪金所得，是指个人因任职或者受雇而取得的工资、薪金、奖金、年终加薪、劳动分红、津贴、补贴以及与任职或者受雇有关的其他所得。

1. 个人工资、薪金所得检查。注意检查"应付职工薪酬"账户。"应付职工薪酬"账户核算应付给职工个人的各种工资、奖金、津贴等。检查时应根据会计记账凭证，核对各种津贴、补贴、奖金的发放是否正确。

注意检查"应付职工薪酬——职工福利费"账户。检查有无通过该账户发放现金和实物。对发放的实物应折合为现金计入个人工资、现金所得。

检查"管理费用""销售费用"账户，检查企业有无将管理部门、销售部门人员的奖金、补贴计入该账户，从而不计入"应付职工薪酬"账户，偷欠个人所得税。

检查企业往来账户，检查企业有无通过往来账户，私设"小金库"而乱发奖金和实物。

检查"盈余公积""利润分配"账户，检查企业有无从该账户中提取奖金，不通过"应付职工薪酬"科目。

工资、薪金所得检查，主要是检查企业的工资费用，即人工费。在个人所得税工资、薪金检查中，还要注意检查企业是否按规定时间代扣代缴了个人所得税，主要通过检查企业"应交税金——应交个人所得税"账户，借方累计发生额为实际缴纳的个人所得税，贷方累计发生额为本期实际扣缴的税额，贷方余额为已扣尚未缴纳的金额。

2. 计算企业代扣税款。

(1) 对一次取得的数月奖金、年终加薪或劳动分红，符合《国家税务总局关于调整个人取得全年一次性奖金等计算征收个人所得税方法问题的通知》(国税发〔2005〕9号) 规定的，在2021年12月31日前不并入当年综合所得，按以下计税办法，由扣缴义务人发放时代扣代缴：

①先将雇员取得的全年一次性奖金除以12个月，按其得到的数额对

照《财政部 税务总局关于个人所得税法修改后有关优惠政策衔接问题的通知》(财税〔2018〕164号) 所附按月换算后的综合所得税税率表, 确定适用税税率和速算扣除数。

②将雇员取得的全年一次性奖金, 按照上述第①条确定的适用税率和速算扣除数计算征税。适用公式为:

$$应纳税额=全年一次性奖金收入\times适用税率-速算扣除数$$

(2) 对实行年薪制的企业经营者取得的工资、薪金所得应纳税款的计算, 按上述第 (1) 条的①②条规定执行。

(3) 雇主为雇员负担全部或部分个人所得税款, 应将纳税人的不含税收入换算为应纳税所得额, 然后再计算应纳税额。

(4) 自2022年1月1日起, 居民个人取得全年一次性奖金, 应并入当年综合所得计算缴纳个人所得税。

二、个体工商户的生产、经营所得计税依据的检查

个体工商户生产、经营所得是指个体工商户、个人独资企业和合伙企业从事工业、手工业、建筑业、交通运输业、商业、饮食业、服务业、修理业及其他行业生产、经营取得的收入。

(一) 对个体工商户检查

个体工商户, 其生产经营所得是以每一纳税年度的收入总额减除成本、费用以及损失后的余额。收入总额是指个体工商户从事生产、经营以及与生产经营有关的活动所取得的各项收入, 包括主营业务收入、其他业务收入、投资收益和营业外收入。收入的确认原则按权责发生制原则处理。

允许扣除的成本、费用、损失和税金要严格按照《国家税务总局个体工商户个人所得税计税办法》(国家税务总局令第35号) 的规定, 确定税前扣除标准。

对个体工商户检查, 应注意以下几个方面:

1. 税前扣除项目检查。个体工商户在生产经营中的借款利息支出, 超过中国人民银行规定的同类、同期贷款利率计算的数额部分, 不得扣除。

个体工商户发生的与生产经营有关的修理费用, 可以据实扣除; 对修理费用发生不均衡或数额较大的, 应分期扣除。

个体工商户以经营租赁方式租入固定资产的租赁费, 可以据实扣除;

第七章 个人所得税检查方法

对以融资租赁方式租入固定资产的租赁费不得直接扣除,但可按规定提取折旧。

个体工商户实际发生的与生产经营有关的业务招待费,在其当年销售(营业)收入总额的5‰以内据实扣除。

个体工商户通过公益性社会团体或者县级以上人民政府及其部门,用于规定的公益性救济捐赠,在应纳税所得额30%以内的部分允许据实扣除,超过部分不得扣除。但对青少年活动场所以及中国红十字会的公益性捐赠允许全额扣除。个体工商户直接给受益人的捐赠不得扣除。

被没收财物、支付的罚款、税收的滞纳金、各种赞助支出、分配给投资者的股利不得在税前扣除。

2. 应纳税额检查。企业在年度中间开业,或由于合并、注销等原因,该纳税年度的实际经营期不足12个月的,应当以其实际经营期为一个纳税年度。

投资者来源于境外的生产经营所得,已在境外缴纳所得税的,按照个人所得税法,可以扣除已在境外缴纳的所得税。

(二) 对个人独资企业和合伙企业检查

《国务院关于个人独资企业和合伙企业征收所得税问题的通知》(国发〔2000〕16号)规定,个人独资企业和合伙企业自2000年1月1日起不再征收企业所得税。对个人所得税的征收检查,应注意以下几个方面。

1. 企业实际发生的工会经费、职工福利费、职工教育经费分别在工资薪金总额的2%、14%、1.5%的标准内据实扣除。

2. 个体工商户每一纳税年度发生的与其生产经营活动直接相关的广告费和业务宣传费不超过当年销售(营业)收入15%的部分,可以据实扣除;超过部分,准予在以后纳税年度结转扣除。

3. 各种准备金的计提不得扣除。

4. 个人独资企业和合伙企业对外投资分回的利息或者股息、红利,不并入企业的收入总额,而应单独作为投资者个人取得的利息、股息、红利所得,按"利息、股息、红利所得"计算缴纳个人所得税。

5. 投资者兴办两个或两个以上的个人独资企业,应以所有企业的应纳税所得总额确定适用税率,用本企业的应纳税所得额计算应缴税款,办理汇算清缴。具体计算方法为:

投资者合计应纳个人所得税=所有企业应纳税所得总额×适用税率-速算扣除数

本企业应纳个人所得税＝投资者合计应纳个人所得税×本企业应纳税所得额÷所有企业应纳税所得总额

或者

本企业应纳个人所得税＝本企业应纳税所得额×按所有企业应纳税所得总额对应的税率－（本企业应纳税所得额÷所有企业应纳税所得总额）×速算扣除数

三、企事业单位的承包经营、承租经营所得计税依据的检查

（一）承包后未改变企业性质的检查

1. 承包收入的检查。
2. 费用扣除的检查。

（二）承包后改变企业性质的检查

纳税人承包后将被承包企业改变为个体业户性质的，其取得的承包、承租所得，税额计算方法及检查方法同个体工商业户。

四、劳务报酬所得计税依据的检查

（1）证券业外聘专家做讲座或当业务顾问等，是否足额代扣代缴其个人所得税。

（2）查核企业以组织境内外免费培训班、研讨会、工作考察等形式，对本企业非雇佣的其他营销人员业绩进行奖励（包括实物、有价证券等），是否作为其他营销人员当期的劳务收入，按照"劳务报酬所得"项目扣缴个人所得税。《财政部 国家税务总局关于企业以免费旅游方式提供对营销人员个人奖励有关个人所得税政策的通知》（财税〔2004〕11号）

（3）查核企业董事担任董事职务（不在公司任职）所取得的董事费收入，是否错用所得项目征税，应属于劳务报酬所得性质，按照劳务报酬所得项目扣缴个人所得税。《国家税务总局关于明确个人所得税若干政策执行问题的通知》（国税发〔2009〕121号）

（4）查核证券经纪人佣金收入是否按照"劳务报酬所得"项目扣缴个人所得税，保险营销员、证券经纪人取得的佣金收入属于劳务报酬所得，以不含增值税的收入减除20%的费用后的余额为收入额，收入额减去展业成本以及附加税费后，并入当年综合所得，计算缴纳个人所得税。保险营销员、证券经纪人展业成本按照收入额的25%计算。《财政部关于个

人所得税法修改后有关优惠政策衔接问题的通知》（财税〔2018〕164号）

五、利息、股息、红利所得计税依据的检查

利息、股息、红利所得是指个人拥有债权、股权而取得的利息、股息和红利所得。利息一般是指存款、贷款和债券的利息；股息是指个人拥有股权而取得的公司、企业分红，按照一定比率派发的每股息金；红利是指根据公司、企业应分配的超过股息部分的利润，按股派发的红股。

税法规定，利息、股息、红利所得以个人每次取得的收入额为应纳税所得额，不得从收入中扣除任何费用。这里每次收入是指支付单位或个人每次支付利息、股息、红利时，个人所取得的收入。

对于股份制企业在分配股息、红利时，以股票形式向股东个人支付应得的股息、红利，应以派发红股的股票票面金额为收入额。

利息、股息、红利所得检查，应注意以下几个方面：

（1）企业向职工或其他个人集资，支付的利息应按规定代扣代缴个人所得税。

（2）对企业向参股的职工或其他个人支付的股息、红利收入，均按全额扣缴个人所得税。

（3）个人从银行储蓄存款中取得的利息收入，应缴纳个人所得税，税款由储蓄机构代扣代缴。

（4）单位为个人负担全部或部分个人所得税，应将支付额作为不含税收入换算成含税收入后，再计算应纳税额。

第五节　税收优惠的检查

一、政策依据

（1）《中华人民共和国个人所得税法》。

（2）《中华人民共和国个人所得税法实施条例》。

（3）《财政部　国家税务总局关于个人所得税若干政策问题的通知》（财税字〔1994〕20号）。

（4）《财政部　国家税务总局关于农村税费改革试点地区有关个人所得税问题的通知》（财税〔2004〕30号）。

(5)《财政部 国家税务总局关于个人独资企业和合伙企业投资者取得种植业、养殖业饲养业、捕捞业所得有关个人所得税问题的批复》（财税〔2010〕96号）。

(6)《国务院关于高级专家离休退休若干问题的暂行规定》（国发〔1983〕141号）。

(7)《中华人民共和国领事特权与豁免条例》。

(8)《中华人民共和国外交特权与豁免条例》。

二、常见涉税问题

(1) 企业管理层个人因经营业绩突出获得的政府一次性奖励，混同免税所得，未申报个人所得税。

(2) 企业超标准计提福利费、工会经费来发放职工福利，或使用福利费、工会经费为员工发放人人有份的实物福利，混同免税所得，未代扣个人所得税。

(3) 以"困难补助"名义发放福利或单位为个人购买汽车、住房、电子计算机等不属于临时性生活困难补助性质的支出，混同免税所得，未代扣个人所得税。

(4) 故意扩大免税基数、减税基数，少代扣个人所得税。

(5) 高级专家的非免税收入，未被扣缴或未自行申报个人所得税。

(6) 个人出售商业用房取得的所得，未按规定缴纳个人所得税。

三、主要检查方法

（一）检查奖金发放

1. 检查政府的有关文件中政府奖励的人员名单。

2. 检查是否存在奖励混同免税所得未扣缴个人所得税。重点检查"其他应付款""其他应收款""银行存款""库存现金"等账户，与此同时核查个人所得税扣缴税款报告表中是否存在奖励混同免税所得未扣缴个人所得税的情形。

（二）检查福利发放

1. 检查"应付职工薪酬——职工福利费""应付职工薪酬——工会经费"等账户，检查是否超标准计提，有无人人有份的补贴、补助，有无采取实物方式发放福利等情况，未扣缴个人所得税。

2. 检查以"生活补助"名义发放的项目。逐项审核原始资料，核对受助人员是否符合条件，有无名为补助、实为变相福利的情况。

（三）检查员工薪酬

重点检查薪酬发放明细表，附加扣除项目是否按规定比例计算扣除，有无提高计算比例增加扣除额，是否变相为员工增加薪酬。

（四）检查高级专家相关费用

1. 检查聘用高级专家的延长离退休相关合同协议及薪酬发放明细，免税工薪所得之外的各种名目的津贴补贴收入等是否扣缴了个人所得税。

2. 检查高级专家在他处取得的培训费、讲课费、顾问费等的自行纳税申报情况。

3. 检查高级专家从两处以上取得所得的应税收入的自行纳税申报情况。

（五）检查商业住房项目

1. 检查是否存在扩大免税范围，根据个人出售商业用房取得的所得，不享受一年内换购住房退还保证金和自用5年以上的家庭唯一生活用房免税的政策，检查此类项目是否存在应缴未缴税款的情况。

2. 是否存在二手房转让未扣缴或未自行申报个人所得税的情况。

第六节 特殊计税方法的检查

一、工资薪金所得特殊计税方法的检查

（一）纳税人取得的全年一次性奖金的检查

1. 政策依据。全年一次性奖金是指行政机关、企事业单位等扣缴义务人根据其全年经济效益和对雇员全年工作业绩的综合考核情况，向雇员发放的一次性奖金。一次性奖金也包括年终加薪、实行年薪制和绩效工资办法的单位根据考核情况兑现的年薪和绩效工资。

居民个人取得全年一次性奖金，符合《国家税务总局关于调整个人取得全年一次性奖金等计算征收个人所得税方法问题的通知》（国税发〔2005〕9号）规定的，在2021年12月31日前，不并入当年综合所得，以全年一次性奖金收入除以12个月得到的数额，按照《财政部 税务总局关于个人所得税法修改后有关优惠政策衔接问题的通知》（财税〔2018〕

164号）所附按月换算后的综合所得税税率表，确定适用税率和速算扣除数，单独计算纳税。计算公式为：

$$应纳税额＝全年一次性奖金收入\times 适用税率-速算扣除数$$

居民个人取得全年一次性奖金，也可以选择并入当年综合所得计算纳税。自2022年1月1日起，居民个人取得全年一次性奖金，应并入当年综合所得计算缴纳个人所得税。

中央企业负责人取得年度绩效薪金延期兑现收入和任期奖励，符合《国家税务总局关于中央企业负责人年度绩效薪金延期兑现收入和任期奖励征收个人所得税问题的通知》（国税发〔2007〕118号）规定的，在2021年12月31日前，参照财税〔2018〕164号文上述规定执行；2022年1月1日之后的政策另行明确。

2. 常见涉税问题。

（1）一个年度内，多次使用全年一次性奖金计税方法。

（2）确定适用税率后，重复扣除"速算扣除数"，少缴个人所得税。

3. 主要检查方法。核查单位的个人所得税计算明细表，核实是否按税法规定正确计算扣缴税款，是否存在多次使用全年一次性奖金的计税办法，少计税款；是否存在将全年一次性奖金按所属月份分摊、重复减除费用、降低适用税率的现象。

（二）对个人取得的经济补偿金的检查

1. 政策依据。

（1）根据《财政部 国家税务总局关于个人与用人单位解除劳动关系取得的一次性补偿收入征免个人所得税问题的通知》（财税〔2001〕157号）规定：个人领取一次性补偿收入时按照国家和地方政府规定的比例实际缴纳的住房公积金、医疗保险费、基本养老保险费、失业保险费，可以在计征其一次性补偿收入的个人所得税时予以扣除。

（2）根据《财政部关于个人所得税法修改后有关优惠政策衔接问题的通知》（财税〔2018〕164号）规定：个人与用人单位解除劳动关系取得一次性补偿收入（包括用人单位发放的经济补偿金、生活补助费和其他补助费），在当地上年职工平均工资3倍数额以内的部分，免征个人所得税；超过3倍数额的部分，不并入当年综合所得，单独适用综合所得税率表，计算纳税。

个人办理提前退休手续而取得的一次性补贴收入，应按照办理提前退

休手续至法定离退休年龄之间实际年度数平均分摊,确定适用税率和速算扣除数,单独适用综合所得税率表,计算纳税。计算公式:

应纳税额={[(一次性补贴收入÷办理提前退休手续至法定退休年龄的实际年度数)-费用扣除标准]×适用税率-速算扣除数}×办理提前退休手续至法定退休年龄的实际年度数

个人办理内部退养手续而取得的一次性补贴收入,按照《国家税务总局关于个人所得税有关政策问题的通知》(国税发〔1999〕58号)规定计算纳税。

2. 常见涉税问题。虚增工作年限,提高当地上年平均工资标准,少缴个人所得税。

3. 主要检查方法。通过审核劳动合同,检查职工档案和缴纳劳动保险的时间来确认解除劳动关系的实际工作年限,确认是否虚构工作年限;到劳动部门、统计部门确认当地上年度职工平均工资、各项保险金金额,确定是否存在降低平均收入、少缴或不缴个人所得税的现象。

二、单位或个人为纳税人负担税款的检查

(一) 政策依据

1. 根据《国家税务总局关于印发〈征收个人所得税若干问题的规定〉的通知》(国税发〔1994〕89号)规定:单位或个人为纳税义务人负担个人所得税税款,应将纳税义务人取得的不含税收入换算为应纳税所得额,计算征收个人所得税。计算公式如下:

应纳税所得额=(不含税收入额-费用扣除标准-速算扣除数)÷(1-税率)　(7-1)

应纳税额=应纳税所得额×适用税率-速算扣除数　　　　　　　(7-2)

公式(7-1)中的税率,是指不含税级距对应的税率;公式(7-2)中的税率,是指含税级距对应的税率。

2. 实践中,有些雇主常为雇员负担全部或部分税款,这种情况不能以纳税人实际取得的收入直接乘以适用税率,计算应纳税额,否则就会缩小税基,降低适用税率。正确的方法是,将纳税人的不含税收入换算为应纳税所得额,然后再计算应纳税额,根据雇主负担税额的多少,分为如下几种情况。

(1)雇主为其雇员负担全部税款。根据《征收个人所得税若干问题的规定》第十四条的规定,单位或个人为纳税义务人负担个人所得税税款,

应将纳税义务人取得的不含税收入换算为应纳税所得额，计算征收个人所得税。计算公式如下：

应纳税所得额＝（不含税收入额－费用扣除标准－速算扣除数）÷（1－税率）

应纳税额＝应纳税所得额×适用税率－速算扣除数

"应纳税所得额"计算公式中的税率，是指不含税级距对应的税率；"应纳税额"计算公式中的税率，是指含税级距对应的税率。

（2）雇主为雇员定额负担部分税款。根据《国家税务总局关于雇主为其雇员负担个人所得税税款计征问题的通知》（国税发〔1996〕199号）第二条的规定，雇主为雇员定额负担部分税款的，应将雇员取得的工资薪金所得换算成应纳税所得额后，计算单位应当代扣代缴个人所得税。计算公式为：

应纳税所得额＝雇员取得的工资＋雇主雇员代雇员负担的税款－费用扣除标准

应纳税额＝应纳税所得额×适用税率－速算扣除数

（3）雇主为雇员定率负担部分税款。雇主为雇员定率负担部分税款，是指雇主为雇员负担一定比例的工资应纳的税款或者负担一定比例的实际应纳税款。此类情况，计算公式为：

应纳税所得额＝(未含雇主负担的税款的收入额－费用扣除标准－速算扣除数×负担比例)÷（1－税率×负担比例）

应纳税额＝应纳税所得额×适用税率－速算扣除数

（4）雇主为雇员负担超过原居住国的税款。有些外商投资企业和外国企业在华的机构场所，为其受派到中国境内工作的雇员负担超过原居住国的税款。例如：雇员在华应纳税额中相当于按其在原居住国税法计算的应纳税额部分（以下简称"原居住国税额"），仍由雇员负担并由雇主在支付雇员工资时从工资中扣除，代为缴纳；若按中国税法计算的税款超过雇员原居住国税额的，超过部分另外由其雇主负担。对此类情况，应按下列原则处理：

将雇员取得的不含税工资（即扣除了原居住国税额的工资），按公式"应纳税所得额＝（不含税收入额－费用扣除标准－速算扣除数）÷（1－税率）"换算成应纳税所得额，计算征收个人所得；如果计算出的应纳税所得额小于按该雇员的实际工资、薪金收入（即未扣除原居住国税额的工资）计算的应纳税所得额的，应按其雇员的实际工资薪金收入计算征收个人所得税。

（5）雇主负担税款的简便算法。由于"不含税收入（或支付金额）＋

雇主负担的税额=含税收入""应纳税所得额（含税）= 含税收入-费用扣除标准"，因此，任何不含税收入均可换算成含税收入，通过列方程来计算。

（二）常见涉税问题

单位或个人为纳税人负担税款，在计算扣缴个人所得税时，不进行还原计算，而是直接计算代扣个人所得税，少扣缴税款。

（三）主要检查方法

1. 对单位或个人作为纳税人的劳务报酬所得负担税款的检查。检查单位或个人与纳税人是否签订了代付税款合同或协议，区分纳税人申报的所得额是含税收入额还是不含税收入额，并据此确定相应的计税方法，防止扣缴义务人混淆这两种不同内涵的所得，少代扣代缴税款。

2. 对雇主为其雇员的工资、薪金所得负担税款的检查。首先，检查工资发放单，确定代扣个人所得税税款是个人负担还是单位负担。在确认由单位负担后，根据具体情况按税收政策规定的计算公式进行还原计算，确定实际应代扣代缴税款。

三、股票期权所得个人所得税的检查

《股权转让所得个人所得税管理办法（试行）》第四条规定：个人转让股权，以股权转让收入减除股权原值和合理费用后的余额为应纳税所得额，按"财产转让所得"缴纳个人所得税。合理费用是指股权转让时按照规定支付的有关税费。

第五条规定：个人股权转让所得个人所得税，以股权转让方为纳税人，以受让方为扣缴义务人。

第十一条明确了几种情形，主管税务机关可以核定股权转让收入：①申报的股权转让收入明显偏低且无正当理由的，如申报的股权转让收入低于股权对应的净资产份额的、低于初始投资成本的或者不具有合理性的无偿让渡股权或股份等情况；②未按照规定期限办理纳税申报，经税务机关责令限期申报，逾期仍不申报的；③转让方无法提供或拒不提供股权转让收入的有关资料；④其他应核定股权转让收入的情形。

第八章

企业所得税检查方法

第八章　企业所得税检查方法

第一节　企业所得税的一般规定

一、纳税人

按照《中华人民共和国企业所得税法》（以下简称《企业所得税法》）和《中华人民共和国企业所得税法实施条例》（以下简称《企业所得税法实施条例》）的规定，在中华人民共和国境内，企业和其他取得收入的组织（以下统称"企业"）为企业所得税的纳税人。

企业分为居民企业和非居民企业。《企业所得税法》所称居民企业，是指依法在中国境内成立，或者依照外国（地区）法律成立但实际管理机构在中国境内的企业。所称非居民企业，是指依照外国（地区）法律成立且实际管理机构不在中国境内，但在中国境内设立机构、场所的，或者在中国境内未设立机构、场所，但有来源于中国境内所得的企业。

在中国境内成立的企业，包括依照中国法律、行政法规在中国境内成立的企业、事业单位、社会团体以及其他取得收入的组织。依照外国（地区）法律成立的企业，包括依照外国（地区）法律成立的企业和其他取得收入的组织。实际管理机构，是指对企业的生产经营、人员、账务、财产等实施实质性全面管理和控制的机构。机构、场地，是指在中国境内从事生产经营活动的机构、场所，包括：管理机构、营业机构、办事机构；工厂、农场、开采自然资源的场所；提供劳务的场所；从事建筑、安装、装配、修理、勘探等工程作业的场所；其他从事生产经营活动的机构、场所。非居民企业委托营业代理人在中国境内从事生产经营活动的，包括委托单位或者个人经常代其签订合同，或者储存、交付货物等，该营业代理人视为非居民企业在中国境内设立的机构、场所。

二、扣缴义务人

对非居民企业取得《企业所得税法》第三条第三款规定的所得应缴纳的所得税，实行源泉扣缴，以支付人为扣缴义务人。支付人，是指依照有关法律规定或者合同约定对非居民企业直接负有支付相关款项义务的单位或者个人。

对非居民企业在中国境内取得工程作业和劳务所得应缴纳的所得税，

税务机关可以指定工程价款或者劳务费的支付人为扣缴义务人。

可以指定扣缴义务人的情形，包括：①预计工程作业或者提供劳务期限不足一个纳税年度，且有证据表明不履行纳税义务的。②没有办理税务登记或者临时税务登记，且未委托中国境内的代理人履行纳税义务的。③未按照规定期限办理企业所得税申报或者预缴申报的。前款规定的扣缴义务人，由县级以上税务机关指定，并同时告知扣缴义务人所扣税款的计算依据、计算方法、扣缴期限和扣缴方式。

三、征税对象规定

企业所得税征税对象是指企业或其他取得收入的组织的收益，包括生产经营所得和其他所得。

对居民企业，应当就其来源于中国境内、境外的所得缴纳企业所得税。非居民企业在中国境内设立机构、场所的，应当就其所设机构、场所取得来源于中国境内的所得，以及发生在中国境外但与其所设机构、场所有实际联系的所得，缴纳企业所得税。非居民企业在中国境内未设立机构、场所的，或者虽设立机构、场所但取得的所得与其所设机构、场所没有实际联系的，应当就其来源于中国境内的所得缴纳企业所得税。

来源于中国境内、境外的所得，按照以下原则确定：①销售货物所得，按照交易活动发生地确定。②提供劳务所得，按照劳务发生地确定。③转让财产所得，不动产转让所得按照不动产所在地确定，动产转让所得按照转让动产的企业或者机构、场所所在地确定，权益性投资资产转让所得按照被投资企业所在地确定。④股息、红利等权益性投资所得，按照分配所得的企业所在地确定。⑤利息所得、租金所得、特许权使用费所得，按照负担、支付所得的企业或者机构、场所所在地确定，或者按照负担、支付所得的个人的住所地确定。⑥其他所得，由国务院财政、税务主管部门确定。

四、适用税率规定

企业所得税的税率为25%。非居民企业适用税率为20%，减按10%的税率征收企业所得税。符合条件的小型微利企业，减按20%的税率征收企业所得税。国家需要重点扶持的高新技术企业，减按15%的税率征收企业所得税。

五、纳税地点规定

除税收法律、行政法规另有规定外，居民企业以企业登记注册地为纳税地点；但登记注册地在境外的，以实际管理机构所在地为纳税地点。居民企业在中国境内设立不具有法人资格的营业机构的，应当汇总计算并缴纳企业所得税。

《财政部 国家税务总局 中国人民银行关于印发〈跨省市总分机构企业所得税分配及预算管理办法〉的通知》（财预〔2012〕40号）规定，汇总纳税企业实行"统一计算、分级管理、就地预缴、汇总清算、财政调库"的企业所得税征收管理办法，总分机构统一计算的当期应纳税额的地方分享部分中，25%由总机构所在地分享，50%由各分支机构所在地分享，25%按一定比例在各地间进行分配。

非居民企业取得《企业所得税法》第三条第二款规定的所得，以机构、场所所在地为纳税地点。非居民企业在中国境内设立两个或者两个以上机构、场所的，符合国务院税务主管部门规定条件的，可以选择由其主要机构、场所汇总缴纳企业所得税。非居民企业取得转让财产所得，以扣缴义务人所在地为纳税地点。

六、纳税时限

企业所得税按纳税年度计算。纳税年度自公历1月1日起至12月31日止。企业在一个纳税年度中间开业，或者终止经营活动，使该纳税年度的实际经营期不足十二个月的，应当以其实际经营期为一个纳税年度。企业依法清算时，应当以清算期间作为一个纳税年度。

应当扣缴的所得税，扣缴义务人未依法扣缴或者无法履行扣缴义务的，由纳税人在所得发生地缴纳。纳税人未依法缴纳的，税务机关可以从该纳税人在中国境内其他收入项目的支付人应付的款项中，追缴该纳税人的应纳税款。

企业所得税分月或者分季预缴。企业应当自月份或者季度终了之日起十五日内，向税务机关报送预缴企业所得税纳税申报表，预缴税款。企业应当自年度终了之日起五个月内，向税务机关报送年度企业所得税纳税申报表，并汇算清缴，结清应缴应退税款。

扣缴义务人每次代扣的税款，应当自代扣之日起七日内缴入国库，并向所在地的税务机关报送扣缴企业所得税报告表。

纳税检查

第二节 企业收入总额的检查

一、政策依据

《企业所得税实施条例》规定，企业应纳税所得额的计算，以权责发生制为原则，属于当期的收入和费用，不论款项是否收付，均作为当期的收入和费用；不属于当期的收入和费用，即使款项已经在当期收付，均不作为当期的收入和费用。本条例和国务院财政、税务主管部门另有规定的除外。

企业发生非货币性资产交换，以及将货物、财产、劳务用于捐赠、偿债、赞助、集资、广告、样品、职工福利或者利润分配等用途的，应当视同销售货物、转让财产或者提供劳务，但国务院财政、税务主管部门另有规定的除外。

《企业所得税法》第六条所称企业取得收入的货币形式，包括现金、存款、应收账款、应收票据、准备持有至到期的债券投资以及债务的豁免等。《企业所得税法》第六条所称企业取得收入的非货币形式，包括固定资产、生物资产、无形资产、股权投资、存货、不准备持有至到期的债券投资、劳务以及有关权益。

企业以非货币形式取得的收入，应当按照公允价值确定收入额。所称公允价值，是指按照市场价格确定的价值。采取产品分成方式取得收入的，按照企业分得产品的日期确认收入的实现，其收入额按照产品的公允价值确定。企业所得以人民币以外的货币计算的，预缴企业所得税时，应当按照月度或者季度最后一日的人民币汇率中间价，折合成人民币计算应纳税所得额。年度终了汇算清缴时，对已经按照月度或者季度预缴税款的，不再重新折合计算，只就该纳税年度内未缴纳企业所得税的部分，按照纳税年度最后一日的人民币汇率中间价，折合成人民币计算应纳税所得额。经税务机关检查确认，企业少计或者多计前款规定的所得的，应当按照检查确认补税或者退税时的上一个月最后一日的人民币汇率中间价，将少计或者多计的所得折合成人民币计算应纳税所得额，再计算应补缴或者应退的税款。

企业与其关联方之间的业务往来，不符合独立交易原则而减少企业或者其关联方应纳税收入或者所得额的，税务机关有权按照合理方法调整。

（1）销售货物收入，是指企业销售商品、产品、原材料、包装物、低值易耗品以及其他存货取得的收入。以分期收款方式销售货物的，按照合同约定的收款日期确认收入的实现。

（2）提供劳务收入，是指企业从事建筑安装、修理修配、交通运输、仓储租赁、金融保险、邮电通信、咨询经纪、文化体育、科学研究、技术服务、教育培训、餐饮住宿、中介代理、卫生保健、社区服务、旅游、娱乐、加工以及其他劳务服务活动取得的收入。

（3）企业从事建筑、安装、装配工程业务或者提供其他劳务等，持续时间超过12个月的，按照纳税年度内完工进度或者完成的工作量确认收入的实现。

（4）股息、红利等权益性投资收益，是指企业因权益性投资从被投资方取得的收入。股息、红利等权益性投资收益，除国务院财政、税务主管部门另有规定外，按照被投资方作出利润分配决定的日期确认收入的实现。

（5）利息收入，是指企业将资金提供给他人使用但不构成权益性投资，或者因他人占用本企业资金取得的收入，包括存款利息、贷款利息、债券利息、欠款利息等收入。按照合同约定的债务人应付利息的日期确认收入的实现。

（6）租金收入，是指企业提供固定资产、包装物或者其他有形资产的使用权取得的收入。按照合同约定的承租人应付租金的日期确认收入的实现。

（7）特许权使用费收入，是指企业提供专利权、非专利技术、商标权、著作权以及其他特许权的使用权取得的收入。按照合同约定的特许权使用人应付特许权使用费的日期确认收入的实现。

（8）接受捐赠收入，是指企业接受的来自其他企业、组织或者个人无偿给予的货币性资产、非货币性资产。按照实际收到捐赠资产的日期确认收入的实现。

（9）其他收入，是指企业取得的除上述八项收入以外的其他收入，包括企业资产溢余收入、逾期未退包装物押金收入、确实无法偿付的应付款项、已作坏账损失处理后又收回的应收款项、债务重组收入、补贴收入、违约金收入、汇兑收益等。

二、会计核算

销售货物或接受捐赠的会计处理。企业按已收、应收或实际收到捐赠资产的合同或协议价款确定收入金额。发生销售货物时,借记"银行存款""库存现金""应收账款""应收票据""库存商品""原材料"等科目,贷记"主营业务收入""其他业务收入""营业外收入"等科目,同时按应收取的增值税税额,贷记"应交税费——应交增值税(销项税额)"科目。

长期股权投资采用成本法核算的会计处理。企业按被投资单位宣告发放的现金股利或利润中属于本企业的部分,借记"应收股利"科目,贷记"投资收益"科目;属于被投资单位在取得本企业投资前实现净利润的分配额,应作为投资成本的收回,借记"应收股利"等科目,贷记"长期股权投资"科目。

长期股权投资采用权益法核算的会计处理。根据被投资单位实现的净利润或经调整的净利润计算应享有的份额,借记"长期股权投资——损益调整"科目,贷记"投资收益"科目。被投资单位发生净亏损的,比照"长期股权投资"科目的相关规定进行处理。

其他收入的会计处理。企业应按计算确定的收入金额,借记"银行存款""库存现金""应收账款""预收账款"等科目,贷记"主营业务收入""其他业务收入"等科目。

三、常见涉税问题

企业所得税收入总额检查发现的常见涉税问题主要包括:收入计量不准、隐匿实现的收入、实现收入入账不及时、视同销售行为未作纳税调整等。

四、主要检查方法

(一)收入计量不准的检查

审查购销、投资等合同类资料以及资金往来的相关记录,分析"主营业务收入""投资收益"等账户借方发生额和红字冲销额,查证收入项目、内容、单价、数量、金额等是否准确。

检查价外费用是否全额入账;重点检查"其他应收款"和"其他应付

款"账户,看是否有挂账欠款,看其对应账户是否和货币资金的流入或债权"应收账款"账户的借方增加额发生往来。审核"生产成本""制造费用""管理费用""财务费用"等账户的借方发生额红字的冲销记录,是否存在价外收费直接冲抵成本、费用的问题。

（二）隐匿收入的检查

将"库存商品""原材料"等明细账和仓库保管账相核对,结合"主营业务收入""其他业务收入"明细账,查实企业自制半成品、副产品、下脚料等是否有隐匿收入的情况。

通过实地查看,了解实际经营项目,核实与收入明细账中的具体项目是否一致,通过排查各种疑点,察看有无"厂中厂""店中店"的问题。采取突击检查方式,查实是否存在账外经营、私设账簿等隐匿收入的问题。

对往来账户中长期挂账和长期投资中无收益的大额资金等进行追踪检查,确需必要时,履行必要的手续后,可以检查主要经营管理人员存款账户及其办理的相关的银联金卡、银卡等,查清资金的真实去向,落实资金的实际用途,核实有无账外经营问题。

（三）对劳务收入的检查

检查"主营业务收入""其他业务收入""主营业务成本""其他业务成本"等账户,重点审查应收未收的合同或协议价款是否全额结转了当期收入总额。

对从事建筑、安装、装配工程业务或者提供劳务等,持续时间超过12个月的,重点审查纳税年度结束时当期劳务收入总额、完工进度,运用测量的已完成工作量,确定已经提供的劳务占应提供劳务总量的比例,已经发生的成本占估计总成本的比例等,确认计入劳务收入金额的准确性。

对实行差额结转劳务收入的,审查扣除劳务项目的金额是否合理、抵扣的凭证是否合法有效。对已经发生的劳务成本预计能够得到补偿的,检查企业是否按劳务成本金额确认收入,并按相应金额结转劳务成本。

（四）对租金收入的检查

对照企业的房产、土地、机器设备等所有权属证明,通过实地查看,核查企业各种财产的实际使用情况,核实财产是否存在出租出借现象。有财产租赁行为的,通过对企业合同协议的检查,掌握企业对外租赁业务的真实情况,检查企业对外租赁业务的会计处理是否真实、完整。对出

租包装物的检查，要结合销售合同和账面记载出租包装物的流向，通过实地盘存法，核对出租包装物进销存情况，确认出租包装物核算是否正确。

（五）对特许权使用费收入的检查

通过检查专利权、非专利技术、商标权、著作权转让合同，确定企业特许权使用费转让的金额、结算方式、结算时间等内容。检查"其他业务收入""其他业务成本"等账户，审核有无隐瞒、截留、挪用特许权使用费收入，以收抵支或直接冲减成本的情况。必要时到权属证书的发放部门调查取证，查实商标权等权利的许可使用情况。

（六）对接受捐赠收入的检查

检查所有捐赠业务往来科目明细账及记账原始凭据，审查企业是否存在将接受的捐赠收入长期挂往来账户未结转损益的问题，结合资产的增减变动，重点审查企业是否存在取得捐赠收入不入账的情况。

检查"营业外收入""资本公积"明细账，查验有无接受非货币性捐赠的情况，落实取得的非货币性收入的计价依据，与同类物品的市场价格或公允价格进行对比，对其差价进行纳税调整。

（七）对其他收入的检查

审查企业"其他应付款——包装物押金""营业外收入""管理费用""销售费用""财务费用"等相关账户，特别注意非对应账户间的会计核算，审核合同协议，必要时可到经营业务相关方外调核查，取得企业发生其他收入的证据，对照其账务处理，核实企业有无少计或不计收入，以及将收入挂账的问题。

检查"其他应付款"明细账，对长期未支付的大额款项进行调查，确实无法偿付的要计入收入。检查企业"其他应付款——包装物押金"明细账中包装物押金的收取情况，对照企业合同协议有关包装物押金处理的约定，核实是否存在逾期未退押金未作收入处理的情况。

（八）实现收入入账不及时的检查

检查企业往来类、资本类等账户，对长期挂账不作处理的账项进行重点核实，检查是否存在收入记入往来账、不及时确认收入的情况。结合成本类账户，通过收入与成本配比性的检查，对长期挂往来科目预收性质的收入逐项核实，并通过审阅合同或协议，查实有无未及时确认收入的问题。

第八章　企业所得税检查方法

（九）视同销售行为的检查

检查企业有无将企业的产品、商品用于基本建设、专项工程、职工福利等未作视同销售处理。检查企业有无将自产产品用于管理部门、非生产机构、集资、广告、赞助、样品、职工奖励等未作视同销售处理。检查企业有无用非货币性资产对外投资、偿债或对外捐赠等未作视同销售处理。

对房地产开发企业除应将开发产品用于对外投资、职工福利、偿债或对外捐赠业务按规定视同销售外，还要重点检查开发产品结转去向，确定有无将开发产品转作固定资产或分配给股东、投资人，或换取其他单位和个人非货币性资产的行为。如果有结转"固定资产""应付股利""原材料"等非货币性资产项目，也应按规定视同销售。

检查企业有无整体资产转让、整体资产置换、合并、分立业务，判断其是否属于应税重组，是否存在应确认未确认的资产转让所得或损失。

第三节　企业扣除项目的检查

一、基本原则

企业实际发生的与取得收入有关的、合理的支出，包括成本、费用、税金、损失和其他支出，准予在计算应纳税所得额时扣除。税法将可以税前扣除的支出明确为符合五个原则的要求。

（一）相关性原则

根据《企业所得税法实施条例》的规定，《企业所得税法》第八条所称有关的支出是指与取得收入直接相关的支出。企业的不征税收入用于支出所形成的费用或者财产，不得扣除或者计算对应的折旧、摊销扣除。

（二）合理性原则

《企业所得税法》第八条所称合理的支出，是指符合生产经营活动常规，应当计入当期损益或者有关资产成本的必要和正常的支出。

（三）权责发生制原则

企业应纳税所得额的计算，以权责发生制为原则，属于当期的收入和费用，不论款项是否收付，均作为当期的收入和费用；不属于当期的收入和费用，即使款项已经在当期收付，均不作为当期的收入和费用。《企业所得税法实施条例》和国务院财政、税务主管部门另有规定的除外。

（四）划分收益性支出和资本性支出原则

企业发生的支出应当区分收益性支出和资本性支出。收益性支出在发生当期直接扣除；资本性支出应当分期扣除或者计入有关资产成本，不得在发生当期直接扣除。

（五）真实性原则

除《企业所得税法》和《企业所得税法实施条例》另有规定外，企业实际发生的成本、费用、税金、损失和其他支出，不得重复扣除。

二、成本

（一）政策依据

根据《企业所得税法实施条例》的规定，《企业所得税法》第八条所称成本是指企业在生产经营活动中发生的销售成本、销货成本、业务支出以及其他耗费。

企业使用或者销售存货，按照规定计算的存货成本，准予在计算应纳税所得额时扣除。

企业发生的职工福利费支出，不超过工资、薪金总额14%的部分，准予扣除。

（二）会计核算

企业发生的各项直接成本，借记"生产成本"（基本生产成本、辅助生产成本），贷记"原材料""库存现金""银行存款""应付职工薪酬"等科目。

各生产车间应负担的制造费用，借记"生产成本"（基本生产成本、辅助生产成本），贷记"制造费用"科目。

辅助生产车间为基本生产车间、企业管理部门和其他部门提供的劳务和产品，期（月）末按照一定的分配标准分配给各受益对象，借记"生产成本"（基本生产成本）、"管理费用"、"销售费用"、"其他业务成本"、"在建工程"等科目，贷记"生产成本"（辅助生产成本）。

企业已经生产完成并已验收入库的产成品以及入库的自制半成品，应于期（月）末，借记"库存商品"等科目，贷记"生产成本"（基本生产成本）。

企业发生的各项劳务成本，借记"劳务成本"，贷记"银行存款""应付职工薪酬""原材料"等科目。建造承包商对外单位、专项工程等提供机械作业（包括运输设备）的成本，借记"劳务成本"，贷记"机械作业"科目。结转劳务的成本，借记"主营业务成本""其他业务成本"等科目，贷记"劳务成本"。

（三）常见涉税问题

利用虚开发票或人工费等虚增成本、资本性支出一次计入成本、擅自改变成本计价方法、调节利润、收入和成本、费用不配比、成本分配不正确、人工费用的核算不准确及销售成本中存在问题。

（四）主要检查方法

企业所得税的检查先从企业的会计报表——利润表入手，主要分析"主营业务成本"项目，计算"主营业务成本率""主营业务成本增减变化率""同行业成本率对比率"三个指标，对企业的主要业务成本增减变化情况与同行业同一指标的平均水平进行对比，从中发现疑点。通过对会计报表的分析和相关财务指标比对，进一步审核分析现金流量表中的"购买商品、接受劳务支付的现金"与资产负债表中的"存货""应付账款"等项目，对没有支付现金但已列入成本的存货应向前延伸检查其购货合同协议、购货发票、装运及入库凭证来证实其真实性。

实际检查过程中要紧密结合企业会计报表中异常的数据变化，把握成本费用的三个关键点：第一，成本费用包含的范围、金额是否准确，成本费用的划分原则应用是否得当；第二，分析各成本费用占主营业务收入百分比和成本费用结构是否合理，对不合理的要查明原因；第三，分析成本费用各个项目增减变动的情况，判断主营业务成本的真实合法性，排查税前扣除项目存在的疑点，确定检查主营业务成本的突破点。

1. 利用虚开发票或人工费等虚增成本的检查。检查"原材料""库存商品""周转材料""制造费用"等账户，核对计入存货成本的相关费用发票，利用逻辑关系进行对比分析，确认发票的真实性。通过发票查询系统鉴别发票品目流向是否一致，对有疑点的发票要调查购货付款单位的发票报销联与开票单位（发货单位）的发票存根联记载的物品名称、数量、单价、金额、劳务具体项目是否相符；要调查发票入账后实物的去向。

2. 资本性支出一次计入成本的检查。检查"原材料""周转材料"资产类等明细账，结合发票记载的品名、数量、金额，确定有无将购入的固定资产采用分次付款、分次开票的形式计入存货类资产账户，或以零部件名义把固定资产化整为零，作为低值易耗品、外购半成品、修理用备件入

账，于领用时一次或分次计入生产成本、费用，造成提前税前扣除。

3. 擅自改变成本计价方法，调节利润的检查。检查"原材料""生产成本""库存商品"等明细账和有关凭证、成本计算单，对照确认各期相关的成本计算方法是否一致。核实有无随意改变成本计价方法，通过成本调节利润的问题。

4. 收入和成本、费用不配比的检查。通过"主营业务成本率""主营业务成本变化率""同业成本率对比差"三个指标，将企业主营业务成本增减变化情况，与同行业企业同一指标的平均值进行对比分析，从中查找异常。检查纳税人是否按照会计制度的规定正确核算主营业务成本和其他业务成本。检查纳税人主营业务成本和其他业务支出的会计处理与税法之间是否存在差异，如果存在差异，是否进行纳税调整。检查"主营业务成本"和"其他业务成本"中的具体产品或劳务的名称，如有无将甲产品（劳务）成本按乙产品（劳务）成本结转的情况。检查"主营业务收入""主要业务成本"结转时间是否一致。

5. 人工费用的检查。核实从业职工人数，通过审核企业人力资源部门的劳动用工合同、员工名册、养老保险等社会保险的缴纳凭据资料，确认企业职工实际从业人数，核实有无虚列从业人员，虚列工资支出的问题。

审查企业支付的补充养老保险费、补充医疗保险费、特殊工种人身安全保险费以及住房公积金是否符合规定的范围、标准和缴存渠道，是否在成本、费用中列支为职工办理的国务院财政、税务主管部门规定以外的各种商业保险费用。

检查"应付职工薪酬"科目列支的实际发生的职工福利费、职工教育经费、拨缴的工会经费以及实际缴存的住房公积金，是否按规定比例计算金额，借方发生额是否符合列支范围，有无列支其他无关支出的情况。

6. 销售成本的检查。

（1）销售数量的检查。首先，将"主营业务成本"明细账销售数量明细数，与"库存商品"明细账结转销售成本的数量核对，其次，与仓库保管账收、发、存的数量相核对，检查是否虚计销售数量，多转主营业务成本，必要时可到对方单位外调取证。

（2）销售成本金额的检查。检查"主营业务成本"明细账借方发生额，以及其对应账户"库存商品"明细账贷方结转的销售成本，核实有无计价不正确或有意改变计价方法，造成多转销售成本的问题。

(3) 销货退回营业成本的检查。检查"主营业务收入""库存商品"等明细账,对用红字冲减销售收入的销货退回业务,应与"主营业务成本"明细账核对,结合相关的原始凭证,核实销售退回业务有无冲减收入不冲减销售成本的问题。对发生销货退回的,要核实退回实物数量,并将"库存商品"等明细账贷方结转成本金额与"主营业务成本"明细账核对,以核实企业在作销货退回账务处理时,是否错误冲减了销售成本。

(4) 在建工程领用产品结转成本的检查。检查"库存商品"等明细账贷方发生额,与其对应账户核对,并通过审查出库单,核实有无将在建工程等非销售领用产品所应负担的成本挤入"主营业务成本",从而减少销售利润的问题。

三、费用

(一) 政策依据

《企业所得税法》第八条所称费用,是指企业在生产经营活动中发生的销售费用、管理费用和财务费用,已经计入成本的有关费用除外。

企业拨缴的工会经费,不超过工资薪金总额2%的部分,准予扣除。

除国务院财政、税务主管部门另有规定外,企业发生的职工教育经费支出,不超过工资薪金总额8%的部分,准予扣除;超过部分,准予在以后纳税年度结转扣除。

企业发生的与生产经营活动有关的业务招待费支出,按照发生额的60%扣除,但最高不得超过当年销售(营业)收入的5‰。

企业发生的符合条件的广告费和业务宣传费支出,除国务院财政、税务主管部门另有规定外,不超过当年销售(营业)收入15%的部分,准予扣除;超过部分,准予在以后纳税年度结转扣除。

企业依照法律、行政法规有关规定提取的用于环境保护、生态恢复等方面的专项资金,准予扣除。上述专项资金提取后改变用途的,不得扣除。

企业根据生产经营活动的需要租入固定资产支付的租赁费,以经营租赁方式租入固定资产发生的租赁费支出,按照租赁期限均匀扣除。

企业之间支付的管理费、企业内营业机构之间支付的租金和特许权使用费,以及非银行企业内营业机构之间支付的利息,不得扣除。

非居民企业在中国境内设立的机构、场所,就其中国境外总机构发生

的与该机构、场所生产经营有关的费用，能够提供总机构出具的费用汇集范围、定额、分配依据和方法等证明文件，并合理分摊的，准予扣除。

企业在生产经营活动中发生的合理的不需要资本化的借款费用，准予扣除。

企业在生产经营活动中发生的下列利息支出，准予扣除：非金融企业向金融企业借款的利息支出、金融企业的各项存款利息支出和同业拆借利息支出、企业经批准发行债券的利息支出；非金融企业向非金融企业借款的利息支出，不超过按照金融企业同期同类贷款利率计算的数额的部分。

企业从其关联方接受的债权性投资与权益性投资的比例超过规定标准而发生的利息支出，不得在计算应纳税所得额时扣除。

（二）会计核算

管理费用是指企业为组织和管理企业生产经营活动所发生的费用，包括：企业在筹建期间内发生的开办费；董事会和行政管理部门在企业的经营管理中发生的或者应由企业统一负担的公司经费（包括行政管理部门职工薪酬、物料消耗、低值易耗品摊销、办公费和差旅费等）、董事会费（包括董事会成员津贴、会议费和差旅费等）；工会经费、聘请中介机构费、咨询费（含顾问费）、诉讼费、业务招待费、房产税、车船税、土地使用税、印花税、技术转让费、矿产资源补偿费、研究费用、排污费等；企业生产车间（部门）和行政管理部门等发生的固定资产修理费用等后续支出。

销售费用是指企业在销售商品过程中发生的各项费用以及专设销售机构的费用，包括：企业销售商品过程发生的保险费、包装费、运输费、装卸费，展览费和广告费、商品维修费、预计产品质量保证损失，为销售本企业商品而专设的销售机构的职工薪酬、业务费、折旧费等经营费用。企业发生的与专设销售机构相关的固定资产修理费用等后续支出也记入"销售费用"。

财务费用是指企业为筹集生产经营所需资金等而发生的筹资费用，包括利息支出、汇兑损益以及相关的手续费、企业发生的现金折扣或收到的现金折扣等。

发生费用时，借记"管理费用""销售费用""财务费用"等科目，贷记"银行存款""库存现金"等科目。

企业自行开发无形资产发生的研发支出，不满足资本化条件的，借记

"研发支出——费用化支出",贷记"原材料""银行存款""应付职工薪酬"等科目。期(月)末,应将"研发支出"科目归集的费用化支出金额转入"管理费用"科目,借记"管理费用"科目,贷记"研发支出——费用化支出"。

(三) 常见涉税问题

1. 费用界限划分不清。

(1) 资本性支出与费用性支出的界限划分不清。

(2) 一项支出在成本和费用中重复列支。

(3) 有扣除标准和无扣除标准费用的界限划分不清。

2. 管理费用的问题。

(1) 招待费未按税法规定进行纳税调增。

(2) 擅自扩大技术开发费用的列支范围,享受税收优惠。

(3) 专项基金未按规定提取和使用。

(4) 企业之间支付的管理费、企业内营业机构之间支付的租金和特许权使用费进行税前扣除。

3. 销售费用的问题。

(1) 超列广告费和业务宣传费。

(2) 专设销售机构的经费税务处理不正确。

(3) 发生的运输及装卸费不真实。

4. 财务费用的问题。

(1) 贷款使用企业和利息负担企业不一致。

(2) 从非金融机构借款利息支出超过按照金融机构同期同类贷款利率计算的数额,未进行纳税调整。

(3) 企业从其关联方接受的债权性投资与权益性投资的比例超过规定标准而发生的利息支出,未进行纳税调整。

(4) 汇兑损益的税务处理不正确。

(5) 非银行企业内营业机构之间支付的利息税前扣除。

(四) 主要检查方法

1. 费用界限划分不清的检查。

(1) 资本性支出与费用性支出的界限划分不清。重点审查人工费、材料费相关账簿和"无形资产""固定资产""管理费用"等明细账,审验原始发票、出库单据、入库单据等,实地检查原材料的使用对象,审查计入费用科目的核算是否正确。检查有无将购入固定资产及在建工程的专项物资的运杂费、包装费计入费用;核实有无将购入的固定资产采用分次付款、分次开票计入材料账,或以零部件名义把固定资产化整为零,作为低值易耗品、外购半成品、修理用备件入账,于领用时一次或分次计入期间费用。

检查"财务费用"明细账借方发生额及其会计凭证,并将"长期借款"账户贷方发生额与"在建工程"账户借方发生额及相关贷款合同相互核对,核实有无将固定资产竣工决算前或建造期在12个月以上,才能达到预定可销售状态的存货发生的利息计入财务费用,检查列入财务费用的资本利息支出是否真实、合理。

(2) 一项支出在成本和费用中重复列支的检查。首先,审阅纳税人相关的会计凭证、账簿中有无相同和相近金额的支出;其次,检查记账原始凭证,重点检查总、分支机构的费用扣除问题,审核原始凭证有无将发票复印件入账等,确认是否存在重复列支费用的问题。

(3) 有扣除标准和无扣除标准费用的界限划分不清的检查。结合运用抽查法、全查法,检查大额费用的原始凭证,对不符合营业常规的费用支出,到相关单位调查取证,确定业务发生的真实性,核实是否存在虚列费用,或有扣除标准和无扣除标准费用混淆列支的问题。

2. 管理费用的检查。审查"主营业务收入"账户和纳税申报表,核实全年销售收入,依据规定的比例计算业务招待费限额,与查实的招待费金额相对比,计算纳税调整额。对支出的大额会议费、差旅费,核查相应原始凭证,对开票为酒店、餐馆、旅行社等单位的应作为检查重点,可到开票单位核查企业消费记录,核实企业是否存在以其他支出名义列支招待费用的问题。

审查技术开发项目开发计划和开发费预算,核实技术研发专门机构编制批文和专业人员名单;到生产部门和工艺部门核定是否存在开发新产品、新工艺行为;着重检查研发费用、财务核算的账证是否健全,研究开发费用支出范围是否符合有关政策规定,有无虚计或多计加计扣除金额的问题。

检查是否存在企业之间支付的管理费、企业内营业机构之间支付租金和特许权使用费的业务,核实是否进行纳税调整。对在境内设立机构场所的非居民企业还应该检查是否存在擅自扩大计提比例,有无人为调整营业机构之间利润的问题。

3. 销售费用的检查。审查企业发生的广告费和业务宣传费的原始凭据，确认支出的真实性和有效性，检查是否将业务招待费等不允许全额税前列支的费用，借用广告费和业务宣传费的名义税前扣除。审查广告合同载明的金额与期限，检查企业是否将预支的以后年度广告费和业务宣传费支出提前申报扣除。检查"销售费用"明细账，调取大额销售合同进行核对，审查运费、装卸费支出的原始凭证和运费、装卸费支出的价格确定方式，核实是否利用虚假业务增加费用。

4. 财务费用的检查。检查"短期借款""长期借款"账户，核实有无转给其他单位使用并为其负担利息的情况。检查"财务费用"明细账记录与有关凭证，核实是否将高于金融机构同类、同期利率以上的利息支出计入财务费用的，对超过规定列支的利息支出，是否在企业所得税纳税申报表中作了调整。对关联方企业间利息支出的检查，检查企业从其关联方接受的债权性投资与权益性投资的比例是否超过规定标准，不超过标准的借款利率是否超过金融机构同类、同期利率。

四、税金

（一）政策规定

《企业所得税法》第八条所称税金，是指企业发生的除企业所得税和允许抵扣的增值税以外的各项税金及其附加。

（二）会计核算

企业按规定计算应交的消费税、资源税、城市维护建设税、教育费附加等，借记"税金及附加"科目，贷记"应交税费"科目。

企业转让土地使用权应交的土地增值税、土地使用权与地上建筑物及其附着物一并在"固定资产"等科目核算的，借记"固定资产清理"等科目，贷记"应交税费——应交土地增值税"。土地使用权在"无形资产"科目核算的，按实际收到的金额，借记"银行存款"科目，按应交的土地增值税，贷记"应交税费——应交土地增值税"，同时冲销土地使用权的账面价值，贷记"无形资产"科目，按其差额，借记"营业外支出"科目或贷记"营业外收入"科目。

企业按规定计算应交的房产税、土地使用税、印花税、车船税、矿产资源补偿费，借记"管理费用"科目，贷记"应交税费"科目。

（三）常见涉税问题

1. 应该资本化的税金直接税前扣除。
2. 将补提补缴的以前年度税金直接税前扣除。
3. 将企业所得税额和应由个人负担的个人所得税额进行了税前扣除。

（四）主要检查方法

主要检查"税金及附加""管理费用""其他业务成本"及"以前年度损益调整"所涉及的税金核算，有无将应资本化的税金、企业所得税或者应由个人负担的个人所得税进行了税前直接扣除，结合税务机关的税务处理决定书，分析相关的完税凭证，核实企业有无将计提补缴的以前年度税款在本年度扣除。检查企业是否对仅账面计提并未实际缴纳的税金进行了税前扣除。

五、损失

（一）政策依据

《企业所得税法》第八条所称损失，是指企业在生产经营活动中发生的固定资产和存货的盘亏、毁损、报废损失，转让财产损失，呆账损失，坏账损失，自然灾害等不可抗力因素造成的损失以及其他损失。

企业发生的损失，减除责任人赔偿和保险赔款后的余额，依照国务院财政、税务主管部门的规定扣除。

企业已经作为损失处理的资产，在以后纳税年度又全部收回或者部分收回时，应当计入当期收入。

（二）会计核算

盘亏、毁损的各种材料、产成品、商品、生物资产、固定资产等，借记"待处理财产损溢"科目，贷记"原材料""库存商品""消耗性生物资产""固定资产"等科目。材料、产成品、商品采用计划成本（或售价）核算的，还应同时结转成本差异（或商品进销差价）。涉及增值税的，还应进行相应处理。

盘亏、毁损的各项资产，按管理权限报经批准后，按残料价值，借记"原材料"等科目，按可收回的保险赔偿或过失人赔偿，借记"其他应收款"科目，按"待处理财产损溢"科目余额，贷记"待处理财产损溢"科目，按其借方差额，借记"管理费用""营业外支出"等科目。

第八章　企业所得税检查方法

（三）常见涉税问题

1. 虚列财产损失。
2. 已作损失处理的资产，又部分或全部收回的，未作纳税调整。

（四）主要检查方法

通过对"待处理财产损溢""营业外支出"等明细账、记账凭证和原始单证的检查，核实企业申报的资产损失和其他支出是否真实发生，税前扣除是否符合税收政策规定，是否存在虚报资产损失的情况；已申报扣除又收回的资产损失是否正确进行了纳税调整；企业财务处理中列支的按照《企业所得税法》第十条规定不允许税前扣除的支出是否进行了纳税调整。

六、其他支出的检查

（一）政策依据

《企业所得税法》第八条所称其他支出，是指除成本、费用、税金、损失外，企业在生产经营活动中发生的与生产经营活动有关的、合理的支出。

企业发生的公益性捐赠支出，在年度利润总额12%以内的部分，准予在计算应纳税所得额时扣除。年度利润总额，是指企业依照国家统一会计制度的规定计算的年度会计利润。

在计算应纳税所得额时，下列支出不得扣除：①向投资者支付的股息、红利等权益性投资收益款项；②企业所得税税款；③税收滞纳金；④罚金、罚款和被没收财物的损失；⑤《企业所得税法》第九条规定以外的捐赠支出；⑥赞助支出；⑦未经核定的准备金支出；⑧与取得收入无关的其他支出。

（二）其他业务成本的检查

1. 会计核算。企业发生的其他业务成本，借记"其他业务成本"，贷记"原材料""周转材料""累计折旧""累计摊销""应付职工薪酬""银行存款"等科目。
2. 常见涉税问题。
   (1) 销售材料的成本结转不正确。
   (2) 出租财产的成本结转不正确。
   (3) 计提的不符合税法规定的各项准备金未作纳税调整。

3. 主要检查方法。检查"其他业务成本——材料销售"明细账借方发生额，与"原材料"账户贷方发生额及有关凭证进行核对，核实采用的计价方法前后各期是否一致，有无不按规定结转成本，或不按规定分摊材料成本差异。

检查企业计提各项准备金账户准备金计提情况，如果已计提准备金，应进一步核实计提准备金的计提依据、计提比例、批准文件等，核实计提的各项资产减值准备、风险准备等准备金是否符合国务院财政、税务主管部门的规定。

（三）营业外支出的检查

1. 会计核算。企业发生的营业外支出，借记"营业外支出"，贷记"待处理财产损溢""固定资产清理""银行存款"等科目，月末将"营业外支出"结转"本年利润"账户。

2. 常见涉税问题。

（1）不符合条件或超过标准的公益救济性捐赠未作纳税调整。

（2）违法经营的罚款，被没收财物的损失，各项税收的滞纳金、罚金和罚款及各种赞助支出，与收入无关的支出，未作纳税调整。

（3）非正常损失未扣除个人负担或保险公司的赔款。

3. 主要检查方法。审核"营业外支出"中的捐赠支出，并与纳税申报表核对，核实各种公益救济性捐赠总额，计算是否超过年度利润总额12%的标准（税法另有规定的除外），对超过规定标准的部分是否作了纳税调整；同时核实是否有向受赠人直接捐赠，未作纳税调整情况。

检查"营业外支出——非流动资产处置损失"明细账，与其对应的"固定资产清理"账户核对，核实有无将出售、报废和毁损固定资产在清理过程中收回的出售价款、变价收入和保险公司或过失人的赔偿，不作抵减支出而转入其他账户的；有无只将固定资产清理后的净损失转入营业外支出，而将固定资产清理后的净收益留在账内不及时结转。经批准在税前列支的流动资产净损失，在取得保险公司赔偿后，有无冲减营业外支出或转作营业外收入处理，有无长期挂在"其他应付款"中的情况。

第四节 资产税务处理的检查

一、资产税务处理的一般政策规定

《企业所得税法实施条例》规定,除国务院财政、税务主管部门另有规定外,企业在重组过程中,应当在交易发生时确认有关资产的转让所得或者损失,相关资产应当按照交易价格重新确定计税基础。

企业资产包括固定资产、生物资产、无形资产、长期待摊费用、投资资产、存货等,以历史成本为计税基础。历史成本,是指企业取得该项资产时实际发生的支出。企业持有各项资产期间资产增值或者减值,除国务院财政、税务主管部门规定可以确认损益外,不得调整该资产的计税基础。

二、固定资产税务处理的检查

(一) 固定资产计税基础的检查

1. 政策依据。固定资产按照以下方法确定计税基础:

(1) 外购的固定资产,以购买价款和支付的相关税费以及直接归属于使该资产达到预定用途发生的其他支出为计税基础。

(2) 自行建造的固定资产,以竣工结算前发生的支出为计税基础。

(3) 融资租入的固定资产,以租赁合同约定的付款总额和承租人在签订租赁合同过程中发生的相关费用为计税基础,租赁合同未约定付款总额的,以该资产的公允价值和承租人在签订租赁合同过程中发生的相关费用为计税基础。

(4) 盘盈的固定资产,以同类固定资产的重置完全价值为计税基础。

(5) 通过捐赠、投资、非货币性资产交换、债务重组等方式取得的固定资产,以该资产的公允价值和支付的相关税费为计税基础。(《中华人民共和国企业所得税法实施条例》自 2008 年 1 月 1 日施行)

2. 会计核算。

(1) 企业购入不需要安装的固定资产,按应计入固定资产成本的金额,借记"固定资产",贷记"银行存款""其他应付款""应付票据"等科目。

购入需要安装的固定资产，先记入"在建工程"科目，安装完毕交付使用时再转入"固定资产"科目。

（2）自行建造完成的固定资产，借记"固定资产"，贷记"在建工程"科目。已达到预定可使用状态但尚未办理竣工决算手续的固定资产，可先按估计价值记账，待确定实际价值后再进行调整。

（3）融资租入的固定资产，在租赁期开始日，应按租赁准则确定的应计入固定资产成本的金额，借记"使用权资产"或"在建工程"科目，按最低租赁付款额，贷记"租赁负债"科目，按发生的初始直接费用，贷记"银行存款"等科目。租赁期届满，企业取得该项固定资产所有权的，应将该项固定资产从"使用权资产"明细科目转入有关明细科目。

（4）以其他方式取得的固定资产，按不同方式下确定的应计入固定资产成本的金额，借记"固定资产"科目，贷记有关科目。

（5）固定资产装修发生的装修费用满足固定资产准则规定的固定资产确认条件的，借记"固定资产"科目，贷记"银行存款"等科目。

3. 常见涉税问题。

（1）虚增固定资产计税价值。

（2）属于固定资产计税价值组成范围的支出未予资本化。

4. 主要检查方法。

（1）虚增固定资产计税价值的检查。结合固定资产登记簿，对有固定资产增加的进行详细全面的检查，重点审核固定资产增加的项目组成、合同决算、入账发票、评估或审计报告、资金结算情况等相关原始资料，必要时到设计、施工建造、监理部门进行调查，相互印证，确认入账金额的真实性。

（2）属于固定资产计税价值组成范围的支出未予资本化的检查。结合企业"生产成本""制造费用""期间费用"等账户，对企业一次性列支金额较大的支出应核对发票内容、日期、开票单位与相关合同，落实企业是否将购入、接受捐赠、融资租赁的固定资产的包装费、保险费、运输费、安装费、修理费等计入固定资产计税基础项目；对企业"生产成本""制造费用""期间费用"等账户的借方明细进行检查，查看大额支出形成的标的物是否达到固定资产标准而未列入固定资产核算，在当期扣除；核对企业固定资产盘点表，查看盘盈固定资产是否已通过费用科目列支。

对纳税人自行建造的固定资产，要结合建造合同、工程决算、工程监理报告和工程审计报告书等有关资料，检查"在建工程""营业外支出""固定资产"等账户，落实纳税人有无将建造过程中直接发生的材料费、人工费等挤入生产成本，落实有无将在建工程发生报废或损毁的净损失，直接计入"营业外支出"等。

（二）固定资产折旧及处置的检查

1. 政策依据。固定资产按照直线法计算的折旧，准予扣除。企业应当自固定资产投入使用月份的次月起计算折旧；停止使用的固定资产，应当自停止使用月份的次月起停止计算折旧。企业应当根据固定资产的性质和使用情况，合理确定固定资产的预计净残值。固定资产的预计净残值一经确定，不得变更。

在计算应纳税所得额时，企业按照规定计算的固定资产折旧，准予扣除。下列固定资产不得计算折旧扣除：①房屋、建筑物以外未投入使用的固定资产；②以经营租赁方式租入的固定资产；③以融资租赁方式租出的固定资产；④已足额提取折旧仍继续使用的固定资产；⑤与经营活动无关的固定资产；⑥单独估价作为固定资产入账的土地；⑦其他不得计算折旧扣除的固定资产。

除国务院财政、税务主管部门另有规定外，固定资产计算折旧的最低年限如下：①房屋、建筑物，为20年；②飞机、火车、轮船、机器、机械和其他生产设备，为10年；③与生产经营活动有关的器具、工具、家具等，为5年；④飞机、火车、轮船以外的运输工具，为4年；⑤电子设备，为3年。

企业的固定资产由于技术进步等原因确需加速折旧的，可以缩短折旧年限或者采取加速折旧的方法。

《企业所得税法》第三十二条所称可以采取缩短折旧年限或者采取加速折旧的方法的固定资产，包括：①由于技术进步，产品更新换代较快的固定资产。②常年处于强震动、高腐蚀状态的固定资产。采取缩短折旧年限方法的，最低折旧年限不得低于《企业所得税法实施条例》第六十条规定折旧年限的60%；采取加速折旧方法的，可以采取双倍余额递减法或者年数总和法。

企业转让资产，该项资产的净值准予在计算应纳税所得额时扣除。其中，财产净值是指有关资产、财产的计税基础减除已经按照规定扣除的折

旧、折耗、摊销、准备金等后的余额。

2. 会计核算。

（1）按期计提的固定资产折旧，借记"制造费用""销售费用""管理费用""研发支出""其他业务成本"等科目，贷记"累计折旧"科目。

（2）处置固定资产应通过"固定资产清理"科目核算，应按该项固定资产账面净额，借记"固定资产清理"科目，按已提的累计折旧，借记"累计折旧"科目，已计提减值准备的，借记"固定资产减值准备"科目，按其账面余额，贷记"固定资产"。

3. 常见涉税问题。

（1）计提折旧范围不准确。

（2）折旧计算方法及分配不准确。

（3）固定资产处置所得未并入应纳税所得额。

4. 主要检查方法。

（1）折旧范围的检查。结合"固定资产"明细账的记录与"折旧计算表"，对房屋、建筑物以外未使用的、不使用的、封存的和与生产经营无关的、以经营租赁方式租入的固定资产进行全面审核，落实是否存在将税法不允许计提折旧的固定资产计算折旧未作纳税调整的情况。

对年度中间增加或减少的固定资产，对照相关合同发票，结合固定资产入账的时间和"折旧计算表"，核对当月增加的固定资产有无列入计提折旧的基数，当月减少的固定资产有无从当月计提折旧基数中扣除的情况。

检查"固定资产清理""营业外支出""累计折旧"和固定资产卡片等资料，采用核对法和实地察看法，检查有无将提前报废的固定资产、已提足折旧仍继续使用的固定资产、破产关停的固定资产等列入折旧的计提基数的情况。

（2）折旧计算方法及分配的检查。检查"累计折旧"账户贷方，审查"折旧计算表"中实际采用的折旧计算方法是否符合规定，有无对不属于加速折旧的固定资产采用加速折旧法计提折旧，有无在一个年度内随意变更折旧计算方法，造成多提或少提折旧的情况。同时，结合"固定资产"账户的检查，核实折旧率的计算有无问题，特别注意核实折旧率明显偏高的折旧项目。

对照企业"折旧计算表"，检查折旧额的计算有无问题；检查"固定资产"明细账，结合对固定资产实物的检查，核实固定资产的用途或使用

第八章 企业所得税检查方法

部门，并据以检查"累计折旧"账户贷方对应账户，核实有无将车间的折旧费用计入期间费用而推迟实现利润的情况。

对采用双倍余额递减法的，应以固定资产在每一会计期间的期初净值作为计提基数，注意有无按其原值计算折旧的情况；对采用年数总和法的，有无将原值不扣除预计净残值作为计提基数；对缩短折旧年限的，计提折旧的年限是否低于税法规定最低折旧年限的60%。

（3）对固定资产处置的检查。应重点检查"固定资产清理""累计折旧""固定资产减值准备""营业外支出""营业外收入""其他应付款"等账户，检查固定资产处置收入及残值是否按规定结转损益；是否冲抵了相应的累计折旧，是否按税收规定进行调整。

三、无形资产税务处理的检查

（一）政策依据

《企业所得税法》第十二条所称无形资产是指企业为生产产品、提供劳务、出租或者经营管理而持有的、没有实物形态的非货币性长期资产，包括专利权、商标权、著作权、土地使用权、非专利技术、商誉等。

无形资产按照以下方法确定计税基础：外购的无形资产，以购买价款和支付的相关税费以及直接归属于使该资产达到预定用途发生的其他支出为计税基础；自行开发的无形资产，以开发过程中该资产符合资本化条件后至达到预定用途前发生的支出为计税基础；通过捐赠、投资、非货币性资产交换、债务重组等方式取得的无形资产，以该资产的公允价值和支付的相关税费为计税基础。

无形资产按照直线法计算的摊销费用，准予扣除；无形资产的摊销年限不得低于10年。作为投资或者受让的无形资产，有关法律规定或者合同约定了使用年限的，可以按照规定或者约定的使用年限分期摊销。

在计算应纳税所得额时，企业按照规定计算的无形资产摊销费用，准予扣除。下列无形资产不得计算摊销费用扣除：①自行开发的支出已在计算应纳税所得额时扣除的无形资产；②自创商誉；③与经营活动无关的无形资产；④其他不得计算摊销费用扣除的无形资产。外购商誉的支出，在企业整体转让或者清算时准予扣除。

（二）会计核算

1. 无形资产取得的会计核算。

（1）企业自行开发无形资产发生的研发支出，满足资本化条件的，借记"研发支出——资本化支出"科目，贷记"原材料""银行存款""应付职工薪酬"等科目。

研究开发项目达到预定用途形成无形资产的，应按"研发支出——资本化支出"科目的余额，借记"无形资产"科目，贷记"研发支出——资本化支出"科目。

（2）外购、企业合并中取得的和其他方式取得的无形资产，按不同方式确定应计入无形资产成本的金额，借记"无形资产"科目，贷记有关科目。

2. 无形资产摊销的会计核算：一般情况应借记"管理费用"科目，贷记"累计摊销"科目。如果某项无形资产包含的经济利益通过所生产的产品或其他资产实现的，无形资产的摊销额可以计入产品或其他资产成本，如可以计入"其他业务成本"等科目。

3. 无形资产处置的会计核算。

（1）无形资产预期不能为企业带来经济利益的，应按已计提的累计摊销，借记"累计摊销"科目，已计提减值准备的，借记"无形资产减值准备"科目，按其账面余额，贷记"无形资产"科目，按其差额，借记"营业外支出"科目。

（2）处置无形资产时，应按实际收到的金额，借记"银行存款"等科目，按已计提的累计摊销，借记"累计摊销"科目，已计提减值准备的，借记"无形资产减值准备"科目，按应支付的相关税费，贷记"应交税费"等科目，按其账面余额，贷记"无形资产"，按其差额，贷记"营业外收入——处置非流动资产利得"科目或借记"营业外支出——处置非流动资产损失"科目。

（三）常见涉税问题

1. 无形资产计量、摊销不准确。
2. 自行扩大加计扣除无形资产成本的范围。
3. 无形资产处置所得未并入应纳税所得额。

（四）主要检查方法

1. 无形资产计量、摊销的检查。

（1）外部取得无形资产的检查。核对有关无形资产的证明文件和受让合同、契约。如专利项目众多，应向企业索取专利权明细表，逐一查对分析，以确定其无形资产是否真实，落实无形资产的计价是否准确，有无将其他费用挤入专利权价值中，或虚增无形资产价值。对企业自行开发的无形资产，要严格审核该开发项目有关部门的批文可行性报告、技术、财务等各种资源的计量标准，落实是否达到确认无形资产的条件，检查"研发支出"明细账和相关原始凭证，核实支出的归集是否符合规定。对属于无形资产计税价值范围内的支出未予以资本化的，应进行合理的调整。

（2）无形资产摊销范围的检查。对"无形资产""累计摊销"和相关的"管理费用""其他业务成本"账户中的无形资产具体项目进行核对，检查摊销范围，对自行开发的支出已在计算应纳税所得额时扣除的无形资产、自创商誉、与经营活动无关的无形资产等，是否计入无形资产摊销范围。

（3）无形资产摊销额的检查。首先，对法律和合同或者企业申请书没有规定使用年限的，或者自行开发的无形资产，检查摊销期限是否达到10年。其次，摊销土地使用权时要查看土地使用证及土地转让协议等资料，检查土地使用权的计价与摊销，查实是否虚计土地使用权成本，扩大摊销额。

2. 对自行扩大加计扣除无形资产成本的检查。一是通过检查研发项目立项书、计划书等，审核研发项目是否符合"新产品、新技术、新工艺"的规定，是否符合加计扣除无形资产的范围；二是检查"无形资产""研发支出""管理费用——研发费用"等账户，有无对已计入"管理费用——研发费用"的支出重复计入无形资产并加计扣除的情况；三是检查形成无形资产成本项目的原始凭证，审核企业是否将与形成无形资产无关的支出计入加计扣除的无形资产中。

3. 对无形资产处置的检查。应重点审核"累计摊销"和"无形资产减值准备"账户，检查在处置无形资产时是否冲抵了相应的累计摊销。

四、生产性生物资产税务处理的检查

（一）政策依据

生产性生物资产，是指企业为生产农产品、提供劳务或者出租等而持有的生物资产，包括经济林、薪炭林、产畜和役畜等。生产性生物资产按照以下方法确定计税基础：外购的生产性生物资产，以购买价款和支付的相关税费为计税基础；通过捐赠、投资、非货币性资产交换、债务重组等

方式取得的生产性生物资产，以该资产的公允价值和支付的相关税费为计税基础。具体操作按《中华人民共和国企业所得税法实施条例》第六十二条执行。

生产性生物资产按照直线法计算的折旧，准予扣除。企业应当自生产性生物资产投入使用月份的次月起计算折旧；停止使用的生产性生物资产，应当自停止使用月份的次月起停止计算折旧。企业应当根据生产性生物资产的性质和使用情况，合理确定生产性生物资产的预计净残值。生产性生物资产的预计净残值一经确定，不得变更。具体操作按《中华人民共和国企业所得税法实施条例》第六十三条执行。

生产性生物资产计算折旧的最低年限如下：林木类生产性生物资产，为10年；畜类生产性生物资产，为3年。具体操作按《中华人民共和国企业所得税法实施条例》第六十四条执行。

（二）会计核算

1. 企业外购的生产性生物资产，按应计入生产性生物资产成本的金额，借记"生产性生物资产"科目，贷记"银行存款"等科目。

2. 自行营造的林木类生产性生物资产、自行繁殖的产畜和役畜，应按达到预定生产经营目的前发生的必要支出，借记"生产性生物资产——未成熟生产性生物资产"，贷记"银行存款"等科目。

3. 天然起源的生产性生物资产，应按名义金额，借记"生产性生物资产"科目，贷记"营业外收入"科目。

4. 处置生产性生物资产，应按实际收到的金额，借记"银行存款"等科目，按已计提的累计折旧，借记"生产性生物资产累计折旧"科目，按其账面余额，贷记"生产性生物资产"科目，按其差额，借记"营业外支出——处置非流动资产损失"科目或贷记"营业外收入——处置非流动资产利得"科目。已计提减值准备的，还应同时结转减值准备。

（三）常见涉税问题

1. 生产性生物资产计量不准确。
2. 生产性生物资产折旧的时间、残值、年限不准确。
3. 生产性生物资产处置所得未申报纳税。

（四）主要检查方法

检查"生产性生物资产"明细账中的借方发生额，对新增的生物资产要查阅相关合同、协议和原始凭证，实地察看确定资产的构成项目、金额,核实生物资产的计价是否准确。

检查"生产性生物资产"和"生产性生物资产累计折旧"明细账,核实计提折旧的时间,查看是否存在当月新增资产计提折旧的情况;掌握计提折旧的年限,核实是否超过税法规定的最低年限标准;核实前后期残值是否一致。

检查"生产性生物资产""生产性生物资产累计折旧"等明细账账户,结合有关处置合同、协议,检查处置的结转是否正确,相应的累计折旧是否结转,残值收入是否入账,处置收入是否转入"营业外收入——处置非流动资产利得"账户。

五、长期待摊费用税务处理的检查

(一) 政策依据

在计算应纳税所得额时,企业发生的下列支出作为长期待摊费用,按照规定摊销的,准予扣除:①已足额提取折旧的固定资产的改建支出;②租入固定资产的改建支出;③固定资产的大修理支出;④其他应当作为长期待摊费用的支出。

固定资产的改建支出,是指改变房屋或者建筑物结构、延长使用年限等发生的支出。已足额提取折旧的固定资产的改建支出,按照固定资产预计尚可使用年限分期摊销;租入固定资产的改建支出,按照合同约定的剩余租赁期限分期摊销。改建的固定资产延长使用年限的,除上述两项规定外,应当适当延长折旧年限。

《企业所得税法》第十三条所称固定资产的大修理支出,是指同时符合下列条件的支出:一是修理支出达到取得固定资产时的计税基础50%以上;二是修理后固定资产的使用年限延长2年以上。该项支出,按照固定资产尚可使用年限分期摊销。

《企业所得税法》第十三条所称其他应当作为长期待摊费用的支出,自支出发生月份的次月起,分期摊销,摊销年限不得低于3年。

(二) 会计核算

企业发生的长期待摊费用,借记"长期待摊费用",贷记有关科目。摊销长期待摊费用时,借记"管理费用""销售费用"等科目,贷记"长期待摊费用"科目。

（三）常见涉税问题

1. 长期待摊费用的计量不准确。
2. 缩短摊销期限，增加当期费用。

（四）主要检查方法

1. 长期待摊费用计量的检查。查阅租入固定资产的租赁合同以及改建工程的建筑安装合同，确定改良支出费用的承担人，对应由租入方承担改良费用的，查阅改良支出的料、工、费的原始凭证，核实其计量是否准确。检查"长期待摊费用"明细账，核实有无将其他固定资产的维修等支出列入改建支出，或将其他不允许税前列支的支出计入改建支出的问题。

2. 长期待摊费用摊销的检查。通过检查长期待摊费用摊销计算表，审查计算表中摊销年限，审核对租入固定资产的改良支出是否在剩余租赁期内将改良支出平均摊销；对已提足折旧的固定资产的改良支出是否按照预计尚可使用年限分期摊销；对改建的固定资产延长使用年限的，是否适当延长了折旧年限；对其他应当作为长期待摊费用的支出，是否自支出发生月份的次月起分期摊销，摊销年限是否低于3年。

第五节　税收优惠的检查

一、政策依据

（一）免税收入

免税收入包括：国债利息收入；符合条件的居民企业之间的股息、红利等权益性投资收益；在中国境内设立机构、场所的非居民企业从居民企业取得与该机构、场所有实际联系的股息、红利等权益性投资收益；符合条件的非营利组织的收入。

（二）免征、减征企业所得税

免征、减征企业所得税包括：从事农、林、牧、渔业项目的所得；从事国家重点扶持的公共基础设施项目投资经营的所得；从事符合条件的环境保护、节能节水项目的所得；符合条件的技术转让所得；《中华人民共和国企业所得税法》第三条第三款规定的所得。

《中华人民共和国企业所得税法》第二十八条规定，符合条件的小型微利企业，减按20%的税率征收企业所得税。国家需要重点扶持的高新技

第八章 企业所得税检查方法

术企业，减按15%的税率征收企业所得税。

《中华人民共和国企业所得税法》第二十九条规定，民族自治地方的自治机关对本民族自治地方的企业应缴纳的企业所得税中属于地方分享的部分，可以决定减征或者免征。自治州、自治县决定减征或者免征的，须报省、自治区、直辖市人民政府批准。

《中华人民共和国企业所得税法》第三十条规定，企业的下列支出，可以在计算应纳税所得额时加计扣除：开发新技术、新产品、新工艺发生的研究开发费用；安置残疾人员及国家鼓励安置的其他就业人员所支付的工资。

《中华人民共和国企业所得税法》第三十一条规定，创业投资企业从事国家需要重点扶持和鼓励的创业投资，可以按投资额的一定比例抵扣应纳税所得额。

《中华人民共和国企业所得税法》第三十二条规定，企业的固定资产由于技术进步等原因，确需加速折旧的，可以缩短折旧年限或者采取加速折旧的方法。

《中华人民共和国企业所得税法》第三十三条规定，企业综合利用资源，生产符合国家产业政策规定的产品所取得的收入，可以在计算应纳税所得额时减计收入。

《中华人民共和国企业所得税法》第三十四条规定，企业购置用于环境保护、节能节水、安全生产等专用设备的投资额，可以按一定比例实行税额抵免。

《中华人民共和国企业所得税法实施条例》第八十二条规定，企业所得税法第二十六条第（一）项所称国债利息收入，是指企业持有国务院财政部门发行的国债取得的利息收入。

《中华人民共和国企业所得税法实施条例》第八十三条规定，企业所得税法第二十六条第（二）项所称符合条件的居民企业之间的股息、红利等权益性投资收益，是指居民企业直接投资于其他居民企业取得的投资收益。企业所得税法第二十六条第（二）项和第（三）项所称股息、红利等权益性投资收益，不包括连续持有居民企业公开发行并上市流通的股票不足12个月取得的投资收益。

《中华人民共和国企业所得税法实施条例》第八十六条规定，企业所得税法第二十七条第（一）项规定的企业从事农、林、牧、渔业项目的所

得，可以免征、减征企业所得税，是指：

1. 企业从事下列项目的所得，免征企业所得税。

（1）蔬菜、谷物、薯类、油料、豆类、棉花、麻类、糖料、水果、坚果的种植。

（2）农作物新品种的选育。

（3）中药材的种植。

（4）林木的培育和种植。

（5）牲畜、家禽的饲养。

（6）林产品的采集。

（7）灌溉、农产品初加工、兽医、农技推广、农机作业和维修等农、林、牧、渔服务业项目。

（8）远洋捕捞。

2. 企业从事下列项目的所得，减半征收企业所得税。

（1）花卉、茶以及其他饮料作物和香料作物的种植。

（2）海水养殖、内陆养殖。

企业从事国家限制和禁止发展的项目，不得享受本条规定的企业所得税优惠。

《中华人民共和国企业所得税法实施条例》第九十条规定，企业所得税法第二十七条第（四）项所称符合条件的技术转让所得免征、减征企业所得税，是指一个纳税年度内，居民企业技术转让所得不超过500万元的部分，免征企业所得税；超过500万元的部分，减半征收企业所得税。

《中华人民共和国企业所得税法实施条例》第九十一条规定，非居民企业取得企业所得税法第二十七条第（五）项规定的所得，减按10%的税率征收企业所得税。所得可以免征企业所得税：外国政府向中国政府提供贷款取得的利息所得；国际金融组织向中国政府和居民企业提供优惠贷款取得的利息所得；经国务院批准的其他所得。

《财政部 税务总局关于实施小微企业普惠性税收减免政策的通知》（财税〔2019〕13号）规定，小型微利企业是指从事国家非限制和禁止行业，且同时符合年度应纳税所得额不超过300万元、从业人数不超过300人、资产总额不超过5 000万元等三个条件的企业。本通知执行期限为2019年1月1日至2021年12月31日。

《中华人民共和国企业所得税法实施条例》第九十三条规定，企业所得税法第二十八条第二款所称国家需要重点扶持的高新技术企业，是指拥有核心自主知识产权，并同时符合下列条件的企业：产品（服务）属于《国家重点支持的高新技术领域》规定的范围；研究开发费用占销售收入的比例不低于规定比例；高新技术产品（服务）收入占企业总收入的比例不低于规定比例；科技人员占企业职工总数的比例不低于规定比例；高新技术企业认定管理办法规定的其他条件。

《国家重点支持的高新技术领域》和高新技术企业认定管理办法由国务院科技、财政、税务部门制定，报国务院批准后公布施行。

《中华人民共和国企业所得税法实施条例》第九十五条规定，企业所得税法第三十条第（一）项所称研究开发费用的加计扣除，是指企业为开发新技术、新产品、新工艺发生的研究开发费用。

《财政部 税务总局 科技部关于提高研究开发费用税前加计扣除比例的通知》（财税〔2018〕99号）企业开展研发活动中实际发生的研发费用，未形成无形资产计入当期损益的，在按规定据实扣除的基础上，再按照实际发生额的75%在税前加计扣除；形成无形资产的，在上述期间按照无形资产成本的175%在税前摊销。

《中华人民共和国企业所得税法实施条例》第九十六条规定，企业所得税法第三十条第（二）项所称企业安置残疾人员所支付的工资的加计扣除，是指企业安置残疾人员的，在按照支付给残疾职工工资据实扣除的基础上，按照支付给残疾职工工资的100%加计扣除。残疾人员的范围适用《中华人民共和国残疾人保障法》的有关规定。

《中华人民共和国企业所得税法》第三十条第（二）项所称企业安置国家鼓励安置的其他就业人员所支付的工资的加计扣除办法，由国务院另行规定。

《中华人民共和国企业所得税法实施条例》第九十七条规定，《企业所得税法》第三十一条所称抵扣应纳税所得额，是指创业投资企业采取股权投资方式投资于未上市的中小高新技术企业2年以上的，可以按照其投资额的70%在股权持有满2年的当年抵扣该创业投资企业的应纳税所得额；当年不足抵扣的，可以在以后纳税年度结转抵扣。

《中华人民共和国企业所得税法实施条例》第九十八条规定，企业所得税法第三十二条所称可以采取缩短折旧年限或者采取加速折旧的方法的固定资产，包括：由于技术进步，产品更新换代较快的固定资产；常年处

于强震动、高腐蚀状态的固定资产。

采取缩短折旧年限方法的,最低折旧年限不得低于本条例第六十条规定折旧年限的60%;采取加速折旧方法的,可以采取双倍余额递减法或者年数总和法。

《中华人民共和国企业所得税法实施条例》第九十九条规定,《企业所得税法》第三十三条所称减计收入,是指企业以《资源综合利用企业所得税优惠目录》规定的资源作为主要原材料,生产国家非限制和禁止并符合国家和行业相关标准的产品取得的收入,减按90%计入收入总额。

《中华人民共和国企业所得税法实施条例》第一百条规定,《企业所得税法》第三十四条所称税额抵免,是指企业购置并实际使用《环境保护专用设备企业所得税优惠目录》《节能节水专用设备企业所得税优惠目录》和《安全生产专用设备企业所得税优惠目录》规定的环境保护、节能节水、安全生产等专用设备的,该专用设备的投资额的10%可以从企业当年的应纳税额中抵免;当年不足抵免的,可以在以后5个纳税年度结转抵免。

享受前款规定的企业所得税优惠的企业,应当实际购置并自身实际投入使用前款规定的专用设备;企业购置上述专用设备在5年内转让、出租的,应当停止享受企业所得税优惠,并补缴已经抵免的企业所得税税款。

二、常见涉税问题

不符合税收优惠条件享受税收优惠;不符合税收法定范围享受税收优惠;超期限享受税收优惠;减免金额计算不准确。

三、主要检查方法

(一)企业享受税收优惠条件的检查

应对照有关文件规定的条件进行检查,如国家需要重点扶持的高新技术企业,减按15%的税率征收企业所得税。《中华人民共和国企业所得税法》中对高新技术企业规定应同时具备"五个条件",检查时可采用审阅法对照分析。

(二)企业享受税收优惠范围的检查

对照税收优惠的各项规定,核实企业享受优惠的项目是否在法定范围之内。如国债利息收入中是否混入国债转让收益,有无将应补税的投资收益作为免税的投资收益申报等。

（三）企业享受优惠期限的检查

通过检查企业工商登记证照、企业成立章程等有关资料，逐项审核享受税收优惠过渡期的企业的资格是否符合税法规定，如享受过渡优惠政策的老企业，是否是在《中华人民共和国企业所得税法》发布之日前，即2007年3月16日以前完成工商登记的企业。对于新设高新技术企业，是否是在2008年1月1日后设立的企业。

（四）企业享受优惠金额的检查

企业同时从事减免项目与非减免项目的，应分别核算，独立计算减免项目的计税依据以及减免税额度。不能分别核算的，不能享受减免。同一项目，定额享受减税、免税的，超额部分要准确计算所得税额。如技术转让所得不超过500万元的部分，免征企业所得税；超过500万元的部分，减半征收企业所得税。

第六节　应纳税所得额及应纳税额的检查

一、应纳税所得额的检查

（一）政策依据

企业每一纳税年度的收入总额，减除不征税收入、免税收入、各项扣除以及允许弥补的以前年度亏损后的余额，为应纳税所得额。（《中华人民共和国企业所得税法》第五条）

收入总额中的下列收入为不征税收入：财政拨款；依法收取并纳入财政管理的行政事业性收费、政府性基金；国务院规定的其他不征税收入。（《中华人民共和国企业所得税法》第七条）

计算应纳税所得额时，企业财务、会计处理办法与税收法律、行政法规的规定不一致的，应当依照税收法律、行政法规的规定计算。（《中华人民共和国企业所得税法》第二十一条）

（二）常见涉税问题

不征税收入用于支出所形成的费用或者财产的折旧或摊销额税前扣除。"以前年度损益调整"事项未按规定进行纳税处理。

（三）主要检查方法

1. 企业存在不征税收入的检查。首先，检查"营业外收入"明细账和相关原始凭证，确定不征税收入的来源、金额。其次，审查和收入有关的审批文件和手续，确定收入是否符合税法规定的条件。最后，结合企业所得税其他项目的检查，查实企业的不征税收入用于支出所形成的费用或者资产，落实费用的摊销和财产的折旧是否税前扣除，未作纳税调整。

2. 账务调整是否正确。结合企业所得税申报表，检查"以前年度损益调整"账户，核实以前年度的损益事项是否进行了纳税调整。

二、亏损弥补的检查

（一）政策依据

《企业所得税法》第五条所称亏损，是指企业依照《企业所得税法》和本条例的规定将每一纳税年度的收入总额减除不征税收入、免税收入和各项扣除项目后小于零的数额。（《中华人民共和国企业所得税法实施条例》第十条）

企业在汇总计算缴纳企业所得税时，其境外营业机构的亏损不得抵减境内营业机构的盈利。（《中华人民共和国企业所得税法》第十七条）

企业纳税年度发生的亏损，准予向以后年度结转，用以后年度的所得弥补，但结转年限最长不得超过五年。（《中华人民共和国企业所得税法》第十八条）

（二）常见涉税问题

未按税法规定的弥补亏损年限弥补亏损；企业自行扩大弥补亏损数额；将查增所得额用于弥补以前年度亏损；用境内所得弥补境外营业机构的亏损。

（三）主要检查方法

1. 审查企业申报金额是否正确。审核企业所得税纳税申报表、会计报表和弥补亏损企业年度台账，对未建立分户账的，要对照以前年度的企业所得税申报表和会计报表，核实是否是按税法规定调整后的亏损金额。

2. 审查弥补亏损年限是否正确。看其是否连续计算5年，有无上报的年限超过5年或间断计算的问题。

3. 企业查补金额的账务调整是否正确。核实企业是否将税务检查查增的应纳税所得额用于弥补以前年度的亏损。

第八章 企业所得税检查方法

4. 境内所得弥补境外营业机构亏损的检查。检查企业会计报表和企业所得税纳税申报表等资料,掌握境外营业机构的基本信息和经营状况,核实是否存在用境外营业机构的亏损抵减境内营业机构盈利的问题。

三、应纳税额的检查

(一) 政策依据

企业的应纳税所得额乘以适用税率,减除依照本法关于税收优惠的规定减免和抵免的税额后的余额,为应纳税额。(《中华人民共和国企业所得税法》第二十二条)

《企业所得税法》第二十二条规定的应纳税额的计算公式为:应纳税额=应纳税所得额×适用税率-减免税额-抵免税额。公式中的减免税额和抵免税额,是指依照《企业所得税法》和国务院的税收优惠规定减征、免征和抵免的应纳税额。(《中华人民共和国企业所得税法实施条例》第七十六条)

企业取得的下列所得已在境外缴纳的所得税税额,可以从其当期应纳税额中抵免,抵免限额为该项所得依照本法规定计算的应纳税额。超过抵免限额的部分,可以在以后五个年度内,用每年度抵免限额抵免当年应抵税额后的余额进行抵补:居民企业来源于中国境外的应税所得;非居民企业在中国境内设立机构、场所,取得发生在中国境外但与该机构、场所有实际联系的应税所得。(《中华人民共和国企业所得税法》第二十三条)

《企业所得税法》第二十三条所称抵免限额,是指企业来源于中国境外的所得,依照企业所得税法和本条例的规定计算的应纳税额。除国务院财政、税务主管部门另有规定外,该抵免限额应当分国(地区)不分项计算,计算公式为:抵免限额=中国境内、境外所得依照企业所得税法和本条例的规定计算的应纳税总额×来源于某国(地区)的应纳税所得额÷中国境内、境外应纳税所得总额。(《中华人民共和国企业所得税法实施条例》第七十八条)

《企业所得税法》第二十三条所称5个年度,是指从企业取得的来源于中国境外的所得,已经在中国境外缴纳的企业所得税性质的税额超过抵免限额的当年的次年起连续5个纳税年度。(《中华人民共和国企业所得税法实施条例》第七十九条)

居民企业从其直接或者间接控制的外国企业分得的来源于中国境外的

股息、红利等权益性投资收益，外国企业在境外实际缴纳的所得税税额中属于该项所得负担的部分，可以作为该居民企业的可抵免境外所得税税额，在本法第二十三条规定的抵免限额内抵免。(《中华人民共和国企业所得税法》第二十四条)

《企业所得税法》第二十四条所称直接控制，是指居民企业直接持有外国企业20%以上股份。企业所得税法第二十四条所称间接控制，是指居民企业以间接持股方式持有外国企业20%以上股份，具体认定办法由国务院财政、税务主管部门另行制定。(《中华人民共和国企业所得税法实施条例》第八十条)

企业依照企业所得税法第二十三条、第二十四条的规定抵免企业所得税税额时，应当提供中国境外税务机关出具的税款所属年度的有关纳税凭证。(《中华人民共和国企业所得税法实施条例》第八十一条)

(二) 常见涉税问题

应纳税额未按适用税率计算；申报的减免所得税额不符合政策要求；抵免税额的范围及抵免方法不符合税法规定；投资收益未按税法规定进行税务处理；税额计算不准确。

(三) 主要检查方法

1. 审查企业申报的适用税率是否符合规定。特别是对小型微利企业，要通过资产负债表核对资产总额，通过劳务合同核对从业人数，核实其适用低税率的条件，核实适用税率和应纳税额的计算是否正确。

2. 审核减免税材料真实性。调阅核实企业享受减免税的有关文件或证明材料，尤其审核材料的真实性，审查企业申报的减免所得税额是否符合政策。

3. 核实权益性投资账户。检查"长期股权投资"明细账户，结合投资协议、合同和章程，落实被投资企业的经营地、性质、经营范围等基本资料，划分境内和境外、居民企业投资和非居民企业投资，掌握相关信息。结合"投资收益"明细账，核实投资收益是否按税法规定进行了税务处理。

4. 检查企业境外所得的抵免税额。对来源于境外的所得已在境外缴纳的所得税税额，在计算抵免税额时，检查其抵免税种的范围及抵免方法是否符合税法规定；对来源于实际税负明显低于我国法定税率水平国家（地区）的企业，检查其是否已补缴所得税。

第八章　企业所得税检查方法

第七节　企业所得税评估指标分析法

一、所得税税收负担率

(一) 指标口径

所得税税收负担率公式为：

所得税税收负担率＝本期实际应纳所得税税额÷本期利润总额×100%

(二) 指标功能

所得税税收负担率指标反映企业每百元利润总额实际负担的所得税税额。

(三) 指标运用方法

纵向比较，即用本期指标值与基期指标值比较，基期指标值的确定包括两部分：一是上期指标值，二是前三年平均指标值。

(四) 疑点提示

通过纵向比较分析，观察企业实际所得税税负率在不同经营年度的变动趋势，如果评估期指标值比较基期的变动率超出预警值范围的，可能存在少计收入或多列成本费用等问题，可进一步运用销售利润率等其他指标分析异常具体原因。当销售利润率较低，而实际应纳所得税额较高时，可重点关注纳税调整项目，审核企业是否存在人为调节季度应纳税所得额或年度应纳税所得额，利用汇算清缴期的相关规定，达到迟交所得税的目的，应重点审核企业是否存在人为增提预提费用的问题。当销售利润率较高，而实际应纳所得税税额较低时，也应重点关注纳税调整项目，审核企业是否存在较大投资收益，如属于投资性公司，应重点关注经营性费用与投资性费用划分的问题。

二、实际所得税贡献率

(一) 指标口径

实际所得税贡献率公式为：

实际所得税贡献率＝本期实际应纳所得税税额÷本期主营业务收入×100%

(二) 指标功能

实际所得税贡献率指标反映企业每百元销售收入所实际创造的所得税

税额。

(三) 指标运用方法

纵向比较,结合销售利润率分析。

(四) 疑点提示

通过纵向比较分析,观察企业本期所得税贡献率与基期的差异,如果低于基期超出预警值范围的,可能存在少计收入或多列成本费用等问题,应进一步运用销售利润率等其他指标分析具体异常原因。

三、销售利润率

(一) 指标口径

销售利润率公式为:

$$销售利润率=本期利润总额÷本期主营业务收入×100\%$$

(二) 指标功能

销售利润率为销售获利能力分析指标,主要衡量企业因销售行为所赚取的收益数额。

(三) 指标运用方法

本指标用于评估企业利润总额与销售收入增减变化的趋势及原因,以及可能存在的问题。

纵向比较,即用本企业两期或连续数期的销售利润率进行对比分析;横向比较,即用企业评估期销售利润率与同行业同期平均销售利润率进行对比分析。

当指标值超过预警值时,可作如下进一步分析:

审核企业是否存在人为调节收入所属年度的问题,即由减(免)税期进入全额征税期、由免税期进入减半期,将收入属于高税率的年度调至低税率年度或由免税期进入减半期、由减半征收期进入全额征税期,将收入属于低税率的年度调至高税率年度。可结合企业生产经营特点、购销合同、产成品明细账进一步审核确认企业收入。

结合销售毛利率进行分析,当销售毛利率指标正常时,可进一步结合营业费用变动率等指标,查找企业是否存在多计费用等问题。当销售毛利率指标异常时,可结合主营业务收入变动率、主营业务成本变动率指标,查找企业是否存在少计收入、多计成本的问题。

结合应纳税所得额进行分析,当销售利润率较低,而应纳税所得额远远超出利润总额时,可能存在人为调节季度应纳税所得额或年度应纳税所得额,利用汇算清缴期的相关规定,达到迟交所得税的目的,应重点审核企业是否存在在人为增提预提费用的问题。当销售利润率较高,而应纳税所得额远远低于利润时,可能是来源于子公司的投资收益较大,如属于投资性公司,应重点关注经营性费用与投资性费用划分的问题。

(四)疑点提示

通过纵向比较分析,观察企业销售利润率在不同经营年度的变动趋势,如果评估期销售利润率比较基期的变动率超出预警值范围的,可能存在少计收入或多列成本费用等问题,应进一步运用其他辅助指标分析影响销售利润率大幅降低的具体原因。

通过横向比较分析,观察企业销售利润率与在同行业中所处的位置,如果评估期销售利润率与同行业平均销售利润率比较相差较大的,可能存在少计收入或多列成本费用等问题,应进一步运用其他辅助指标分析其差异的具体原因。

四、销售毛利率

(一)指标口径

销售毛利率公式为:

$$销售毛利率 = 本期主营业务利润 \div 本期主营业务收入 \times 100\%$$

(二)指标功能

销售毛利率为销售获利能力分析指标,主要衡量企业因销售行为所赚取的收益数额。

(三)指标运用方法

本指标是对销售利润率分析结果的进一步细化评估,即首先通过对利润总额增减变化的分析,层层剖析,再对构成主营业务利润的情况进行评估。

纵向比较,即用本企业两期或连续数期的销售利润率进行对比分析。

横向比较,即用企业评估期销售利润率与同行业同期平均销售利润率进行对比分析。

当指标值低于预警值时,可能存在少计收入、多列成本的问题,可作以下进一步分析:

一是审核企业是否存在未按规定时间确认收入,收入采取收付实现

制、费用采取权责发生制进行确认，利用应收账款等科目不计、少计、迟计收入等问题。

二是审核企业是否存在虚增人员工资、发生的财产损失直接计入主营业务成本等多计成本问题。当指标值高于预警值时，应审核企业是否享受所得税税收优惠，是否存在人为将所属高税率年度的收入结转到优惠税率年度问题。同时，可结合销售利润率进行分析，审核企业是否存在多计费用问题。

（四）疑点提示

通过纵向比较分析，观察企业销售利润率在不同经营年度的变动趋势，如果评估期销售利润率比较基期的变动率超出预警值范围的，可能存在少计收入或多列成本费用等问题，应进一步运用其他辅助指标分析影响销售利润率大幅降低的具体原因。

通过横向比较分析，观察企业销售利润率与在同行业中所处的位置，如果评估期销售利润率与同行业平均销售利润率比较相差较大的，可能存在少计收入或多列成本等问题，应进一步运用其他辅助指标分析其差异的具体原因。

五、成本费用利润率

（一）指标口径

成本费用利润率公式为：

$$成本费用利润率 = (本期利润总额 \div 本期主营业务成本 + 本期营业、管理、财务费用总额) \times 100\%$$

（二）指标功能

成本费用利润率指标反映企业每投入百元的成本费用能够创造的利润总额，即所费与所得的比率。该比率值越高，企业的投入所创造的利润越多。

（三）指标运用方法

纵向比较，结合成本费用变动率、利润变动率等指标进行分析。

（四）疑点提示

通过纵向分析，当指标值低于预警值时，可能存在少计收入或多列成本的问题，应结合主营业务成本变动率与主营业务收入变动率及主营业务费用变动率与主营业务收入变动率进行配比分析，查找企业是由于主营业务成本还是管理、销售、财务费用的增减变化导致了指标值偏低，进而确定重点评估的项目；当指标值高于预警值时，应审核企业是否享受所得税税收优惠，是否存在人为将所属高税率年度的收入结转到优惠年度问题。

六、销售成本率

（一）指标口径

销售成本率公式为：

$$销售成本率 = 本期主营业务成本 \div 本期主营业务收入 \times 100\%$$

（二）指标功能

销售成本率指标反映企业每销售百元时所投入的成本或期间费用总额，销售成本费用率与销售利润率呈反方向变化。

（三）指标使用方法

纵向比较，应结合主营业务收入变动率、主营业务成本变动率、营业（管理、财务）费用变动率进行分析。

（四）疑点提示

通过纵向分析，当指标值超出预警值时，可能存在少计收入或多列成本的问题，应结合主营业务成本变动率与主营业务收入变动率及主营业务费用变动率与主营业务收入变动率进行配比分析，查找企业是由于主营业务成本还是管理、销售、财务费用的增减变化导致了指标值偏高，进而确定重点评估的项目。

七、销售费用率

（一）指标口径

销售费用率公式为：

$$销售费用率 = 本期营业费用（管理费用、财务费用）\div 本期主营业务收入 \times 100\%$$

（二）指标功能

销售费用率指标反映企业每销售百元时所投入的成本或期间费用总额，销售成本费用率与销售利润率呈反方向变化。

（三）指标运用方法

纵向比较，应结合主营业务收入变动率、主营业务成本变动率、营业（管理、财务）费用变动率进行分析。

（四）疑点提示

通过纵向分析，当指标值超出预警值时，可能存在少计收入或多列成

本的问题，应结合主营业务成本变动率与主营业务收入变动率及主营业务费用变动率与主营业务收入变动率进行配比分析，查找企业是由于主营业务成本还是管理、销售、财务费用的增减变化导致了指标值偏高，进而确定重点评估的项目。

八、成本费用率

（一）指标口径

成本费用率公式为：

$$成本费用率=(本期营业费用+本期管理费用+本期财务费用)÷本期主营业务成本×100\%$$

（二）指标功能

成本费用率指标反映企业期间费用与销售成本的比率关系。

（三）指标运用方法

纵向比较，应结合主营业务成本变动率、营业（管理、财务）费用变动率等进行分析。

（四）疑点提示

通过纵向分析，当指标值超出预警值时，可能存在少计收入或多列成本的问题，应结合主营业务成本变动率、主营业务费用变动率等进行配比分析，查找企业是由于主营业务成本还是管理、销售、财务费用的增减变化导致了指标值偏高，进而确定重点评估的项目。

九、主营业务收入变动率

（一）指标口径

主营业务收入变动率公式为：

$$主营业务收入变动率=(本期主营业务收入-基期主营业务收入)÷基期主营业务收入×100\%$$

（二）指标功能

为影响企业评估期利润总额的主要指标，通过对这些损益指标变动情况的分析，可以揭示企业利润增减变化的直接原因。

（三）指标运用方法

纵向对比，结合成本、费用和利润变动率进行分析。

（四）疑点提示

观察企业各损益类科目在不同经营年度的变动情况，如果评估期损益类科目比较基期的变动率超出预警值范围的,可能存在少计收入或多列成本费用等问题。应结合主营业务成本变动率、主营业务利润变动率进行分析。一般情况下,三者的变动方向是一致的,当主营业务收入变动率与主营业务成本变动率、主营业务利润变动率成反方向变化时,有可能存在少计收入、多列成本的问题。应从原材料的领用、车间工人工资、制造费用的归集以及产成品核算入手,审核企业的收入、成本的结转是否符合政策规定。

十、主营业务成本变动率

(一)指标口径

主营业务成本变动率公式为:

$$主营业务成本变动率=(本期主营业务成本-基期主营业务成本)÷基期主营业务成本×100\%$$

(二)指标功能

为影响企业评估期利润总额的主要指标,通过对这些损益指标变动情况的分析,可以揭示企业利润增减变化的直接原因。

(三)指标运用方法

纵向对比,结合收入、费用、利润等变动率指标分析。

(四)疑点提示

观察企业各损益类科目在不同经营年度的变动情况,如果评估期损益类科目比较基期的变动率超出预警值范围的,可能存在少计收入或多列成本费用等问题。应结合主营业务成本变动率、主营业务利润变动率进行分析。一般情况下,三者的变动方向是一致的,当主营业务收入变动率与主营业务成本变动率、主营业务利润变动率成反方向变化时,有可能存在少计收入、多列成本的问题。应从原材料的领用、车间工人工资、制造费用的归集以及产成品核算入手,审核企业的收入、成本的结转是否符合政策规定。

十一、主营业务利润变动率

(一)指标口径

主营业务利润变动率公式为:

$$主营业务利润变动率=(本期主营业务利润-基期主营业务利润)÷基期主营业务利润×100\%$$

（二）指标功能

为影响企业评估期利润总额的主要指标，通过对这些损益指标变动情况的分析，可以揭示企业利润增减变化的直接原因。

（三）指标运用方法

纵向对比，结合收入、成本、费用等变动率指标分析。

（四）疑点提示

观察企业各损益类科目在不同经营年度的变动情况，如果评估期损益类科目比较基期的变动率超出预警值范围的，可能存在少计收入或多列成本费用等问题。应结合主营业务成本变动率、主营业务利润变动率进行分析。一般情况下，三者的变动方向是一致的，当主营业务收入变动率与主营业务成本变动率、主营业务利润变动率成反方向变化时，有可能存在少计收入、多列成本的问题。应从原材料的领用、车间工人工资、制造费用的归集以及产成品核算入手，审核企业的收入、成本的结转是否符合政策规定。

第九章

传统行业检查方法

第九章　传统行业检查方法

第一节　商业银行业检查方法

一、商业银行业经营和核算特点

（一）商业银行业简述

商业银行是依照《中华人民共和国商业银行法》和《中华人民共和国公司法》成立的吸收公众存款、发放贷款、办理结算等业务的企业法人，在经营过程中讲究盈利性、安全性和流动性。我国商业银行可以分为国有商业银行、股份制商业银行、城市商业银行、外资商业银行等。商业银行作为金融业代表行业，具有指标性、垄断性、高风险性、效益依赖性、高负债经营性、严格的行业监管和较为完善的内控制度等特点。

1. 指标性。作为金融业的核心代表，商业银行的指标数据从多个角度反映了国民经济的整体状况，是国民经济发展的晴雨表。

2. 垄断性。一方面是指商业银行是政府严格控制的行业，未经批准，任何单位和个人不得从事银行业务；另一方面是指银行经营的具体业务也有较高的垄断性。

3. 高风险性。商业银行是巨额资金的集散中心，涉及国民经济各个部门，任何经营决策的失误都可能导致各个行业的连锁反应。

4. 效益依赖性。商业银行的效益主要取决于国家宏观经济环境以及国民经济总体效益。

5. 高负债经营性。相对于一般工商企业而言，商业银行的自有资金比率较低，更多是依赖吸收存款资金及同业拆借进行经营。

6. 行业监管及内控。商业银行是国民经济中受到最为严格监管的行业之一，其监管主要体现在三个方面：监管机构多、监管内容繁多、监管程序复杂。也正因此，商业银行的内控制度较一般企业更为完善，通过一体化的综合核算软件来进行自动财务核算，内在的财务核算规则与核算制度严格按照国家的有关法律法规设置，并需报银监会（现为银保监会）备案。

（二）银行业主要业务

银行产品的业务可以划分为负债业务产品、资产业务产品和中间业务产品三大类，以及外汇业务产品。

1. 负债业务产品。负债业务就是资金的使用权从客户转移到银行，构

成了银行对客户的负债。如日常所说的存款就是银行负债业务,是客户将资金交付银行使用,由银行付给存款人利息的一种行为。银行设计和生产了许多银行产品,用以办理负债业务,如各种储蓄存款、单位存款、同业存放以及清算占用等。

2. 资产业务产品。与负债业务相反,资产业务是银行把资金出让给客户使用,并从中收取一定利息的业务。为了办理资产类业务,银行也设计生产了许多银行产品,如各种贷款、票据贴现以及金融租赁等。

3. 中间业务产品。这是银行为满足向客户提供各类中间业务服务而设计开发的产品,这类产品通常不需要占用银行资金,主要是通过银行自身资源为客户服务来收取手续费。如传统的结算、汇兑、担保,以及新兴的代理保险、代客买卖外汇、基金等理财产品,还包括咨询评估服务等。

4. 外汇业务产品。这是银行为了拓展业务向客户提供的外汇业务,这类产品主要有贸易融资、外汇买卖、国际结算以及离岸金融等。

(三) 银行业财务核算特点

1. 大数据处理的信息化与系统性。银行从事的交易种类繁多、次数频繁、金额巨大,银行充分利用现代信息技术手段处理跨地区、跨部门、跨产品的数据,大量财务会计核算信息由信息系统自动生成。

数据是商业银行的战略性资产,商业银行在发展过程中,累积了大量的客户数据、交易记录以及管理数据等,如何安全、有效地处理以及运用这些数据对商业银行来说也存在一定的挑战。同时,通过大量的数据处理分析,也可能为银行带来机遇。由于数据量大且分散,银行一般通过建设相应的核心系统来高效、安全、集中以及统一地处理数据,并且随着业务以及环境的发展不断更新、开发新的系统或模块。

目前我国银行业的财务会计信息系统建设基本上处于交易与核算耦合性程度较高的阶段。信息化系统的建立有效规范了会计核算流程,实现了数据的集中核算,避免数据集中出现的交叉混乱。在核算中,数据集中系统可以更高效地对信息统计、数据核算等工作中出现的问题进行分析,一定程度上实现业务的自动化处理和信息的网络化传送。不仅降低了人为核算错误的可能性,还能增强信息处理的及时性和准确性。

2. 会计科目设置与财务报表格式具有特殊性。

(1) 会计科目设置的特殊性。商业银行与其他企业在会计科目的设置上增加了资产负债表共同类科目和表外科目。共同类科目主要有清算资金往来、货币兑换、衍生工具等。同时，商业银行会计科目按其与资产负债表的关系分为表内科目和表外科目。表内科目是用来核算和监督金融企业资金实际增减变化情况并反映在资产负债表和利润表中的科目，表外科目是用以记载不涉及金融企业资金实际增减变化的主要会计事项的科目。例如抵债资产、重要空白凭证、代保管抵押品、银行承兑汇票等科目均为表外科目。表外科目是商业银行根据自身情况和管理的需要自行设置的。

（2）财务报表格式特殊性。《企业会计准则第30号——财务报表列报》应用指南中明确"财务报表格式和附注分别按一般企业、商业银行、保险公司、证券公司等企业类型予以规定。企业应当根据其经营活动的性质，确定本企业适用的财务报表格式和附注"。《企业会计准则第31号——现金流量表》应用指南明确"现金流量表格式分别对一般企业、商业银行、保险公司、证券公司等企业类型予以规定。企业应当根据其经营活动的性质，确定本企业适用的现金流量表格式"。

二、银行业常见涉税问题及检查方法

（一）负债业务

1. 关联方金融机构间利息支出未按照资本弱化规定进行税务处理。关联方金融机构间利息支出超过关联方债权性投资与其权益性投资比例，未进行纳税调整。

检查方法：核查企业披露的关联方关系和交易，通过审计报告和关联方申报表，核实是否存在关联方借款，核查企业实际支付给关联方的利息支出是否超过接受关联方债权性投资与其权益性投资的规定比例。如超过接受关联方债权性投资与其权益性投资的规定比例，企业是否有转让定价文档或者其他资料证明该利息支出符合独立交易原则，抑或该企业的实际税负不高于境内关联方。

2. 银行发行的可转换债券的利息支出未按规定税前扣除。银行发行可转换债券可在企业所得税税前扣除的利息支出，应根据"票面金额""票面利率""持有期间"计算确定，即实际发生并支付给可转换债券持有人的利息支出，超出部分应进行纳税调整。

检查方法：约谈询问银行总行人员是否发行可转换债券。审核企业可转债利息支出的核算办法和会计核算科目以及税务处理。查看银行税前计算扣除的利息支出是否按照"票面金额""票面利率""持有期间"计算

确定,即实际发生并支付给可转换债券持有人的利息支出。抽查验证是否有对于会计上计提而未实际支付的利息支出税前扣除。

3. 支付或者到期应支付给未在中国境内设立机构、场所的非居民企业利息或其他所得,未代扣代缴企业所得税。检查方法:审核银行提供的向境外支付款项相关管理办法和境外业务的实际情况,核实是否存在未按照规定代扣代缴税收的情况。进行内控制度核查,查看金融机构业务部门与计财部门是否建立定期沟通机制,及时传递涉外业务处理情况,计财部门是否定时跟踪涉外业务及会计科目的数据动态,及时进行非居民企业利息等收入的代扣代缴工作。

（二）资产业务

1. 国债转让收入作为持有期间利息收入,少缴企业所得税。银行投资国债从国务院财政部门取得的国债利息收入,应以国债发行时约定应付利息的日期,确认利息收入的实现。转让国债,应在国债转让收入确认时确认利息收入的实现。企业到期前转让国债或者从非发行者处投资购买的国债,其持有期间尚未兑付的国债利息收入,按以下公式计算确定:

$$国债利息收入 = 国债金额 \times （适用年利率 \div 365） \times 持有天数$$

检查方法:审核国债交易交割单、国债交易台账,核实企业有无将应税收入作为免税收入处理,造成少缴纳企业所得税的情况。审核银行投资国债取得国债利息的会计处理和税务处理是否符合文件规定,计算是否准确。

2. 企业持有股票不足12个月的收益作为免税收入。企业持有居民企业公开发行并上市流通的股票期间取得投资收益按照税法规定必须连续12月以上才能享受免税。企业可能存在一律视同符合条件的居民企业之间的权益性投资收益享受免税优惠造成少缴纳企业所得税的问题。

检查方法:结合"交易性金融资产""投资收益"等科目,重点核实投资资产持有时间和持股比例,查看股权投资及投资收益转账凭证,判断投资收益是否属于免税收入。

3. 收取滞纳金、罚金等未计增值税。银行未按利息收入的全额(包括罚金、滞纳金、赔偿金等)计征增值税。

检查方法:审核"营业外收入""其他业务收入""其他应付款"等科目,查看是否存在取得的上述收入未按规定缴纳增值税的问题。

4. 对逾期贷款利息未按规定确认利息收入,少缴企业所得税。对逾期贷款,逾期后发生的应收利息的税务处理,在实际收到利息时,未按照税法规定确认收入;未按照增值税纳税义务发生时间缴纳增值税。

检查方法:通过约谈询问银行总行人员、查阅相关内控管理文件、查看有关信息系统等方式,了解银行关于贷款利息的会计核算办法、会计核算系统规定和设置,确认逾期贷款的核算与处理方法,分析逾期贷款逾期后应收利息的所得税确认时点。

5. 票据直贴业务中,贴现业务取得收入,未按期确认收入少缴增值税、企业所得税。银行办理票据直贴业务,在支付对价时即将贴现利息一次性从票面价款中扣除。因此,票据直贴业务增值税纳税义务发生时间为贴现日,纳税人应以收取的贴现利息全额确认增值税应税销售额,计算缴纳增值税、企业所得税(收入跨年度)。但部分银行根据贴现利息对应的贴现期分期确认增值税应税销售额或者收入,当期少缴增值税、企业所得税。

检查方法:通过约谈询问银行总行、查阅相关文件、查看有关信息系统等方式,了解企业内部会计核算办法、会计核算系统、增值税管理系统对票据直贴业务的规定和设置,了解总行与各分行是否执行统一的政策口径,确认其是否在贴现日对全部贴现利息收入全额申报缴纳税款。抽取一定票据贴现业务进行核查,查阅相关凭证(原始凭证、记账凭证),验证会计、税务处理是否符合政策规定。

6. 结息日起 90 天内的应收未收利息收入未按照规定缴纳增值税。

检查方法:银行应将该部分表内核算的应收未收 90 天内逾期利息确认增值税应税收入,结息日起 90 天以后的利息应按照收付实现制在实际收到利息时计算缴纳增值税。

7. 收入免税范围。银行将不符合增值税同业往来的业务作为同业往来业务处理,未申报缴纳增值税。

检查方法:对"拆放同业利息收入""同业往来"等科目进行审核分析,审核业务合同及系统核算,核实作为免税的同业往来利息收入是否符合增值税政策规定的范围,有无将不符合免税范围的业务进行免税处理。

8. 非持有至到期的基金赎回未按照金融商品转让缴纳增值税。根据税法相关规定,纳税人购入基金、信托、理财产品等各类资产管理产品持有至到期,不属于《销售服务、无形资产、不动产注释》(财税〔2016〕36 号)第一条第(五)项第 4 点所称的金融商品转让。在实务操作中,基金

的投资和赎回一般由投资部门或资管公司管理，对于基金的赎回是否属于增值税定义的金融商品转让也由投资部门或资管公司判定，保险公司财务部门不掌握具体信息。因此，在增值税申报时，保险企业可能将非持有至到期的基金赎回不按照金融商品转让缴纳增值税。

检查方法：询问保险公司的投资部门或其合作的资管公司基金投资运作情况，调阅其判断基金是否持有至到期的标准及依据，审核是否符合税法规定；取得已投资的基金列表，逐个落实赎回基金的到期日和赎回日之间是否存在差异。审核"其他权益工具投资""债权投资""其他债权投资"等科目下核算的基金赎回金额，检查未到期赎回的基金是否按照金融商品转让缴纳增值税。

（三）中间业务

1. 手续费收入适用逾期贷款利息收入进行税务处理。将逾期 90 天仍未收回的非利息收入（如为客户提供各种服务而取得的费用和佣金收入，包括手续费、信托收入、融资租赁收入及表外业务收入等）冲减当期应纳税所得额。

检查方法：准确区分非利息收入和利息收入，对逾期 90 天（不含 90 天）仍未收回的非利息收入不作冲减当期的应纳税所得额处理。

2. 向境外支付服务费未按规定扣缴增值税。银行向境外支付的相关服务费用（如 Swift 等网络或系统的使用费）等支出，未代扣代缴相关增值税。

检查方法：根据上述规定，银行在向境外支付应税服务费等支出时，境外机构的该类收入属于在中国境内消费的劳务，应当根据相关规定，在中国境内缴纳增值税，并由银行代扣代缴。

3. 逾期 90 天未收回的信用卡分期付款手续费冲减应纳税所得额。

检查方法：查阅银行上报银保监会等行业监管机构的信用卡分期付款业务收费标准备案资料，确定其手续费的性质。通过约谈、询问银行总行财会和税务部门人员，查阅银行的会计核算规程和税务管理办法，了解该银行对于逾期信用卡分期付款手续费的会计处理和税务操作方法。抽取部分信用卡分期付款，核实其对于逾期 90 天未收回的信用卡分期付款业务手续费收入是否按照贷款利息收入冲减应纳税所得额。

4. 手续费及佣金收入核算不全。除受托收款业务外，手续费收入应在每一个环节将手续费全额作为应税收入，不得扣减支付下一环节的手续费支出。全部收入中包括价外费用。银行未在申报增值税和企业所得税时，用手续费收入扣减支付给其他合作商户的手续费支出；只开具了业务结算单据，而未计入。

检查方法：核查利润明细表、业务状况表，了解各项中间业务的名称、范围、收入金额。对照有关合同，核查是否按照权责发生制原则确认收入。核实发票等相关凭证，查看是否将其计入往来科目，而未计收入。

重点核实新开展的中间业务产品和收入比重较大的中间业务。查看是否正确确认收入，是否有坐支收入情形。

重点核查银行卡手续费收入的业务内容。银行卡手续费收入名目繁多，应重点核实。核查基本收费，如工本费、年费、账户管理费等，查看其是否全额计入收入。核查卡消费、特约商户结算手续费等是否全额计入收入。

（四）风险拨备

1. 或有事项在税前扣除。银行对于或有事项（商业票据背书或贴现、未决诉讼、未决仲裁）预计的损失未进行纳税调整，直接进行企业所得税税前扣除。

检查方法：内控核查。通过约谈、询问银行总行税务部门人员，查阅银行的税务管理办法，了解该银行对于或有事项的预计损失计提和纳税调整方法。抽查发生预计损失的年度的汇算清缴资料，查看银行就预计损失进行纳税调增处理，在或有事项实际发生后，是否进行纳税调整处理。

2. 扩大计提贷款损失准备金基数。银行对于不属于税法规定的准予提取贷款损失准备的贷款资产范围的资产，主要包括买入返售金融资产、存放同业等，计提贷款损失准备并在税前扣除，少缴纳企业所得税。

检查方法：通过约谈、询问银行总行税务部门人员，查阅银行的税务管理办法，了解该银行对于贷款损失准备金的计提和调整方法。查看银行对于买入返售金融资产、存放同业等不承担风险资产是否计提贷款减值准备，并核实其对于上述贷款减值准备是否进行税前扣除。

3. 叠加享受涉农贷款和中小企业贷款损失准备金税前扣除政策与一般贷款损失准备金税前扣除政策。银行针对涉农贷款和中小企业贷款按照"关注类、次级类、可疑类、损失类"各自对应计提比例计提准予税前扣除贷款损失准备，存在同时对"正常类"比照一般贷款按照1%计提贷款损失准备金并税前扣除，少缴纳企业所得税的情况。

检查方法：通过约谈、询问银行总行税务部门人员，查阅银行的税务管理办法，了解该银行对于贷款损失准备金的计提和调整方法，掌握银行对于涉农贷款和中小企业贷款计提贷款损失准备金的具体比例。审核银行提供的年度各类贷款余额、内控制度及财务核算办法，核对银行计提准备金的数额，与企业所得税前扣除准备金比对，核实其是否叠加享受涉农贷款和中小企业贷款损失准备金税前扣除政策与一般贷款损失准备金税前扣除政策。

4. 扩大享受涉农贷款和中小企业贷款损失准备金税前扣除。由于涉农贷款享有企业所得税上的优惠，而涉农贷款的分类较为复杂，且数量庞大，存在金融机构模糊涉农概念，因此在计算涉农贷款准备金税前扣除比例时不够准确。在实践操作中，各家银行都是按照银行自身对中小企业的界定，以此计算中小企业贷款准备金税前扣除的标准。

检查方法：通过约谈、询问银行总行税务部门人员，查阅银行关于涉农贷款及中小企业贷款的认定管理办法和内控制度及财务核算办法，查看银行是否对于涉农贷款及中小企业贷款进行后续维护和更新，按一定比例抽查金额较大的涉农贷款及中小企业贷款合同或协议，对照财税〔2019〕85号文（本公告自2019年1月1日起执行至2023年12月31日），核实银行是否按照税法规定确认涉农贷款及中小企业贷款范围。

5. 贷款损失税前扣除未按相关规定报送备案资料。检查方法：审核企业报送的贷款损失备案资料，与税收文件规定进行比对，核实企业是否按照规定报送资料及履行税前扣除相关程序。

三、典型案例

（一）企业基本情况

1. 企业概况。某银行股份有限公司于2004年8月改制成立，注册资本为人民币2 791.47亿元。该银行主要经营商业银行业务，包括公司金融业务、个人金融业务和金融市场业务，并通过子公司开展投资银行、保险、直接投资、基金管理、飞机租赁等业务。

境内分支机构情况：该银行有境内商业银行机构10 693家（含总行），其中一级分行34家、直属分行3家、二级分行314家、基层分支机构10 341家。境外分支机构情况：该银行在41个国家和地区设立了机构，在香港、澳门、台湾地区及其他国家的商业银行机构总数587家。

2. 企业整体经营状况。2020年末，该银行集团资产总计152 513.82亿元，较上年末增加13 770.83亿元，增长9.93%。客户贷款和垫款总额84 832.75亿元，比上年末增长11.51%；客户存款总额108 852.23亿元，比上年末增长7.80%。2020年，集团营业收入4 563.31亿元，同比增长11.98%；利息净收入3 211.02亿元，净息差（NIM）为2.25%；手续费及佣金净收入912.40亿元，在营业收入中的占比为19.99%；业务及管理费支出1 303.87亿元，成本收入比为28.57%。集团全年实现利润总额2 314.78亿元，同比增长8.79%；净利润1 771.98亿元，同比增长8.22%。不良贷款率1.18%，不良贷款拨备覆盖率187.60%。该银行资本充足率与核心一级资本充足率分别为13.87%和10.61%，保持同业领先。2020年末，该行一级资本规模在全球1 000家大银行中排名第七。

3. 财务核算情况。该银行集团财务报表按照财政部颁布的企业会计准则编制，并经外聘的会计师事务所根据中国审计准则审计，出具标准无保留意见的审计报告。

该银行集团具有完善的信息科技系统，为业务运营及财务核算提供有力的支撑。主要的财务系统包括财务报告系统4.0、财务管理系统FMS和电子报表分发系统。

4. 投资情况。2020年末，集团投资总额27 103.75亿元，比上年末增加3 067.44亿元，增长12.76%。其中，按金融资产性质划分，以公允价值计量且其变动计入当期损益的金融资产1 045.28亿元，可供出售金融资产7 506.85亿元，持有至到期投资14 244.63亿元，应收款项类投资4 306.99亿元；按投资种类划分，债券类投资24 954.75亿元，权益性投资566.46亿元，其他投资1 582.54亿元。

（二）办案经过

1. 检查前分析、部署。结合银行业的主要业务特点，检查人员重新梳理和熟悉了银行企业相关的业务知识及行业管理、税收政策规定。具体包括：首先通过对有关书籍和网络资料的学习，进一步了解银行业企业的业务体系、组织架构、财务核算、记账方法等，掌握了如贴现、一般利息收入、金融机构往来收入、拨备覆盖率、计提准备金业务等一些银行业专业名词的概念和核算内容。

内外部信息资料的准备与分析。检查人员检查税务登记信息、税种登记数据、一般纳税人认定信息、各税种申报数据、退税及税收优惠信息等。通过外网数据下载包括年度报告、企业重大事件、审计署审计资料、中纪委审查结果、中央巡视组巡视结果等信息，并以此为基础分析企业各项财务指标、资产质量指标等，锁定疑点问题，拟定工作方案。

2. 全面开展约谈，锁定涉税问题。检查组在调取了被查企业2018—2020年度的增值税纳税申报表、企业所得税纳税申报表、财务报表、纸质财务明细账、凭证等资料，通过增值税防伪税控系统对企业抄报税、认证信息进行了查询，运用约谈手段并对8个部门有关人员涉及13个疑点问题进行了询问，对企业涉税疑点进行分析，并逐项核实。在阶段工作完成后，检查组召开了总结与分析会，最终归纳确定企业可能存在问题的6个涉税疑点，作为重点稽查方向。

3. 确定涉税疑点，拟定重点检查内容。检查团队在对企业信息进行分析研究的基础上，参照企业自查阶段发现的疑点问题，初步拟定了重点检查内容。

（三）处理处罚结果

该银行总行在此次检查中共涉及6个问题，税额共计29 197.38万元，其中，地方附加0.06万元、企业所得税29 196.83万元、增值税0.49万元。银行总行补、退税结果见表9-1。

表9-1 总行差补税款调整后的计算结果 （单位：万元）

序号	问题	增值税应补	城建教育费附加	企业所得税应补	退企业所得税
1	买入返售金融资产不应税前计提准备金	—	—	62 826.53	43 276.61
2	预收息贷款利息不应税前计提准备金	—	—	1 039.79	
3	为管理境外分行所发生的费用不应税前扣除	—	—	5 100	
4	代扣代缴境外银行税款不应在税前扣除	—	—	3 500	
5	在税前扣除不合规票据所列金额	—	—	7.12	

续表

序号	问题	增值税应补	城建教育费附加	企业所得税应补	退企业所得税
6	处置固定资产未申报缴纳增值税	0.49	0.06	—	—
合计		0.49	0.06	72 473.44	43 276.61

第二节　保险业检查方法

一、保险业经营和核算特点

（一）保险业简述

保险业是指将通过契约形式集中起来的资金，用以补偿被保险人的经济利益业务的行业。保险是指投保人根据合同约定，向保险人支付保险费，保险人对于合同约定的可能发生的事故因其发生所造成的财产损失承担赔偿保险金责任，或者当被保险人死亡、伤残、疾病或者达到合同约定的年龄、期限等条件时承担给付保险金责任的商业保险行为。

1. 保险公司经营具有复杂性和不确定性。由于保险公司以风险作为经营的对象，这就决定了保险公司的经营具有更大的经营风险。保险公司在收取了保费之后，是否给付保险金，给付给谁，什么时候给付，给付多少，具有不确定性。与此同时，由于保险公司日益重视投资业务，保险公司所面临的风险更加复杂。

在实际中，经营风险直接来源于保险公司的经济活动和经营决策制定的全过程，而保险市场和资本市场的风险以及社会环境的变化则是经营风险的间接来源。因此，保险经营风险既包含经营活动和管理过程的风险，又有经济因素、政治因素和随机因素引致的风险，呈现出复合且多样化的趋势。

2. 保险公司经营具有广泛性和分散性。保险行业是一个公共性极强的行业，一向有"社会稳定器"之称。保险公司所承保的范围之广，影响覆盖面之广，可能涉及千千万万的家庭和个人。保险公司的倒闭破产所带来的震动可能波及社会生产和人们生活的各个方面。

3. 保险公司经营的产品具有特殊性。保险产品是一种无形商品、非渴求商品和隐性消费商品。"无形"是指保险公司经营的是一种看不见摸不着的风险，生产出的商品体现为一纸承诺；非渴求是指消费者一般不会主动去购买保险商品，因为很多人在事故发生前往往存在侥幸心理；隐性体现在保险消费者购买保险商品并交付保费后仅获得一纸保单，只有当合同约定的风险事故发生并造成经济损失获得补偿的时候，消费者才会真正体会到保险产品的存在。

4. 保险资产的特殊性。保险公司的经营资产主要来自投保人按照保险合同所缴纳的保险费，这些保费是保险公司对被保险人未来赔偿或给付责任的负债，具有负债性特征，具体表现为资产负债表中各项准备金。如何对保险公司负债项目进行评估，如何合理计提准备金，以及如何运用负债准备金进行投资都是非常重要的经营内容。

5. 保险经营成本和利润计算的特殊性。保险经营成本具有不确定性。由于保险产品现时的价格是依据过去经验成本估算出来的，而现时价格又要足够去覆盖未来可能产生的各项成本，因此对不确定性的评估成为保险公司经营管理中的一项重要内容。保险利润的核算也具有特殊性，除一般企业的各类财务科目外，保险公司财务报表中的准备金及未决赔款，是影响经营结果的重要内容。

6. 资金运用在保险公司经营中占据重要地位。保险公司通过运用保险资金获得更多的收益，使保险资金得到保值增值，就能增强公司自身发展的经济实力，提高偿付能力。同时，如果保险资金运用的好，既可取得较高的保险投资收益、降低保险费率，又可以把投资收益的一部分返还给被保险人，以提高其参加保险的积极性。这样，就有利于保险公司扩大保险业务量，从而在激烈的市场竞争中处于有利地位。

（二）保险业主要业务

保险公司业务主要分为两大核心：保险业务和保险资金运用。

1. 保险业务。保险产品按保险标的可分为财产保险和人身保险。《中华人民共和国保险法》第 12 条规定："人身保险是以人的寿命和身体为保险标的的保险，财产保险是以财产及其有关利益为保险标的的保险。"

人身保险业务按不同的分类标准可进行以下几方面的分类：在《保险法》中对人身保险业务以保障范围为分类标志，分为人寿保险、人身意外伤害保险和健康保险三类。

财产保险业务的范围规定为财产损失保险、责任保险、信用保险、保证保险等保险业务。财产损失保险包括企业财产保险、利润损失保险、家庭财产保险、运输工具保险、货物运输保险、工程保险、特殊风险保险、农业保险。责任保险主要有：公众责任保险、产品责任保险、雇主责任保险和职业责任保险。信用保险险种有一般商业信用保险和进出口信用保险。保证保险险种有合同保证保险、产品保证保险和忠诚保证保险等。

2. 保险资金运用。保险公司可以运用的资金主要来源于两部分：一部分是来自保险公司资本金、公积金和未分配利润的自有资金；另一部分来自保险公司提取的各项责任准备金，用于未来的风险补偿或给付责任，这部分资金一般占到保险资金的80%~90%，是保险公司可运用资金的最主要部分。

由于保险业务涉及民生的方方面面，其资金运用的安全性尤为重要，对保险资金运用的监管也比较严格。

首先，保险资金运用的范围受到严格限制。《保险法》第一百零六条规定："保险公司的资金运用必须稳健，遵循安全性原则。保险公司的资金运用限于下列形式：银行存款；买卖债券、股票、证券投资基金份额等有价证券；投资不动产；国务院规定的其他资金运用形式。保险公司资金运用的具体管理办法，由国务院保险监督管理机构依照前两款的规定制定。"

其次，保险资金运用形式受到严格限制。《保险资金运用管理暂行办法》规定："保险资金运用限于下列形式：银行存款；买卖债券、股票、证券投资基金份额等有价证券；投资不动产；投资股权；国务院规定的其他资金运用形式。保险资金从事境外投资的，应当符合中国保监会有关监管规定。"

最后，保险资金运用的模式也给予明确。《保险资金运用管理暂行办法》规定，保险集团（控股）公司、保险公司应当按照"集中管理、统一配置、专业运作"的要求，实行保险资金的集约化、专业化管理。保险资金应当由法人机构统一管理和运用，分支机构不得从事保险资金运用业务。

（三）业务流程

保险公司对保险业务的经营主要有以下四个步骤：保险产品开发、保险产品销售、保单保全以及保险理赔。

1. 保险产品开发。保险产品开发是指保险公司根据市场需要，创造性研制新保险产品，或针对原有产品进行改良的过程。其遵循原则有合规性、保费充足性、可负担性、合理性、公平性和可评估性。从保险业务开发来看，产品的开发与设计分为三个阶段循环进行：产品开发需求、产品开发实施和产品管理。在实务中，产品开发工作一般由保险公司总公司承担。

2. 保险产品销售。保险公司根据保险业务的不同需求设计相应的保险产品进行销售，从而取得保险公司最重要的收入来源——保费收入。保险业务传统的销售模式包括个人代理人销售、保险专业（兼业）代理机构销售、电话销售、互联网销售、公司直销等方式。随着保险业的发展和集团资源的不断整合，保险集团公司建立起了"整合资源，交叉销售"的销售模式。交叉互动销售模式以客户为中心、以市场为导向，通过公司资源共享，满足客户全方位的需求，很大程度上提升了保险公司在市场上的竞争力。此外，微信、互联网销售保险模式的出现，在一定程度上已经冲击了传统的保险销售模式。与传统保险销售模式相比，保险网络销售具有经营成本低、信息量大、利于宣传推广、方便客户购买、节省营销时间、加速新产品推出等明显优势。目前，部分具有前瞻意识的保险公司已逐步加入互联网销售的"蓝海"中。淘宝网等第三方网络平台已吸引多家保险公司入驻，集体发掘通过第三方网络平台销售保险的潜力。众安在线财产保险公司的成立，标志着保险业的网络销售发展到了一个新的阶段。

3. 保单保全。保单保全是指保险公司自签发保单至合同终止期间所发生的一切事务。保全不仅包括续期保险费的收取，契约内容的变更、订正、更正，还包括保险金、解约金、红利等各类给付事务以及投保人的借款、保险关系转移和投保资料的整理、保管等。

4. 保险理赔。保险理赔是保险公司对保险事故进行赔偿的过程，是指保险合同所约定的保险事故发生后，被保险人或投保人、受益人提出赔偿或给付保险金申请，保险公司按合同履行赔偿或给付保险金行为的过程。保险业务的理赔流程主要分为以下几个步骤：客户出险报案；客户正式向保险公司提出索赔申请；保险公司受理案件及立案；保险公司对理赔材料及事实进行审核；保险公司进行责任审核；保险公司对理赔事故进行理算；保险公司通知受益人领取保险金。

（四）财务核算特点

1. 财务集中、数据共享、信息化程度高。保险公司的业务经营有着鲜明的特点：如服务的客户众多、部分保单服务期限长，一份寿险保单可能服务期达数十年甚至终身等。因此，保险公司对保险业务必须依靠较为完善的系统进行管理，实现业务与财务管理以及财务外延管理的整合。

随着保险业务管理的不断规范，各保险公司基本建立融合业务流程、财务流程、管理流程的一体化运营体系，实现了账务处理集中、费用管理集中和资金收付集中。围绕着数据与流程这两大系统建设核心，保险公司的系统集群一般包括统一门户、核心业务系统、合同系统、销售管理系统、资金系统、资产系统、费控系统、商旅系统、人力资源系统、预算系统、核算系统、报表系统、增值税管理系统、银保监会报表系统、影像系统、OA 系统、移动 App、邮箱、短信平台等。在保险资产管理方面，各保险公司视自身情况建立资产估值与核算系统、投资交易管理系统、风险管理与绩效评估系统、信用评级系统、资金交收系统和投资研究数据中心等。

在上述系统中，业务系统负责处理业务逻辑，在业财融合的基础上，将会计处理前移到各项业务交易处理系统，实现会计处理业务化。收付核算系统负责账务处理，与业务交易处理系统无缝连接，在业务收支、资产变动、薪酬福利发放的同时，完成会计信息的处理，实现凭证生成全部自动化，系统间电子凭证传输无缝对接。随着电子发票的应用和档案的电子化，报销流程也正逐步实现全部自动化流转，从第三方购票开始至报销流程结束，全部系统化对接，减少人工操作。

随着移动网络与终端的蓬勃发展，保险公司的财务信息系统也呈现出终端移动化的趋势：既支持客户端灵活自主配置，又实现通过移动门户办理财务报销、业务审批、财务审核、报表查询等诸多业务，使操作及管理随时触手可及。

2. 经营成本支出和收入补偿顺序与一般企业相反。保险公司是先收到保费（取得收入补偿），再支出各项赔付与给付（发生成本），其发生顺序正好与一般行业相反。因此，在计算保险公司利润时需要使用特殊的程序、方法和假设，有较大预计性，其利润计算的准确性与计算时所用到的假设和方法有极大的关系。另外，对于保险业而言，在收入补偿与发生成本之间有很长的时间差，使得以上问题更加突出。

3. 准备金的计量和核算具有鲜明特点。准备金的计提是保险会计的主要特点。保险会计在日常核算中，首先按照现金收付实现制核算，收到的保费计为保费收入，支付的赔款和各种费用作为成本费用。然而，现代会计要求企业按照权责发生制核算，因此需要通过准备金的计提将现金收付实现制的收入和费用调整为权责发生制的收入和费用。准备金的计量依赖大量假设，如果计量不恰当，会误导报表信息使用者。

4. 保险产品、保险资金分账套核算。由于分红保险和万能保险等保险产品的特殊性，这类保险产品要求单独计算资金运用的损益，销售所获得的资金也需要单独运用。因此，保险会计应单独对这些资金设置账套，分别核算资金的投向、应承担的费用和损益。这种分账套核算方式核算复杂，工作量大，同时费用的分摊对各种产品的损益影响也大。

5. 混合合同需要分拆。保险公司出售的产品，有些不包含保险风险或仅包含少量的保险风险。这些产品按照保险合同处理显然不符合经济业务的实质，需要按照《保险合同相关会计处理规定》（财会〔2009〕15号）要求进行分拆。如果保险风险部分和其他风险部分能够分拆，并且能够单独计量的，应当将二者进行分拆。保险风险部分确认为保险合同，其他风险部分不确认为保险合同。保险合同部分和其他风险部分不能够区分，或者虽能够区分但不能单独计量的，如果保险风险重大，应该将整个合同确定为保险合同；如果保险风险不重大，则不应该将整个合同确定为保险合同。

二、保险业常见涉税问题及检查方法

（一）保险销售环节

1. 对境外标的物提供的保险服务少缴增值税。根据税法规定，在我国境内销售服务、无形资产或者不动产，是指：①服务（租赁不动产除外）或者无形资产（自然资源使用权除外）的销售方或者购买方在境内；②所销售或者租赁的不动产在境内；③所销售自然资源使用权的自然资源在境内；④财政部和国家税务总局规定的其他情形。境内保险企业对境外标的物提供保险服务，虽然标的物在境外，但提供服务的销售方在境内，属于在境内提供保险服务，应当按照规定缴纳增值税。因此，保险企业可能存在对境外标的物提供的保险服务少缴增值税的问题。

检查方法：通过业务系统核查企业是否存在对境外标的物提供的保险

服务，并审核"保费收入""应交税费——应交增值税（销项税额）"明细账及原始凭证，核实对境外标的物提供的保险服务销售额是否计提销项税额。

2. 保险企业已开具发票的预收保费未按税法规定及时申报缴纳增值税。保险企业在承保业务开展中存在保险合同生效期前收取保费并给客户开具发票的情况，在账务处理上计入"预收保费"等科目。增值税规定纳税义务发生时间为纳税人发生应税行为并收讫销售款项或者取得索取销售款项凭据的当天；先开具发票的，为开具发票的当天。

检查方法：检查保险业务系统流程及保险协议、保单、批单签订情况和发票开具情况等，以确定实际增值税纳税义务发生时间；审核分析"应收保费""预收保费""保费收入""应交税费——应交增值税（销项税额）"等科目明细账，确定企业计算申报的纳税义务发生时间；比对二者是否存在差异。

3. 保险企业赠送保险未视同销售。检查方法：检查保险公司业务系统中赠送保险保单签订情况，按月汇总整理；抽查保险企业各种形式赠送保险的会计核算，确定是否按照保监发〔2015〕12号文不确认保费收入。针对2016年5月营改增后赠送保险已确认保费收入的情况，核实是否计提销项税额；针对未确认保费收入的情况，在业务系统中查找同期同类产品价格作为视同销售价格。最后结合增值税和企业所得税申报表分析，企业是否在纳税申报时将赠送保险业务按视同销售处理。

4. 将收取的混合合同中非保险合同部分的初始费用直接冲减手续费佣金，未确认收入。保险企业在核算混合合同非保险合同部分时，将收取的初始费用直接冲减"其他业务成本——手续费及佣金"，而未按照会计准则要求，将其确认为"其他业务收入——初始费用"。存在未按增值税相关规定计提销项税额和未按企业所得税相关规定计入收入总额的问题。

检查方法：调取并审核保险企业关于非寿险合同的会计核算规则。增值税方面，审核"其他业务成本——手续费及佣金""应交税费——应交增值税（销项税额）"科目明细账及增值税申报表，确定企业是否计提并申报销项税额；所得税方面，调取企业非保险合同初始费用费率表及非保险合同的手续费费率表，审核非保险合同的"其他业务成本——手续费及佣金"明细账，确定手续费佣金是否实际发生，确定初始费用是否已计入应税所得。

5. 免税险种未到税务机关备案，自行申报免税；或将非免税险种混入免税险种自行申报免税。

检查方法：在审核中应取得保险企业免税险种列表，与税务机关免税备案比对，核对免税申报销售额与当期免税险种账面保费收入是否吻合。对未备案的企业提示其应去主管税务机关及时备案。

6. 在计算佣金手续费扣除限额时扩大计算基数致使手续费佣金支出超额在企业所得税税前扣除。

检查方法：审核"手续费及佣金支出""保费收入""退保金"等科目明细账及保险企业汇算清缴工作底稿和企业所得税申报表，审核手续费佣金支出的税前扣除限额和纳税调整额是否计算准确，支付的手续费及佣金支出是否超额在税前扣除。

（二）保单保全环节

1. 保险企业发生退保业务未及时冲减销项税额。保险公司发生退保业务后，在冲减保费收入或确认退保金的同时，应及时冲减相应的销项税额。在营业税时期，从账务处理上无论是冲减保费收入还是确认退保金，均不与税金直接挂钩，营改增后，对于退保业务应同时考虑销项税额的冲减。

检查方法：审核"保费收入""退保金""应交税费——应交增值税（销项税额）"明细账及相关凭证，核实企业是否在发生退保业务后冲减销项税额。

2. 列支未实际发生的或无法取得票据的防预费并税前扣除。防预费是保险企业必要支出，但实际生产经营中由于行业特点很难取得发票等税法规定可以税前扣除的合法有效凭证。

检查方法：审阅保险企业防预费预算、防预费内控制度及流程和记录防预费支付、投保单位防灾防损情况等事项防预费相关档案。审核"防预费"明细账和原始凭证，鉴别防预费发生的真实性和所取得票据真实性与相关性。

3. 应付未付保单红利计入当期损益未作纳税调整。应付保单红利是保险企业因分红险业务对被保险人的一项负债。保险企业在作出分红决定后，一方面确认保单红利支出进入当期损益，另一方面确认负债。由于保单红利支出的确认时间与保险企业实际支付保单红利的时间存在差异，不符合《企业所得税法》所称实际发生的原则，因此应在企业所得税汇算清缴时对未支付部分作纳税调整。

检查方法：检查"应付保单红利"科目期末余额，确认是否存在应付未付保单红利，根据应付保单红利发生额与保单红利支出比较分析，确定当年计提进入损益的应付保单红利和当年支付的保单红利，与企业所得税纳税调整表比对，是否作纳税调整。

（三）保险理赔环节

1. 处置损余物资未缴纳增值税。损余物资主要是财产保险中，保险公司承担赔付责任后取得的原保险标的受损后的财产，发生保险事故后，保险标的转移至保险公司，保险公司将该物资处置后冲抵赔付支出。由于损余物资的管理与处置一般由综合部门或理赔部门负责，财务部门对于损余物资处置缺乏控制，因此，可能存在处置损余物资未缴纳增值税的问题。

检查方法：询问理赔部门或综合部门损余物资的管理情况及处置情况，调取损余物资管理台账，审核"损余物资"科目的贷方发生额，调取原始凭证还原业务事项，检查是否相应计提并交纳增值税。

2. 保险企业履行赔付义务后，取得向第三方追偿的权利，并追回全部或者部分款项，存在未按照税法规定冲减相应期间赔付支出。保险企业履行赔付义务后，取得向第三方追偿的权利，追回全部或者部分款项，部分保险企业冲减相应赔付支出，但部分保险公司重开赔案，将取得的追偿款冲减取得期间的赔付支出。

检查方法：调取业务系统中带有追偿款项的赔案，结合"赔付支出""应收代位追偿款"等科目，将追偿款与赔付支出一一对应，并确定追偿款收回期间。核实企业有无按照收付实现制的原则将收到的代位追偿款冲减取得期间的赔付支出。

3. 保险企业应付未付的赔付支出税前扣除未纳税调整。应付赔付支出是保险企业对被保险人赔付过程中形成的一项负债。保险企业确定赔付后，一方面确认赔付支出进入当期损益，另一方面确认负债。由于赔付支出的确认时间与保险企业实际支付赔偿金的时间可能涉及不同会计期间，因此应在企业所得税汇算清缴时对未支付部分作纳税调整。

检查方法：审核"应付赔付支出"年末余额，结合企业所得税申报表分析应付未付的赔付支出是否税前列支，未作纳税调整。

4. 保险公司小额现金赔付未取得发票税前扣除。根据保监会《保险小额理赔服务指引（试行）》规定，财产保险公司对车辆损失金额 2 000 元

以下的，可以根据与消费者确认的损失结果，减免汽车维修发票直接赔付给消费者。超出2 000元的，保险公司可要求消费者提交发票或发票原件照片。消费者如到保险公司合作的维修企业维修车辆的，可由保险公司与维修企业直接交接发票，消费者不再提供。

检查方法：审核"赔付支出"下金额低于2 000元的车险，低于3 000元的个人医疗保险的原始凭证，核实企业是否取得与该笔理赔业务相关、合法的有效凭证。

（四）计提准备金环节

1. 保险企业将计提的"理赔费用准备金"在企业所得税税前扣除。理赔费用准备金是指为尚未结案的赔案可能发生的费用而提取的准备金。其中为直接发生于具体赔案的专家费、律师费、损失检验费等而提取的为直接理赔费用准备金；为非直接发生于具体赔案的费用而提取的为间接理赔费用准备金。

检查方法：审核"提取理赔费用准备金"科目明细账，确定进入当期损益的金额，与企业所得税申报表核对是否作纳税调增。如果当期未作纳税调整，应向前追溯核查以前年度是否作纳税调增。

2. 保险企业计提的"坏账准备"税前扣除。

检查方法：审核"资产减值损失——提取坏账准备"和"坏账准备"科目明细账，提取"资产减值损失——提取坏账准备"进入当期损益的金额，结合企业所得税申报表分析是否按规定作纳税调整，调整金额是否正确。

3. 保险企业将应收款项坏账损失税前扣除未按规定专项申报。检查方法：审核企业"坏账准备"科目借方发生额中坏账核销部分或当期直接计入"资产减值损失"科目的坏账核销业务的记账凭证和原始凭证，结合企业所得税申报表分析针对这部分的纳税调整是否正确。调取企业专项申报材料，与"坏账准备"科目借方发生额中坏账核销部分或"资产减值损失——坏账核销"科目，或二者兼有情况下的汇总进行一一比对，核实是否全部报送材料及报送的资料是否符合税法要求。

第三节　房地产业检查方法

一、房地产开发业经营和核算特点

（一）房地产开发业简述

房地产开发，是指房地产开发企业进行的基础设施建设、房屋建设，并转让房地产开发项目或者销售、出租商品房的活动。房地产开发方式可分为自行开发、合作建房、代建工程和提供劳务等，开发产品可分为土地、房屋、配套设施及代建工程。

房地产开发业具有以下经营特点：

1. 项目审批计划性。在开发过程中，从征用土地、建设房屋到商品销售，均严格按照规划、征地、设计、施工、配套、销售"六统一"的原则有计划地进行，每一步都须经有关部门审批。

2. 经营方式多样性。房地产开发业的经营方式包括土地的开发与经营、房屋的开发与经营、公共设施的配套开发以及代建工程。

3. 开发产品固定性。开发企业产品的位置固定不变，均按套销售，不得分割拆零销售，每套房产都有一套完整的档案资料。

4. 开发周期长。开发产品从立项到交付使用，少则一年，多则数年才能完成，有的多个项目同时开发或先后滚动开发。

5. 资金运作密集性。主要表现为投入资金的密集性和回笼资金的集中性。

（二）房地产开发业务流程

1. 前期准备阶段。

（1）土地使用权取得。房地产开发公司按照规定缴纳土地出让金、契税和其他相关税费，通过国土资源局申请办理和取得国有土地使用权证。

（2）项目立项。开发公司聘请有资质的单位做可行性研究报告、策划方案、环境评估报告、地质灾害性报告等，依照规定申请并获得发展和改革委员会发布的项目立项书。

（3）项目规划许可。开发项目由规划局指定的单位对土地用途等进行规划，规划完成并获得建设用地规划许可证，方可进入总体规划。施工图纸审查合格，获得建设工程规划许可证。

2. 建设施工阶段。根据前期审批的规划设计图纸和文件，通过正式的招标程序，组织施工企业进场施工，到建设主管部门办理建设工程施工许可证。建设工程的主要承包方式有包工包料和包工不包料两种。

3. 预售及产权转移阶段。取得房管部门颁发的商品房预售许可证后，进行商品房预售；取得房管部门颁发的商品房销售许可证后，进行商品房销售，付清房款进行产权转移，并按照规定为购房者办理分户房产证。

（三）开发产品主要销售方式

1. 按商品房的完工程度分为：

（1）商品房预售，是指开发企业将正在建设中的商品房预先出售给买受人，由买受人交付定金或者房价款。

（2）商品房现售，是指开发企业将竣工验收合格的商品房出售给买受人，由买受人交付房价款。

2. 按结算方式分为：

（1）一次性收款销售，是指买受人一次性将购房款交付给开发企业。

（2）分期收款销售，是指买受人在约定时间内分期、分批将购房款交付给开发企业。

（3）银行按揭销售，又称购房抵押贷款，是指买受人以所购房屋的产权作抵押，由银行先行支付房款给开发企业，买受人再按月向银行分期支付本息。

（4）委托销售，是指开发企业委托房地产中介服务机构销售现房或期房并收取购房款，开发企业与受托方结算款项。

（5）先租后售，是指买受人可以先租住商品房，至买受人有能力购买商品房产权时，开发企业如数退还此前收取的租金，再按租住时议定的价格将商品房出售给买受人。

（6）售后返租，是指买受人购买商品房后，以双方议定的租价和租期返租给开发企业。

（四）房地产开发企业财务核算

1. 销售收入的确认。按《企业会计准则》中有关商品销售收入的确认原则进行确认。在实际操作中，开发企业主要在开发产品交付使用，并将发票账单交付给买受人时确认销售收入。

2. 成本费用的构成。房地产开发企业的开发成本按成本计算对象计入开发产品成本项目，包括土地征用及拆迁补偿费、前期工程费、基础设施费、建筑安装工程费、公共配套设施费和开发间接费等；费用按其与项目开发的关系分为开发成本和期间费用。期间费用可直接进行税前扣除，包括管理费用、财务费用、营业费用。

3. 开发成本的核算。开发项目成本的核算实行制造成本法，可分为土地开发成本、房屋开发成本、配套设施开发成本和代建工程开发成本。

（1）确定成本核算对象。开发产品成本核算对象是指在开发产品成本的计算中，为了归集和分配开发费用而确定的费用承担者。其基本原则是：一般的开发项目，以每一独立编制的概算或施工图预算所列单项工程为成本核算对象。同一开发地点、结构类型相同的群体项目，开、竣工时间相近且由同一施工单位施工的，可并为一个成本核算对象。对于个别规模较大、工期较长的开发项目，可以结合经济责任制的需要，按开发项目的一定区域和部位，划分成本核算对象。成本核算对象应在开发项目开工前确定，一经确定就不能随意改变，更不能相互混淆。

（2）确定开发产品成本项目。成本项目是归集生产费用的明细科目，具体反映计入开发产品成本的生产费用的用途和开发产品成本构成。

（3）审核开发成本的真实性与合法性。

（4）归集与分配开发成本。开发产品完工前发生的直接成本、间接成本和共同成本，应按配比原则将其分配至各成本对象。其中，直接成本和能够分清成本负担对象的间接成本，直接计入成本对象中；共同成本以及因多个项目同时开发或先后滚动开发不能分清负担对象的间接成本，应按各个成本对象（项目）占地面积、建筑面积或工程概算等方法计算分配。

（5）编制成本计算单，结转完工产品成本。计算已完工开发项目从筹建至竣工验收的全部开发成本，结转进入"开发产品"科目。

（6）结转主营业务成本。按对外转让、销售和结算开发产品的实际成本结转主营业务成本。

二、房地产开发业常见涉税问题及检查方法

（一）土地取得环节

1. 注册资金没有按要求全部到账，对外借款利息全额在税前扣除。

检查方法：核查企业"实收资本""短期借款""长期借款"科目金额，查看营业执照注册资本金额是否大于实收资本余额，结合对外借款支

付利息和企业所得税申报纳税调整情况，核对企业是否存在少缴企业所得税的问题。

2. 收到政府部门的土地出让金返还未按规定申报纳税。国家对土地出让实行招拍挂方式，房地产企业在取得土地后，收到政府部门对其缴纳的土地出让金给予一定比例的返还。企业收到土地出让金返还款后，计入"专项应付款""资本公积""其他应付款""长期应收款"等科目。

检查方法：了解当地政府是否在土地上存在招商引资给予投资企业优惠政策，将土地出让金部分退还给企业。检查企业"专项应付款""资本公积""其他应付款""长期应收款"等会计科目，是否存在由政府拨入的大额资金入账记录；检查企业的土地出让合同，核实企业的土地使用权金额与出让合同是否一致，是否存在收到返还款后未冲减土地成本，存在土地增值税少缴纳的情形。是否存在企业所得税纳税申报未作收入处理的，未缴纳企业所得税的情形。

（二）开发环节

1. 混淆成本核算对象，未按配比原则归集产品成本。企业未根据开发项目的特点及实际情况确定成本核算对象，所有开发项目成本都在一个开发成本账户中核算，无法确认当期单项工程开发成本。

检查方法：结合国有土地使用权证、建设工程规划许可证、建设工程施工许可证、商品房销售许可证等手续，审查企业"开发产品""开发成本""开发间接费用"等科目，审查企业已开发的不动产项目信息，了解企业成本对象备案信息，确认企业开发成本是否按照规定归集和分配。

2. 一次性列支应由各期分摊的土地成本。企业取得的土地较大，分期开发建设销售，一次性列支应由各期分摊的土地成本（含土地附属成本）。

检查方法：根据国有土地使用证、建设工程规划许可证、建设工程施工许可证、商品房销售许可证等相关手续，审查企业"开发成本"有关的二级科目，结合企业成本对象备案信息，按照规定分步归集分摊相关费用，确认企业是否按照规定核算开发成本。

3. 分期开发土地成本未按配比原则归集产品成本。分期开发的项目将同一土地使用权价值在多个开发项目间没有明确分配比例和正确计算具体金额。

检查方法：从国有土地使用证、建设工程规划许可证、建设工程施工许可证、商品房销售许可证等相关手续入手，审查企业"开发成本"有关

第九章 传统行业检查方法

的二级科目，结合企业成本对象备案信息，按照规定分步归集分摊相关费用，确认企业是否按照规定核算开发成本。

4. 征地、拆迁支出未按配比原则归集产品成本。由企业负责项目征地、拆迁支出，未按规定进行归集分摊，涉及分片分期开发的，未在各个项目进行合理分摊。

检查方法：根据企业签订的项目征地、拆迁补偿协议，审查企业缴纳的契税是否包括所支付的各种补偿价款。从国有土地使用证、建设工程规划许可证、建设工程施工许可证、商品房销售许可证等相关手续入手，审查企业"开发成本"有关的二级科目，结合企业成本对象备案信息，按照规定分步归集分摊相关费用，确认企业是否按照规定核算开发成本。

5. 企业各期成本核算混乱，提前列支下期项目的成本。

检查方法：根据企业签订的开发建设施工有关协议，从国有土地使用证、建设工程规划许可证、建设工程施工许可证、商品房销售许可证等相关手续入手，审查企业"开发成本"有关的二级科目，结合企业成本对象备案信息，按照规定分步归集分摊相关费用，确认企业是否按照规定核算开发成本。

6. 没有移交的公共配套设施发生建造支出计入可售房屋开发成本。企业开发项目建造公共配套设施没有移交，开发企业转为自己使用的，所发生建造支出全部计入可售房屋开发成本。

检查方法：根据企业开发建设项目有关规划条件，审查企业"开发成本"有关的二级科目，结合企业成本对象备案信息，按照规定分步归集分摊相关费用，确认企业是否按照规定核算开发成本，重点审查企业公共配套设施完工后移交手续和实物状态。核查开发企业将公共配套设施转为自己使用时，是否按照规定申报缴纳房产税。

7. 将购进土地进行三通一平后评估计入开发成本。企业取得的土地资产不按规定计价；擅自扩大或减少土地资产的价值，将购进土地进行三通一平后，进行资产评估，虚增土地成本。

检查方法：审核企业取得的土地使用权资料，确认地块范围，调阅企业开发计划，确认地块和项目的对应关系，按照分配原则准确归集各个项目的土地成本，严禁企业在项目之间自由调节土地使用成本。

审查前期工程费明细账和会计凭证，核对企业项目建筑安装工程费明细账和建安合同，确认相关账目与施工合同是否相符，各项费用是否取得

了合法有效凭据；了解关联企业情况，是否将其他企业费用或其他项目的费用列支到开发项目中。

8. 虚增列支大市政配套费。

检查方法：审查前期工程费明细账和会计凭证，核对企业项目建筑安装工程费明细账和建安合同，确认相关账目与施工合同是否相符，各项费用是否取得了合法有效凭据；了解关联企业情况，是否将其他企业费用或其他项目的费用列支到开发项目中。

9. 虚增拆迁补偿费。

检查方法：查看土地征用计划项目书、拆迁或回迁合同等资料，核对签收花名册是否与相关账目一致，重点核实补偿名册与发放资金的对应关系，审查企业缴纳的契税是否包括所支付各种补偿价款；涉及回迁房建造支出，要审核费用成本归集是否准确，看企业是否存在既列支开发产品成本又计提拆迁补偿费、重复列支成本费用的现象，审查企业缴纳的增值税、土地增值税是否按规定包括回迁房。

审查"无形资产""开发成本"等科目变动情况，核查"土地征用及拆迁补偿费""前期工程费"等明细账，审查土地出让合同、市政建设配套费等各项收费票据、拆迁协议，结合资产负债表无形资产或开发成本变动情况，确定土地面积及土地使用税起始纳税期限，与土地登记信息、申报信息进行比对，审查企业缴纳的契税是否既包括所支付的各种补偿价款，又包括所支付的市政建设配套费。

10. 虚增开发成本增加计税基础。

检查方法：审查前期工程费明细账和会计凭证，核对企业项目建筑安装工程费明细账和建安合同，确认相关账目与施工合同是否相符，各项费用是否取得了合法有效凭据；了解关联企业情况，是否将其他企业费用或其他项目的费用列支到开发项目中。

11. 借款利息直接列入当期成本费用。开发产品完工前的借款利息，未按规定资本化，一次性计入当期损益，提前列支税前支出。

检查方法：审查"应付利息""财务费用""短期借款""长期借款""在建工程"等科目，查看银行贷款合同等资料，了解企业的利息支出是否准确进行资本化和费用化的划分。

12. 预提费用未按规定处理，少缴企业所得税。企业对不符合税法规定的预提费用未按照规定进行纳税调整。

检查方法：审查企业建筑合同、工程进度等资料，对照分析企业预提费用科目和企业所得税年度申报纳税调整情况。对于出包工程预提费用应重点关注预提费用计提范围是否准确，预提的比例是否恰当，当发票不足金额低于10%时，是否按实际不足比例预提。

（三）销售环节

1. 取得的预售收入、价外收费等未按规定及时确认收入。在开发产品完工前，取得的预售收入包括收取的定金、违约金、诚意金等，将预售收入计入"预收账款"以外的往来科目，长期挂账不申报纳税。收取的手续费、基金、集资费、代收款项、代垫款项以及其他各种性质的价外收费等，未按规定确认收入。

检查方法：结合企业销售广告等宣传资料，审查"其他应付款""银行存款""现金"明细账、银行对账单，有无利用该科目隐匿收入或资金挂账超过一个营业周期的情形；审查现金流量表、销售合同以及房源销售明细表，比照增值税、企业所得税纳税申报的收入，核实企业是否存在少申报纳税的情况。

2. 收到银行按揭款不计预售收入。以银行按揭方式销售开发产品，开发企业在首付款、银行按揭贷款到账后，没按规定计算预计毛利并申报；收到的按揭款项以银行贷款等名义记入"短期借款"账户，不计预收账款。

检查方法：审查"短期借款"明细账、贷款合同、销售合同和房屋销售明细，确认开发企业是否存在收取银行按揭款未按规定计税的情况。

3. 已经办理交付手续或开始实际使用的开发产品未按规定及时、准确确认收入。企业已经办理开发产品的交付手续和入住手续，或已经开始实际投入使用，利用法律上不具备交付条件为由，不按照开发产品已经完工进行处理，达到规避纳税义务的目的。例如：工程质量尚未验收合格；尚未办理竣工备案等情况。

检查方法：将预收账款发生额（预收账款期末余额–预收账款年初余额+营业收入本年累计数）与当期销售不动产流转税计税依据对比，审查销售合同、房屋销售明细、现金流量表、签收（收楼）花名册及房产部门房产合同备案信息，核实达到收入确认条件的时点。

4. 采用分期付款方式销售商品房未按规定确认计税收入。采用分期付款方式销售商品房的未按销售合同或协议约定的价款和付款日确认收入的

实现。付款方提前付款的，未在实际付款日确认收入的实现。

检查方法：审查包销合同、房屋销售明细，确认开发企业是否存在包销方式，是否按照规定确认计税收入。

5. 关联企业之间销售价格明显偏低且无正当理由。

检查方法：审查关联企业业务往来账、销售合同、房屋销售明细及房产部门房产合同备案信息，比较同期同等条件开发产品销售价格信息，对销售价格明显偏低而无正当理由的行为，是否按照增值税、土地增值税、企业所得税各种不同规定进行申报纳税处理。

6. 企业以开发产品对外投资、换取股权未按规定申报。

检查方法：审查"长期股权投资"明细账，了解投资项目的实际操作内容；审查"开发产品""主营业务收入"明细账，查看开发产品移交手续和物业费用收取单据，确认企业是否存在将开发产品用于对外投资、换取股权的情况，是否已按照规定进行视同销售业务申报处理。

7. 以开发产品换取土地使用权未按规定申报。

检查方法：审查"开发成本""无形资产"明细账，了解土地使用权取得方式；审查"开发产品""主营业务收入"明细账，确认企业是否存在将开发产品用于换取土地使用权的情况，是否已按照规定进行视同销售业务申报处理。

8. 以开发产品抵顶材料款、工程款、广告费、银行贷款本息、动迁补偿费等债务未按规定申报。

检查方法：审查"生产成本""销售费用""长期借款"明细账，了解项目相关款项结算情况；审查"开发产品""主营业务收入"明细账，确认企业是否存在以开发产品抵顶材料款、工程款、广告费、银行贷款本息、动迁补偿费等债务视同销售行为，是否已按照规定进行视同销售业务申报处理。

9. 将开发产品用于捐赠、赞助、广告、样品、职工福利、奖励、分配给投资者未按规定申报。

检查方法：审查"营业外支出""销售费用""应付股利""应付职工薪酬"明细账，了解相关业务的实际操作方式；审查"开发产品""主营业务收入"明细账，确认企业是否存在将开发产品用于捐赠、赞助、广告、样品、职工福利、奖励、分配给投资者未视同销售行为，是否已按照规定进行视同销售业务申报处理。

10. 将公共配套设施无偿赠与地方政府、公用事业单位以及其他单位未按规定申报纳税。

检查方法：审查"开发成本"明细账，了解公共配套设施无偿赠送单位、移交手续、实物状态；审查"开发产品""主营业务收入"明细账，确认企业是否存在将公共配套设施无偿赠与地方政府、公用事业单位以及其他单位的情况，是否已按照规定进行视同销售业务申报处理。

11. 混淆适用增值税税率、少缴税款。营改增后，房地产企业一般纳税人销售、出租其2016年4月30日前取得的、自建的不动产，可以选择适用简易计税方法，按照5%的征收率计算缴纳增值税。企业可能存在新项目按照老项目适用简易计税方法、少缴税款的问题。

（1）对于自建的不动产，核查企业工程竣工验收备案表、房屋产权证等资料，确定取得时间，2016年4月30日之后取得的不得适用简易计税方法。

（2）对于取得（不含自建）的不动产，核查房屋产权证、相关合同、支付凭证、发票等资料，确定取得时间，2016年4月30日之后取得的不得适用简易计税方法。

三、典型案例

（一）基本案情

本案案件来源为人工选案，立案时间为2019年5月20日，案件所属期间为2016年1月1日—2018年12月31日。经检查，该企业存在未按期进行完工产品清算，违规列支职工福利费、个人通信费、交通费、汽车费，向非金融企业借款的利率超过金融企业同期同类贷款利率等问题，少缴企业所得税99 530 404.68元。

（二）涉案企业基本情况

被查企业是某房地产开发有限公司，注册资本为5 000万元人民币，成立于2004年4月16日，经营期限20年，从业平均人数41人。该被查企业的经营范围为"房地产开发、销售商品房、建筑材料、装饰材料、经济贸易咨询、家居装饰"。被查企业在国税申报缴纳企业所得税，税率为25%。

被查企业开发的项目位于大兴区亦庄新城，开发用途为：住宅、商业、综合（含社区卫生服务站、社区居民委员会、社区服务用房、物业管

理用房、消防控制室、卫生间和走道）、地下商业（含泳池及淋浴、桌球室）、地下综合（含室内文体活动中心、其他辅助用房和走道）、地下仓储、地下车库。该项目于2016年7月开始进行施工，于2017年10月开始预售，于2018年办理完竣工备案手续。

（三）办案经过

1. 查前分析。检查团队收集了与被查企业有关的内部管理信息和外部涉税信息，对行业经营特点、行业涉税风险及房地产业相关税收政策进行了梳理，分析确定的重点检查内容有：

（1）开发成本的归集。结合合同、付款凭证情况对开发成本项下子科目进行合理性审核，审查是否存在虚增拆迁安置费、规划设计环节虚开规划设计费、将不相关的费用支出列入房地产开发成本、多计成本等问题。

（2）单位成本的计算。根据开发成本的归集核查单位成本的计算的准确性，审查是否存在故意增大可售面积单位成本、人为调节地上地下成本等导致多计当期成本，虚增物业楼面积、多摊经营成本的问题。

（3）发票的检查。结合合同、付款凭证情况对相应的发票进行真实性、合规性检查。

（4）销售收入的确定。结合公司预售情况，根据科目明细账、销售明细统计和销售合同核查销售收入的准确性。

（5）费用的审核。抽样审查期间费用开支的准确性，以及费用类扣除是否符合税法规定。

2. 检查方式、方法。

（1）实地查验开发项目。检查小组对被查企业开发的小区楼盘进行实地查验，实地调查小区的建设和规划情况、实际入住情况等。与售楼处工作人员交流，了解楼盘销售情况。

（2）对账簿凭证资料进行检查。检查小组要求被查企业提供如下资料以供核查：检查所属年度的财务会计审计报告、企业所得税鉴证报告、总账、明细账、凭证等资料。共检查发票1 916份，发现未开具抬头发票373份。

（3）对房产管理部门资料进行检查。检查小组要求被查企业提供如下资料以供核查：国有土地使用证、项目立项书、建筑用地规划许可证、建设工程规划许可证、建筑工程施工许可证、房屋产权证、商品房预售许可证、商品房销售许可证、国有土地使用权转让登记表、工程竣工验收备案登记表、人民防空交接书、房屋面积测算技术报告书。通过对以上资料的核查，确认项目竣工备案时间、可售面积、建筑面积数据、公共配套设施成本扣除标准等，为单位成本的准确核算提供依据。

（4）核查建筑安装合同。检查小组要求被查企业提供全部的建筑安装合同，并结合企业提供的统计台账进行对照查阅，确认产品开发成本各个项目的可列支金额、地上成本与地下成本分摊、出包合同预提费用数，合理归集开发成本。

（5）核查房屋销售合同。检查小组要求被查企业提供全部的销售合同与销售台账，结合预收账款明细账进行对比分析，核查销售收入的准确性。

3. 检查发现的疑点及违法事实。

（1）未按期进行完工产品清算，及时结转销售收入和销售成本，计算实际毛利额。被查企业于2018年办理开发产品竣工证明材料备案，但是未按规定在完工年度结算计税成本，计算销售收入的实际毛利额。检查小组对企业提供的开发产品成本计算表格以及完工清算报告进行审核，发现存在以下4个问题，并对其进行相应调整：取得的支付拆迁补偿费扣税凭证要件不全；红线外道路支出列入开发成本核算；应计入当期费用支出列入开发成本中核算；开发间接费不可列支项目调整。

（2）列支与企业生产经营无关的个人通信费支出。

（3）未按规定取得发票的汽油费支出。

（4）职工福利费超出扣除限额未作纳税调整。

（5）向非金融企业借款的利息支出，利率超过金融企业同期同类贷款利率。

（四）处理处罚结果

1. 针对违法事实。2016年至2018年应调增应纳税所得额：

调减2019年度应纳税所得额318 974.40元，调减2020年度应纳税所得额529 404.60元，调减2017年度应纳税所得额639 080.16元，调增2018年度应纳税所得额397 927 701.51元。

2. 针对违法事实。调增2016年度应纳税所得额27 480.01元，调增2017年度应纳税所得额32 387.03元，调增2018年度应纳税所得额27 565.91元。

3. 针对违法事实。调增2016年度应纳税所得额18 376.00元，调增2017年度应纳税所得额11 878.50元，调增2018年度应纳税所得额

4 489.00 元。

4. 针对违法事实。2017 年度应调增应纳税所得额 533.62 元，2018 年度应调增应纳税所得额 159 874.95 元。

5. 针对违法事实。调增 2018 年度应纳税所得额 1 987.33 元。

综上所述，2017 年度应退税额为 349 201.00 元，应补缴 2018 年度企业所得税 99 530 404.68 元。

第四节　公路运输业检查方法

一、公路运输业经营管理及核算特点

公路运输是交通运输业的其中一项业务，主要是指以公路为运输途径，通过使用运输工具将货物或旅客送达目的地，使其空间位置得到转移的业务活动。

（一）公路运输业简述特点

1. 经营种类划分。公路运输业务的经营种类可以分为自运业务和联运业务两类。自运业务，是指运输企业自行承接运输业务，并自行实施完成旅客或货物从发送地点至到达地点所进行的运输业务。联运业务，是指两个以上的运输企业完成旅客或货物从发送地点至到达地点所进行的运输业务。

2. 纳税人种类划分。提供货物运输劳务的单位和个人，按其开具货物运输业发票的方式，分为自开票纳税人和代开票纳税人。自开票纳税人，是指符合规定条件，向主管地方税务部门申请领购并自行开具货物运输业发票的纳税人。代开票纳税人，是指除自开票纳税人以外的，由代开票单位代开货物运输业发票的单位和个人。个人、承包人、承租人以及挂靠人均为代开票纳税人。

（二）业务流程

运输公司的经营运作由公司各职能部门分工进行，由业务部门进行运输业务承接及实施营运，由财务部门进行款项催收及款项结算与发票开具，安全保卫部门进行交通安全管理，办公室或机械维护部门进行运输工具领用及维护。

（三）财务核算特点

1. 收入核算特点。公路运输业对其取得的营业收入通过"主营业务收入"和"其他业务收入"账户进行，一般在"运输收入""装卸收入""堆存收入""代理业务收入"等明细账户核算。

客运汽车站营运收入主要包括自有车队的站内售票费、站内服务员补票费、站外稽查人员补票费、包车费、行李费、外站营运结算所得营运费、为外来车辆提供服务的票价分成劳务收入、外来车辆的进站费等。

2. 成本费用核算特点。运输企业将一切与营运活动直接有关的支出计入企业的运输成本，将发生的运输费用、管理费用和财务费用作为期间费用，计入当期损益。因公路运输企业的特殊性，其运输成本有其特指的归集对象，主要是指公路运输企业在营运过程中实际发生的与运输、装卸、堆存和其他业务等与营运业务直接有关的各项开支。

二、公路运输业常见涉税问题及检查方法

（一）不开发票、不按规定开具发票或者开假票、隐匿收入

纳税人通过不开发票、开具发票联与记账联、存根联金额不一致的发票或者开假发票的方式隐匿收入，少申报纳税。

检查方法如下。

1. 检查运输企业的经营场所。获取与生产经营有关的内部报表等账外资料，进行收集、统计后，与实际申报纳税数进行比较，检查是否足额申报纳税。

2. 检查业务部门的运输合同。核实承接业务的实施情况，与财务的结算情况核对，检查已实施运输的业务其应收或已收款项是否均已作收入处理。

3. 检查资金往来情况。通过到银行检查被查单位的开户情况，检查是否有多头开户的情况，从而核实是否有通过其他账户收取营业款不入账的情况。

4. 通过国税部门对已开具的发票进行网上比对或对受票方协查取证。核实已开具的发票存根联与发票联是否一致；询问相关当事人，检查是否存在开具"大头小尾"发票的情况。

（二）虚列委托外单位运输的联运成本

承接联运业务的运输公司，取得其他运输单位开具的无真实业务的运

输发票，或外购假运输业发票，虚增委托外单位的联运成本，少计联运业务应税收入。

检查方法：审核运输单位的运输能力，判断委托外单位运输业务的真实性，对于有疑问的业务，通过检查运输单位与承运方的合同并到承运方调查取证，核实委托外单位的运输业务是否真实以及收取的发票是否真实。

（三）混淆经营收入内容及适用增值税税率

营改增后，对提供道路货物运输服务兼有提供货运代理服务的纳税人，由于存在税率差（货运代理业6%、交通运输业9%）以及交通运输业名义税率提高和抵扣不足等原因，极易引发纳税人混淆不同服务类型以降低税负、偷逃税款的情形。

检查方法：了解企业的实际经营范围，核查企业是否存在货运代理服务，核实其是否有兼营不同税率业务的情况；检查"其他业务收入""营业外收入""其他业务成本""营业外支出"以及费用类账户，审核兼营业务是否分别核算，不分别核算或者不能准确核算的，从高适用税率。

（四）虚开增值税专用发票

"营改增"以后，货物运输业增值税一般纳税人开具的增值税专用发票按照9%的税率抵扣，较原先3%的抵扣率有了较大的增长。这客观上使得道路货物运输业虚开增值税专用发票获利空间加大，虚开行为更易多发。

检查方法：增值税专用发票的检查必须从"票流""货流""资金流"三方面着手。核实货物购销的真实性；审查纳税人运输规模、货物流向等，分析是否存在虚开增值税专用发票的嫌疑；检查有关原始凭证，核对企业的资金流向和票据流向，核实其是否存在虚假业务；调查资金流向的真实性。了解和掌握企业银行账号和涉案人员如法定代表人主要业务人员和其他相关人员的个人银行存款账号或卡号，通过银行协查核实资金的实际流向情况。如果资金回流到受票企业，则该企业可能存在虚开发票的问题；协查发票开具的真实性，对有疑问的进项发票和销项发票应向受票地或开票地税务机关发函协查，核实购销业务和票面内容的真实性。

（五）价外费用等应税收入项目不申报纳税

运输公司将装卸收入、行李包裹收入、邮件收入、仓库、堆场收入、代办手续费收入、小件寄存收入等计入"营业外收入"账户或挂"其他应

第九章 传统行业检查方法

付款""其他应收款"等账户，未按规定进行纳税申报。

检查方法：检查核对"营业外收入"账户的内容，审核发票、收款单据等原始凭证，确定其中的应税收入，检查是否按规定申报纳税；审核企业的"其他应付款""其他应收款"等往来账户，审核账户的发生内容是否存在应税收入未申报纳税问题。

（六）将收入直接抵顶债务，直接发放工资或福利，直接冲减运输成本、费用支出，少计应税收入

将收入直接抵冲应付账款或记入"应付职工薪酬"账户，直接通过发放工资或福利的形式进行处理，或直接冲减运输成本、费用支出，少计应税收入。

检查方法：检查企业的"其他应付款""应付账款""其他应收款""应收账款"等往来账户的账务处理情况，检查是否存在将应税收入抵冲"应付账款"等账户少缴税费的现象；检查企业"应付职工薪酬"及其对应账户，审核是否存在将收取的运输款项直接发放工资，未作收入处理的现象；检查企业有关成本费用账户，将其贷方发生额或借方发生额的红字与记账凭证、原始凭证核对，审核是否存在运输业务收入不记"运输收入"账户，直接冲减成本费用少缴税费的现象。

第五节 旅游业检查方法

一、旅游业经营管理及核算特点

（一）旅游业简述

旅游业是指组织国内外旅游者游览，为旅游者安排食宿、交通工具，提供导游等旅游服务的业务，属服务业。本节以旅游业中的旅行社为例，介绍其经营管理及核算特点、常见涉税问题及主要检查方法。

旅行社根据其旅游业务的不同还可分为组团旅行社和接团旅行社。组团旅行社是指接受旅游团（者）或海外旅行社预定，制订和下达接待计划，并可提供全程陪同导游服务的旅行社。接团旅行社是指接受组团旅行社的委托，按照接待计划委派地方陪同导游人员，负责组织安排旅游团（者）在当地参观游览等活动的旅行社。当前，许多大中型旅行社同时经营组团业务和接团业务。

（二）旅行社的运营模式

旅行社的主要业务为团体旅游接待业务和散客旅游业务，散客旅游业务主要包括单项委托业务、旅游咨询业务和选择性旅游业务。

旅行社的营业收入是指旅行社在一定时期内，由于向旅游者提供服务而获得的全部收入，主要由综合服务费收入、房费收入、城市间交通费收入、专项附加费收入、单项服务收入等几部分构成。在旅行社各项收入构成中，其提供各代办事项所取得的佣金、返利收入是旅行社有别于其他行业收入的地方，如代理代售国际联运客票和国内客票的手续费、代办签证收费、订房订餐订票返利等收入。在旅行社的营业收入中，代收代支和代垫的款项占了很大比重，这是旅行社在业务经营方面区别于其他企业的一个重要特点。

按照现行企业会计制度的规定，除劳务的开始和完成分属不同会计年度的情况以外，提供劳务收入应在完成劳务时确认收入。

（三）旅行社财务核算流程

组团业务核算的一般流程：先由外联部与客户或客源地旅行社签订组团协议，确定接待人数、时间、等级、内容、价格等，然后给有关接待单位或部门下达接待计划，根据各接待单位或部门填报的"旅行团费用拨款结算通知单"拨付款项。在接待业务结束后，根据客源地旅行社确认的函电和接待计划及"旅行团费用拨款结算通知单"填制的结算单及时向客源地旅行社收款。组团旅行社组织国内游客到国外或国内旅游，一般都是先收款、后接待。

接团业务核算的一般流程：根据组团旅行社发来的接待计划，制订当地的接待计划，打印日程表，分发到当地饭店、交通服务部门、旅游景点等接待单位；结合各旅行团不同特点要求，配备合适的全陪和地陪导游，旅行团离开当地后，根据陪同人员填写的"旅行团费用结算报告表"，编制"旅行团拨款费用结算通知单"报组团社办理款项结算；根据实际情况与提供服务的单位实行定期或不定期结算。接团旅行社一般在向组团社发出"旅行团拨款费用结算通知单"时确认营业收入的实现。

二、旅游业常见涉税问题及检查方法

（一）设立账外账、隐匿营业收入

纳税人利用旅游业业务直接面向消费者、现金交易比例高的特点，设立账外账,将部分现金收入截流到账外,仅就开具发票的部分记入账内,少申报纳税。

检查方法如下:

1. 关注亏损、微利情况。根据纳税人经营规模、客流量、服务项目及服务质量、收费标准与方式,对照纳税申报,审查有无漏报服务项目、瞒报销售收入行为,对账面长期亏损和达不到平均利润率的纳税人要注意分析其亏损或微利的真实原因。

2. 盘点库存现金。与现金日记账及其当日未入账现金凭证核对,检查是否相符。

3. 实地观察其收银方式。了解其有无设置POS收银机,核查其POS机对应的账户是否为该企业账户,所收取的账款是否及时全额入账。如有必要,可调取其终端机号与特约商户编号,到相关银行查询其账户往来资料,并与账面核对。

4. 检查其发票、统一收款收据等收款凭证的领、用、存情况。到其财务部门及营业部门,实地检查有无使用不是从财税部门领购的收款收据行为,抽查部分收款收据,将其与所对应业务的旅客报名表和旅游合同档案、记账情况等进行全程核对,审核其收入是否已全部入账。

5. 核实销售收入及出团情况。责令纳税人提供或到保险公司调取相关旅游业务的保险单等资料,核实实际出团人数。

(二) 营业收入长期挂往来账户

预收账款未及时结转收入,不申报纳税;所取得的营业收入以保证金等方式长期挂"其他应付款"等往来账户。

检查方法:审查"预收账款"账户贷方余额是否存在长期较大,增多减少、异常变动等情况,检查有无长期挂账少申报纳税的行为,抽查部分挂账时间相对较长的预收款业务,核对其出团计划书、旅游合同等资料,对预收款结转收入情况进行对比分析。

抽样核对"其他应付款"等往来账户涉及的原始凭证,检查有无将营业收入计入保证金挂"其他应付款"等账户的行为。

(三) 佣金、返利等其他收入不入账或计入往来账户

旅行社通过代订机票、客房、用餐、代办保险等业务取得的佣金或返利通常不明折明扣,而是事先协议,将返点与业务量挂钩,定期结算,这部分收入不入账或计入往来账户。如账面上不体现佣金、返利收入,另设

小金库收取佣金、返利；佣金、返利收入计入往来账户，不申报纳税等。

检查方法：检查劳务收入、票务收入，对照佣金结算单等资料，检查佣金收入是否入账。要求纳税人提供其与航空公司、酒店、保险公司、景点等签订的协议，检查返佣、返利、人头费等是否全额入账；比照行业佣金水平，分析判断有无隐匿佣金等代理收入的情况。如根据国际航空运输协会的规定，代售国际航线客运机票可获得票额9%的佣金，代售国内航线航空客票可获得票额3%的佣金。在具体的业务合作过程中，不同航空公司又对代售机票做出不同的规定。可据此对旅行社票务中心收入进行审核分析。检查往来账户的明细内容，看有无将应合并计入营业收入的佣金、返利等收入记入该账户；检查有无在团费以外另收餐费、保险费、签证费等费用不入账或少入账的情况；到航空公司、酒店、保险公司、景点等佣金支付单位调查其佣金支付情况。

（四）不按规定使用发票、混淆或少计收入

开票日期、内容及付款单位名称空白或后补、开具"大头小尾"发票、未按实际经营业务填开经营项目，如将旅游业务收入开具会议费发票等。

检查方法：检查其发票领、用、存情况，核对发票存根联与记账联，检查有无空白发票"离根使用"的迹象，必要时抽选部分发票进行外调核查；查看已开具发票的存根联，检查是否存在大量票面金额明显偏小的发票，核查是否存在开具大头小尾发票的行为；核查已使用发票填开项目的规范性，并对开具不同经营项目的发票入账情况进行核对，检查其相对应的款项预收记录与全部业务收入入账记录。一方面查其有无将应全额申报纳税的一般服务业收入（如会议服务费）混同旅游收入按旅游业差额申报纳税；另一方面查其有无应客户要求将旅游业务收入开具会务费、商务考察费等发票供对方虚假入账的行为。

（五）随意扩大增值税差额征税扣除项目

营改增后，纳税人提供旅游服务可以选择以取得的全部价款和价外费用，扣除向旅游服务购买方收取并支付给其他单位或者个人的住宿费、餐饮费、交通费、签证费、门票费和支付给其他接团旅游企业的旅游费用后的余额为销售额。企业可能存在随意扩大扣除项目的问题。将单位日常的招待费、导游的交通费、电话费、补助费、发放给旅游者的纪念品等作为扣除项目，减少计税营业额。

第九章 传统行业检查方法

检查方法：计算旅游业务计税营业额占所有旅游营业收入总额的比例，推算其增值税扣除项目比例与同行业相比是否偏高，金额是否明显偏大；审查其"营业成本"明细账，查看有无将单位费用混入扣除项目扣减计税营业额，有无将不应扣减计税营业额的营业成本或促销费用进行扣减。对原始凭证进行逐笔检查，审核剔除不合理扣除项目。

（六）利用相关凭证虚列成本费用、成本核算混乱、费用不实

按折让价取得的门票等票据，以票面额全额入账。以自制的证明单代替正式发票，未调整应纳税所得额。故意将多个团队的业务混合在一起结转成本，造成成本计算混乱。列支非本单位的费用。

检查方法：检查旅行社负责统一调控、统一谈价的计调部（外联部或采购部）的资料，检查其与旅游景点、酒店等签订的协议，核对协议上所约定的折扣在入账时有无体现，必要时，可进行外调；抽取部分团队旅游业务，用逆查法详细核查其营业成本列支情况。核对其对应的旅行团拨款费用结算单、预收款收据、出团计划书、客户登记表、旅游合同等原始资料，审核有无用虚增人数、虚增行程多列成本；检查其扣减项目，注意为旅游者支付给其他单位的住宿费、餐饮费、交通费和其他代付费用有无取得合法凭证；抽查部分成本列支原始票据、旅游合同、出团计划书、行程安排单等资料，核查其成本真实性与收入入账的及时性。

第六节 广告业检查方法

一、广告业经营管理及核算特点

（一）广告业简述

广告是指商品经营者或者服务提供者承担费用，通过一定媒介和形式直接或者间接地介绍自己所推销的商品或者所提供的服务的商业行为。通常包括利用图书、报纸、杂志、广播、电视、电影、幻灯、路牌、招商、招贴、橱窗、霓虹灯、灯箱等形式为介绍商品、经营服务项目、文体节目或通告、声明等事项进行宣传和提供相关服务。

（二）业务流程

广告业的经营方式主要有经营广告业务和代理广告业务两种。

经营广告业务一般包括"广告制作"和"广告发布"，是广告经营者

通过一定的媒介或形式，为广告主发布各类广告，或利用其他形式发布具有广告性质信息的经济活动。其计税营业额是纳税人提供广告业应税劳务向对方收取的全部价款和价外费用。

代理广告业务是广告经营者接受广告主或广告发布者委托，从事的市场调查、广告信息咨询、企业形象设计、广告战略策划、广告媒介安排等经营活动。其计税营业额是其全部收入减去支付给其他广告公司或广告发布者的广告发布费后的余额。

（三）财务核算特点

通常情况下广告业的财务核算流程如下：广告公司先与客户签订合同，收取定金，然后再进行广告制作、审批与发布，待其收入确定时进行成本的结转。

1. 广告业收入核算。广告业的收入一般包括：广告发布收入、广告制作收入和广告代理收入，具体包括代理佣金、设计制作费和特别收入等。其收入一般在收讫营业收入款项或者取得索取营业收入款项凭据时确认。

2. 广告业收费方式。在广告经营过程中，广告主、广告公司、媒介是三个利益主体，广告主发起广告运作并为之付费，广告公司、媒介通过为广告主提供广告业务代理和广告刊播获得报酬。在这个过程中，广告公司通过与广告主、媒介的充分协商，采取灵活的收费方式，实现自己与它们之间的利益平衡。其主要收费方式有协商佣金制、实费制、议定收费制、效益分配制等。

3. 广告业经营成本。广告业的经营成本基本由外付成本和内付成本两类构成。外付成本包括向专门调查机构支付的调查费用、向专门制作机构支付的广告制作费用、向媒介支付的媒介刊播费用等；内付成本包括员工的工资、各项管理费用、日常的行政费用和折旧费等。

二、广告业常见涉税问题及主要检查方法

（一）未按规定开具发票、隐匿收入

采用单联填开或涂改发票等手段，使发票联与存根联金额不一致，在账上少记收入。

检查方法：查阅广告合同，对企业广告制作产品进行归集，并与财务的结算情况进行核对，检查实施完成的广告业务收入是否均已进行财务处理；核查发票填开的规范性，金额是否有涂改现象，对涉嫌开具"大头小

尾"的发票，抽选部分发票对受票方进行调查，核实开具发票的金额与收取的价款是否一致；调取被查企业银行对账单，与"银行存款"账户相核对，检查通过银行转入的每笔款项是否按规定作账务处理。

(二) 设立账外账、隐匿营业收入

对收入或所得不开发票、不进行账务处理，设立账外账，仅将账内的应税收入申报纳税。

检查方法：调查业务收入情况，包括广告业务收入和非广告业务收入；检查财务账上是否有这些收入，账上收入与实际收入是否相符。如果账上没有这些收入或收入的金额与实际情况相差过大，就要进行追查，从账外资金来源上找线索；进行收入、成本、费用比对，分析收入与成本费用是否配比；对账面利润长期亏损和达不到平均利润率的纳税人，分析其亏损或微利的真实原因，判断是否存在账外收入不入账的情况；突击检查被查企业的经营场所，查找、收集业务记录簿、押金结算簿、票据、合同等原始资料，与企业的"营业收入"明细账、"银行存款"明细账、"现金"日记账进行核对和分析，审核其有无将营业收入记入账外的情况；到有关银行调查被查企业在银行设立存款账户的情况，通过银行对账单与企业"银行存款"日记账相核对，检查其存款的来源，从中发现销售收入不入账等问题。

(三) 分解广告业务收入、少申报相关税费

将广告业务的设计、制作、发布等各环节收入分离，将广告业务收入分别按设计、安装、发布业务进行申报纳税。委托制作的业务，让受托方将发票直接开具给广告主，单独结算，隐匿收入。购进材料时，以广告主的名义取得发票，材料部分单独与广告主结算，隐匿收入。

检查方法：采取实地检查、协查、延伸检查等方法，对受票方的受票情况、资金往来情况进行检查，审核是否存在分别开票行为；将应收应付等往来明细账户与有关的记账凭证、原始凭证相核对，检查往来账户发生额，账证是否相符；实地察看被查企业经营服务项目、业务流程及经营能力，查看各业务合同内容、金额及付款方式等，审核原始凭证，检查是否存在在整体广告业务中所耗用的材料由供货方直接开具发票给广告主的现象；检查委托其他企业制作的部分业务，看发票是否由受广告公司委托的制作方直接开具给广告主；核对收入类明细账与有关的收款凭证和原始记录，检查有无分解营业收入的情况。

（四）成本结转不规范、虚列费用、减少应纳税所得额

成本不按广告项目分别结转，将未完工广告项目成本转入完工广告项目成本，账实不符。虚增员工人数或利用与经营无关的发票，虚列成本、费用，套取现金，用于发放管理人员工资、奖金及业务员提成。

检查方法：检查"管理费用"等账户，核实有无将与经营无关的费用记入费用类账户；检查"主营业务成本"账户，核实主营业务成本是否按规定结转，检查已结转成本是否与主营业务收入配比；检查所消耗材料和物资是否与项目相匹配，抽查部分大额原始票据，核查其是否真实；根据企业考勤记录、工时记录、工资标准等，检查企业的工资支出是否存在虚增人数情况。

第七节 白酒生产行业检查方法

一、白酒生产行业经营核算特点

（一）白酒生产行业简述

白酒制造指以高粱等粮谷为主要原料，以大曲、小曲或麸曲及酒母等为糖化发酵剂，经蒸煮、糖化、发酵、蒸馏、陈酿、勾兑而制成的，酒精度（体积分数）在18%~60%的蒸馏酒产品的生产。主要产品分类：按香型分为酱香型、清香型、米香型、浓香型（大曲香型）、其他香型；按固液结合法划分为半固半液发酵法白酒、串香白酒、勾兑白酒。

白酒的主要生产工艺流程：原料→粉碎→密封发酵→搅拌→蒸馏→过滤→勾调→过滤→杀菌→灌装→封口→成品。

（二）行业经营特点

1. 市场竞争激烈。白酒生产企业数量众多，分布广泛，供大于需。

2. 季节性明显。白酒作为一种具有广大消费群体的特殊消费品，销售带有一定的季节性，尤其是非一线品牌白酒节日销售远大于平时销售。

3. 具有地域特色。名优白酒一般占领高端市场，地产一般白酒主要占据当地市场。

4. 促销措施多。白酒行业注重投资培养品牌经销商，为其提供资金、货物、宣传等多方面支持；为维护白酒市场价格，让利、折扣、促销、利润分成等措施较多。

(三) 财务核算特点

1. 规模差别大、核算水平不一。白酒生产企业规模差别较大,既有大型、特大型的企业集团,又有数量众多的小酒厂、小作坊。规模较大企业财务核算健全、信息化程度高,多数中小规模企业使用通用财务软件或自行开发财务软件进行核算,有的仍处于手工管理、手工记账阶段,有的小酒作坊甚至未设立账簿。

2. 注重过程控制、实行半成品核算。白酒企业生产的原酒和酒精既可用于本企业连续生产成品酒,也可直接对外销售,一般需通过自制半成品账进行中间产品的核算。白酒企业的自制半成品是考核企业生产能力、出酒率等指标的重要参考。

3. 采用标准酒度、折算标准产量。由于受原料、气温、设备状况等各种因素的影响,酿酒企业每批次产品的酒精度均不一致,而原酒的出库入库、白酒的加浆降度、不同酒的勾兑等,都需进行酒度的相互折算,一般以温度20℃时的65度白酒的质量为标准,按照规定的折算系数,根据实际测量的酒精度,通过酒度折算单,将实际生产的白酒数量换算为标准白酒数量,以方便计量、统计和领用(需要说明的是折算后的标准白酒数量不得作为从量计征消费税的数量依据)。在实际生产中,有的小酒厂应用一种粗略的计算方式,以65度为标准,根据实测酒度,每高(或低)1度,每百千克酒增(或减)1.8千克65度白酒。

4. 涉税业务多、纳税核算复杂。工业企业的涉税问题在白酒生产行业一般均有涉及。从适用税种看,既涉及增值税、消费税,也涉及所得税及其他各税;从计税方法看,既涉及从价定率,也涉及从量定额;从取得发票情况看,既涉及增值税专用发票、普通发票,又涉及农产品收购发票、废旧物资销售发票、运输发票、海关完税凭证等"四小票";从其生产情况看,既有主体产品,也有副产品;从其销售对象看,既面向经销单位也直接面向消费者,既有自产自用也有赠送、发放福利,既涉及用产品换取生产资料和消费资料业务,也涉及用产品投资入股、偿还债务等业务。

二、常见涉税问题及主要检查方法

(一) 隐匿白酒销售数量和销售收入

设置两套账,将部分业务从购进、生产到销售环节全部在账外核算,不申报纳税,将生产的部分产品直接从车间发出,不记销售,不申报纳

税。发出商品不按规定申报纳税,将已实现的销售收入长期挂往来账户。

检查方法如下:

1. 分析企业产能与实际是否相符。对企业的生产经营状况和投入产出情况进行分析,查阅"生产成本""产成品""主营业务收入"明细账,对比分析各月生产成本、产品库存、销售收入等变化情况,从中找出疑点;对核算不够健全的中小企业,应对企业的设备状况、生产能力进行综合分析,核实出酒率是否正常,产销量与耗能、人工费、生产成本等是否相适应,判断是否存在隐匿产销量的可能。

2. 调取财务账簿凭证。注意从供应、生产、销售等各部门调取与生产经营和纳税有关的资料,如购销合同、产品规格型号标准、生产报表、各类经济技术考核指标等;同时注意应用电子数据取证方法,调取企业财务核算电子数据和相关电子文档,从中发现问题线索。

3. 检查账面是否隐匿销售。一是审查"生产成本""产成品""自制半成品"等明细账。看其对应科目是否正确,注意其贷方是否直接与"库存现金""银行存款"科目的借方发生对应关系,判断是否存在完工产品不转库存、直接从车间发出,或虽已完工入库但直接从成品库发出不记销售的问题。二是审核"银行存款""库存现金"日记账。检查其借方是否与往来账、所有者权益、营业外收入、其他业务收入等类账户对应,而不属"主营业务收入""应收账款"的情况,查阅其原始凭证,核实是否属于转移销售收入、价外费用、随产品销售单独计价的包装物等收入没记销售等问题。三是审核往来账户、公积金账户。注意审查长期挂账、只增不减的往来账项,注意审查"预收账款"与"分期收款发出商品""产成品"之间内在的逻辑关系及其真实性,注意审查"盈余公积""应付职工薪酬——职工福利费"账户的对应关系是否正确,核实有无转移销售问题。

4. 检查销售发票是否全部入账。抽查审核部分销售数额较大业务的"销货发票""产品出库单"等原始凭证,将原始凭证上的数额与"主营业务收入"明细账上的数额相核对;审核销售发票存根联,看有无断号或缺少的情况,查明有无销售发票不入账问题。

5. 到销售部门、成品仓库、车间实地核实。检查销售部门"销售台账"是否和财务销售账记载一致。若检查期产成品库存较大,可到仓库抽查主要产品,将实际盘存数与保管员实物账、财会人员明细账的数量相核对，看是否一致；若实际库存量小于账面结存量，进一步查证是否属销售产品既不体现销售收入，又不结转成本的情况。到生产车间进行核实，查找原料投入到产出各环节的相关原始记录，结合原材料、包装物的购进、发出情况，核实实际投入数量，半成品、成品酒的实际生产数量和入库、发出数量，落实是否存在生产的酒类产品直接从车间发货不记账问题。

6. 调查企业资金状况。在账面检查的同时，及时调查企业资金流入、流出情况，可以到人民银行查询企业银行开户情况，核实企业是否将部分银行账号隐匿不报；对部分规模较小企业还应了解企业负责人、会计、出纳及相关人员的银行卡及储蓄存款开户情况；到有关金融机构依法查询资金收支情况，核实现金流量规模与企业申报是否相符合，并查阅有关银行传票，核实资金支付的单位、金额，从中发现隐匿购料和销售收入的线索。

（二）利用关联销售公司低价销售、减少消费税计税依据

白酒生产企业利用消费税在生产环节征收的特点，通过设立独立核算的销售公司，把一个产销过程人为地划分为工业生产和商业销售两个环节，生产环节将白酒以不正常价格低价销售给销售公司，销售公司再以高价对外销售，减少消费税的计税额。

检查方法如下：

1. 核实销售价格是否异常。查阅"生产成本""产成品""主营业务收入"等明细账，掌握企业主要产品单位生产成本、销售价格等资料；分析各月产成品的平均销售单价，检查有无异常波动；抽查部分主要客户，测算企业对各客户的平均销售单价是否有异常差异。

2. 检查酒类产品销售公司营业执照、税务登记证等设立资料。确定销售公司是否具备独立核算资格，对不具备独立核算资格的销售公司销售的白酒，应按销售公司的对外销售价格计算缴纳消费税。

3. 抽查部分销售发票。查阅同期同品种酒类产品销售价格，与该品种酒类产品的生产成本、市场价格等进行对比分析，对无正当理由销售价格明显偏低的，按照征管法规定予以调整。

4. 若账面生产成本与销售价格无明显异常，应延伸检查生产环节和销售环节，对照酒类产品标准、生产过程的分析调查，核实是否将部分灌装、包装环节转移到销售公司，从中降低问题生产成本和销售价格问题；结合酒类产品销售特点、企业的销售政策及销售费用的检查，核实是否将

部分销售费用转移到销售公司，从而降低销售价格。

(三) 销售白酒按酒精申报纳税

在开具销售发票时故意变更品名，将销售的白酒产品以酒精的名义记账并申报，以少缴消费税。主要存在两种形式：一是销售半成品原白酒按酒精计税；二是销售散白酒按酒精计税。

检查方法如下：

1. 查阅不同时期消费税纳税申报表。分析企业白酒及酒精的销售结构、变动幅度等情况，并与其不同品种产品的生产能力、不同品种原料的耗用情况相对照，从中发现疑点。

2. 分析销售对象购进酒精的可能性。通过检查酒精销售明细账，查阅销售发票、出库单等相关原始凭证，掌握酒精销售数量、价格、金额、销售对象等信息，注意结合白酒地域生产特点、市场特点等因素（一般情况下，半成品原酒主要销售给白酒生产企业，散白酒主要面向部分农村低端市场），对销售对象是否存在购买酒精的可能性进行分析，从中发现疑点。

3. 查阅仓库出库记录。查看实际出库品种、数量，查看仓库酒度变换单，与财务数据核对，核实仓库白酒出库数量是否多于财务账面记载，复制原始资料形成书面证据。

4. 选择部分客户进行实地调查。核对购进酒类产品的原始发票，核实购进数量、价格情况，了解其购进白酒或酒精的用途，查明是否真正购进酒精，从中掌握其购进白酒的证据。

(四) 白酒用于赠送、福利、抵债等未按规定计税

酿酒企业经常发生将白酒用于捐赠、广告、样品、发放福利、管理部门消费，以及用于换取生产资料和消费资料、投资入股、抵偿债务等业务，有的企业在账面反映一部分，有的往往不将这类业务在财务环节核算，而是直接从车间或成品仓库环节发出，有的在财务环节以生产损耗来处理，有的甚至不作账务处理，财务与仓库、车间数据不符，从中逃避缴纳税款。

检查方法如下：

1. 检查"产成品""自制半成品"明细账及贷方对应科目。一是看其是否存在自产自用、处理损耗情况及相关线索，尤其注意春节、中秋节期间企业账面记载情况。二是看产成品类账户的贷方是否直接与"材料采购""原材料"账户的借方对应，判断是否属于用产品兑换原材料不记销售的情况。三是看是否直接与"应付账款""其他应付款"借方对应，判断是否属于用白酒抵偿债务的情况。

2. 核实税金计算和提取是否正确。查阅相关记账凭证及企业税金计提计算表，根据账面线索查阅产品去向和用途，核实企业自产自用业务是否按规定计税；对用白酒换取生产资料和消费资料、投资入股、抵偿债务等业务逐笔核对，看其计税价格、计税数量是否正确，核实是否按最高价格计提消费税。

3. 核实账面记载损耗、破碎业务情况。对账面未反映产品用于捐赠、广告、样品、发放福利、管理部门消费等业务的，应核实是否将其以损耗的名义处理账务，需查阅有关原始凭证，对处理损耗情况及相关线索进行审核，核对原始凭证记载损耗业务的经办人员、审批人员，与实际经办人进行核实。

4. 到包装车间、成品仓库等环节进行实地核查。了解正常损耗业务的操作过程和有关经办人员，查看损耗过程记录及责任人说明，并与财务记载情况核对；必要时进行仓库盘点。

5. 部门考察核对企业财务情况。到企业所属后勤服务、招待所、食堂等非生产部门调查公务用酒的来源、结算等情况，与企业财务记载情况核对。

（五）利用农产品收购发票虚抵进项税额或违法列支原材料成本

白酒生产企业在从农业生产者、个人、粮食经营单位和国外进口等途径购进原材料的过程中，利用农产品收购发票由纳税人自开自抵，开具或取得虚开、伪造发票入账。

检查方法如下：

1. 检查账面原材料购进情况。查阅"原材料""应付账款"明细账及有关购料原始凭证，掌握企业农产品购进渠道、付款状况，特别应重点掌握企业农产品的大批量购进渠道，从中了解货物来源、发票开具和资金结算等线索。

2. 检查原材料收购部门。了解原料购进及入库的业务流程，查阅原材料台账和原料购进合同等资料，有针对性抽查过磅单、验收单、检验单等原始资料，掌握实际购进品种、产地、来源、运输方式、批次、质量状况、入库数量、资金流向等情况，并找企业原料采购业务人员了解主要农产品供货商情况，并将合同、原材料台账与财务部门数据及结算情况进行比对。

3. 核实农产品收购发票。检查农产品收购发票的开具情况，对同一出售人出现概率较高的收购发票进行整理，分析其出售数量是否符合自产的特点、产地是否与当地农产品种植习惯相符合（如高粱一般产自东北、糯米一般产自南方、木薯干一般属进口货物等），分析是否存在未按规定开具发票的情况，必要时可选取部分出售人员进行实地调查。

4. 到原料供货商、运输部门等进行调查取证。根据核对情况，并结合供货商账面记载、合同、纳税申报等情况，掌握实际业务发生情况及发票开具情况，核实购进农产品业务的真实性。

（六）白酒包装物不按规定计税

白酒生产企业为了降低应纳税款，不按正常的生产程序和有关包装物核算管理规定进行会计成本核算和销售核算，主要方式包括：销售散白酒及酒精收取包装物押金不按规定计税。将包装物价值从白酒销售额中分离出来，分别开具两张发票，且包装物价值不计消费税。将白酒和其他酒组成套装酒出售，先销售后包装，分别核算销售额，逃避从高适用税率计税。

检查方法：检查"其他应付款——包装物押金"的贷方发生额，查阅税金计提凭证，看企业是否已将包装物押金计算缴纳消费税；检查企业"应付账款""其他应付款""应收账款""其他应收款"等往来科目，以及"包装物"的核算及发出情况，确认是否存在应税价外收费、包装物押金未计税的情况；检查"其他业务收入——包装物销售"等贷方发生额，看企业有无将瓶装酒类产品与包装物人为分开，分别记"主营业务收入"和"其他业务收入"，而企业只就"主营业务收入"部分申报缴纳消费税的现象；检查勾兑、灌装、包装等环节相应的"生产成本"账，查看生产过程中领用半成品、包装材料等原始凭证，核实瓶装酒生产成本中有无包装材料费用发生；对购买包装物的对象进行分析，结合瓶酒生产必须有专门灌装生产线及包装材料的特点，判断其是否有单独购买包装材料的可能；必要时可对购货方进行外调，核实是否存在人为将灌装、包装过程转移到销售环节逃避纳税的问题。

（七）假借委托加工业务少计消费税

通过签订虚假委托加工合同，将自制白酒销售业务转变为委托加工业务，隐匿白酒生产销售数量和销售额，从中少计消费税。

检查方法如下：

1. 判断委托加工业务的合法性。特别注意以下业务不得视为委托加工：一是受托方提供原材料；二是委托方先将原材料卖给受托方，然后再接受加工；三是受托方以委托方名义购进原材料生产白酒。上述业务无论财务上如何核算，都应当按照自制白酒缴纳消费税。

2. 检查相关明细账科目。检查"产成品——代制品""主营业务收入"明细账的贷方发生额、发生时间，核对企业收取加工费时开具的发票存根联，查清委托方提货时间；检查"其他业务收入"和"营业外收入"明细账及应收应付明细账，看有无将加工业务收入隐匿其中，未申报纳税的情况。特别注意企业是否存在将代扣的税款挂在往来账户而迟迟不缴或不履行代扣代缴义务等现象；审查"应交税费——应交消费税"明细账贷方、借方发生额，核实受托方是否在委托方提货时代扣了税款，是否及时将税款解缴入库；复核代扣税款计算是否正确，是否按同期同类白酒销售价格计税，无同期同类价格的是否按组成计税价格计算。

（八）附设非独立核算门市部销售白酒未按门市部对外销售价格计税

白酒生产企业一般均设立非独立核算的门市部（或展销厅）等作为企业产品的窗口直接对外销售酒类产品，门市部按市场价销售，酒厂按出厂价计税，差价隐匿在门市部。

检查方法如下：

1. 核实企业是否设立非独立核算的门市部。通过座谈、观察等方法，了解企业内部机构设立情况，看是否设立门市部（或展销厅、参加展销会等），了解门市部的管理、核算方式，是否办理营业执照，是否办理税务登记等情况。

2. 检查企业销售明细账及相关往来账和原始凭证。核实是否存在通过非独立核算门市部销售业务，是否将门市部的销售记入往来账。对发现的非独立核算门市部的销售业务，注意查看门市部对外销售价格是否与同期酒厂的出厂价格一致，若财务记载的门市部对外销售价格与酒厂正常销售的出厂价格一致，则存在通过非独立核算门市部销售转移差价的可能。

3. 检查产成品明细账及相关原始凭证。通过非独立核算门市部销售的产品库存结转方式，查看是否存在销售直接冲减库存现象。

4. 对非独立核算的门市部进行实地检查。了解是否承包经营、是否设立账簿；了解其进货、销售、收款、缴款、记账、发票开具等各环节工作

流程；查阅实际原始销售记录，掌握一定时段门市部直接销售的数量、价格、金额等信息（必要时到部分客户所在地调查销售价格情况）。

5. 将掌握的信息与厂财务记载情况、纳税申报情况进行核对。对未单独设立账簿的非独立核算门市部，核实门市部销售数据是否全部在厂财务体现并按规定纳税申报。对实行二级核算的非独立核算门市部，看其财务收支数据是否并入厂财务，并与纳税申报情况相核对，查明是否存在只合并利润而未按门市部对外销售价格申报纳税从而少计增值税、消费税的问题；是否存在将二级核算的门市部内部承包作为独立单位管理而将实现的差价隐匿在门市部少计增值税、消费税、所得税等问题。

（九）折算白酒销售数量少计从量定额消费税

部分白酒生产企业在进行纳税申报时，不申报实际白酒销售数量，而按照折算为65度标准白酒后的数量申报，从中少计从量定额消费税。账面记载销售数量真实而纳税申报时换算为标准白酒数量。

账面按换算为标准白酒数量记账而将真实销售数量隐匿在原始凭证或隐匿在生产销售各环节。检查方法如下：

1. 查阅企业生产部门技术资料等方式。了解企业产品结构，重点掌握主要品种酒的生产技术标准、酒精度、产量、包装规格等信息。

2. 将企业"主营业务收入"明细账记载销售数量与企业从量消费税纳税申报情况进行核对。按照不同品种酒的包装规格、酒精度、体积、比重等指标换算为销售重量，看账面记载销售数量与申报数量是否一致。

3. 将"主营业务收入"明细账记载销售数量与记账凭证所附发票记账联记载数量核对。对账面记载与申报数量一致的，应进一步检查主要品种酒的销售明细账，并抽查部分大额销售记账凭证，逐笔核对所附发票等附件，计算核实企业的账面记载销售数量与发票中记载的销售数量是否一致；若仍然一致，则核实发票销售价格是否已折算为65度标准白酒后的价格。

4. 进一步延伸检查"主营业务成本""产成品""自制半成品""生产成本"明细账。核实企业是否从生产环节将实际生产数量（重量）折算为65度标准数量记账。检查结转销售成本、结转完工产品成本记账凭证、领用半成品酒、包装物记账凭证及酒度折算单等原始附件，核对半成品酒和包装物耗用数量。

（十）收取品牌使用费未按规定计税

白酒生产企业将一部分品牌白酒包销给经销单位，并向经销单位收取品牌使用费,账面作为转让无形资产处理,未按规定申报纳税。

检查方法:查阅相关销售合同,了解企业白酒销售模式及销售政策,从中发现线索;检查"其他业务收入""营业外收入"等账户及相关记账凭证,看是否存在收取品牌使用费业务;检查"管理费用""销售费用""生产成本"等账户,看是否存在收取品牌使用费红字冲减有关费用成本账户而未申报纳税的情况;检查往来账户、权益类账户,看是否存在收取品牌使用费挂往来账或记入权益类账户而不申报纳税的情况;调查有关经销单位,调取有关品牌使用费合同、支付标准、支付凭证及相关品牌酒销售资料等。根据检查及调查取得的证据,确认违法事实。

(十一)以扣减返利后的销售收入作为计税依据少缴税款

一般白酒生产企业为鼓励经销单位多销售,经常出台返利(销售费用、回扣)等促销政策,账面却将支付给经销单位的返利等款项直接从销货款中扣除,减少计税依据。

检查方法:查阅有关销售合同,了解企业促销政策,从中查找问题线索;查阅"主营业务收入"明细账,看是否有红字冲减销售收入业务,并延伸检查记账凭证,核实红字冲减收入是否符合税收政策规定;抽查部分品种"主营业务收入"明细账,核实部分记账凭证,逐份查阅所附销售发票记账联,看是否存在开具红字发票,而账面按红蓝相抵后的金额记账,核实所开具红字发票是否符合税收政策规定,是否属支付返利;到相关经销单位调查取证,查阅"库存商品""主营业务收入""应付账款""库存现金""银行存款"等科目,核实酒类产品购进、销售、付款等情况,确认实际销售情况、收取返利方式、数额等情况。

第八节 建筑安装业检查方法

一、建筑安装业经营核算特点

(一)建筑安装业简述

建筑安装,是指使用建筑材料建造建筑物、构筑物并对其进行修缮、装饰以及安装各种设备的劳务活动。建筑安装业,是指进行建筑安装工程作业的行业。建筑安装业具有生产经营管理业务不稳定、管理环境多变、机构人员变动大等特点,其生产过程具有流动性、长期性、综合协作性等特点。

（二）业务流程

1. 基建项目基本建设程序。基本建设程序是基建项目从筹划到建成投产必须遵循的工作环节及各环节的先后顺序，一般分为决策、设计、准备、施工、竣工验收 5 个阶段。

2. 建筑安装施工程序。建筑安装施工程序是指建筑施工中各个步骤的先后顺序。建筑安装施工程序遵循以下规律：一是先地下，后地上。在地上工程开始之前，尽量完成地下土方、地下管道、管线和设施的施工。二是先土建，后设备。先进行土建施工，后进行水、暖、电等设备的施工。三是先主体，后围护。先进行主体框架施工，后进行围护工程（墙体）施工。四是先结构，后装饰。先进行主体结构施工，后进行装饰工程施工。

3. 建筑安装业经营方式。建筑安装业的主要经营方式是建设单位与建筑安装企业通过不同形式建立承发包关系，签订施工合同，按合同要求组织施工，其中建设单位为合同的甲方（又称发包方），建筑安装企业为合同的乙方（又称承包方）。具体承包方式可按与建设单位的关系、承包的工作范围、包价计算方法、承包的内容进行分类。其中，按承包的内容可分为三种：第一种是包工包料，工程所需材料统一由承包方负责采购供应。第二种是包工半包料，工程所需材料由承包单位和发包单位分别负责供应。第三种是包工不包料，承包方仅提供劳务，工程所需材料统一由发包方供应。这三种方式是目前市场上最常见的承包方式。另外，在建筑安装市场，分包、转包、无资质的建筑安装企业和个人挂靠有资质的建筑安装企业的现象比较普遍，总包方一般向分包、转包方或挂靠方收取分包、转包、挂靠工程价款 5%~7% 的管理费。

发包方与承包方签订的施工合同可全面反映工程概况，包括工程名称、工程地点、工程内容、资金来源、承包范围、合同工期、质量标准、合同价款、工程量清单、工程报价单和预算。

（三）财务核算特点

1. 分级核算。由于施工现场不断变换，而且较为分散，为避免集中核算造成财务核算与施工生产相脱节，规模大的建筑安装企业一般采用公司、工区、施工队三级核算体制，规模小的建筑安装企业一般采用公司、工区两级核算体制。在分级核算方式下，收入由公司统一核算，成本费用由公司、工区和施工队按照规定的内容和方式分别核算，在公司进行归集。

2. 按项目确认收入，归集成本。由于建筑产品具有多样性，施工生产具有单件性，不同产品之间差异大、可比性差，不能根据一定时期内所发生的全部施工生产费用和完成的工程量归集计算各项工程的单位成本，因此建筑安装企业必须按照每项工程分别归集施工生产费用，单独计算每项工程的收入。

3. 分阶段进行工程物资成本核算与工程价款核算。建筑安装企业一般按完成的工程量分期计算工程物资成本，并与建设单位进行工程价款的中间结算。对于跨年度施工的工程，一般采用完工百分比法分别计量和确认各年度的工程价款结算收入和工程施工费用，以确定各年度的经营成果。

4. 建设工程价款结算遵循顺序和方式。约定工程合同价款、工程预付款结算、工程进度款结算。工程进度款结算的方式有两种：一种是按月结算与支付。即按月支付进度款，竣工后清算。合同工期在两个年度以上的工程，在年终进行工程盘点，办理年度结算。另一种是分段结算与支付。即当年开工、当年不能竣工的工程按照工程形象进度，划分不同阶段支付工程进度款。工程完工后，双方应按照约定的合同价款及合同价款调整内容以及索赔事项，进行工程竣工结算。

二、建筑安装企业常见涉税问题和主要检查方法

（一）未按规定确认工程价款、隐匿收入或延迟申报纳税

未按合同规定的付款日期确认收入，或未与发包方签订书面合同，在收讫营业收入款项或者取得索取营业收入款项凭据后未确认收入。预收工程价款，在工程开工后未按工程形象进度按月确认收入。

检查方法如下：

1. 调取中标通知书、施工合同。通过取得监理合同和监理资料，了解建设项目地点、开工时间、竣工时间、工程预算造价。

2. 调取工程验收单、建筑安装工程施工进度明细表、工程结算书、监理资料。对已完工的工程还应调取审计师事务所出具的审计报告，总体掌握工程进度、完成工程量，与工程结算收入类账户贷方发生额进行核对，检查是否将所有开工项目均作为核算对象。结合合同规定的工程进度，检查收入和成本、费用的配比是否合理，初步判断有无未按规定结转工程结算收入问题。

3. 核对建筑安装工程施工进度明细表。将建筑安装工程施工进度明细表与工程结算收入类账户贷方发生额进行核对，逐项核实各个工程项目的工程结算收入与工程量进度有无差异。

4. 检查企业往来账户。根据施工合同约定的价款结算办法和监理公司签署的工程款支付证书、审计师事务所出具的已完工工程的审计报告，确定应税收入，并与发包方拨付的工程款进行比较，核实是否将应税收入记入往来账款账户。

5. 检查施工成本费用。核实有无将工程结算收入直接冲减工程物资成本或费用的情况。

6. 检查企业是否少计主营业务收入。检查仓房、车库等附属设施和钢窗、栅栏等金属作业工程结算情况，与主营业务收入进行核对，核实此类工程结算价款是否确认主营业务收入。

7. 检查企业权益类账户。检查"盈余公积""本年利润""利润分配"等所有者权益类账户，核实有无将收入直接记入所有者权益类账户的情况。

（二）发包方以物偿债、承包方未按规定确认工程价款

发包方向承包方提供实物或劳务抵偿工程价款等应付款项，承包方未按规定确认工程价款，隐匿应税收入。

检查方法：核对发包方与承包方的价款结算情况，实地勘察承包方使用的资产，调取材料采购管理部门的材料保管账和入库单、出库单，并与账面资产进行核对，核实有无以实物抵顶工程款不入账、不计收入的情况；审查"材料采购""原材料""工程物资"等账户的借方发生额，核实有无发包方以提供实物或劳务的形式抵偿债务或换取材料，承包方未计收入的情况。

（三）未按规定结转除工程价款以外的各项收入

未结转在工程价款以外收取的机械作业收入、材料转让收入、固定资产出租收入等各项收入和其他业务收入、营业外收入。虽按规定核算工程价款以外取得的各项收入，但未申报纳税。

检查方法如下：

1. 检查企业是否确认收入。将预算定额和合同约定的取费项目与主管业务收入明细账进行核对，核实是否将临时设施费、劳保统筹、远征费、二次搬运费等取费项目确认为收入；采取实地勘察或者测量，与施工合同

核对，核实超计划、超面积施工部分是否只确认成本，不确认收入；审查水暖、电照、给排水、宽带等施工项目的决算报告，核实相关收入是否全额确认；检查设备出租情况，核实是否确认出租设备取得的收入。

2. 检查价外收入。将施工合同奖励款与发包方的拨付款核对，核实是否将材料差价款、抢工费、优质工程奖、提前竣工奖等价外收入直接通过"应付职工薪酬""应付职工薪酬——职工福利费""盈余公积""利润分配——未分配利润"等账户进行核算，或者直接冲减费用。

3. 检查变价收入。调取材料管理部门的保管纪录，核实工程完工后余料和残料的变价收入是否入账，是否按规定申报缴纳增值税。

(四) 混淆成本归属期、提前结转或多结转工程物资成本费用

主要包括：提前结转未完工工程物资成本；将直接费用和间接费用提前转入"工程物资"；擅自缩短临时设施的摊销期，虚增临时设施摊销成本。

检查方法如下：

1. 调取企业预算部门编制的未完施工盘点表。取得监理部门的监理月报、工程计量单、工地例会会议纪要等监理资料，调取已完工工程的审计报告，根据注明的已完工工程量、未完工工程量以及预算成本、实际发生的成本，计算确定本期已完工工程实际成本，核实有无将未完工工程物资成本结转到已完工工程物资成本的问题。

2. 检查跨年度工程的收入和成本费用项目。核实是否按照权责发生原则、相关性原则、配比原则，按项目、分年度归集收入和成本费用。

3. 检查相关账户。检查"工程物资""管理费用"等账户，核实有无将直接费用和间接费用提前计入工程物资成本的问题；检查"固定资产清理——临时设施清理"账户余额结转情况，核实摊销额计算是否正确。

(五) 虚列材料成本、虚增工程物资成本

虚列已耗用材料的单价、数量，虚增材料成本。将尚未耗用的材料列入成本。将不属于材料成本、不能税前扣除的其他费用列入材料成本。取得虚开发票或虚构购进材料业务，虚增材料成本。

检查方法如下：

1. 建厂材料成本。检查库存材料三级账，核对主要原材料消耗是否合理，逐项审核实际消耗与消耗定额的差距，核实有无虚列材料成本的情况；将施工项目决算及预算定额等有关数据与工程耗用的钢筋、混凝土、

红砖等主要材料的消耗量进行核对，检查是否多结转材料成本。

2. 检查相关账户。检查购进原材料是否未通过"原材料"账户进行分配和核算，而直接在"工程施工"账户一次性列支，导致多结转材料成本；检查"材料采购"和"原材料"账户，核实有无将不属于材料成本的费用、支出或损失挤入材料成本，虚增材料成本；检查"周转材料——周转材料摊销"账户贷方发生额，根据周转材料规定的使用期限正确计算当期应分摊的金额，核实有无缩短摊销期、扩大当期摊销额的问题；检查"原材料"账户是否出现红字，核实工程施工所耗材料与实际用料是否一致，材料成本差异是否如实结转。

3. 检查相关发票。核实有无取得旧版发票、大头小尾票、阴阳票、假发票等情况，确定有无虚构购进材料业务、虚列材料成本的问题；通过材料采购发票检查施工单位入库单、出库单、验收单等是否齐全，结合资金结算方式、资金划转方式、运输方式等情况，检查有无虚构购进材料业务、虚增材料成本问题。

（六）虚列人工费用、虚增工程物资成本

检查方法：计算支付的人工费占工程物资成本的比例，初步判断有无虚增人工费用的情况；检查劳资部门的职工名册，参加养老保险、失业保险人员名单及考勤记录，确定企业职工真实人数，与支付工资明细表核对，核实是否存在虚列人员工资和超标准列支的问题；检查临时工工资表，看领取人签字是否频繁出现相同笔迹。必要时采取抽查法，责令企业提供用工合同及相关人员的身份证，对相关人员进行调查，核实笔迹和领取金额，核实是否存在虚列人工费和超标准列支问题；询问项目经理或施工队负责人、包工头、施工人员，核实有关情况。

（七）不按规定开具发票、开具假发票或虚开发票

异地提供建筑业应税劳务的企业开具从其机构所在地主管税务机关领购的发票。向发包方开具假发票，以隐匿收入，少缴税款。虚增工程价款或虚构部分业务，向发包方提供虚开的发票，发包方据此虚增固定资产价值或虚增税前扣除额。

检查方法如下：

1. 检查承包方的税务登记资料和项目登记资料。核实其是否属于异地提供建筑业应税劳务的企业。从发包方取得承包方开具的发票或发票复印件，核实异地提供建筑业应税劳务的企业有无从其机构所在地主管税务机

第九章 传统行业检查方法

关领购发票的行为。

2. 对票面注明的发票号码、开具发票单位、发票种类、发票版本等票面信息进行审核。请发票管理部门对票面的号码、水印、油墨、字迹等标记进行鉴别,到发售发票的主管税务机关进行调查取证,确认是否属于假发票。

3. 调取中标通知书等工程项目证书。对无项目证书的工程项目,责令其提供书面材料,材料内容包括工程施工地点、工程总造价、参建单位、联系人、联系电话等;从承包方或发包方调取施工合同、预(决)算报告、分包转包协议、审计师事务所出具的已完工工程的审计报告,从监理公司获取监理工作总结、工程款支付证书,确定工程总造价以及发包方应支付的工程价款。在检查承包方有无虚开发票的行为时,对发包方为房地产开发企业的,应予以特别关注。

4. 调查发包方工程价款支付情况。检查承包方财务账簿登记的工程价款收取情况;到承包方、发包方的开户银行查核资金收付情况,查核承包方、发包方有关人员的银行储蓄账户、信用卡账户的资金收付情况和资金流向,核实发包方支付的资金有无回流情况,对有回流情况的应进一步查明原因。

第九节 超市行业检查方法

一、超市行业经营和核算特点

(一)超市及大型连锁超市简述

超市,全称超级市场,是以顾客自选方式经营的大型综合性零售商场,是许多国家特别是经济发达国家主要的商业零售组织形式。超市的主要特点是商品品种齐全、货架自主开放、顾客"自我服务"、电子化收银。超市按照经营模式,可分为连锁超市、加盟超市和独立经营超市;按照经营的商品种类,可分为家电超市、饮品超市、服装超市、百货超市和综合性超市。

大型连锁超市,是指资本统一所有、经营同类商品的组织化、跨地区经营的零售企业集团。大型连锁超市通常由总部、配送中心、门店三部分组成。其主要特点:一是统一化。即实行统一的组织制度,分店由总部统

一管理，使用统一品牌和形象设计，统一进行商品采购。二是分工专业化。在采购、库存、配送、销售、售后服务等各环节均实行专业化分工。三是网络化。总部通过与供应商交易构成供货网络，各分店以总部为中心构成销售网络，总部、供应商、各分店之间形成能够互传信息的信息网络。

（二）超市行业经营特点

1. 经营方式多样。超市的经营方式通常分为四类：代销、自主经销、联营、租赁柜台。代销是由供货商提供商品，由超市负责销售；自主经销是由超市自己经营，对商品的进、销、存进行全面管理；联营是商家与生产厂家合伙经营，利益和风险共担；租赁柜台是由超市经营者将部分柜台租赁给他人经营，直接收取租赁费。一家超市一般会采用多种经营方式，但以代销和自主经销为主。

2. 大中型超市信息化管理水平高。大中型超市在购进、仓储、销售等经营环节均使用管理软件，实现了经营信息的高度集成和业务管理的自动化、网络化、无纸化，大幅提高了工作效率。

3. 向供货方收取大量费用。超市向供货方收取的费用名目繁多，大致可分为两类，一类是向供货方提供一定劳务收取的费用，如进场费、垛头费、广告促销费、上架费、展示费、管理费等，这类费用在行业内通常被称为"通路费"；另一类是与商品销售量、销售额挂钩（如以一定比例、金额、数量计算）的各种返还收入，这类费用在行业内通常被称为"返利"。

4. 扣点是重要利润来源。超市每月会按一定方式和比例从代销商品的销售额中扣减一部分费用，这种扣减费用的方式在行业内通常被称为"扣点"。扣点的方式有两种，一种是保底扣点，即先行确定扣点定额基数，再按月销售额乘以扣点比例计算出扣点结果。如果计算出的结果小于先行确定的基数，超市则按先行确定的定额基数扣点；如果计算出的结果高于定额基数，超市则按计算结果扣点。另一种是单纯扣点，即根据月销售额与扣点比例，计算出当月的扣点结果。

（三）财务核算的特点

1. 核算方法。大型连锁超市对商品的核算一般采用进价数量金额核算法，由连锁总部进行统一的核算管理，使用统一的财务核算软件。包括：总部负责与供应商统一进行价格谈判，并指导门店确定销售价格；总部建立统一的会计政策和财务制度，制约和协调财务关系；总部统一对管理费、广告宣传费等费用进行分摊。

中小型超市多采用售价金额核算法，有的应用财务核算软件，有的采用手工记账。

2. 与供货商的结算方式。超市与供货商的结算方式主要有现结、账期、滚结和代销四种。现结，又称为买断，即现款现货。知名品牌和盐、烟等特殊产品一般采用现结方式。账期，即按约定的付款时间结算。各个超市的账期不尽相同，一般产品账期为到货后的60~90天，生鲜产品一般为到货后的15~30天结。滚结，又称为批结，每次送货后结清上次的货款。代销，又称为实销实结，每月按实际的销售量结清货款或销售满一定金额后予以结款。

3. 商品进出的财务管理。超市商品的进出分为进货、商品调拨、售货三部分。进货时由采购工作站下订单，商品入库后形成门店自采入库单连同门店自采购订单、供应商送货清单传递到财务部，财务部据此进行账务处理。

商品调拨时由业务部开出商品调拨单，经业务部、出货站和超市负责人签字确认后，传递到出货站并将信息录入计算机，从计算机输出商品调拨单，连同手工会计联传递到财务部，财务部据此进行账务处理。

商品经前台POS机售出后，收银部每天下午将前一天的所有货款的进账单与收取的现金、银行存款核对无误后，交至财务部记账员，由财务部记账员与当日销售日报进行核对，无误后确认收入，进行账务处理。

4. 资金结算方式。与供货商一般采用现金、支票、汇票、电汇等方式结算，与消费者一般采用现金、信用卡、储值卡、支票等方式结算。

5. 财务核算软件使用情况。大部分超市采用计算机记账，财务数据平时存贮在计算机中，按月或按年打印输出纸质资料。财务软件设有接口工具，超市只要定义财务数据输入、输出的接口形式，财务软件便可将商品管理软件的业务数据传向财务系统，自动生成会计凭证、总账明细账和报表。

二、超市行业常见涉税问题及主要检查方法

（一）另设单机收款、取得的收入未按规定入账

在超市管理系统外单独设置收款机，对部分商品单独收款，单独进行

核算，从而隐瞒收入。

检查方法：观察、了解超市POS机的布局和数量。核对POS机销售数据与账面数据，将账面数与实际经营额进行对比。对大类商品与账簿记载进行核对，对中小类商品抽查核对，查看是否存在有商品而无账面记载的问题。对有实物而无账面记载的商品，令其提供相关资料，如有必要可调取银行对账单与账面记载相核对。根据账面记载数据和超市的实际经营规模进行分析，判断两者有无不符的问题。

（二）部分商品单独设立销售专柜、取得的收入未按规定入账

在经营场地内为名烟名酒、茶叶、保健品等商品单独设立销售专柜，收款时不通过POS机，而是直接在柜台上交付现金，并单独进行核算，隐匿收入。

检查方法：对超市卖场和非卖场及柜台布置进行实地查看，观察各自收款方式，根据另设柜台的实物品种、价格，从账务中查找是否有相同品种记载，检查往来账户、营业外收支、各种费用账户，从中查找有关线索。调取银行对账单，与账面记录进行核对，检查相关购销合同及协议。

（三）"机"外销售大宗货物、取得的收入未按规定入账

在中小型超市中，有意将购入的部分商品不纳入超市管理系统，在单位或消费者购买大宗货物时，不通过前台收款机销售，直接从仓库提货，不计销售收入。

检查方法：检查发票，以商品品名单一而开具数量较大的发票为检查重点，看其是否按照规定计销售收入。检查商品保管账簿，核实商品出库情况。检查商品采购情况和货款支付情况。检查货币资金的来源，看来源与销售是否有关。读取POS机销售数据，与售出的有关商品进行核对。

（四）在具有关联关系并独立核算的超市间移送货物、未按规定核算收入

在同属于一个总部、分别独立核算的各连锁超市之间进行商品调剂、调拨、互供商品和商品批发时，不通过前台POS机，而是通过"配货中心管理系统—出货站"终端直接出货，未按规定核算销售收入。

检查方法：从"出货站"调取原始的批发、调拨资料，与申报的销售收入进行核对。从"库存商品"账户和货币资金结算、往来账户两方面入手核查。如果已实现销售，还应注意发货的时间，是否在发货的当期计入销售收入，有无人为延期实现销售、延迟结转收入的情况。重点检查内部往来账户，核实资金往来情况。

（五）发行储值卡、代金券、收取的款项未按规定核算收入

将收取的已开具发票的款项先计入往来账户，待持卡人实际消费时再结转收入。将收取的未开具发票的款项计入往来账户，在持卡人实际消费或储值卡、代金券过期作废后不进行账务处理，不按规定结转收入。

检查方法：核查储值卡、代金券的会计核算科目、会计核算流程和使用规定。根据"预收账款""其他应付款"等往来账户的贷方发生额，确认发行卡、券取得的收入。检查"预收账款""其他应付款"对应明细科目借方发生额及贷方余额，来核实卡、券实际消费后是否及时结转收入，以及卡、券过期作废后沉淀款项是否确认收入。检查"应交税费——应交增值税"账户、发票开具时间，核实是否按规定计提销项税额。

（六）发生视同销售行为、未按规定计提销项税额

向顾客免费发放赠品、捆绑销售，将商品用于集体福利、个人消费、抵偿债务、赞助、捐赠、广告支出等视同销售的行为，"其他业务成本"未按规定计提销项税额。

检查方法：询问促销的方式、种类，向财务人员了解对视同销售的处理方法。核对存货类科目的贷方发生额与营业成本账务的借方发生额，排除退货等因素后，看是否存在存货金额减少大于结转成本的情况，如存在此类情况，应摸清存货的去向。检查"应付账款——福利费""销售费用"等账户的借方发生额，确定是否有视同销售行为的发生，结合应交税费明细账，核实是否按规定计提了销项税额。

（七）错误适用低税率、少计提销项税额

将熟食制品、冷冻食品、经加工的农副产品等应适用基本税率的商品适用低税率，少计提销项税额。

检查方法：实地调查，掌握容易混淆税率的商品品种，了解该部分商品的商品大类和应分属的核算部门。核对商品销售明细账和增值税申报表按9%税率申报的数额，核实是否存在将13%税率的商品按9%税率申报的情况。

（八）收取返利未按规定冲减进项税额

收取现金返利和实物返利，未按规定入账，或是虽按规定入账，但未按规定冲减进项税额。

检查方法：检查超市与供货商签订的供货合同是否有与返利有关的约定。对开具的普通发票进行检查，有无用商业零售发票开具"津贴""奖

励"等项目。检查各种成本费用以及"固定资产""在建工程""资本公积""盈余公积"等相关账户。抽取部分疑点较大的供应商进行调查,落实返利情况。结合企业与供应商关于费用收取的合同、协议,进一步调查了解发生相关收入的实际情况,正确区分"通路费"和返利。

(九)应税货物发生非正常损失未按规定进行账务处理、未转出进项税额

检查方法:查看盘点表和对有关损失情况的统计。检查"营业外收入"账户,分析超市对有过失责任员工进行处罚的原因,从中查找线索。对照检查"待处理财产损溢"账户和"应交税费——应交增值税"账户,核实是否按规定转出进项税额。

(十)虚开农产品收购发票、多抵扣进项税额、多列支出

超市在经营农副产品时,扩大农产品收购发票开具范围,虚增数量和金额,虚开农产品采购发票,多抵扣进项税额,多列支出。

检查方法如下:

1. 核实供货方是否是农业生产者,供货方所销售的货物是否属自产农业产品。查看购销合同,了解销货方、农产品范围、收购价款、数量、结算等情况,核实有无出现不符合市场行情的异常情况。对销货方进行调查,了解销货方是否属于农业生产者;掌握销货方种植的农作物的种类、种植面积、产量等情况,核实其销售的农产品数量是否超过其实际生产能力。

2. 检查农产品收购发票。检查农产品收购发票与入库单、出库单注明的货物名称、数量、金额是否一致。对支付方式及付款金额进行检查,查看农副产品采购金额与现金支付是否一致。

第十节 煤炭采掘业检查方法

一、煤炭采掘业生产经营及核算特点

(一)煤炭采掘业简述

煤炭是重要的基础能源,被喻为"工业的口粮"。煤炭采掘业是以煤炭采掘、加工、销售为主营业务的行业,属于劳动密集型和高风险、高利润产业。煤炭产品按照煤化程度分为褐煤、烟煤和无烟煤;按照用途和发

第九章 传统行业检查方法

热量分为动力煤和炼焦煤；按照生产工艺分为原煤和洗选煤等。

1. 实行许可经营制度、由多部门进行监督管理。开办煤炭采掘企业必须依法取得采矿权许可证、安全生产许可证、生产许可证、营业执照、矿长资格证、矿长安全资格证及复工通知书。其中，国土资源部门负责审批探矿权、采矿权，地质矿产主管部门负责颁发采矿权许可证，煤炭工业主管部门负责审批生产许可证、安全生产以及特种人员的培训上岗，环保部门负责生态环境保护，公安部门负责监管雷管炸药等民爆物品。

2. 组织形式多元化、管理体系复杂化。煤炭采掘企业按照生产规模和隶属关系可分为四类：一类是国家级大型及特大型煤炭企业。二类是省属重点大中型煤炭企业。这两类企业的前身均为国家统配煤矿，财务核算基础健全，管理规范。三类是市县属煤矿，包括集体所有制煤矿等，生产规模相对较小，财务核算相对健全。四类是乡镇煤矿和民营煤矿，以个人承包、承租经营为主，生产管理相对混乱，财务核算不健全。

一、二类企业具有经营范围广、跨区域生产经营、异地核算等特点，一般实行集团化管理，其部门庞杂，机构设置、内部管理及核算层次复杂，但集团公司资金集中、统一采购、统一销售、分地生产，下属各生产煤矿不具有企业法人资格，只负责生产，开采的原煤或洗煤由集团公司集中或相对集中统一销售结算。三、四类企业一般为中小型煤炭采掘企业，生产规模较小，实行产供销一体化管理。

3. 大中型以上煤炭采掘业信息化管理程度高。大中型以上煤炭采掘企业广泛使用企业管理软件，其中部分使用ERP管理系统，是企业资源计划系统，业务流程涵盖各个方面，煤炭采掘企业的物资、运销、财务信息高度集成整合，实现了煤炭销售、库存管理、物料采购、成本控制的有机统一和信息共享。

（二）煤炭采掘业经营特点

1. 原材料供应。煤炭采掘企业生产所需原材料一般包括：坑木、电缆、工矿配件、钢材、大型材料、雷管炸药和油品、电力等燃料动力。主要从煤机公司、化工品经销单位、农产品经营者个人、木材经营者、林业部门和电力部门等购入。大中型煤炭采掘企业一般设立供应公司或供应科统一采购、管理原材料。

2. 煤炭销售方式。

（1）大中型煤炭采掘企业一般不直接与用煤企业发生业务往来（除部

分地销煤外），其销售方式一般分为两种：一是集中直接销售，即下属各煤矿作为生产车间（不独立核算），煤炭出矿后即由集团公司销售部门统一管理，统一销售各煤矿生产的煤炭；二是集中间接销售，即下属各煤矿（相对独立核算）将煤炭销售给集团公司销售部门，集团公司销售部门再销售给用煤企业，下属各煤矿凭过磅单数量和准运证情况与集团公司销售部门结算。

（2）中小煤炭采掘企业一般生产规模较小，实行产供销一体化，直接面向客户。部分小煤矿在销售时存在对煤炭进行"二次加工"，掺杂塞假，以次充好，以矸充煤的现象。

3. 煤炭销售运输形式及结算价格。一是火车直达。通过专线、国铁运输直接到达客户要求的货站，销售按离矿价或合同价结算，运费代收代付。二是港转煤销售。通过火车、汽车等运输工具运到港口，通达货船（专用语）出口或销往中国沿海各省，按离岸价结算，运费计入营业费用。三是船运销售。销往沿江、沿河、沿海等地，销售按离岸价（特指煤炭专用语）结算，运费计入营业费用。四是汽车运输。地销煤（或直销煤、车销煤）通过汽车组织外销，一般直接销售给本地的个体运输户、煤炭经销商或最终消费者，按直接收款方式结算货款或现金结算。五是配煤销售。根据特定的用户需求，将外购不同煤质的煤炭（如：发热量、灰分、含硫量等）与自产煤炭掺兑销售，一般在港口等地通过皮带机按一定的办法和比例掺兑，按离岸价结算。

（三）财务核算特点

1. 核算方法。国有煤炭采掘企业统一执行《企业会计制度》，上市公司自2007年1月1日起施行《企业会计准则—基本准则》和《企业会计准则—具体准则》。大中型煤炭采掘企业一般实行会计电算化，使用ERP系统、用友、能源煤炭记账等软件；中小煤炭采掘企业多沿用手工记账方法。在核算中与其他行业的不同是：煤炭采掘企业必须提取塌陷赔偿费、维简费及井巷费用等。维简费是煤炭采掘企业维持简单再生产的费用，按照吨煤产量从成本中提取，可以税前扣除，用于更新固定资产。

2. 使用ERP系统的大中型煤炭采掘企业的财务核算。引入ERP管理系统的大中型煤炭采掘企业，实现了统一的财务核算、统一的物资供应、统一的煤炭销售。财务高度集中，统一设置会计科目，统一编制会计报表,全公司一套总账,会计凭证统一编号,所属各单位分别保管,各单位会计核算既保持相对独立又受集团公司的统一管理。分公司(或统算单位)之间的业务往来不直接结算,不属于增值税应税行为,开具内部调拨单(或结算单),不生成会计凭证。

ERP中的财务模块(会计核算、财务管理)和系统的生产控制模块(计划、制造)、物流管理模块(分销、采购、库存管理)有相应接口,可将生产、采购、销售活动输入的信息自动计入财务模块生成总账、会计报表。系统中会计科目、客户名称、企业所属单位等均是用数字代码来表示,以便查询记账凭证、明细账、总账及会计报表等。

3. 实行集团化管理集中间接销售的下属煤矿的财务核算。

(1)材料核算:供应部门根据煤矿生产用料计划,采购材料并入库,供应部门开具三联收料单,一联随同发票至财务挂账或付款。如月末发票未到,财务部门根据供应部门稽核后的收料单据作估价材料入账,并根据稽核的领料单作材料分配入成本。

(2)生产成本核算:月末,集团公司销售部门(或运销处等)、煤矿调度部门、煤矿销售部门、煤矿财务部门等有关部门进行月底盘点,最终确定当月生产量及发运量。煤矿财务部门根据当月生产量进行成本分配及结转等有关账务处理。

(3)销售核算:一是直接销售(或地销、就地销售)。煤矿销售部门根据集团公司签批的销售量与客户签订销售协议,开具售煤通知单(包括销售数量和价格),客户持通知单至煤矿财务部门交款。煤矿财务部门根据售煤通知单向客户收取煤款并开具收据。煤矿销售部门根据财务收据给客户发煤。客户可持交款收据及煤矿销售部门发煤证明到财务开具发票,财务部门根据发票记账联作收入账务处理。二是集团公司统一销售。由集团公司销售部门(或运销处)给煤矿开具售煤结算单(包括数量和单价),煤矿财务部门根据结算单给集团公司销售部门(或运销处)开具发票作收入。

4. 结算方式。煤炭采掘企业与上下游企业一般使用银行汇票、转账、信用卡等银行划款方式结算,与少数个体户、私营企业、不需要发票的单位或消费者个人等使用现金、信用卡等方式结算。

二、煤炭采掘业常见涉税问题及主要检查方法

（一）销售煤炭产品不入账、隐匿收入或隐匿原煤数量

销售煤炭取得的现金收入不按规定入账。销售掺煤矸石涨吨的煤炭给不需要发票的单位和个人，取得的收入不按规定入账。销售洗煤产生的煤泥、洗矸等副产品，取得的收入不按规定入账。在建工程试运行期间销售煤炭，取得的收入不按规定入账。隐匿原煤销售数量，少缴税款。

检查方法如下：

1. 了解企业基本经营管理情况。查询税务登记资料和申报资料等，熟悉其职能部门的管理状况、纳税方式、财务核算、销售管理、物资采购及供应管理方式。

2. 全面调取资料。从财务、生产调度、销售、磅房和站台、洗煤厂、档案室等部门调取生产台账、销售台账、合同、过磅单、托运单、原煤入洗统计表、简报、内部文件等原始资料，把调取磅房资料作为重点。

3. 分析比对原始资料与财务数据。

（1）比对财务资料与合同、过磅单、生产报表（台账）、销售报表（台账）的差异，核实煤炭产量和销量。

（2）核对原煤计量统计表、原煤入（洗）选统计表与财务账面记载原煤入洗、产成品入库情况有无差异，是否存在不计或少计煤泥、洗矸等副产品的问题。

（3）以耗用品数量测产量，实施关联稽查。按照《纳税评估管理办法（试行）》（国税发〔2005〕43号）的规定，以吨煤工资、吨煤耗电量、吨煤耗坑木、吨煤火工品消耗量的合理性测算产量，与企业账务记载产量相核对。

4. 采取外调等手段收集账外经营证据。

（1）以规模（设计生产能力）查产量。到国土资源部门提取开采能力和开采计划信息，或到煤管部门提取当年动用储量信息，或到矿管部门提取开采平面图和掘进图，核定当年开采量，将生产许可证上的产量与企业申报产量对比，落实差异。

（2）以购货企业实际购买煤炭产品数量为线索进行外调。以地销煤为突破口，以站台出货记录为重点，核实购销数量，同时辅以外围取证。

5. 检查资金收支。核对银行对账单与财务日记账及各类往来账，核实有无大额坐支现金情况，调取企业主要负责人及相关人员的个人银行储蓄账户和信用卡信息，核对有无利用信用卡和现金交易进行业务结算的情况，查明真实情况。

（二）以明显偏低的价格向关联企业销售煤炭产品、转移利润

集团公司下属煤炭采掘企业（煤矿）与集团公司销售部门、集团公司其他企业之间以明显偏低的价格调拨销售煤炭产品，在不同地区及企业间转移税款及利润。

检查方法：了解同期同品种同质量的地销煤价格及销售情况；查阅煤炭采掘企业与集团公司销售部门、集团公司其他企业签订的购销合同、协议或相关内部文件，核对关联企业间的购销业务是否正常，与同期同质地的地销煤价格相比是否明显偏低，有无通过非正常转让价格调整增值税税负及利用不同地区、不同企业间所得税税率差异进行利润转移或利用汇总纳税核算形式少缴税款的问题；对煤炭采掘企业与集团公司销售部门之间存在购销价格明显偏低的，进行外调核实集团公司销售部门对外销售价格（如：集团公司销售情况表等），并依法取得相关证明资料；对存在关联交易行为且价格明显偏低的，按照规定进行全面合理调整，依法确定应纳税额。

（三）销售煤炭长期挂账、隐瞒收入或隐瞒原煤数量

销售煤炭、煤泥、煤矸石等产品取得的收入挂往来账户，不开或少开发票，隐瞒应税收入，任意调节收入，不缴、少缴或推迟缴纳税款。

检查方法如下：

1. 调取销售部门资料。查阅销售合同及结算方式，收集出煤井口、洗煤厂、销售部门、磅房等部门的第一手原始资料。

2. 分析核对原始资料与账面数据。将原煤计量统计资料、原煤洗选统计资料和账面记载原煤入洗、产成品入库情况对照检查，有无少计产成品问题；将销售部门、非火车运输的地销磅房、车运（火车运输）磅房的煤炭销售情况统计资料、购货方预付款后取得的提煤凭证（煤卡）等资料，与账面记载的销售情况对照检查，有无煤炭已经发出不记账，不计或少计收入挂往来账，故意隐瞒收入、推迟作收入或隐瞒原煤销售数量的情况。

3. 检查运输发票。根据运输发票上载明的购货单位，分户审阅运费发票，分析比对发生运输业务的时间、距离、货物数量、运价及所运用的运输工具等有无违背营业常规，与运输业务的真实性是否匹配，进而从运输部门调查其实际销货数量。

4. 检查"应收（付）账款""其他应收（付）款"等往来账户。按实际销售煤炭产品数量、同期同类销售价格计算应取得的收入，与往来账户登记的金额进行对比，确认未结转的收入。

5. 外调核实。选取有较大疑点的业务，进行外调核实。以当地购货客户为重点进行外调取证，核实购销情况。

（四）自产煤炭发生视同销售行为、不计或少计应税收入

将自产煤炭用于非应税项目、集体福利或个人消费，如：用于内设的食堂、宾馆、医院、托儿所、学校、俱乐部、家属社区等部门，不计或少计应税收入。将自产煤炭用于投资、分配、换取资料、无偿捐助、发出生活福利用煤、外援煤（关系煤）等，不计或少计应税收入。

检查方法如下：

1. 了解内部机构职能部门设置情况。要求企业提供并实地调查核实其职能部门设置和联系方式。

2. 检查非应税项目的生产成本费用构成情况，核实有无耗用自产产品。检查"生产成本""产成品""长期股权投资""应付股利"等对应账户。核实有无自产煤炭产品不入库，直接改变用途，用于非应税项目或其他项目未按视同销售处理；检查"产成品"（或"库存商品"）账户。核实其贷方发生数的去向和用途，有无直接用煤炭换取资料、生活福利品或发出关系煤、无偿捐助等而未按视同销售处理。

3. 核对发煤原始资料与财务账面销售数量。检查企业有无将煤炭不入产成品账，直接从井口运出以换取生活福利品或捐赠，不计应税收入。审查各生产工区的计件工资表、调查运输装卸单位、突击检查磅房的发煤原始资料等，获得实际发出煤炭数量，与财务账簿登记的销售数量核对。

4. 检查计税价格。核对视同销售业务计提的销项税额是否正确，有无采用成本价作为计税依据的情况。

（五）开具不符合规定的红字发票冲减应税收入

发生销货退回、销售折扣或折让，开具的红字发票和账务处理不符合税法规定。

检查方法：检查"主营业务收入"、"库存商品"（或"产成品"）、"生产成本"等科目，调阅相关凭证，查看是否附有进货退出及索取折扣折让证明单或开具红字专用发票通知单，销售退货在冲减收入的同时，是否同数量增加了财务账和保管账的库存商品；销售额与折扣额是否在同一张发票上分别注明，如果折扣额另开发票，是否冲减了收入；若是实物折扣，是否入账，是否未按视同销售中的无偿赠送规定处理，实物款额有无从原销售额中减除。

（六）购进的材料、水、电、气等货物用于对外销售、投资、分配及无偿赠送，不计或少计应税收入

收取外单位或个人水、电、气等费用，不计、少计收入或冲减费用。将外购的材料改变用途，对外销售、投资、分配及无偿赠送等未按视同销售的规定计税。

检查方法如下：

1. 实地考察。实地了解煤矿驻地周边群众、单位用水、用电、用气等情况。

2. 检查"其他应收款""其他应付款"等账户。煤炭采掘企业常常为附近的乡镇企业、农村照明及有关单位提供电力，收取转供电收入长期挂"其他应收款""其他应付款"等账户或冲减相关费用，不计、少计收入。

3. 检查水、电、气分配表。检查各月电力分配表，查看有无向公安、工商、银行等部门无偿提供电力而未计销售的情况，结合"其他业务收入""其他应收款""营业外支出"等账户进行检查。

4. 检查各月材料分配表。结合"其他应收款""长期股权投资""营业外支出"等账户进行检查，查看有无将外购的材料改变用途，未按视同销售的规定计税。

第十一节　电信业检查方法

一、电信业经营及核算特点

（一）电信业简述

电信业是指利用有线、无线的电磁系统或者光电系统，传送、发射或者接收语音、文字、数据、图像以及其他任何形式信息的业务活动。就电信业而言，可分为电信制造业和电信运营业两大类。电信制造业主要提供电信设备制造，为电信运营商提供基础设备，如光导纤维、光有源设备、光无源设备等，以及电话机、手机、寻呼机等终端产品。电信运营业主要

是建设电信网络，提供市内电话、长途电话、移动电话和增值业务等服务。

我国的电信运营业务分为基础电信业务和增值电信业务，主要包括电报、电传、电话、电话机安装、电信物品、电话号簿销售及其他电信业务。基础电信业务是指提供公共网络基础设施、公共数据传递和基本语音通信服务的业务，具体包括固定网国内长途及本地电话业务、移动通信业务、卫星通信业务、因特网及其他数据业务、网络元素出租出售业务、电信设备及电路的出租业务、网络接入及网络托管业务、国际通信基础设施国际电信业务、无线寻呼业务和转售的基础电信业务。增值电信业务是指利用公共网络基础设施提供的电信与信息服务的业务，具体包括固定电话网的增值电信业务、移动电话网的增值电信业务、卫星电话网的增值电信业务、因特网增值电信业务、其他数据传送网络增值电信业务等服务。

经营电信业务必须按规定取得国务院信息产业主管部门或者省、自治区、直辖市电信管理机构颁发的电信业务经营许可证。

1. 无形性。电信服务提供的是一种动态的使用价值。消费者在购买服务之前，无法感知到；接受服务之后，也不会获得服务的物质所有权，服务结束后，客户并没有拥有电信公司的任何东西。

2. 生产过程与消费过程的统一性。电信产品的生产过程和消费过程是同时进行的，产品的提供者和购买者都要参与服务过程，两者相互作用、相互影响。

3. 不可存储性。电信服务提供的是过程服务，不提供可以保存的有形物品，具有不可存储性。这一属性造成电信企业不可能像有形产品企业那样做到均衡生产。

4. 不可分割性。电信服务要求提供端到端的完整性服务，具有不可分割性。

5. 电信服务交易不可逆转性。电信服务一般在特定的时间段内一次性进行，不像其他买卖实物商品一样，可以退货。

6. 差异性。电信服务产品的提供受到时间、地点、物质条件、服务提供者的素质能力、心态及客户的变化等因素的影响，其服务质量具有差异性。

（二）财务核算特点

1. 财务核算流程。公司收入的记录与管理主要由业务、财务两大平台支撑，其中业务管理平台为国内亚信公司开发的 BOSS 系统（计费系统），财务管理平台为美国 ORACLE 公司研发的 MIS 系统（财务管理系统）。

BOSS 系统主要针对对外业务管理，主要功能是计费；交换机将发生的话费采集录入到 BOSS 系统。MIS 系统是财务管理信息系统，主要进行内部管理。每月由 BOSS 系统生成计费收入报表，分配到各地市分公司再导入到 MIS 系统进行账务处理。其他收入的核算：例如手机捆绑销售、SIM 卡销售、租赁等，由各地市分公司直接在 MIS 系统上入账确认。

2. 营业收入的核算。营业收入主要分为主营业务收入、其他业务收入、营业外收入三大类。

（1）主营业务收入，指公司经营的基础电信业务和增值电信业务所取得的资费收入，以及电信业务经营者之间的网间互联业务的结算收入，包括由 BOSS 系统接口直接导入的语音、增值等收入，省公司导入的网内、网间结算收入及销售折扣折让。

（2）其他业务收入，包括除主营业务活动以外的其他经营活动实现的收入，主要指出售通信商品收入（出售手机、SIM 卡）、出租通信商品收入、代办业务收入、维修收入、销售材料收入、广告收入、技术转让收入、固定资产出租收入、非货币性交易或债务重组实现的收入等。

（3）营业外收入，指各项非日常活动形成的经济利益流入，主要包括固定资产处置利得、无形资产处置利得、非货币性资产交换利得、债务重组利得、政府补助、盘盈利得、捐赠利得、违约金、滞纳金、赔偿金净利得、确实无法支付而按规定程序经批准后转作营业外收入的应付款项等。

3. 成本费用的核算。

（1）主营业务成本：主要包括从事主营业务人员的工资、职工福利费及与主营业务有关的折旧费、修理费、摊销费、业务费、电路及网元租赁费、资源占用费、业务技术支撑费等。

（2）其他业务成本：主要包括出售通信商品支出、出租通信商品支出（手机、SIM 卡、无线网卡、出租手机等）、代办业务支出，以及维修、销售材料、技术转让、其他固定资产出租等相关成本。

（3）期间费用：营业费用主要包括广告费、业务宣传费、代办手续费、销售佣金、营销机构费、展览费、咨询费及其他营业费用（电路租费）等。管理费用主要包括管理人员的工资、折旧费、修理费、业务招待费、无形资产摊销、董事会费等。财务费用主要包括利息支出、利息收

入、汇兑损益、银行手续费等。

二、电信业常见涉税问题及检查方法

（一）部分应税收入未申报纳税

收取迁移改造费用，直接冲减"主营业务成本——维修费"，未计入业务收入。收取的房屋租金、违约金、罚款、滞纳金等未申报缴纳相关税费。支付给代办点的销售有价卡酬金的，作为销售折扣直接冲减"主营业务收入"。过期充值卡对应的预收账款（沉淀资金）未结转营业收入。使用期限届满未使用完毕的预存话费，未结转营业收入。

检查方法：检查收入、成本、费用类明细账簿及有关会计凭证，查看是否有应税收入直接冲减"主营业务成本""营业费用""管理费用"等情况；是否有支付给代办点的酬金，作为销售折扣直接冲减"主营业务收入"的情况；是否有应税收入计入"营业外收入"后未按规定缴纳相关税费的情况；是否有客户购买充值卡后未充值，造成过期失效的沉淀金额，未结转确认收入的情况；是否有用户预存话费，使用期限届满后尚有一定未使用完毕的话费余额，企业仍将该部分余额记在预收账款，未按规定结转收入的情况；在计算销售的各种折让、折扣有价电话卡营业额时，折让、折扣是否按权责发生制原则冲减应税收入，是否存在多冲减当期应税收入的行为。

（二）税前扣除多列成本费用

应付账款年末余额账龄两年以上的，未按规定调增应纳税所得额。支付与经营无关的费用。对于应计入固定资产的系统开发费、仪器仪表购入价，除《财政部 国家税务总局关于完善固定资产加速折旧企业所得税政策的通知》（财税〔2014〕75号）第二条、第三条规定："对所有行业企业2014年1月1日后新购进的专门用于研发的仪器、设备，单位价值不超过100万元的，允许一次性计入当期成本费用在计算应纳税所得额时扣除，不再分年度计算折旧；单位价值超过100万元的，可缩短折旧年限或采取加速折旧的方法。对所有行业企业持有的单位价值不超过5 000元的固定资产，允许一次性计入当期成本费用在计算应纳税所得额时扣除，不再分年度计算折旧。"以外的固定资产，一次性计入当期成本、费用。无形资产一次性摊入当期成本、费用。"管理费用"中列支企业为投资者或员工支付的超限额的补充商业养老保险、补充医疗保险，未按规定调增应纳税所得额。"预提费用""应付工资"账户年末贷方余额，未作纳税调整。预存话费促销活动，促销物品的费用未按照权责发生制原则按受益期配比摊销。

检查方法：检查"应付账款""销售费用""销售费用——营销机构费""管理费用""主营业务成本""营业外支出""预提费用""应付工资"等明细账簿及有关会计凭证，查看是否有账龄两年以上应付账款；是否有支付与经营无关的费用；是否存在不应一次性计入成本、费用的计入固定资产的系统开发费、仪器仪表等；是否将购买或委托开发的软件费一次性摊销成本，未作为无形资产管理；是否在"管理费用"中列支了超限额的员工的补充商业养老保险、补充医疗保险；是否有预提费用年末已提未付余额，"应付工资"账户年末贷方余额，未作纳税调整；开展预存话费送手机等物品的促销活动时，购进手机、购物券、其他物品的费用是否按照权责发生制原则在销售费用中按受益期配比摊销。

第十二节 餐饮业检查方法

一、餐饮业经营管理及核算特点

（一）餐饮业简述

餐饮业是指通过同时提供饮食和饮食场所的方式为顾客提供饮食消费服务的业务。餐饮企业按其装修档次和经营规模可分为高、中、低等各种档次的企业；按其经营方式可分为只提供餐饮服务的企业和既提供餐饮服务，又从事餐饮产品对外销售的企业。

（二）餐饮业经营管理特点

1. 餐饮业产品手工制作居多、经营环节少。事先核定的原料价格、配方、产品制作流程、产品制作成本等受到手工生产制约；在原料采购中，质量、规格、鲜活程度等方面都可能影响事先核定成本；营业收入的变化（生意的好差）、操作人员对原材料使用的差异性等方面都会影响营业成本的增减；财务核算相对简单，但其发展状况和内在特点给税收征管和稽查增加了较大的难度。

2. 现金流量较大、大多企事业单位签单消费，定期结算。餐饮业消费多以现金结算为主，其成本、费用支出也以现金交易为主。餐饮业财务电

算化程度和水平提高较快。目前,绝大多数餐饮企业,特别是中高档酒楼和连锁店都采用专门的业务和财务计算机管理系统,电子表单、计算机数据代替了传统的纸制流水单、营业日报表,有的还自行开发、使用个性化软件。其相关业务及财务资料多由电算化软件生成,存储于计算机硬盘等存储介质之中。

3. 餐饮业是劳动密集型产业。员工流动频繁,不同工种人员工资、薪金收入差异较大。

(三) 餐饮业财务核算特点

大中型餐饮企业基本上实行电算化管理,财务软件不设接口,仅为财务部门提供单纯的会计服务,税务机关实施税款查账征收;小型餐饮企业一般以"流水账"记录经营情况,按传统的实收实付方式进行核算,税务机关实施核定征收。

1. 收入的核算。餐饮企业的销售活动包括售货、开单、收款三个环节,主要有取菜单、餐费账单和营业日报表等原始凭证,营业日报表根据餐费账单汇总编制,综合反映每日销售情况。财务人员根据该表数据,借记"现金""银行存款""应收账款"等明细账户,贷记"营业收入"明细账户。

2. 成本的确认及核算流程。

(1) 原料采购:批量或大宗的商品原料由指定或协议的供应商组织送(配)货,由仓库保管、领发、记账并记入财务信息系统;小批量鲜活商品、蔬菜由业主指定专门人员组织采购,经验收后一次性领发并由专职验收人员监收,由专人记入财务信息系统。

(2) 营业成本的确认:企业以实地盘存制、永续盘存制等方法核算本月原材料耗用总成本,一般以实地盘存制为主,核算时通过调整酒店内部调拨额、员工餐费、招待费等杂项成本,计算当月成本净值。

二、餐饮业常见涉税问题及检查方法

(一) 不计或少计营业收入

1. 设置账外账。将不开发票的现金收入或为他人虚开发票取得的违法所得记入账外。主要有:不开发票的经营收入;酒、饮料等供货商支付的促销费;海鲜等供货商支付的进场费、广告费、赞助费;连锁加盟店的加盟费;会员制餐厅的会员费;通过为未在餐饮企业消费的他人虚开餐饮业发票并收取一定比例的"开票费"等。

2. 收支抵冲，少计营业收入。餐饮企业承包人与发包方约定以餐饮消费抵冲承包费；餐饮企业与餐饮场所出租方约定以餐饮消费抵冲租赁费；餐饮企业与餐饮场所装修业务提供方约定以餐饮消费抵冲应付装修款；餐饮企业与原料供应方约定以餐饮消费抵冲应付原料款；餐饮企业与其他单位约定以餐饮消费抵冲桌椅等用餐器具及其他如音响设备等用餐辅件的购置款；餐饮企业与电台、电视台、报刊等单位约定以餐饮消费抵冲广告宣传费中的广告款等。以餐费抵冲应付款，双方均在结算付款期结算差价，只就"结差"部分入账。

3. 不按规定及时确认收入。签单消费不按规定进行账务处理或不及时确认收入，少计应税收入；在结算后仍将客人支付的押金挂在往来账户，不按规定进行账务处理或不及时确认收入，少计应税收入；对持卡消费，按照消费者先期付费购卡金额开具发票，对已开具的发票不计入当期收入，而是以持卡者的实际消费金额计入当期收入，少计应税收入。

4. 检查方法。

（1）实地核查，要检查收银台、财务室、仓库等，查找、收集销售日报表、营业额记录簿、签单簿、押金结算簿、收银账单、使用票据、各类合同及其他收支方面的各种原始资料；对使用餐饮管理软件的企业，应调派精通电算化财务和熟练使用财务管理软件的人员共同进行检查，以顺利进入收费系统，获取有关电子证据；检查中要特别注意及时固定现场取得的有关证据，做好现场检查笔录。

（2）检查"营业成本""销售费用""管理费用"等明细账及有关凭证，审核成本、费用账户的贷方发生额，检查有无将收入直接冲减成本、费用而不记入"营业收入"的现象。

（3）检查核对"应付账款""预收账款"等明细账户及有关的记账凭证、原始凭证，检查有无将收入长期挂往来账户、不记收入的现象。特别要注意企业将营业收入抵冲承包费、租赁费、装修费和其他各种债务的情况，逐笔审核往来款项的记录和承包、租赁、装修合同。

（4）抽取部分发票进行检查。对餐饮业开具发票的检查，主要突击检查从财务、收银台取得的发票，并将其与发票购印本进行核对，检查是否使用假发票；对企业的检查中，若发现存在数额较大的餐饮发票，或存在被举报发票，需要到有关餐饮企业进行核对。

(5) 抽取部分合同进行检查，主要查看有无商业折扣及除商品价格以外的其他约定，检查"主营业务收入""其他业务收入""营业外收入"等相关账户，分析这些收入与分类商品收入是否配比，有无年度差异，必要时组织外调。

(6) 抽查销售价格，看其是否按配料定额成本和规定的毛利率或加成率计算营业收入。

(二) 虚列成本和费用

1. 随意结转食品成本，调节利润。部分餐饮企业出于调控利润、减少应纳税所得额的目的，随意结转当期食品成本，造成账实不符；同一餐饮企业在不同地域开办分店、联营店，属不同税务机关管辖，实行独立核算属地申报纳税，且由于各地企业所得税征收方式（实行查账征收或核定征收）不同，采购环节采取统一进货分发，统一开具发票，将其记入总店的采购成本，对各分店、联营店领用部分及因管理不善造成的货物霉烂变质和内部员工自用部分均未进行相应的财务处理，虚列当期成本。

2. 不按规定摊销装修费用。租入固定资产的装修费未按规定在租赁期限或受益期限内平均摊销，而是一次进入当期的损益；对自有固定资产进行装修，装修费用超过房屋原值的20%，未按规定记入"固定资产"科目计提折旧，而是作为"递延资产"分次或一次计入当期的损益。

3. 在成本中列支不属于企业的费用。企业为员工租用的宿舍未计入职工福利费而直接计入成本列支，个人车辆的保险费、养路费和与其经营活动无关的差旅费、会议费以及私人消费支出等随意计入企业管理费用，从而增加企业费用，同时少代扣代缴个人所得税。

4. 用未按规定取得的发票列支成本。部分餐饮企业在进货时未按规定取得合法、有效凭证，其主要表现形式有：应取得而未取得发票，以其他单据或白条代替发票入账；取得假发票代替真发票入账；取得无真实业务的发票入账；取得填写不规范的发票入账。

企业在支付水电费、租金时未按规定取得发票，其主要表现形式有：支付水电费、租金时以收取的各种收据、服务业发票、商业发票、假发票、白条等代替发票入账。

5. 未按规定填开农副产品收购凭证，虚列成本。从非农产品生产单位和个人处购进农产品，编造虚假农副产品采购合同，开具假证明，编造开具农副产品收购凭证，虚列成本；支付一定的"开票费"，从农贸市场取得无真实采购业务的发票,虚列成本。

6.检查方法。

(1)检查企业年度及月度间营业成本结转的方法是否一致。

(2)分析企业销售利润率、成本利润率与同类地段、档次的餐饮企业相比是否正常。

(3)重点核查主要原料的消耗与营业收入是否配比。

(4)可到厨房调取鲜活商品领用单,与财务实际入账数量、金额对比,分析商品单价是否合理。

(5)从信息管理系统ERP服务器中提取相关数据,核对仓库进、销、存的原始记录与财务是否一致。

(6)检查大宗高档原料进货发票,并与仓库账及进出库领用单相核对,核实原料购进及领用的真实性;特别要注意将一些消耗相对稳定的原料领用情况与营业收入对比,查找漏洞。

(7)检查是否按规定开具农副产品收购统一发票,必要时检查收购业务的真实性。

(8)对其取得的大额整数发票进行检查,通过网上发票查询系统对取得的建筑、安装发票进行抽查,或对开票单位进行外调协查。

第十三节 汽车销售行业检查方法

一、汽车销售行业经营管理及核算特点

(一)汽车销售行业简述

汽车销售行业,通常是指销售汽车整车的行业。汽车销售行业是商品流通业中比较特殊的行业,近年来获得迅猛发展,销售模式由过去的混车销售转为品牌专卖,服务项目由单一的销售整车转为集整车销售、零配件供应、售后服务、信息反馈、租赁、二手车置换一体的完善的销售和服务体系。

目前汽车销售市场常见的营销模式有汽车专卖店、汽车交易市场、汽车超市、厂家直销和多品牌经营。

1.汽车专卖店。汽车专卖店是目前最常见的汽车营销模式,俗称4S店,即集整车销售、配件供应、售后服务、信息反馈于一体的品牌专卖

店。汽车专卖店的经营形式有特许经营和区域代理两种。

2. 汽车交易市场。众多汽车销售企业把各种品牌的车型集中在一个大型市场销售，其特点是品牌多样、车型齐全，一般都有金融、保险和车管等部门入驻现场服务。

3. 汽车超市。汽车超市又称汽车城、汽车广场，是近几年兴起的一种销售模式，多偏重于销售轿车等车型较小的汽车，一般不经营体形较大的卡车等汽车。汽车超市和交易市场有很多相似之处，不同之处是汽车超市的环境、服务等软硬件要明显好于传统的交易市场。

4. 厂家直销。即汽车生产企业直接设立销售点销售本企业生产的汽车，其特点是：一般在厂家所在地设立直销点，在国内主要销售区域设立销售分公司或办事处。这种销售方式一般为大中型企业在自己总部所在地采用，另有部分客车、货车、专用车辆生产企业也采用这种销售模式。

5. 多品牌销售。部分汽车销售企业混合经营多个品牌的汽车，通常在当地或附近地区开设多家连锁店。

（二）业务流程

1. 汽车销售流程。汽车销售流程包括车辆采购、车辆入库、车辆销售、车辆代办、售后服务等环节。

2. 汽车销售行业营销特点。

（1）一车一证：每辆汽车的发动机和车架（底盘）号码是唯一的，每辆国产车都带有一份注明发动机和车架（底盘）号码的汽车合格证，每辆进口车都带有一份中华人民共和国海关编号的货物进口证明书，进口车同时附中华人民共和国出入境检验检疫局编号的进口机动车随车检验单。

（2）使用机动车销售统一发票：汽车销售企业必须为消费者开具机动车销售统一发票，持此发票才能到公安局车管所办理车辆挂牌手续。

（3）代办各项事宜：购买汽车须办理各种手续。为赢得客户，汽车销售企业一般提供代办汽车验车挂牌、代办营运证件、代办车辆保险、汽车装饰等一条龙服务。

（4）建立客户资料：汽车销售企业按照汽车生产企业的要求，在销售时一般建立客户资料档案，以处理强制保养、售后服务、索赔、信息调查和采集等工作。

（5）采用信用消费制度：汽车是高值耐用商品，有的消费者采用信用消费的形式购买，先取得汽车的使用权，然后通过信用消费来取得所有权。信用消费的方式主要有分期付款、消费贷款、按揭贷款、产品赊销四种。

（6）不同情况实行不同的商务政策：汽车生产企业与汽车销售企业之间依据不同品牌、不同类型，在不同经营时期制定不同的商务政策，其内容主要包括营销模式、网点设置、品牌管理、价格管理、销售结算方式、区域管理、服务要求、佣金及返利。

（7）与汽车生产企业形成信息网络：汽车销售企业通过网络系统，与汽车生产企业互相传递采购、销售、客户、售后服务等信息。

3. 汽车销售行业取得销售返利的主要形式。汽车生产企业开出折让通知后，汽车销售企业以佣金及代销手续费的名义开具普通发票收取返利。

汽车生产企业开出折让通知后，要求汽车销售企业到税务机关开具进货退出或索取折让证明单，由汽车生产企业开具红字增值税专用发票收取返利。

汽车生产企业直接在价格上进行折让，使增值税专用发票上注明的价格低于统一定价。

汽车生产企业负担汽车销售企业的有关经营费用，如房租、广告费、差旅费等，在往来账中进行收付款处理。

汽车生产企业向汽车销售企业返还一定价值的实物，如汽车配件等。

（三）财务核算特点

1. 汽车销售行业主要收入。汽车销售行业的主要收入包括整车销售收入、返利收入、代办汽车保险和贷款等事项所取得的佣金收入、汽车装饰收入、售后服务收入和汽车维修保养收入。

2. 汽车销售行业财务管理特点。

（1）汽车销售活动财务管理主要包括进货管理、仓库管理、销售管理、收付管理、客户管理、索赔管理、强制保养管理、基础资料管理等。

（2）汽车销售行业财务核算与普通商业批发企业基本相同，适用商业企业会计制度，但品牌专卖店核算既有商业核算，又包括汽车维修行业、服务行业的会计核算。其财务管理的主要特点是：单位数量易清点，按个别计价法核算；汽车销售企业占用资金多，存货流动速度快，资金来源大部分是银行贷款；汽车价值高，部分客户购买车辆时需要办理银行按揭。

二、汽车销售行业常见涉税问题及主要检查方法

（一）销售整车取得的收入未按规定入账

1. 分解销售收入。将整车销售款分解为两部分：一部分开具机动车销售统一发票；另一部分价款开具收款收据，开具收款收据部分的收入不入账。

2. 账外隐匿收入。运用账外资金进行经营，进货、销货均不在账面反映，销售整车时以代销的名义提供外地机动车销售统一发票，或提供伪造的机动车销售统一发票。

3. 长期不确认收入。将销售整车取得的收入长期挂在往来账户，未按规定结转收入。

4. 检查方法。

（1）询问经销的主要车型、销售价格、售后服务、近期的优惠活动、购车手续、银行按揭等基本经营情况；到经销同类型的汽车销售商处了解同期同类车型的销售价格等情况。

（2）从销售部门获取详细的客户资料档案，将其与"主营业务收入"明细账和发票记账联、存根联进行核对，查找是否存在隐匿销售收入的问题。

（3）根据汽车对应发动机及车架号码唯一性特点，对库存账面数量和实际数量进行核实，确认整车销售数量。

（4）对账簿、发票存根联进行检查和分析，选取一部分车辆，到购车者处进行外围调查，核对购车者的发票、支付的购车款与汽车销售企业据以作账的发票和购车款是否一致。

（5）到银行查询购车者付款的资金流向，查明汽车销售企业存入购车款的账户，查清该账户是否属于汽车销售企业正常的结算账户，进一步核对每笔款项对应的进账单，核实有无隐匿收入的问题。

（6）到车辆购置税办公室、车管所、保险公司比对汽车销售发票，查看汽车销售企业开具的发票、价款与购车者持有并办理车辆购置税、挂牌和办理保险的发票上注明的价款是否一致，有无使用外地他人机动车统一销售发票或伪造的机动车统一销售发票办理交税和挂牌手续等情形。

（7）针对"预收账款"等往来账的贷方余额长期挂账的情况，注意审查货款的具体来源，结合库存商品明细账、发货单、汽车销售合同、企业代办银行按揭和挂牌记录等资料进行检查，核实企业有无汽车已经销售，而未按时结转收入的情况。

（二）收取各种代办费用和价外费用未按规定申报纳税

汽车销售企业为购车者提供按揭、挂牌、保险等服务时，在正常车价外，收取一定的代办费、服务费和装潢费、试车费、提车费、运输费等费用，未按规定申报纳税。

检查方法：检查纳税申报资料，审核"其他业务收入"账户，看是否存在应征收增值税的价外费用未申报的情况。结合售车记录和凭证所附原始单据，审核借、贷方收付款的业务往来，着重检查其他应付款等往来账，看有无将收取的价外费用隐匿在往来账中。获取汽车销售企业记录的各种代办费记事簿和经办人员散落在外的有关记录资料。抽查客户资料档案，到购车者处调查其支付各种价外费用的证据。

（三）随车无偿赠送物品未按规定申报纳税

在销售汽车时向购车者赠送装饰物品、油品、掌上电脑、倒车雷达、GPS等物品，未按视同销售的规定进行账务处理，未按规定申报纳税。

检查方法：到汽车销售展厅了解企业的销售优惠政策，掌握随车赠送的物品和赠送方式，有针对性地进行检查。检查"库存商品"或"原材料"等存货类科目，核实企业购进和发出货物的品种、数量、金额，到仓库查看、盘点库存，确认赠品是否申报纳税。检查"管理费用""销售费用"等损益类科目，判断费用发生是否合理，是属于自用还是赠送。通过检查进货单据、资金往来等线索，进一步通过供货方核实，确认赠品的数量和金额。获取客户资料档案，到购车者处调查取证物品赠送情况。

（四）隐匿售后服务取得的收入

为购车者提供汽车装饰、更换零配件、汽车维修等售后服务，隐匿取得的收入，未按规定申报缴纳税款。

检查方法：根据客户档案资料，找到该公司的购车客户，进行外调，取得接受售后服务的证据资料，核实汽车销售企业是否从汽车生产商获得"三保收入"而不入账，变相从消费者处以超出"三保"期限而收取的费用不入账。注意异常往来账的检查，账户余额长期挂账不变或只有借方（贷方）发生额；往来账二级明细科目混乱或未设，无法直接辨别其核算对象。

（五）收取销售返利未按规定冲减进项税额

收取的现金返利或实物返利未入账，或长期挂往来账户。收取的现金返利或实物返利虽按规定入账，但未按规定冲减当期进项税额。

检查方法：要求汽车销售企业提供购销合同和生产厂家与汽车销售企业之间的汽车销售奖励办法等有关政策，有针对性地开展检查。到汽车生产商调查，获得上游汽车生产商的返利奖励办法，汽车销售企业取得返利的时间、金额，以及收到返利而不入账的有关证据。注意与其有关联关系的企业之间的业务往来，检查与之相关的专门汽车维修企业，检查它们之间的资金往来、借款、还款、划款等账务的真实性，查清汽车销售企业将返利转移的情况。注重对企业往来账户的检查，分析该账户所附原始资料是否真实、合理，是否隐藏返利款。盘点库存商品中的汽车配件，调查是否存在汽车生产商无偿提供汽车维修配件，企业不入账，形成汽车配件盘盈的情况。

（六）购进汽车用于非应税项目，未按规定转出进项税额

检查方法：注意是否存在库存量过大或者有某种车型上期结存不动的问题，应与其资金流动情况进行对比分析。企业库存量大，占用资金也大，势必会造成汽车销售企业资金周转不畅，因此应从中寻找破绽，发现存在的问题。对汽车销售企业库存进行实物盘点，查看账面数量和实地盘点数量是否有差异，再通过内查外调对差额部分进行核实，查明原因和去向。

三、典型案例

（一）基本案情

该案件来源为人工选案，案件所属期间为 2019 年 1 月 1 日至 2020 年 12 月 31 日。经检查，该企业存在外购商品无偿赠送未按规定作视同销售处理、税前列支不合规发票所载金额、部分市场部门项目支出未确认收入、涉及的应税服务未按规定缴纳增值税和增值税免税项目未按规定作进项税额转出等问题。少缴企业所得税 72 662 429.58 元，增值税 10 932 354.43 元。

（二）涉案企业基本情况

某汽车销售管理有限公司系×国×有限公司在华投资的全资子公司，成立于 2009 年 4 月，注册资本 5 000 万元人民币，登记注册类型为外资企

业。企业核算方式为独立核算，适用企业会计制度。增值税税率13%、6%（其中包含跨境服务享受免税政策），2010年10月被认定为一般纳税人；企业所得税税率为25%。

该企业的实际经营业务包括两方面：

一是进口车辆的销售业务。该企业处于×品牌进口汽车的销售环节之一。即境外母公司—×进出口公司—××企业管理有限公司（被查企业）—××汽车销售公司—各经销商。

二是为境外母公司提供市场支持、服务业务，包括三方面事务：一是加强境外母公司在中国的采购业务，促进国内一流的零部件供应商纳入境外母公司的全球采购体系；二是开展对车载电子软件和娱乐系统的本地化设计研发、试配试验等工作；三是增进双方的沟通和对销售事业部营销业务的支持。

该企业使用SAP系统进行核算。

（三）办案经过

1. 查前分析、部署。一是收集企业基本信息和原始数据，包括税务登记信息，税种登记信息，发票管理信息，纳税申报信息，认定、审批备案信息和财务会计报表；通过相关网站搜集行业概况；搜集增值税和企业所得税相关政策规定。二是进行数据资料分析。通过对相关政策和行业概况、行业生产经营特点进行整理，分析本行业的主要涉税风险；通过财务报表数据对企业整体经营状况（偿债能力、运营能力、获利能力）进行分析。三是入户检查前，召开税企见面会，陈述实施税务稽查的安排。检查组全体人员参加，与被查企业进行沟通，告知检查的时间和人员安排，告知检查所属期，告知工作和廉政纪律，取得企业的理解和配合。听取企业情况介绍。引导企业就经营范围（主要经济业务）、经营模式、经营特点、经营整体状况、行业地位、财务会计制度、会计软件以及其他方面的情况和问题做出介绍，要求企业提供资料的清单。根据案头分析环节和企业情况介绍，要求企业提供2019—2020年的税审报告、审计报告、纳税申报情况、财务核算制度、财务软件名称和与上下游企业之间的合同等资料。

2. 企业违法手段及特点。企业所得税方面，问题主要反映在费用报销（发票）环节福利费与管理费用的区分、总分机构费用分摊是否合理；增值税方面，问题主要反映在长期待摊费用取得增值税专用发票能否抵扣，营改增的服务项目征税和免税的划分。上述问题的发生，一是由于企业对

政策理解不到位，二是由于发票报销环节缺乏严格的内部控制和审批标准，三是由于营改增过渡期间政策出台的滞后等。

（四）检查方式方法

该企业使用的是 SAP 系统，核算较为复杂。检查组成员迎难而上，认真研究，很快掌握了该系统的查询方法及钻取数据的途径。另外稽查人员同时对该企业的纸质凭证进行查阅，看到疑点再通过系统横向或纵向查找。

由于该企业的记账凭证与一般企业不一样，核对有一定困难，我们就采取从集中核实增值税进项抵扣联入手，核实企业抵扣的方法。针对企业抵扣的项目品种多样的特点，通过查验进项税票是否都属于抵扣范围，寻找问题点，再通过系统对有疑点的供应商近三年的情况进行查询统计，达到事半功倍的效果。

采取从经营场所入手开展侧面调查的方法调查取证。检查组去××展厅现场调查，在调查中通过与业务人员交谈，发现企业长期待摊费用中的一些项目进行了进项税额抵扣的问题。在与展厅管理人员交谈时发现，该展厅属于亚洲地区，全世界就两家，是为境外母公司服务的，她们列举的很多活动都是为总部推广××品牌服务的，而费用大多是被查企业承担的，从而使企业为境外母公司提供服务发生的费用与其实际取得收入不匹配的问题初露端倪，自此找到了新的突破口。

（五）处理处罚建议

1. 装修、设计等发生的长期待摊费用，进项税额不得从销项税额中抵扣。该企业在办公楼体上安装安全设备等设施及在展厅墙体上安装智能设备等设施，根据《中华人民共和国增值税暂行条例》第十条用于简易计税方法计税项目、免征增值税项目、集体福利或者个人消费的购进货物、劳务、服务、无形资产和不动产不得在销项税额中扣除，建议已抵扣的进项税作转出处理。

根据《中华人民共和国企业所得税法》第十三条规定，在计算应纳税所得额时，企业发生的支出作为长期待摊费用，按照规定摊销的，准予扣除。

对前述增值税处理转出的进项税额，不予一次性在企业所得税前扣除，需按照合同约定的剩余租赁期限分期摊销，以当年度实际摊销额扣除，建议调减相关年度的应纳税所得额。

2. 外购商品无偿赠送个人，未按规定作视同销售处理。该企业有无偿赠送服装等未作视同销售处理，根据《中华人民共和国增值税暂行条例实施细则》第四条规定"将自产、委托加工或者购进的货物无偿赠送其他单位或者个人，视同销售货物"，建议补缴增值税销项税额。

3. 涉及的应税服务未按规定缴纳增值税。该企业向境外母公司提供的咨询服务，按规定可以享受免税优惠政策。但要做相关备案手续，未按规定办理跨境服务免税备案的不得免征增值税。另外，对境外提供的一些应税服务应当缴纳增值税。建议根据国家税务总局公告2016年第29号国家税务总局关于发布《营业税改征增值税跨境应税行为增值税免税管理办法（试行）》公告规定的查询能享受免税的项目，该项目的进项税不得抵扣；对不能享受免税的应补缴增值税，进项税额可以抵扣。

4. 不合规发票税前列支。该企业取得的个人抬头或无抬头等不合规发票，不得在企业所得税前扣除，建议根据发票管理办法等规定调增相关年度的应纳税所得额。

5. 部分"内部活动费用"未纳入职工福利费核算。该企业有一些用于职工福利的费用列入管理费用中，且该企业的职工福利费已超出扣除限额，根据《中华人民共和国企业所得税法实施条例》第四十条规定"企业发生的职工福利费支出，不超过工资、薪金总额14%的部分，准予扣除"，建议调增相关年度的应纳税所得额。

6. 部分市场部门项目支出未确认收入。该企业市场部门为母公司提供各种咨询服务，与母公司签订了服务合同，约定其发生的所有直接和间接费用应加成5%向母公司收取费用，并计入收入。检查发现该企业发生了9亿元的费用，但该企业只收取了6亿元费用，自行承担了3亿元的费用。根据《中华人民共和国企业所得税法》有关规定，企业应将那3亿元的费用一并向母公司加成5%计入收入，建议调增相关年度的应纳税所得额。

该企业合计补缴企业所得税72 662 429.58元，增值税10 932 354.43元。

第十四节 石油石化行业检查方法

一、经营管理及核算特点

(一) 石油石化行业简述

石油石化行业包括石油和天然气开采、石油加工和最终产品的销售。石油是由各种烃类和非烃类化合物所组成的复杂混合物。石油的性质包含物理性质和化学性质两个方面。物理性质包括颜色、密度、粘度、凝固点、溶解性、馏程、荧光性、旋光性等；化学性质包括化学组成、组分组成和杂质含量等。天然气是指由蕴藏于地层中的烃类和非烃类气体组成的、具有特殊气味的、无色的易燃性混合气体，主要存在于油田气、气田气、煤层气、泥火山气和生物生成气中。天然气又可分为伴生气和非伴生气两种。伴随原油共生，与原油同时被采出的油田气叫伴生气；非伴生气包括纯气田天然气和凝析气田天然气两种，二者在地层中都以气态存在。

(二) 业务流程

石油石化行业从价值产业链角度分为上游采掘、中游加工、下游销售。

1. 上游产业：石油天然气勘探、开发、生产。石油天然气生产活动是从矿权取得到将石油、天然气从地下开采出地面的过程，共分为四个阶段，即矿权取得阶段、勘探阶段、开发阶段和生产阶段。具体包括生产一定数量的石油、天然气产品而发生的用于矿区取得、地质勘探、开发井及直接相关设施建设，石油、天然气的采出、处理、集输、储存、运输及至区块弃置的全过程。

2. 中游产业：炼制、化工。我国石油石化行业的中上游环节基本处于中央政府计划管理的经济体制下。改革开放以后，尽管下游的流通领域的管理体制发生了很大变化，但是在中上游的管理体制中仍保留着很多垄断性因素，使得今天的石化行业仍然存在一系列与市场经济发展不相适应的问题。尽管如此，中国石化行业正处于新一轮增长期，庞大的需求促使石油化工市场持续繁荣，具有稳定的增长前景。石化行业主要包括石油炼化和化工两大块。

3. 下游产业：销售。产品销售是石油石化行业的终端环节，主要业务包括航空煤油、汽油、柴油、润滑油、燃料油、品类繁多的化工品的销售，以及大量加油站便利店的非油品销售。该环节企业功能单一、业务构成相对简单，是典型的商贸企业，但在会计核算方面也有自己的特点。首先是企业网点众多、业务量大、销售和收款方式多样，财务核算的工作量大；其次是该类企业大多实行"两级管理、一级核算"，多采用移动加权平均法。

（三）财务核算特点

1. 普遍使用 ERP 系统。石化行业积极推行信息化管理，现已建成并使用 ERP 系统（多为 SAP 系统）、生产营运指挥系统、供应链管理系统、资金集中管理系统、会计集中核算系统、物资采购电子商务系统和全面预算管理系统等。平台运行稳定可靠，集团内部、企业内部各环节独立操作，在部门资源信息共享、信息数据设置全面和信息更新快捷等方面具有优势。

2. 采用集团"资金池"运作。石油石化集团企业采用"资金池"模式来管理运营资金。一般采用以下两种"资金池"模式。

（1）结算中心管理"资金池"的模式。集团母公司设立的结算中心是办理集团内部各成员现金收付和往来结算业务的专门机构，一般隶属于财务部门，不具有法人资格，也不具备经营金融业务的许可。结算中心主要借助网上银行对"资金池"进行管理。根据集团与银行之间就"资金池"业务签订的协议，集团及纳入"资金池"管理的下属企业必须在指定银行开户，采取收支两条线的方式。集团结算中心对于上存资金的子公司，一般按照银行同期活期存款利率支付利息，对使用资金的子公司，一般按照银行同期贷款利率收取利息。集团结算中心的收入由两部分组成，一是"资金池"存款在银行与拨付下级公司之间存在的利差收入；二是向子公司收取的贷款利息。

（2）财务公司管理"资金池"的模式。与结算中心管理"资金池"不同，财务公司作为集团子公司之一，具有独立的法人地位，是经中国银保监会批准成立的非银行金融机构。财务公司提供的服务也类似于商业银行，主要功能是提供解决集团内部融资、资金信贷风险的平台。在支付环节，成员单位可自主支配各自在财务公司账户上的存款，只需在集团公司系统中给财务公司一个申请用款指令，财务公司即会将款项随时划拨至成员单位的指定银行账户。在成员单位需要贷款时，可向财务公司申请，财务公司根据集团的长远规划逐笔审批，将可动用"资金池"的资金贷予成

员单位。另外，也可通过银行同业拆借市场，调动资金满足成员单位用款需求。"资金池"只用于短期贷款，一般期限为3个月、6个月、1年。

二、常见涉税问题及主要检查方法

（一）采购环节

1. 未按规定单独核算或合理划分资源综合利用增值税即征即退产品的进项税额。纳税人应当单独核算适用增值税即征即退政策的综合利用产品和劳务的销售额、应纳税额。在计算资源综合利用即征即退增值税产品的应纳税额时，存在未单独核算进项税额，或进项税额划分不合理，导致多退还增值税的问题。

检查方法：审核企业的申报资料，分析企业资源综合利用即征即退产品的种类和性质。审核"主营业务收入"和"应交税费——应交增值税（进项税额）"明细账以及增值税专用发票抵扣联备查簿，核实企业是否单独核算适用增值税即征即退政策的资源综合利用产品和劳务的销售额、应纳税额，判定哪些进项税额需要进行分摊计入适用增值税即征即退政策的资源综合利用产品的进项税额，并核实企业即征即退增值税产品的进项税额分摊的计算及会计处理是否符合税法规定。

2. 用于增值税非应税项目、免征增值税项目、集体福利或者个人消费的原材料、货物未按规定作进项税额转出。企业将外购原材料、货物等用于非增值税应税项目、免征增值税项目、集体福利或者个人消费，对应的进项税额不得抵扣。因此，企业在采购环节可能存在发生上述事项但未按规定作进项税额转出，导致少缴增值税的问题。

检查方法：分析"原材料""库存商品"等科目明细账，查看企业原材料领用簿、出库单等，核实企业原材料和库存商品用途；查看企业免税项目备案资料等，关注企业是否存在免税项目，核实对应原材料和货物的进项税额是否进行转出。

（二）生产环节

1. 应税成品油收率偏低，未按规定缴纳消费税。

检查方法：参考石化行业的国家标准、行业标准、企业标准，以及原油各产地不同情况，设置相应综合产出率、汽油收率、柴油收率、消费税产品产出率等正常范围值，与企业各项产品的产出率对比分析。根据企业实际投入原材料、辅助材料、包装物等的数量，按照确定的投入产出比

（定额）测算出企业的产品产量，结合库存产品数量及产品销售量、销售单价测算分析纳税人实际产销量、销售收入，与纳税人申报信息对比分析是否存在上述问题。

2. 未按规定抵扣用于连续生产的外购油品消费税。企业以外购石脑油、燃料油为原料在同一生产过程中既生产应税消费品又同时生产非应税消费品的，可能存在外购石脑油、燃料油未缴纳消费税，或用于抵扣的已缴消费税税款分摊错误的问题。

检查方法：了解企业的产品结构，分析企业生产经营流程；分析"原材料""生产成本""库存商品"科目明细账；核实企业是否存在以外购石脑油、燃料油为原料在同一生产过程中既生产应税消费品又同时生产非应税消费品的情况；分析企业消费税申报资料，核实企业外购石脑油、燃料油是否已缴纳消费税，消费税税款抵扣额的计算是否正确。

3. 自产自用石脑油用于连续生产乙烯、芳烃类以外化工产品未按规定缴纳消费税。

检查方法：了解企业的产品结构，分析企业生产经营流程；分析"原材料""生产成本""库存商品"科目明细账以及消费税申报表数据，核实企业将自产石脑油用于连续生产除乙烯、芳烃类以外的化工产品或其他用途的，是否于移送使用时缴纳消费税。

4. 非用于连续生产的自产自用应税消费品未按规定缴纳消费税。

检查方法：分析"库存商品""应交税费"等科目明细账，比对企业消费税申报表，核实企业自产自用的应税消费品用于生产非应税消费品、在建工程、管理部门、非生产机构、提供劳务、馈赠、赞助、集资、广告、样品、职工福利、奖励等方面的，是否按税法规定于移送使用时申报缴纳消费税。

5. 受托加工应税消费品未代收代缴消费税。

检查方法：审阅委托加工合同，重点关注委托加工产品的名称、是否应税，以及金额、数量等关键信息，分析"委托加工材料""应交税费"科目明细账，比对企业消费税申报表，核实是否存在委托加工应税消费品未代收代缴消费税的情况。

（三）销售环节

1. 视同销售行为未按规定缴纳增值税。

检查方法：分析企业库存商品对应会计科目，有无贷记"存货""原

材料"，借记"管理费用""应付职工薪酬""长期投资""短期投资""营业外支出""应付股利"等科目情况。核实企业是否将自产、委托加工或者购进的货物作为投资，提供给其他单位或者个体工商户，是否视同销售处理。核实企业是否将自产、委托加工或者购进的货物分配给股东或者投资者，是否视同销售处理。核实企业是否将自产、委托加工或者购进的货物无偿赠送其他单位或者个人，是否视同销售处理。单位或者个体工商户是否向其他单位或者个人无偿提供服务，是否视同销售处理。

2. 兼营业务未按规定缴纳增值税。对兼营不同税率货物或应税劳务，兼营减税、免税项目，兼营非增值税应税项目的未按规定分别核算销售额。纳税人兼营销售货物、劳务、服务、转让无形资产或者不动产，适用不同税率或者征收率的，未分别核算适用不同税率或者征收率的销售额。

检查方法：了解企业的生产经营结构，是否存在兼营业务，兼营业务的种类和性质。分析"营业外收入"等科目明细账，同时结合收入类账户核实是否分别核算不同税率货物、劳务、服务、转让无形资产或者不动产。

（四）废弃物处置未按规定计算缴纳税款

企业存在对外销售下脚料和生产各环节产生的个别废品，未确认收入、未计提销项税额的问题。销售自己使用过的除固定资产以外的废旧包装物、废旧材料等未按13%税率申报缴纳增值税。企业以废弃物处置收入抵顶清理费用，造成少计销售收入，少缴增值税；企业废弃物中仍有市场价值的商品，如粉煤灰、油泥等，未按照市场价格确认收入并计提销项税额；企业在处理废弃物过程中，替关联方支付相关费用，导致多抵扣进项税额或多列费用。

检查方法：查阅企业对于残次废品和下脚料建立的管理制度，核实生产各环节废品及下脚料的称重计量手续，关注废品及下脚料的去向。分析"应收账款""其他应收款""其他业务收入""营业外收入""应收票据""预收账款""生产成本"科目明细账，核实残次废品和下脚料的会计处理，是否存在未确认收入、未计提增值税或错按简易征收方法缴纳增值税的情况。

（五）储运环节

因管理不善或违反法律法规造成非正常损失的原材料、库存商品未按规定缴纳税款。

检查方法：检查"原材料""营业外收入""营业外支出""应交税费——应交增值税（进项税额转出）""其他应付款"等明细账，核查企业存货被盗、丢失、霉烂、盘亏原因，查阅报废、毁损、变质、残值情况说明及内部有关责任认定、责任人赔偿说明和内部核批文件，核实存货损失是否属于管理不善或违反法律法规造成的损失，其进项税额是否应作转出；核实企业对于非正常损失是否按规定所得税专项申报，或对应专项申报的项目进行清单申报在所得税税前扣除。

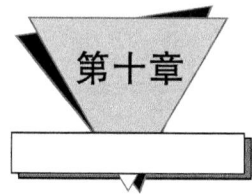

特殊业务检查方法

第十章　特殊业务检查方法

第一节　非货币性资产交换检查方法

一、非货币性资产交换简述

(一) 非货币性资产交换的确认

非货币性资产交换，是指交易双方主要以存货、固定资产、无形资产和长期股权投资等非货币性资产进行的交换。该交换不涉及或只涉及少量的货币性资产（即补价）。货币性资产，是指企业持有的货币资金和将以固定或可确定的金额收取的资产，包括现金、银行存款、应收账款和应收票据以及准备持有至到期的债券投资等。非货币性资产，是指货币性资产以外的资产。

1. 交换的前提。非货币性资产交换的前提是交换双方换出的均为自己的资产，且该资产为非货币性资产，交换双方会计上均表现为一项资产减少，同时另一项资产增加。如果不满足这个前提，则不属于非货币性资产交换。例如，非货币性资产投资业务中，交换一方（投资方）表现为一项资产减少（换出资产），同时另一项资产增加（长期股权投资），而交换另一方（被投资方）却表现为一项资产增加（接受投资资产），同时所有者权益（股本、实收资本等）增加。

2. 关于"少量的货币性资产"的界定。认定涉及少量货币性资产的交换为非货币性资产交换，通常以补价占整个资产交换金额的比例低于25%作为参考。支付的货币性资产占换入资产公允价值（或占换出资产公允价值与支付的货币性资产之和）的比例，或者收到的货币性资产占换出资产公允价值（或占换入资产公允价值和收到的货币性资产之和）的比例低于25%的，视为非货币性资产交换，适用本准则；高于25%（含25%）的，视为以货币性资产取得非货币性资产，适用其他相关准则。

3. 换出资产为存货的特殊规定。非货币性资产交换具有商业实质且公允价值能够可靠计量的，对于换出资产公允价值与其账面价值的差额处理，按照《〈企业会计准则第7号——非货币性资产交换〉应用指南》规定，"换出资产为存货的，应当作为销售处理，按照《企业会计准则第14号——收入》以其公允价值确认收入，同时结转相应的成本"。

《关于修订印发〈企业会计准则第14号——收入〉的通知》（财会

〔2017〕22号）规定："企业以存货换取客户的固定资产、无形资产等的，按照本准则的规定进行会计处理。其他非货币性资产交换，按照《企业会计准则第7号——非货币性资产交换》的规定进行会计处理。"也就是说，当换出资产为存货，换入资产为固定资产、无形资产，且交换对象为客户时，换出方应按照新修订的收入准则规定确定存货销售收入，不再适用非货币性资产交换准则的规定。

（二）非货币性资产交换的计量

会计准则对于非货币性资产的计量规定了两种模式：一种是公允价值计量模式，另一种是账面价值计量模式。

1. 公允价值计量模式。非货币性资产交换同时满足下列条件的，应当以公允价值和应支付的相关税费作为换入资产的成本，公允价值与换出资产账面价值的差额计入当期损益：该项交换具有商业实质；换入资产或换出资产的公允价值能够可靠地计量。

换入资产和换出资产公允价值均能够可靠计量的，应当以换出资产的公允价值作为确定换入资产成本的基础，但有确凿证据表明换入资产的公允价值更加可靠的除外。

企业会计准则要求遵循实质重于形式的原则，判断非货币性资产交换是否具有商业实质，满足下列条件之一的非货币性资产交换具有商业实质：换入资产的未来现金流量在风险、时间和金额方面与换出资产显著不同；换入资产与换出资产的预计未来现金流量现值不同，且其差额与换入资产和换出资产的公允价值相比是重大的。

换入资产入账成本＝换出资产的公允价值＋支付的相关税费＋支付的补价－收到的补价

换出资产处置损益＝（换出资产的公允价值＋收到的补价）－（换出资产的账面价值＋支付的相关税费＋支付的补价）

2. 账面价值计量模式。未同时满足上述两个条件的非货币性资产交换，应当以换出资产的账面价值和应支付的相关税费作为换入资产的成本，不确认损益。

换入资产入账成本＝换出资产的账面价值＋支付的相关税费＋支付的补价－收到的补价

二、政策依据

（一）增值税

销售服务、无形资产或者不动产，是指有偿提供服务、有偿转让无形资产或者不动产。有偿，是指取得货币、货物或者其他经济利益。

纳税人在资产重组过程中，通过合并、分立、出售、置换等方式，将全部或者部分实物资产以及与其相关联的债权、负债和劳动力一并转让给其他单位和个人，不属于增值税的征税范围，其中涉及的货物转让，不征收增值税。具体操作按《国家税务总局关于纳税人资产重组有关增值税问题的公告》（国家税务总局2011年第13号）执行。

（二）消费税

纳税人用于换取生产资料和消费资料、投资入股和抵偿债务等方面的应税消费品，应当以纳税人同类应税消费品的最高销售价格作为计税依据计算消费税。具体操作按《国家税务总局关于印发〈消费税若干具体问题的规定〉的通知》（国税发〔1993〕156号）第三条第六款规定执行。

（三）企业所得税

1. 一般规定。企业以非货币形式取得的收入，应当按照公允价值确定收入额。公允价值，是指按照市场价格确定的价值。具体操作按《中华人民共和国企业所得税法实施条件》第十三条规定执行。

企业发生非货币性资产交换，以及将货物、财产、劳务用于捐赠、偿债、赞助、集资、广告、样品、职工福利或者利润分配等用途的，应当视同销售货物、转让财产或者提供劳务，但国务院财政、税务主管部门另有规定的除外。具体操作按《中华人民共和国企业所得税法实施条例》第二十五条执行。

通过捐赠、投资、非货币性资产交换、债务重组等方式取得的固定资产、生产性生物资产、无形资产，以该资产的公允价值和支付的相关税费为计税基础；通过支付现金以外的方式取得的存货，以该存货的公允价值和支付的相关税费为成本。具体操作按《中华人民共和国企业所得税法实施条例》第五十八条执行。

企业将资产移送他人的下列情形，因资产所有权属已发生改变而不属于内部处置资产，应按规定视同销售确定收入：①用于市场推广或销售；②用于交际应酬；③用于职工奖励或福利；④用于股息分配；⑤用于对外捐赠；⑥其他改变资产所有权属的用途。具体操作按《中华人民共和国企业所得税法实施条例》第二十五条执行。

2. 以非货币性资产对外投资。非货币性资产，是指现金、银行存款、应收账款、应收票据以及准备持有至到期的债券投资等货币性资产以外的

资产。非货币性资产投资,限于以非货币性资产出资设立新的居民企业,或将非货币性资产注入现存的居民企业。

居民企业以非货币性资产对外投资确认的非货币性资产转让所得,可在不超过5年期限内,分期均匀计入相应年度的应纳税所得额,按规定计算缴纳企业所得税。

企业以非货币性资产对外投资,应对非货币性资产进行评估并按评估后的公允价值扣除计税基础后的余额,计算确认非货币性资产转让所得。

企业以非货币性资产对外投资,应于投资协议生效并办理股权登记手续时,确认非货币性资产转让收入的实现。

企业以非货币性资产对外投资而取得被投资企业的股权,应以非货币性资产的原计税成本为计税基础,加上每年确认的非货币性资产转让所得,逐年进行调整。被投资企业取得非货币性资产的计税基础,应按非货币性资产的公允价值确定。

企业在对外投资5年内转让上述股权或投资收回的,应停止执行递延纳税政策,并就递延期内尚未确认的非货币性资产转让所得,在转让股权或投资收回当年的企业所得税年度汇算清缴时,一次性计算缴纳企业所得税;企业在计算股权转让所得时,可按规定将股权计税基础一次调整到位。

企业在对外投资5年内注销的,应停止执行递延纳税政策,并就递延期内尚未确认的非货币性资产转让所得,在注销当年的企业所得税年度汇算清缴时,一次性计算缴纳企业所得税。

企业发生非货币性资产投资,符合特殊性税务处理条件的,也可选择按特殊性税务处理规定执行。具体操作按《财政部 国家税务总局关于非货币性资产投资企业所得税问题的通过》(财税〔2014〕116号文)第一条、第二条、第三条、第四条、第六条规定执行。

三、常见涉税问题

(1)非货币性资产交换业务通过体外循环的方式,逃避纳税义务。非货币性资产交换业务未在有关账簿进行核算,作为体外循环的业务处理;非货币性资产交换业务发生的非货币性资产减少作为虚假的盘亏处理,增加的非货币性资产未在账上反映。

(2)利用交易双方的关联关系,在关联方之间进行利润的转移。规模大的企业集团利用关联交易中的非货币性资产交换业务,通过夸大或缩小公允价值的金额,将利润向低税率的关联企业转移。

(3) 故意混淆各税种计税依据的确认,少缴税款。非货币性资产交换业务的增值税未按增值税实施细则规定的顺序确定计税价格;非货币性资产交换业务的消费税计税依据未按照同类应税消费品的平均销售价格确定;非货币性资产交换业务未按公允价值(市场价格)确定所得税计税收入。

(4) 非货币性资产交换不具有商业实质或公允价值不能可靠计量,未按税法规定进行纳税调整。不具有商业实质或公允价值不能可靠计量的非货币性资产交换业务,未在发生年度的企业所得税纳税申报表中进行纳税调整,申报缴纳企业所得税;在处置、使用换入资产的年度按照会计账面成本计算成本费用并在税前扣除。

(5) 整体资产置换重组业务,未按规定纳税。应税的整体资产置换业务,转让或处置资产的所得未申报纳税;免税的整体资产置换业务取得补价的企业,所转让或处置资产中包含的与补价相对应的增值额,未确认为当期应纳税所得申报纳税。

四、检查方法

(一) 非货币性资产交换业务体外循环交易,不确认收入

1. 审阅被查企业的有关会议记录和审计报告。审查纳税人在稽查期间是否发生非货币性资产交换业务。

2. 实地查看企业的实物资产保管以及内部控制的执行情况。获取实物证据查明非货币性交易的发生情况。对有关存货和固定资产减少业务进行重点审查,发现被查企业隐匿的非货币性资产交换业务。

3. 对存货、固定资产等资产进行盘点。审核存货和固定资产实际盘点的品种、规格、数量是否与账面数一致。如不一致要分析存货、固定资产增加的来源和存货、固定资产减少的去向,结合其他检查方法认定被查企业有无体外循环的非货币性资产交换业务。

(二) 利用交易双方的关联关系,在关联方之间进行利润的转移

1. 判断非货币性资产交换业务是否属于关联企业的关联交易。获取被查企业提供的关联方清单及股东名册,了解纳税人与其主要客户、供应商和债权人的交易性质和范围;认定与纳税人发生非货币性资产交换业务的

是否属于关联企业。

2. 从非货币性资产交换关联交易的价格上判断是否存在转移利润的嫌疑。检查非货币性资产交换业务有关的发票、协议、合同及其他有关文件与定价策略。核查被查企业的非货币性资产交换业务是否存在不等价交换资产的行为，查找业务发生的原始记录以及董事会的会议记录或双方签订的资产转让协议来认定；将非货币性资产交换业务交易价格与被查企业对外销售的产品或商品价目表进行比对，如果价差较大就可能存在转移利润的嫌疑，应进一步到关联方调查取证。

3. 确定非货币性资产交换业务关联交易的调整方法。纳税人与关联企业之间的购销业务，不按照独立企业之间的业务往来作价的，税务机关可以根据《中华人民共和国税收征收管理法实施细则》第五十四条规定，纳税人与其关联企业之间的业务往来有下列情形之一的，税务机关可以调整其应纳税额：①购销业务未按照独立企业之间的业务往来作价。②融通资金所支付或者收取的利息超过或者低于没有关联关系的企业之间所能同意的数额，或者利率超过或者低于同类业务的正常利率。③提供劳务，未按照独立企业之间业务往来收取或者支付劳务费用。④转让财产、提供财产使用权等业务往来，未按照独立企业之间业务往来作价或者收取、支付费用。⑤未按照独立企业之间业务往来作价的其他情形。

（三）故意混淆各税种计税依据的确认收入，少缴税款

1. 查阅与非货币性资产交换相关的协议、合同等资料。识别非货币性交易的具体内容，确定换出非货币性资产视同销售（处置）应缴纳的增值税、消费税。

2. 审核非货币性资产交换业务的记账凭证和原始凭证。核实非货币性资产交换业务的增值税计税价格是否按税法规定的顺序确定；消费税计税价格是否按同类应税消费品的最高销售价格确定；企业所得税计税收入是否按公允价值（市场价格）确定；对合同未列明金额的，是否按合同所载购、销数量，依照国家牌价或市场价格计算应纳税额。

（四）不具有商业实质或公允价值不能可靠计量的非货币性资产交换，未按税法规定进行纳税调整，影响当期应纳税所得额

1. 审查纳税人"原材料""固定资产"等账户的借方金额。确定有无通过非货币性资产交换取得的。采用逆查法审核记账凭证和原始凭证，审查是否存在不具有商业实质或公允价值不能可靠计量的非货币性资产交换业务。

2. 审查企业所得税纳税申报表中"视同销售收入""视同销售成本"报表项目的金额。核实未同时满足商业实质且公允价值能够可靠计量条件的非货币性资产交换业务是否在这些报表项目中反映。

3. 审核企业所得税纳税申报表的有关报表项目的金额。结合台账和备查账的检查,核实非货币性资产交换取得固定资产是否按公允价值计提折旧费用并在税前扣除;核实在处置换入资产的年度是否按照公允价值确认销售(转让)所得,申报缴纳企业所得税。

(五) 整体资产置换重组业务,未按规定纳税

结合整体资产转让交易合同、协议的相关条款内容,审查作为资产置换交易补价(双方全部资产公允价值的差额)的货币性资产占换入总资产公允价值的比例是否不高于25%,界定纳税人发生整体资产置换业务是应税整体资产置换业务还是免税整体资产置换业务。

审查应税的整体资产置换业务,核实转让或处置资产所得计算是否正确;采用复核法审查应税整体资产置换业务转让资产所得,是否在当期申报纳税。

第二节 债务重组检查方法

债务重组是企业重组的一种形式,是企业在日常经营活动以外发生的经济结构的调整。税务稽查过程中,应重点关注企业债务重组损益的确认。

一、债务重组业务简述

(一) 债务重组的确认

债务重组,是指在不改变交易对手方的情况下,经债权人和债务人协定或法院裁定,就清偿债务的时间、金额或方式等重新达成协议的交易。从定义上来看,新债务重组准则不再强调以"债务人发生财务困难"、债权人"作出让步"为判断标准。

(二) 债务重组的计量

会计准则规定以非现金资产清偿债务的,债权人应当对受让的非现金资产按其公允价值入账,公允价值应当按照下列规定进行计量:非现金资产属于企业持有的股票、债券、基金等金融资产的,应当按照规定确定其

公允价值。非现金资产属于存货、固定资产、无形资产等其他资产且存在活跃市场的,应当以市场价格为基础确定其公允价值;不存在活跃市场但与其类似资产存在活跃市场的,应当以类似资产的市场价格为基础确定其公允价值;采用上述两种方法仍不能确定非现金资产公允价值的,应当采用估值技术等合理的方法确定其公允价值。

二、政策依据

除债务人改组或者清算另有规定外,应当分解为按公允价值转让非现金资产,再以与非现金资产公允价值相当的金额偿还债务两项经济业务进行所得税处理,债务人(企业)应当确认有关资产的转让所得(或损失)。

债权人(企业)取得的非现金资产,应当按照该有关资产的公允价值(包括与转让资产有关的税费)确定其计税成本,据以计算可以在企业所得税前扣除的固定资产折旧费用、无形资产摊销费用或者结转商品销售成本等。

债务人(企业)应当将重组债务的账面价值与债权人因放弃债权而享有的股权的公允价值的差额,确认为债务重组所得,计入当期应纳税所得。

债权人(企业)应当将享有的股权的公允价值确认为该项投资的计税成本。

债务人应当将重组债务的计税成本与支付的现金金额或者非现金资产的公允价值(包括与转让非现金资产相关的税费)的差额确认为债务重组所得,计入企业当期的应纳税所得额中。

债权人应当将重组债权的计税成本与收到的现金或者非现金资产的公允价值之间的差额,确认为当期的债务重组损失,冲减应纳税所得。

债务人应当将重组债务的计税成本减记至将来的应付金额,减记的金额确认为当期的债务重组所得。

债权人应当将债权的计税成本减记至将来的应收金额,减记的金额确认为当期的债务重组损失。

根据《企业债务重组业务所得税处理办法》第九条规定,关联方之间发生的含有一方向另一方转移利润的让步条款的债务重组,有合理的经营需要,并符合以下条件之一的,经主管税务机关核准,可以分别按照本办法第四条至第八条的规定处理：经法院裁决同意的；有全体债权人同意的协议；经批准的国有企业债转股。

原则上债权人不得确认重组损失，而应当视为捐赠，债务人应当确认捐赠收入；如果债务人是债权人的股东，债权人所作的让步应当推定为企业对股东的分配。

三、常见涉税问题

常见涉税问题有：

（1）和其他企业订立假债务重组合同、协议，虚构债务重损失，少缴税款。

（2）将债务重组收益计入"资本公积"账户，在企业所得税纳税申报时未作纳税调整，少缴税款。

（3）纳税人确认预计负债，少计的债务重组收益未申报纳税。

（4）关联企业之间利用债务重组业务逃避税款。

关联企业利用债务重组，进行转移所得；不符合债务重组条件的关联企业，债权方确认的债务重组损失在税前扣除。

四、检查方法

（一）利用虚假的债务重组，调节利润，少缴税款

1. 对债务重组的真实性进行检查。核查股东大会、董事会、主管部门批准文件、税审报告等资料，查明纳税人在稽查期限内是否发生债务重组事项，以确定债务重组事项是否真实存在。

2. 分析债务重组的合同、协议、批文等关键条款。确定债务重组的方式和债务重组日，对债务重组所涉及的资产或债务，可到对方单位调查取证，核实纳税人的账面记录是否真实，有无弄虚作假行为。

3. 实地盘点通过债务重组业务取得的非货币性资产。核实债务重组业务是否有非货币性资产的流入，进一步确定债务重组业务真实性。

（二）债务重组所得计入资本公积，未作纳税调整

1. 检查相互账户。检查"资本公积——其他资本公积"明细账户、"应付账款"等负债类账户、"固定资产"及"固定资产清理""无形资产"等账户，检查有无发生债务重组业务不按规定确认重组所得的情况。

2. 实地盘点有关存货、固定资产等非货币性资产。核实抵债资产的数

量；审查债务人转出的非现金资产和股权的公允价值是否合理，有无降低公允价值、少缴纳流转税和企业所得税的情况。

3. 对企业所得税纳税申报表有关报表项目进行审核。核实是否将债务重组所得并入当期所得申报纳税。

（三）纳税人确认预计负债，少计的债务重组收益未申报纳税

1. 审查双方签订的债务重组合同协议有关条款。确认该债务重组为修改其他债务条件的债务重组方式，核实合同中或有事项的有关约定。

2. 对会计报表有关报表项目进行审查。分析债务方经济状况、信用程度和偿债能力，确认债务重组的真实性，必要时到对方单位调查取证。

3. 审核"应付账款""预计负债""营业外收入"等账户。抽查债务重组业务的记账凭证，核实纳税人确认债务重组收益时是否扣减了预计负债；审查企业所得税纳税申报表，确认纳税人纳税申报时是否按税收规定的债务重组收益申报纳税。

（四）关联企业利用债务重组业务逃避税款

1. 判断债务重组业务是否属于关联企业的关联交易。审核企业提交的法院裁决文书、全体债权人同意债务重组的协议、国有资产管理部门的国有企业债转股批准文件等资料，确认关联企业之间的债务重组业务是否符合税法规定的条件。

2. 审查双方签订的合同协议。核实债务人转出的非现金资产和股权的公允价值是否合理，有无调节公允价值转让利润的行为。

3. 检查"应付账款""营业外支出——债务重组损失"等账户。查看企业所得税纳税申报表有关项目，核实不符合税法规定条件的债务重组中债权人对债务人的让步，债权方企业是否将确认的债务重组损失在税前扣除。

第三节　投资业务检查方法

一、投资业务简述

投资业务由权益性投资和债权性投资组成。权益性投资是指企业接受的不需要偿还本金和支付利息，投资人对企业净资产拥有所有权的投资。债权性投资是指企业需要偿还本金和支付利息或者需要以其他具有支付利息性质的方式予以补偿的融资。新会计准则将投资业务分解为交易性金融资产、持有至到期投资、长期股权投资和可供出售金融资产四个部分。

交易性金融资产主要是指企业为了近期内出售而持有的金融资产，例如企业以赚取差价为目的从二级市场购入的股票、债券、基金等。

持有至到期投资，是指到期日固定、回收金额固定或可确定，且企业有明确意图和能力持有至到期的非衍生金融资产，主要包括长、短期债权性投资。比如从二级市场上购入的固定利率国债、浮动利率金融债券等。

长期股权投资包括企业持有的对其子公司、合营企业及联营企业的权益性投资以及企业持有的对被投资单位不具有控制、共同控制或重大影响，且在活跃市场中没有报价、公允价值不能可靠计量的权益性投资。其中，企业能够对被投资单位实施控制的，被投资单位为本企业的子公司；企业与其他合营方一同对被投资单位实施共同控制的，被投资单位为本企业的合营企业；企业能够对被投资单位施加重大影响的，被投资单位为本企业的联营企业。

可供出售金融资产通常是指企业没有划分为以公允价值计量且其变动计入当期损益的金融资产、持有至到期投资、贷款和应收款项的金融资产，包括划分为可供出售的股票投资、债券投资等金融资产。

二、政策依据

（一）投资资产

投资资产，是指企业对外进行权益性投资和债权性投资形成的资产。

（二）利息收入

利息收入，是指企业将资金提供给他人使用但不构成权益性投资，或者因他人占用本企业资金取得的收入，包括存款利息、贷款利息、债券利息、欠款利息等收入。利息收入，按照合同约定的债务人应付利息的日期确认收入的实现。

国债利息收入为免税收入。国债利息收入，是指企业持有国务院财政部门发行的国债取得的利息收入。

股息、红利等权益性投资收益，除国务院财政、税务主管部门另有规定外，按照被投资方做出利润分配决定的日期确认收入的实现。

符合条件的居民企业之间的股息、红利等权益性投资收益，以及在中国境内设立机构、场所的非居民企业从居民企业取得与该机构、场所有实际联系的股息、红利等权益性投资收益,为免税收入。符合条件的居民企业之间的股息、红利等权益性投资收益,是指居民企业直接投资于其他居民企业取得的投资收益。二者所称股息、红利等权益性投资收益,不包括连续持有居民企业公开发行并上市流通的股票不足12个月取得的投资收益。

企业对持有至到期投资、贷款等按照新会计准则规定采用实际利率法确认的利息收入,可计入当期应纳税所得额。

具体操作按《中华人民共和国企业所得税法实施条例》第十七条、第十八条、第八十二条、第八十三条规定执行。

三、常见涉税问题

常见涉税问题有:

(1) 少计投资成本多列当期费用。纳税人购入交易性金融资产和可供出售金融资产时,支付的交易费用(手续费、经纪人佣金)和交易税金不计入对外投资的成本,而是计入当期期间费用在税前扣除。

(2) 隐匿、截留投资业务的持有收益。纳税人持有交易性金融资产、持有至到期投资、可供出售金融资产,投资收益不入账或者部分入账,偷逃企业所得税。具体包括:利用"应收利息"等往来账户截留投资收益;将实现的投资收益直接用于发放职工福利;将实现的投资收益作为投资成本的收回;滥用溢(折)价摊销少计债券投资利息收入;利用会计权益法确认的长期股权投资损失冲减当期投资收益;取得的股票红利不并入所得额纳税。

(3) 视同销售未按税法规定缴纳税款。纳税人擅自扩大免税收入范围,将应税收入作为免税收入,冲减当期应纳税所得额,少缴企业所得税。具体包括:将公司(企业)债券利息收入作为免税国债利息收入;将国债转让收益作为免税国债利息收入;连续持有居民企业公开发行并上市流通的股票不足12个月取得的投资收益,作为免税收入。

(4) 混淆免税收入和应税收入的界限,少计应税所得。

四、检查方法

(一) 少计投资成本多列当期费用

1. 审核股票、债券交易交割单。核实纳税人从证券交易所购买股票、债券时支付的手续费、经纪人佣金、印花税金额；结合"交易性金融资产""可供出售金融资产"账户本期借方发生额的审查，确认股票、债券投资成本构成中是否包含购买股票、债券时支付的交易费用和税金。

2. 审查"其他货币资金——存出投资款"账户。如果贷方发生额对应账户有"财务费用"等期间费用账户，则可以认定购买股票、债券发生交易费用和税金计入期间费用。

3. 复核当年企业所得税纳税申报表中期间费用的金额。判断计入期间费用的购买股票、债券的交易费用和税金是否在税前扣除。

(二) 隐匿、截留投资业务的持有收益

1. 检查企业有无隐匿投资收益行为。通过证券网站收集上交所、深交所发布的上市公司分红派息实施公告书，确定上市公司分红派息实施的方式、股权登记日、除权除息日、派息日；结合"投资收益""应收股利"等账户的检查，判断纳税人股权投资收益确认的金额、时间是否正确，有无隐匿、截留投资收益行为。

2. 审查企业合并合同协议、股权转让协议、招股说明书、企业投资计划书、投资意向书等有关文件资料。结合"长期股权投资""可供出售金融资产"账户反映的投资时间，采用逻辑分析法，将投资时间长但没有或较少投资回报的异常投资业务作为重点检查的项目，到被投资企业实地调查股息分配情况；通过向一线生产工人询问，了解职工的福利待遇情况，确定纳税人有无将分回的投资收益挂往来账或直接用于发放职工福利的行为。

3. 采用审查实物券的方式检查公司债券。通过证券网站收集公司债发行企业的债券募集办法，了解债券票面金额、利率、偿还期限，付息方式等事项；检查"持有至到期投资（应计利息）""可供出售金融资产（应计利息）"明细账本期发生额，核实一次还本付息债权投资，纳税人是否按照权责发生制原则确认债权投资收益申报纳税，有无不计投资收益的行为。

4. 审查"银行存款"账户发生额。落实购买公司债券的投资成本，与公司债券面值比较确定债券溢（折）价额。采用实际利率法复核公司债券利息收入计算表和"持有至到期投资（利息调整）"明细账发生额是否真实、正确，认定纳税人有无通过少摊销折价额或多摊销溢价额方式少计债券利息收入。

5. 对"投资收益"账户本期借方发生额逐一进行分析审核。核实有无年末根据被投资单位发生净亏损和持有股权份额确认的投资损失,复核企业所得税纳税申报表有关报表项目,核实该投资损失有无冲抵应纳税所得额的行为;审查"长期股权投资(损益调整)"明细账户本期贷方发生额,确认分回的现金股利或利润有无冲减以前年度会计投资损失,而不作为本期投资收益的行为。

6. 审核上市公司分红派息实施公告书或到被投资企业了解分红派息的方式。到证券公司调查纳税人股票交易数量情况,结合备查簿记载内容的审查,确认纳税人是否从被投资企业取得股票红利。复核企业所得税纳税申报表有关报表项目,核实纳税人取得股票红利是否按照被投资企业股票面值申报缴纳企业所得税。

(三)视同销售未按税法规定缴纳税款

1. 对同一控制下的控股合并业务形成的长期股权投资。审查合并各方签订的企业合并合同协议、股东大会决议书、国家有关主管部门审批文书等相关文件资料,掌握合并方合并对价中有无非货币性资产的支出;复核企业所得税纳税申报表有关项目,核实该视同销售业务在纳税申报时是否进行纳税调增。

2. 对企业合并以外形成的长期股权投资。审核投资双方签订的投资合同协议相关条款,了解投资方的出资中有无非货币性资产;审查存货、固定资产等明细账,逆查投资业务记账凭证,核实纳税人在投资时是否作销售(处置)的核算;复核企业所得税纳税申报表和增值税纳税申报表有关项目,落实该视同销售业务是否申报缴纳了增值税和企业所得税。

3. 审查股东大会或类似机构关于利润分配的决议。了解利润、股利支付中是否有非货币性资产支付方式;审查"主营业务收入""其他业务收入"等明细账核算有无该视同销售业务的核算记录;复核企业所得税纳税申报表和增值税纳税申报表有关项目,核实是否申报缴纳了增值税和企业所得税。

(四)混淆免税收入和应税收入的界限,少计应税所得

1. 审查"持有至到期投资""可供出售金融资产"明细账。掌握纳税人债券投资中国债投资的面值、利率、期限等信息。采用复核法计算确认本期国债利息收入金额,并与企业所得税申报表中的免税国债利息收入核对,认定有无将公司(企业)债券利息收入计入免税国债利息收入的行为。

第十章 特殊业务检查方法

2. 审核国债净价交易的交割单。核实交割单上列明的应计国债利息金额；采用抽查法审查纳税人在付息日后或转让未到期国债业务的记账凭证，认定在国债转让业务中有无多计国债利息收入、少计国债转让收益的行为。

3. 审核股票买卖的交割单。审核"其他货币资金——存出投资款"账户增减变化的时点；必要时可到证券公司营业网点调阅纳税人买卖股票的种类和时点，认定"交易性金融资产""可供出售金融资产"账户中各项股票投资的持有时间；对照"投资收益——股票投资收益"账户反映的分回股息红利记录，判断纳税人取得的股息、红利等权益性投资收益能否作为免税收入处理。

第四节 企业合并税务检查方法

一、企业合并简述

（一）企业合并的确认

合并，是指一家或多家企业（以下称为"被合并企业"）将其全部资产和负债转让给另一家现存或新设企业（以下称为"合并企业"），被合并企业股东换取合并企业的股权或非股权支付，实现两个或两个以上企业的依法合并。

1. 同一控制下的企业合并。参与合并的企业在合并前后均受同一方或相同的多方最终控制且该控制并非暂时性的，为同一控制下的企业合并。同一控制下的企业合并，会计处理方法类似于权益结合法。

2. 非同一控制下的企业合并。参与合并的各方在合并前后不受同一方或相同的多方最终控制的，为非同一控制下的企业合并。非同一控制下的企业合并，会计基本处理方法是购买法。

（二）企业合并的分类

1. 控股合并。合并方（或购买方）在企业合并中取得对被合并方（或被购买方）的控制权，被合并方（或被购买方）在合并后仍保持其独立的法人资格并继续经营，合并方（或购买方）确认企业合并形成的对被合并方（或被购买方）的投资。

2. 吸收合并。合并方（或购买方）通过企业合并取得被合并方（或

被购买方）的全部净资产，合并后注销被合并方（或被购买方）的法人资格，被合并方（或被购买方）原持有的资产、负债，在合并后成为合并方（或购买方）的资产、负债。

3. 新设合并。参与合并的各方在合并后法人资格均被注销，重新注册成立一家新的企业。

二、政策依据

企业合并，以合并企业取得被合并企业资产所有权并完成工商登记变更日期为重组日。重组业务完成年度的确定，可以按各当事方适用的会计准则确定，具体参照各当事方经审计的年度财务报告。由于当事方适用的会计准则不同导致重组业务完成年度的判定有差异，各当事方应协商一致，确定同一个纳税年度作为重组业务完成年度。具体操作按《国家税务总局关于企业重组业务企业所得税征收管理的若干公告》（国家税务总局公告2015年第48号）第三条规定执行。

（一）一般重组

企业合并，各方应按下列规定处理：合并企业应按公允价值确定接受被合并企业各项资产和负债的计税基础；被合并企业及其股东都应按清算进行所得税处理；被合并企业的亏损不得在合并企业结转弥补。具体操作按《财政部 国家税务总局关于企业重组业务企业所得税处理若干问题的通知》（财税〔2009〕59号）第四条第四款规定执行。

（二）特殊重组

企业合并，企业股东在该企业合并发生时取得的股权支付金额不低于其交易支付总额的85%，以及同一控制下且不需要支付对价的企业合并，可以选择按以下规定处理：合并企业接受被合并企业资产和负债的计税基础，以被合并企业的原有计税基础确定；被合并企业合并前的相关所得税事项由合并企业承继；可由合并企业弥补的被合并企业亏损的限额=被合并企业净资产公允价值×截至合并业务发生当年年末国家发行的最长期限的国债利率。

被合并企业股东取得合并企业股权的计税基础，以其原持有的被合并企业股权的计税基础确定；在企业吸收合并中，合并后的存续企业性质及适用税收优惠的条件未发生改变的，可以继续享受合并前该企业剩余期限的税收优惠，其优惠金额按存续企业合并前一年的应纳税所得额（亏损计为零）计算。具体操作按（财税〔2009〕59号）第六条第四款、第九条规定执行。

三、常见涉税问题

（一）被合并方未按税法规定确认所得，偷逃企业所得税

故意混淆应税合并与免税合并的界限，应税合并业务不确认资产的转让（处置）所得，少交企业所得税；符合免税合并条件时，与非股权支付额相对应的增值额不申报缴纳企业所得税。

（二）合并方取得的资产不按税法规定摊销，多计成本费用

非同一控制关系的免税企业合并业务，按照取得资产的公允价值摊销成本费用，延迟企业所得税的纳税义务。

（三）合并方合并对价中的非货币性资产支付不确认资产的处置收益

同一控制下的企业合并，取得的净资产账面价值与支付的合并对价账面价值（或发行股份面值总额）的差额，冲减当期的应纳税所得额。

同一控制下的企业合并，合并对价中的非货币性资产支付，未按税法规定确认资产转让所得申报纳税。

非同一控制下的企业合并，合并对价中的非货币性资产支付，未按税法规定确认资产转让所得申报纳税。

（四）合并取得的商誉分期摊销或计提减值准备在税前扣除

合并取得的商誉作为无形资产按照一定期限分摊费用在税前扣除。年末对商誉进行减值测试，计提商誉减值准备在税前扣除。

四、检查方法

（一）被合并方未按税法规定确认所得，逃避企业所得税纳税义务

1. 检查企业是否发生合并业务。审阅纳税人的有关会议记录、股东大会决议书和注册会计师审计报告，审查纳税人在稽查期间内是否发生企业合并业务。

2. 核实被合并方合并业务是否真实完整。到合并方调查取证或到合并方主管税务机关调阅合并方在企业合并年度的会计报表，审阅报表附注中的有关内容，掌握该合并业务的全面信息，核实被合并方合并业务是否真实完整。

3. 确定合并业务类型。查阅企业合并时合并各方签订的企业合并合同协议、股东大会决议书、国家有关主管部门审批文书、财产权转移文书等相关文件资料，落实合并对价中股份支付额和非股份支付额（除合并企业股权以外的现金、有价证券和其他资产的支付额），确定该企业合并属于应税合并业务还是免税合并业务。

4. 确定公允价值的合理性。当确定为应税合并业务时，审核有关中介机构出具的合并日资产评估报告，核实资产公允价值的确定是否合理；检查企业的有关资产账簿记录和台账记录，核实企业是否按照资产计税基础的摊余金额来计算资产的转让（处置）所得。

5. 核实支付额的相关业务。当确定为免税合并时，核实与非股权支付额相对应的增值计算是否正确；复核当年的企业所得税纳税申报表的有关项目金额，核实资产转让（处置）所得或与非股权支付额相对应的增值额，是否作纳税调增申报缴纳企业所得税。

（二）合并方取得的资产不按税法规定摊销，多计成本费用，影响当期和以后期间应纳税所得额

1. 调查合并业务的合并各方在合并前的关联企业范围。认定参与合并的企业在合并前是否受同一方或相同的多方最终控制，判定该企业合并业务是同一控制关系的企业合并还是非同一控制下的企业合并。

2. 查阅企业合并时合并各方签订的相关文件等资料。落实合并对价中股份支付额和非股份支付额，核实该企业合并属于应税合并业务还是免税合并业务。

3. 对非同一控制关系的免税企业合并业务。复核合并当年及合并以后年度的企业所得税纳税申报表的有关项目金额，审查纳税人对合并取得的资产按照公允价值多摊销的成本费用，有无在纳税申报时作纳税调整。

（三）合并方合并对价中的非货币性资产支付不确认资产的处置收益

1. 调查合并业务的合并各方在合并前的关联企业范围。判断企业合并的方式是同一控制下的企业合并还是非同一控制下的企业合并。

2. 了解合并方式。调阅合并各方签订的企业合并合同协议、股东大会决议书、国家有关主管部门审批文书、财产权转移文书等相关文件资料，了解合并方合并对价的支付方式，核实有无非货币性资产的支出。

3. 采用抽查法审核合并方企业合并业务的相关记账凭证。核实同一控制下的企业合并业务所取得的净资产账面价值与支付的合并对价账面价值（或发行股份面值总额）的差额，有无冲减当期的应纳税所得额。

4. 审核中介机构出具的合并日资产评估报告。审核非货币性资产公允价值的确定是否合理，有无虚增或虚减非货币性资产公允价值的行为。

5. 复核合并当年的企业所得税纳税申报表的有关项目金额。核实非货币性资产转让（处置）所得，是否作纳税调增申报缴纳企业所得税。

（四）合并取得的商誉分期摊销或计提减值准备在税前扣除

1. 检查企业的会计报表及附注资料和"无形资产""商誉"明细账。核实合并成本大于合并中取得的被购买方可辨认净资产公允价值份额的差额，是计入"商誉"账户还是计入"无形资产"账户。

2. 检查相关账户。检查企业"管理费用"账户中无形资产摊销的构成情况以及无形资产的摊销计算表，查看企业有无将合并商誉作为无形资产进行分期摊销；检查企业"资产减值损失"账户借方发生额和资产减值计算表，核实有无计提商誉减值准备在税前扣除的情况。

3. 审核企业所得税纳税申报表中有关纳税调整事项。核实纳税人是否将商誉摊销的金额和计提的商誉减值准备作为纳税调增事项，调增应纳所得税额。

第五节　股权转让企业检查方法

一、业务简述

股权收购，是指一家企业（以下称为"收购企业"）购买另一家企业（以下称为"被收购企业"）的股权，以实现对被收购企业控制的交易。收购企业支付对价的形式包括股权支付、非股权支付或两者的组合。

（1）从转让标的"股权"的类别加以区分，依据公司法规定，股权转让事项主要可以分为以下几种：

①有限责任公司的股权转让。根据《中华人民共和国公司法》的规定，有限责任公司股东向股东以外的单位或个人转让股权，应当经其他股东过半数同意。经股东同意转让的股权，在同等条件下，其他股东有优先购买权。公司章程对股权转让另有规定的，从其规定。

②股份有限公司的股份转让。根据《中华人民共和国公司法》的规定，股份有限公司的股东转让其股份，应当在依法设立的证券交易场所进行或者按照国务院规定的其他方式进行。

(2)从转让方的角度,可将股权转让事项分为法人转让股权和自然人转让股权两种。

①法人转让股权。法人转让股权是指法人将自己的股权转让给法人、其他组织和自然人。法人转让股权涉及股权重组的股权转让的,依据《财政部 国家税务总局关于企业重组业务企业所得税处理若干问题的通知》(财税〔2009〕59号)及《财政部 国家税务总局关于促进企业重组有关企业所得税处理问题的通知》(财税〔2014〕109号)在税务处理上区分不同条件,可分别适用"一般性税务处理规定"和"特殊性税务处理规定"两种。

②自然人转让股权。自然人转让股权是指自然人将自己的股权转让给法人、其他组织和其他自然人。

二、政策依据

(一)一般重组

企业股权收购、资产收购重组交易,相关交易应按以下规定处理:

被收购方应确认股权、资产转让所得或损失;收购方取得股权或资产的计税基础应以公允价值为基础确定;被收购企业的相关所得税事项原则上保持不变。具体操作按《财政部 国家税务总局关于企业重组业务企业所得税处理若干问题的通知》(财税〔2009〕59号文)第四条第三款规定执行。

(二)特殊重组

1. 企业重组同时符合下列条件的,适用特殊性税务处理规定。

(1)具有合理的商业目的,且不以减少、免除或者推迟缴纳税款为主要目的。

(2)被收购、合并或分立部分的资产或股权比例符合本通知规定的比例。

(3)企业重组后的连续12个月内不改变重组资产原来的实质性经营活动。

(4)重组交易对价中涉及股权支付金额符合本通知规定比例。

企业重组中取得股权支付的原主要股东,在重组后连续12个月内,不得转让所取得的股权。具体操作按《财政部 国家税务总局关于企业重组业务企业所得税处理若干问题的通知》(财税〔2009〕59号文)第五条规定执行。

2. 股权收购。收购企业购买的股权不低于被收购企业全部股权的

50%，且收购企业在该股权收购发生时的股权支付金额不低于其交易支付总额的85%，可以选择按以下规定处理：

（1）被收购企业的股东取得收购企业股权的计税基础，以被收购股权的原有计税基础确定。

（2）收购企业取得被收购企业股权的计税基础，以被收购股权的原有计税基础确定。

（3）收购企业、被收购企业的原有各项资产和负债的计税基础和其他相关所得税事项保持不变。

具体操作按《财政部 国家税务总局关于企业重组业务企业所得税处理若干问题的通知》（财税〔2009〕59号文）第六条第二款，及《关于促进企业重组有关企业所得税处理问题的通知》（财税〔2014〕109号）第一条规定执行。

（三）划转股权

对100%直接控制的居民企业之间，以及受同一或相同多家居民企业100%直接控制的居民企业之间按账面净值划转股权或资产，凡具有合理商业目的，不以减少、免除或者推迟缴纳税款为主要目的，股权或资产划转后连续12个月内不改变被划转股权或资产原来实质性经营活动，且划出方企业和划入方企业均未在会计上确认损益的，可以选择按以下规定进行特殊性税务处理：

（1）划出方企业和划入方企业均不确认所得。

（2）划入方企业取得被划转股权或资产的计税基础，以被划转股权或资产的原账面净值确定。

（3）划入方企业取得的被划转资产，应按其原账面净值计算折旧扣除。

具体操作按《关于促进企业重组有关企业所得税处理问题的通知》（财税〔2014〕109号）第三条规定执行。

三、常见涉税问题

常见涉税问题有：

（1）少计或不计投资转让所得，少缴企业所得税。

（2）以无偿划转、平价或低于成本价的方式转让股权，未按公允价值申报股权转让所得。

（3）已经适用特殊性税务处理的股权收购适用条件发生改变。

四、检查方法

(一) 少计或不计投资转让所得，少缴企业所得税

审查转让双方签订的股权转让协议相关条款，掌握转让股权的项目、股权转让的价格、基准日以及转让价款的交割方式，确认股权转让的时间和转让收入是否正确；审查股票、债券交易交割单，核实股票、债券投资转让的时间和转让收入。

(二) 以无偿划转、平价或低于成本价的方式转让股权，未按公允价值申报股权转让所得

1. 核查实收资本账户变化。通过核查工商部门提供的股权变更信息、比对核查"税收征管信息系统"数据中分析期内的"税务登记表项——投资方信息"变更情况、从互联网等其他部门规定的第三方信息发布平台收集股权变更情况、核查纳税人财务资料中"实收资本"内容变更情况，以确认股权转让行为是否发生、发生时点等。

2. 分析纳税人财务资料中"长期股权投资"科目增减变化原因。判断时应注意区分"成本法""权益法"，以确认"股权转让"行为发生后是否已按照规定确认收入。

3. 核查"企业所得税年度申报表——投资收益"项。分析"投资收益"项的详细组成；核查"代扣代缴个人所得税明细申报表"，分析详细组成，以确认"股权转让"行为发生后是否按规定申报纳税；分析纳税人、扣缴义务人调取股权转让合同（协议）或其他法定文书等，以确认"股权转让"总价。

4. 核实"股权转让总价"。通过核查纳税人"资产负债表——所有者权益（或股东权益）"确定其"账面净资产"价值；核查相同或类似条件下同一企业同一股东（或其他股东股权）的上次转让价格；分析比对纳税转让时净资产与初始投入资本，以确认"股权转让总价"是否公允。

(三) 已经适用特殊性税务处理的股权收购适用条件发生改变

1. 检查是否未转让股权。核查企业重组后是否连续12个月内不改变重组资产原来的实质性经营活动，核查企业重组中取得股权支付的原主要股东，在重组后连续12个月内，是否未转让所取得的股权。

2. 检查是否存在关联交易。根据企业后续经营活动分析判断企业是否具有合理的商业目的，且不以减少、免除或者推迟缴纳税款为主要目的，

是否存在利用关联交易向低税负地区转移利润的问题。

3. 核查"长期股权投资""投资收益"等科目。被收购企业的股东取得收购企业股权的计税基础，是否以被收购股权的原有计税基础确定。收购企业取得被收购企业股权的计税基础，是否以被收购股权的原有计税基础确定。收购企业、被收购企业的原有各项资产和负债的计税基础和其他相关所得税事项是否保持不变。

五、典型案例

（一）基本案情

该案件来源为检举案源，立案时间为 2020 年 8 月 12 日，案件所属期间为 2014 年 1 月 1 日—2019 年 12 月 31 日。经检查，该企业存在股权转让所得未申报缴纳企业所得税和违规税前列支应由其子公司承担的财务费用等问题，少缴企业所得税 198 403 516.41 元。

（二）涉案企业基本情况

该企业经营范围是：项目投资；资产管理；技术开发、技术转让；经济信息咨询（中介除外）。投资方为某实业集团股份有限公司（企业法人）和郭某（自然人），其中企业法人占股比例为 98%，自然人占股比例为 1.9%。

（三）办案经过

1. 查前分析、部署。本案案头分析过程包括收集了与被查企业有关的内部管理信息和外部涉税信息，包括企业税务登记信息、税种登记信息、纳税申报信息、审批备案信息、财务会计报表、历史检查处罚信息、企业网站信息、涉税第三方信息、有关税收政策信息。通过对企业上述信息的查询，检查组分析了被查企业的行业特点、企业概况、纳税情况，对举报内容中提及的关键涉税问题进行了核查，并进一步理清该企业与其关联方的相互关系，重点关注了投资控股及股权转让的变动情况。经过分析、讨论得出了举报信息中提及的股权转让交易关键脉络，迅速制订检查计划，确定检查工作方案。

2. 检查方式、方法。在检查工作中，检查组以查前分析的疑点作为出发点，结合企业财务核算系统中科目余额表、明细账、记账凭证等相关财务信息，逐步深入，稳扎稳打。通过到企业实际经营地进行调查取证并询问涉案知情人，了解了企业经营模式、资金运转流程及财务核算流程，通

过到天津市开展异地协查,了解了企业股权转让交易的具体情况。检查组在检查过程中使用的检查手段包括查账、实地检查、录音、录像、复印、异地协查、询问。

3. 作案手段及特点。"对赌条款"在投资行业中应用广泛,其通过"特别约定"条款的设计有效地保护了投资者的利益,而这种特约条款造成了交易结果的不确定性,给交易双方提供了筹划空间。该案中,被查企业将其所属全资子公司转让给天津两家合伙企业,并在签订股权转让合同时约定了"对赌条款",如果约定的条件达成,则股权受让方享有全部既得利益,如果约定的条件未达成,则股权出让方必须在约定的时间内回购全部股权。被查企业以"对赌条款"为由,认为自己有履行回购义务的可能,将股权转让所得10.05亿元计入了"长期借款"科目,认为该笔收入属于融资借款,不应缴纳企业所得税。现行税法及相关税收文件并未明确规定带有"对赌条款"的股权转让交易如何进行税务处理,让企业拥有了较大的筹划空间。

4. 检查发现的疑点及违法事实。

(1) 取得股权转让所得未申报缴纳企业所得税。该企业于2017年6月20日将其所属全资子公司某投资(北京)有限公司的全部股权转让给天津某股份投资合伙公司和某(天津)股份投资管理合伙公司,实际收取10.15亿元股权转让款,扣除投资成本0.1亿元,2017年度取得股权转让所得10.05亿元,未申报缴纳企业所得税。

(2) 违规税前列支财务费用。该企业将应由其子公司——北京某物流有限公司负担的信托借款利息219 830 342.13元,于2017年12月份计入了该企业的财务费用并代为支付,在申报2017年度企业所得税时未进行纳税调整。

(四) 处理处罚结果

1. 补缴企业所得税。

(1) 针对股权转让所得未申报缴纳企业所得税的问题,根据下述规定,该企业应就其取得的股权转让所得,调增当年度应纳税所得额。经计算,应调增该企业2017年度应纳税所得额10.05亿元。主要根据以下规定:

《中华人民共和国企业所得税法》第六条"企业以货币形式和非货币形式从各种来源取得的收入,为收入总额"第三款"转让财产收入"之

第十章 特殊业务检查方法

规定。

《中华人民共和国企业所得税法实施条例》第十六条"企业所得税法第六条第（三）项所称转让财产收入，是指企业转让固定资产、生物资产、无形资产、股权、债权等财产取得的收入"之规定。

《国家税务总局关于发布〈企业重组业务企业所得税管理办法〉的公告》（国家税务总局公告2010年第4号）第六条"《通知》中规定的企业重组，其重组日的确定，按以下规定处理"第二款"股权收购，以转让协议生效且完成股权变更手续日为重组日"之规定。

《国家税务总局关于贯彻落实企业所得税法若干税收问题的通知》（国税函〔2010〕79号）第三条"关于股权转让所得确认和计算问题""企业转让股权收入，应于转让协议生效且完成股权变更手续时，确认收入的实现。转让股权收入扣除为取得该股权所发生的成本后，为股权转让所得。企业在计算股权转让所得时，不得扣除被投资企业未分配利润等股东留存收益中按该项股权所可能分配的金额"之规定。

（2）针对违规税前列支财务费用的问题，根据下述规定，该企业代其子公司支付的借款利息不应列入该企业的财务费用在税前扣除，应当调增当年度应纳税所得额。经计算，应调增该企业2017年度应纳税所得额219 830 342.13元。主要根据以下规定：

《中华人民共和国企业所得税法》第十条"在计算应纳税所得额时，下列支出不得扣除"第八款"与取得收入无关的其他支出"之规定。

《中华人民共和国税收征收管理法》第十九条"纳税人、扣缴义务人按照有关法律、行政法规和国务院财政、税务主管部门的规定设置账簿，根据合法、有效凭证记账，进行核算"之规定。

综上所述，上述两项违法事实总计应调增该企业2017年度应纳税所得额1 224 830 342.13元。公司自行申报2010年至2018年度纳税调整后所得分别为：2010年度 -1 097 761.36元；2011年度 -3 397 322.59元；2012年度 -18 465 457.13元；2013年度 1 289 521.4元；2014年度 -10 524 087.12元；2015年度 -14 600 541.09元；2016年度 -128 905 120.05元；2017年度 -287 290 236.95元；2018年度 28 569 165.86元，且于2013年度和2018年度自行计算弥补了以前年度亏损。经本次纳税调整后重新计算弥补亏损额度，该企业2018年度应纳税所得额为765 044 899.79元，已缴企业所得税额为0元，应补缴企业所得税额为191 261 224.95元；2018年度应纳税所得额为 28 569 165.86 元，已缴所得税额为 0 元，应补缴企业所得税额为 7 142 291.47 元，2017 年度和 2018 年度总计应补缴企业所得税额为 198 403 516.41 元。

2. 对少缴税款加收滞纳金。根据《中华人民共和国税收征收管理法》第三十二条规定，"纳税人未按照规定期限缴纳税款的，扣缴义务人未按照规定期限解缴税款的，税务机关除责令限期缴纳外，从滞纳税款之日起，按日加收滞纳税款万分之五的滞纳金"。

建议：对该企业少缴的企业所得税 198 403 516.41 元，从滞纳之日起，按日加收滞纳税款万分之五的滞纳金。

参考文献

［1］杨森平，刘在军．纳税检查［M］．广州：暨南大学出版社，2009．

［2］杨志清．纳税检查案例分析［M］．北京：中国人民大学出版社，2010．

［3］艾华，王敏，高艳荣．纳税检查［M］．北京：中国人民大学出版社，2016．

［4］王志焕．纳税检查［M］．北京：首都经济贸易大学出版社，2018．

［5］中国注册会计师协会．会计［M］．北京：经济科学出版社，2009．

［6］中国注册会计师协会．税法［M］．北京：经济科学出版社，2009．

［7］国家税务总局教材编写组．税务稽查管理［M］．北京：中国税务出版社，2008．

［8］梁俊娇，孙亦军．税务管理与纳税检查［M］．北京：对外经济贸易大学出版社，2011．

［9］刘颖，何辉，孟芳娥．中国税制［M］．北京：电子工业出版社，2017．

［10］詹姆斯，诺布斯．税收经济学［M］．北京：中国财政经济出版社，1988．